国家自然科学基金面上项目
(71573128和72074115) 的研究成果

Doctoral Education Evaluation and
Doctoral Career Development

博士生教育评价
与博士职业发展

罗英姿 等 著

科学出版社
北京

内 容 简 介

随着博士就业多元化，客观上要求构建新的理论框架，以科学评价博士生教育质量并全面审视博士职业发展状况。本书基于学生发展理论，将博士职业发展纳入博士生教育质量评价研究视野中，以博士生个体发展为主线，建立"输入—过程—输出—发展"（IPOD）博士生教育质量评价模型。运用社会认知职业理论，将博士生教育经历纳入博士职业发展研究，建构系统性的博士职业发展理论框架。本书以毕业10年内博士、3年级及以上在读脱产学术学位博士生和专业学位博士生为研究对象，通过调查博士生发展经历，对博士生教育质量和职业发展的影响因素及作用机制进行实证研究，并基于评价结果，提出博士生教育质量提升路径，为改革与完善高校内部质量保证体系提供理论和实践依据。

本书可供高等教育研究生、研究生教育管理者，以及对相关研究感兴趣的读者参阅。

图书在版编目（CIP）数据

博士生教育评价与博士职业发展 / 罗英姿等著. —北京：科学出版社，2023.6
ISBN 978-7-03-075712-8

Ⅰ.①博… Ⅱ.①罗… Ⅲ.①博士-研究生教育-教育评估-研究 ②博士-职业选择-研究 Ⅳ.①G643.7 ②G647.38

中国国家版本馆CIP数据核字（2023）第101261号

责任编辑：崔文燕 / 责任校对：王晓茜
责任印制：李 彤 / 封面设计：润一文化

科学出版社 出版
北京东黄城根北街16号
邮政编码：100717
http://www.sciencep.com
北京建宏印刷有限公司 印刷
科学出版社发行 各地新华书店经销
*
2023年6月第 一 版　开本：720×1000　1/16
2023年6月第一次印刷　印张：22 1/4
字数：400 000
定价：138.00元
（如有印装质量问题，我社负责调换）

本 书 作 者

罗英姿　张佳乐　刘泽文　顾剑秀

陈尔东　李雪辉　韩　霜

序 一

罗英姿老师是一位成果丰硕且具有独特视角的研究生教育与管理领域的研究者，她拥有扎实的教育经济与管理理论基础，也有着20年从事研究生教育管理的经历，对研究生教育的培养与管理实践有着丰富的经验。长期以来，她和她的团队站在教育管理的理论前沿，基于大量管理实践与问题进行深刻的思考和科学的探索，所以她的研究带有很强的现实感和丰富的政策含义。

该书就是作者基于长期在教育管理理论探索和研究生教育领域的管理经验基础上进行大量实证研究的一项成果。我在主持国务院学位委员会办公室委托项目"中国博士质量报告"（2007年）的调查与研究时，曾提出博士生的"培养质量"和"发展质量"两个概念，认为既要关注培养质量，也要关注发展质量。我很高兴看到罗英姿老师这部专著也聚焦于博士生的发展质量，从博士生个人与职业发展的角度来研究博士生教育质量，是研究生教育与管理研究的创新之举。

作者以多元化的博士生教育质量观为指导，以博士生个体发展为主线，将博士职业发展纳入博士生教育质量评价研究视野中，基于学生发展理论构建了博士生教育质量"输入—过程—输出—发展"（input-process-output-development，IPOD）评价模型，进一步丰富了博士生教育质量的内涵并拓展了其外延，实现了对博士生教育质量的关注与评价从宏观走向中观和微观相结合、从体系走向体系与个人相结合，为科学评价我国博士生教育质量提供分析框架，丰富与发展了博士生教育质量评价理论。

作者认为，研究博士职业发展质量，就离不开博士个人的感受。该书将博士个体感受与职业发展客观表现相结合,基于人与环境匹配理论构建主客观相结合的博士职业发展评价模型,运用社会认知职业理论将博士研究生教育经历纳入博士职业发展研究,提出了一个系统性的博士职业发展理论分析框架,为研究博士发展质量提供了理论支持。

中国的博士生教育正处于一个发展的关键时期,许多现实中的问题都需要理论层面的回应。罗英姿老师的这项研究可以说是对目前博士生教育发展与问题的一个很好的回应,既有独特的理论视角,也有丰富的实证材料,对于博士生质量的评价与研究有明显的贡献,堪称一部博士生教育研究的力作,不仅实现了研究生教育质量评价理论体系的创新,也为国家和高校制定相应的教育政策和改革措施提供了科学依据。

陈洪捷

北京大学博雅教授

北京大学中国博士教育研究中心主任

序 二

博士生教育是学历教育的最高层次，承担着拔尖创新人才培养的重要使命，是国家核心竞争力的基石，是引领人类文明进步的动能。世界上主要国家为了在激烈的国际竞争中取得有利地位，越来越重视博士生教育，将其作为提升国家创新与竞争力的重要手段。我国也始终结合国家发展战略需求，扎实推进博士生教育大国和教育强国建设，逐步形成了具有中国特色的博士生教育发展模式。

我国当前实施的发展战略性新兴产业、制造强国战略等方略都需要建立高端专业人才培养、使用和储备机制，这对博士生教育质量、博士就业与职业发展提出了更高的要求。因此，开展博士生教育质量与博士职业发展相关研究，把握博士生教育质量问题与特征，了解博士职业发展规律，正确认识博士生教育对博士职业发展的作用机制，是近年来高等教育研究、博士生教育研究的重要选题。对此，南京农业大学罗英姿团队进行了长期深入研究，形成了《博士生教育评价与博士职业发展》这本专著。可以说，她的研究对把脉博士生教育的痛点，深化博士生教育改革，引导博士人力资源为我国早日实现制造强国、教育强国、乡村振兴等战略目标做出更大贡献有重大现实意义。

在博士生教育领域的研究中，罗英姿老师是我比较欣赏的研究者，她有一个特点，就是三重身份合一，既从事教育管理工作（曾长期在研究生院工作），又做教育管理研究，还担任博士生导师，既是研究者，又是管理者，还是参与者。由于既做研究又做管理，她对博士生教育的关键环节、培养单位与博士个人之间的相互需要、博士个人与用人单位之间的脱节感受甚深。因此，她不遗余力地推动博士生教育改革，推动博士生教育与博士职业发展的衔接，并在博士生教育与博士职业发展领域取得了卓有成效的研究成果。

该书中，她从工作所在的农业院校博士生教育出发，基于涉农学科在读博士生和毕业博士的调查数据，建构了博士生教育质量评价和博士职业发展研究的理论框架，实证分析了博士生教育质量，博士职业发展的现状、问题与特征，并基于博士职业发展审视了博士生教育的价值，提出了中国博士生教育变革的理念与路径。可以说，该书的研究具有开创性，对于科学、客观评价博士生教育质量，以及博士职业发展都有积极的促进作用。

总体来看，该书具有三个方面的理论价值和实践意义。

一是有利于完善国家研究生教育质量保证与监督体系。该书构建的博士生教育质量评价指标体系可以成为实施博士生教育质量评价的基础工具，推广应用至有关学科、高校，乃至省级、全国的博士生教育质量评价工作中，有利于促进建立博士生培养-博士职业发展的高校博士生教育绩效考核机制，促进博士生教育的外部监督，有利于完善中国研究生教育质量保证与监督体系。该书构建的博士职业发展评价指标体系，为建立全国统一的博士职业发展的信息采集标准和国家高层次人才职业发展数据库提供了可操作方案。

二是为改革与完善培养单位内部质量保证体系提供依据。该书提出的博士生教育质量 IPOD 评价模型，不仅关注全国涉农学科博士生教育质量，还聚焦全国不同种类专业学位博士生教育质量，对培养单位博士生教育的改革具有较高的实践价值。此外，该书不但关注博士生在学培养质量，还重视其职业发展质量。毕业博士的职业发展状况将对博士生教育相关政策的调整起正反馈作用，这有利于博士生培养单位了解博士生培养计划在促进毕业生职业生涯发展中的成效，进而适时调整博士生教育质量管理理念、培养目标和培养方式，建立健全培养单位内部质量保证体系，设计具有通适性的博士职业开发框架，探究促进博士生教育与经济社会发展需求相契合的实践路径。

三是为博士职业发展提供有益帮助。一方面，该书对于影响博士生教育质量关键因素的挖掘，能够引导在读博士生反思自身的学习、实践及就业；另一方面，该书对于博士职业选择与职业发展规律的探究，为在读博士生有针对性地开展职业准备、进行职业选择、促进人-职匹配、实现高质量就业提供行之有效的指导。

当前，我国博士生教育发展迈入了新时代，党的二十大报告首次将教育、科技、人才进行"三位一体"统筹安排、一体部署，强调要坚持教育优先发展，坚持为党育人、为国育才，同时提出要"全面提高人才自主培养质量，着力造就拔尖创新人才，聚天下英才而用之"，对加快建设中国式研究生教育强国，全面提高人才自主培养质量，极具战略意义和深远影响。面向未来，如何进一步增强博士生教育在"三位一体"发展中的先导性、引领性作用，如何高质量加快培养国家急需的高层次人才，是摆在每一个研究生教育研究者面前的重大命题。我希望作者持续进行深入研究和实践，为我国研究生教育的改革发展做出更大、更突出的贡献。

谨此为序。

北京理工大学特聘教授
中国学位与研究生教育学会副会长

前　言

　　创新是引领经济社会发展的第一动力，是国家综合国力和核心竞争力的最关键因素。博士生教育作为学历教育的最高层次，作为知识生产体系的重要组成部分，是一个国家最重要的创新型人力资源的源泉，其发展水平也是一个国家高等教育发展水平和科学研究潜力的主要标志。在我国科技强国和教育强国建设的重大战略格局下，博士生教育的发展与改革已成为我国研究生教育改革中的核心问题与关键议题。

　　科学评价博士生教育质量、促进博士实现更好的职业发展，是我国博士生教育发展与改革面临的重要问题。然而，就我国博士生教育质量评价而言，研究者大都忽略了博士生教育的直接利益相关者——博士生对博士生教育质量的评价与诉求，使得国内关于博士生教育质量评价的研究结果很难直接用于博士生个体的学习与发展改善中；就博士职业发展而言，现有研究主要从博士的就业率、就业去向、职称晋升、职业迁移等客观方面研究博士的职业发展，较少从个人的发展意愿、主观感知来切入研究，缺少博士生个体对自身职业发展的直接回应，且研究较为分散，缺乏基于相关理论支撑的博士职业发展评价的指标体系，难以对博士职业发展进行全面、科学的评价。此外，无论是博士生教育质量还是博士职业发展研究，多数研究聚焦学术学位博士生教育规律的探寻，忽视了专业学位博士生教育的特征与问题。本书基于学生发展理论、匹配理论、社会认知职业理论，分别构建了以学生为中心的博士生教育质量评价理论框架、博士职业发展研究理论框架，采用系统调研数据，实证探究了我国博士生教育质量，以及博士职业发展的现状、关键影响因素及其影响机制，探讨了我国博士生教育变革的理念与路径，对我国博士生教育的改革与发展具有重要的理论与实践价值。

除绪论外，本书共九章，总体结构分四部分。绪论、第一章为第一部分，介绍本书研究基础和理论框架。第二章至第四章为第二部分，主要围绕"博士生教育质量"展开，以博士生个体发展为主线，将博士的职业发展纳入博士生教育质量评价体系，确定包括输入、过程、输出、发展四个阶段的博士生教育质量内涵，提出主客观相结合的指标体系，构建"输入—过程—输出—发展"四阶段的博士生教育质量评价的分析框架，并在此基础上分别建立我国学术学位、专业学位博士生教育质量的评价模型，实证分析了两种类别学位博士生教育质量现状和特征；第五章至第七章为第三部分，主要围绕"博士职业发展"展开，基于社会认知职业理论，将"个人特征—学习经验—职业选择—绩效表现"的逻辑主线应用于博士群体，构建出"个人特征—博士生教育经历—博士职业选择—博士职业发展"的博士职业发展研究的理论框架、实证分析框架，揭示了我国学术学位博士职业选择、职业发展的特征，分别探究了学术学位博士职业选择、职业发展的影响因素，并基于博士职业发展分别考察学术学位和专业学位博士生教育的价值。第八章和第九章为第四部分，主要围绕"博士生教育变革"展开，结合本书对博士生教育质量与博士职业发展的实证研究，在梳理国外博士生教育变革措施、借鉴国外博士生教育变革经验的基础上，为中国博士生教育的变革提供了具体路径。

具体来说，本书的绪论主要介绍了开展博士生教育质量评价与博士职业发展研究的背景，在此基础上界定了核心概念、梳理了国内外研究现状，并简要介绍了本书的研究意义、研究方法与逻辑主线。

第一章"博士生教育质量评价及博士职业发展理论框架"介绍了学生发展理论、匹配理论、生涯发展理论等基础理论，在此基础上构建了本书博士生教育质量评价和博士职业发展研究的理论框架及实证分析框架。

第二章"博士生教育质量评价实践与发展趋势"梳理了国内外博士生教育质

量评价的已有实践，从用人单位、培养单位、在读博士生、毕业博士等多维度分析了多元主体视角下中国博士生教育质量评价现状及发展趋势。

第三章"学术学位博士生教育质量评价"基于学生发展理论，建立了基于博士生视角的博士生教育质量"输入—过程—输出—发展"（IPOD）评价模型，通过对我国六所涉农高校在读博士生和毕业博士的调查，明晰了我国涉农学科学术学位博士生教育质量的现状，测算出我国涉农学科学术学位博士生教育质量指数。

第四章"专业学位博士生教育质量评价"运用博士生教育质量IPOD理论框架，根据专业学位博士教育的特点，在质性访谈基础上构建专业学位博士教育质量评价的指标体系；对我国专业学位博士教育质量进行全面调研，明晰当前中国专业学位博士教育质量现状和特征；依据确立的专业学位博士教育质量评价模型，对不同种类专业学位博士教育质量进行指数测算。

第五章"学术学位博士职业选择的特征及其影响因素"基于我国涉农学科毕业博士的相关数据，分析了我国学术学位博士职业选择的特征；并基于本书构建的博士职业发展研究实证分析框架，探索了我国学术学位博士职业选择（包括职业选择目标、职业选择结果）的影响因素。

第六章"学术学位博士职业发展的特征及其影响因素"基于国内外涉农学科博士职业发展的相关数据，分析了我国学术学位博士职业发展的特征；并在本书构建的博士职业发展研究实证分析框架的基础上，探究了我国学术学位博士职业发展的影响因素，包括博士收入水平、岗位晋升情况、个人与单位价值观匹配程度、个人与岗位能力匹配程度、个人需求与单位供给匹配程度的影响因素。

第七章"职业发展视角下博士生教育价值的再审视"分别对学术学位博士生教育价值、专业学位博士生教育价值开展了理论分析，并基于博士职业发展对学术学位博士生教育价值、专业学位博士生教育价值进行了实证检验。

第八章"国外博士生教育变革的理念与路径"基于全球毕业博士就业多元化的趋势，探讨了博士劳动力市场需求的多元化，并通过引入欧洲、美国、日本等近年来开展的一系列博士生教育改革实践案例，对发达国家近年来呈现出的博士生人才培养总体性趋势进行概括和总结。

第九章"中国博士生教育变革的理念与路径"理论分析了中国博士生教育变革的理念，基于全书的相关研究结果，分别提出了中国学术学位以及专业学位博士生教育变革的路径。

本书的主要特色在于采用一手数据、两重视角、多种方法，综合、系统地探究了博士生教育质量和博士职业发展，这在已有研究中尚不多见。具体来说，一手数据体现在本书采用的数据主要来源于对在读博士生和毕业博士的大规模问卷调查，以及对毕业博士、培养单位及用人单位的半结构式访谈。两重视角，不仅体现在本书所构建的博士生教育质量评价指标体系、博士职业发展衡量指标均包含主观和客观两重维度，还体现在本书的研究既涵盖学术学位博士生教育，又对标涉及专业学位博士生教育。多种方法体现在本书采取宏观与微观相结合、理论与实践相结合、定量与定性研究相结合的方法。针对每部分研究内容，采用的具体方法包括理论分析、质性访谈、问卷调查、案例分析、计量模型等。

近年来，随着博士生教育规模不断扩大，人们对博士生教育质量、博士职业发展的关注和质疑越来越多。本书对我国学术学位、专业学位博士生教育质量的现状进行了深入的理论与实证研究，对博士在学术劳动力市场、非学术劳动力市场中职业发展的规律开展了系统的分析，可以为研究生教育研究者、高等院校管理者和政府相关部门提供参考，同时能够为关心博士生教育质量、关注博士就业与职业发展的社会公众提供一个较为公允的认知渠道，也可以用作高等教育学、教育经济与管理等相关学科研究生的研读资料。

目 录

序一（陈洪捷）

序二（王战军）

前言

图目录

表目录

缩略语表

绪论 …………………………………………………………………………… 1

第一章　博士生教育质量评价及博士职业发展理论框架 ……………… 31
　　第一节　理论基础 …………………………………………………… 33
　　第二节　博士生教育质量评价的价值取向与理论框架 …………… 40
　　第三节　博士职业发展研究的理论演进与理论框架 ……………… 48

第二章　博士生教育质量评价实践与发展趋势 ………………………… 63
　　第一节　博士生教育质量评价实践 ………………………………… 65
　　第二节　多元主体视角下博士生教育质量评价现状 ……………… 72
　　第三节　博士生教育质量评价发展趋势 …………………………… 78

第三章　学术学位博士生教育质量评价 ………………………………… 81
　　第一节　学术学位博士生教育质量评价模型构建 ………………… 83

第二节　学术学位博士生教育质量评价实证研究 ································ 85

第四章　专业学位博士生教育质量评价 ·· 105
第一节　专业学位博士生教育质量评价模型构建 ································ 107
第二节　专业学位博士生教育质量评价实证研究 ································ 113

第五章　学术学位博士职业选择的特征及其影响因素 ································ 139
第一节　研究设计 ·· 142
第二节　博士职业选择的特征 ·· 144
第三节　博士职业选择的影响因素 ·· 149

第六章　学术学位博士职业发展的特征及其影响因素 ································ 155
第一节　研究设计 ·· 158
第二节　博士职业发展的特征 ·· 161
第三节　博士职业发展的影响因素 ·· 168

第七章　职业发展视角下博士生教育价值的再审视 ···································· 201
第一节　学术学位博士生教育的价值 ·· 203
第二节　专业学位博士生教育的价值 ·· 216

第八章　国外博士生教育变革的背景、理念与路径 ···································· 233
第一节　国外博士生教育变革的背景 ·· 235
第二节　国外博士生教育变革的理念与路径 ·· 243

第九章　中国博士生教育变革的理念与路径 ·· 285
第一节　中国博士生教育变革的理念 ·· 287
第二节　中国博士生教育变革的路径 ·· 294

索引 ·· 321

后记 ·· 324

图　目　录

图 0-1　本书逻辑框架 …………………………………………………… 30
图 1-1　基于影响要素的生涯发展理论 ………………………………… 37
图 1-2　生涯发展理论中个体与职业的关系 …………………………… 37
图 1-3　博士生教育质量评价 IPOD 理论框架 ………………………… 43
图 1-4　博士生教育质量评价 IPOD 实证分析框架 …………………… 47
图 1-5　社会认知职业理论完整示意图 ………………………………… 51
图 1-6　博士职业发展的理论框架 ……………………………………… 54
图 1-7　博士生教育经历的指标选取 …………………………………… 56
图 1-8　克里斯托夫的人与组织匹配概念模型 ………………………… 59
图 1-9　基于人与环境匹配理论的博士职业匹配指标选取 …………… 61
图 1-10　博士职业发展的实证分析框架 ……………………………… 62
图 2-1　毕业博士职业发展调查概况 …………………………………… 70
图 3-1　样本毕业博士的毕业时间 ……………………………………… 87
图 3-2　样本博士生学科背景 …………………………………………… 88
图 3-3　毕业博士的读博动机 …………………………………………… 89
图 3-4　毕业博士选择专业的动机 ……………………………………… 89
图 3-5　博士生教育过程训练情况 ……………………………………… 90
图 3-6　课程与教学满意度评价 ………………………………………… 91
图 3-7　导师支持满意度评价 …………………………………………… 91
图 3-8　南京农业大学作物学博士生学术成果与学习投入关系趋势 … 93
图 3-9　中国农业大学作物学博士生学术成果与学习投入关系趋势 … 93

图 3-10	在读博士生与毕业博士对个体发展的自我评价	94
图 3-11	动机迁移的自我评价	94
图 3-12	科研技能的自我评价	95
图 3-13	通用技能的自我评价	95
图 3-14	综合素质的自我评价	96
图 3-15	职业准备的自我评价	96
图 3-16	毕业博士个体与工作单位的匹配度	99
图 3-17	毕业博士个体与工作岗位的匹配度	99
图 3-18	6 所高校的博士生教育输入质量指数	100
图 3-19	6 所高校的博士生教育过程质量指数	101
图 3-20	6 所高校的博士生教育输出质量指数	102
图 3-21	6 所高校的博士生教育发展质量指数	103
图 3-22	6 所高校的博士生教育质量综合指数	104
图 4-1	基于 IPOD 理论框架的专业学位博士教育质量评价指标体系	112
图 4-2	专业学位博士生学科背景概况	115
图 4-3	选择攻读专业博士学位的动机	116
图 4-4	专业学位博士生参与学术活动的情况	117
图 4-5	专业学位博士生学习时长	118
图 4-6	全日制学生的导师指导方式	118
图 4-7	非全日制学生的导师指导方式	119
图 4-8	单一导师指导学生对导师的满意度评价	119
图 4-9	双导师制和导师组制非全日制学生对导师的评价	120
图 4-10	双导师制和导师组制全日制学生对导师的评价	120
图 4-11	临床医学与口腔医学、其他种类专业学位毕业博士对校外导师的满意度评价	121
图 4-12	专业学位博士生对课程与教学方式的偏好	121
图 4-13	全日制学生和非全日制学生对理论教学的满意度评价	122
图 4-14	全日制学生和非全日制学生对实践教学的满意度评价	123
图 4-15	非全日制学生对理论及实践教学的满意度评价	123
图 4-16	全日制学生培养方案设置	124

图 4-17	非全日制学生培养方案设置	124
图 4-18	对学校管理与服务的满意度评价	124
图 4-19	不同种类专业博士教育过程满意度情况（均值）	125
图 4-20	学生对高校专业学位博士培养目标的认知	126
图 4-21	全日制学生与非全日制学生四项能力提升程度（均值）	127
图 4-22	全日制学生与非全日制学生对四项能力重要性的评价	128
图 4-23	全日制毕业生对能力提升程度与重要性的评价	128
图 4-24	非全日制毕业生对能力提升程度与重要性的评价	129
图 4-25	专业学位博士毕业生职业发展的满意度	130
图 4-26	全日制与非全日制毕业生职业发展满意度的比较	131
图 4-27	全日制专业学位博士生的就业期望	131
图 4-28	调查学生对博士专业学位与学术学位地位的评价	132
图 4-29	不同种类专业学位博士教育输入质量指数	133
图 4-30	不同种类专业学位博士教育过程质量指数	134
图 4-31	不同种类专业学位博士教育输出质量指数	135
图 4-32	不同种类专业学位博士教育发展质量指数	136
图 4-33	不同种类专业学位博士教育在不同阶段的质量指数	137
图 4-34	不同种类专业学位博士生教育质量指数	137
图 5-1	博士职业目标与实际职业选择分布	142
图 5-3	涉农学科毕业博士就业单位的性质分布情况	146
图 5-4	学术职业选择目标博士的职业选择结果分布	149
图 6-1	博士生教育对实际职业发展重要性主观评价	158
图 6-2	博士从事学术职业与非学术职业的相对收入差异	162
图 6-3	我国农科博士的年收入分布	162
图 6-4	学术职业博士和非学术职业博士获得晋升时间的曲线分布	164
图 6-5	从事研究类工作的博士职业流动模式	165
图 6-6	我国数学博士毕业后职业迁移情况	166
图 7-1	对博士生教育价值评价的分职业类型比较	210
图 7-2	博士生教育与博士职业发展的关系	215
图 7-3	新人力资本理论框架	218

图 7-4　研究框架 ………………………………………………………… 221
图 7-5　通过人力资本中介效应检验的专业学位博士职业发展路径 …… 225
图 7-6　毕业博士职位及薪酬获得与取得博士专业学位的关系 ………… 229
图 7-7　对毕业博士职位及薪酬获得具有重要影响的要素及占比 ……… 229
图 8-1　美国学术型博士生（Ph.D）培养模式及目标导向的转变 ……… 264
图 9-1　大学职能及其影响示意图 ………………………………………… 292
图 9-2　博士生教育变革的逻辑基础 ……………………………………… 294
图 9-3　博士生教育四阶段质量相互关系 ………………………………… 295
图 9-4　博士毕业生职业发展主观匹配评价指标 ………………………… 299
图 9-5　校企合作"十字模型" …………………………………………… 306

表 目 录

表 0-1	教育质量评价理论的演进	14
表 1-1	不同学者关于学生发展理论的研究	34
表 1-2	匹配理论在博士生教育中的应用	36
表 1-3	不同利益主体的博士生教育质量观	39
表 1-4	人与环境匹配的三元模型	59
表 1-5	已有研究中博士职业发展的指标选取	60
表 2-1	国外相关机构开展的典型毕业博士调查概况	70
表 3-1	博士生教育质量评价指标权重	83
表 3-2	博士生教育质量评价模型整体适配度检验	85
表 3-3	样本数据特征	86
表 3-4	毕业博士本硕博高校类型情况	88
表 3-5	毕业博士所在单位性质分布	97
表 3-6	毕业博士所在岗位性质分布	98
表 3-7	不同学科学术学位博士生教育质量指数	104
表 4-1	学生基本信息题项及具体内容设计	108
表 4-2	培养过程题项及具体内容设计	109
表 4-3	成果产出与能力提升题项及具体内容设计	110
表 4-4	职业发展与职业期望题项及具体内容设计	111
表 4-5	专业学位博士教育质量评价指标权重表	112
表 4-6	不同种类专业学位博士毕业生能力提升及重要性评价	129
表 5-1	变量及其说明	143

表 5-2	不同毕业年限博士群体在职业选择目标上的差异分析结果	145
表 5-3	涉农学科博士职业选择结果的描述统计	146
表 5-4	不同父亲单位类型博士群体在职业选择目标上的差异分析	147
表 5-5	不同博士生教育经历的博士在职业选择结果上的差异分析	147
表 5-6	博士职业选择行为分类	148
表 5-7	博士职业选择目标和职业选择结果的二元逻辑回归分析结果	149
表 6-1	数据来源	158
表 6-2	博士职业发展指标的权重分布	159
表 6-3	变量及其说明	160
表 6-4	学术职业群体与非学术职业群体岗位晋升情况的卡方检验结果	163
表 6-5	毕业博士职业匹配各维度得分 [$M(SD)$]	167
表 6-6	学术职业博士和非学术职业博士在能力匹配上的差异分析结果	167
表 6-7	学术职业博士和非学术职业博士在价值观匹配上的差异分析结果	168
表 6-8	学术职业博士和非学术职业博士在供给匹配上的差异分析结果	168
表 6-9	博士职业发展指数影响因素的回归模型	169
表 6-10	博士收入水平影响因素的回归分析结果	178
表 6-11	博士岗位晋升状况的二元 logistic 回归分析结果	183
表 6-12	博士能力匹配程度的多元线性回归分析结果	186
表 6-13	博士价值观匹配程度的多元线性回归分析结果	191
表 6-14	博士供给匹配程度的多元线性回归分析结果	195
表 6-15	主要变量对博士职业匹配不同维度的影响效应	199
表 7-1	变量说明	208
表 7-2	博士生教育价值的问卷调查结果	209
表 7-3	博士生教育经历与博士生教育价值评价的回归分析	211
表 7-4	职业发展情况与博士生教育价值评价的回归分析	213
表 7-5	样本数据特征分布	221
表 7-6	变量选取与说明	222
表 7-7	专业学位博士人力资本增值情况	224
表 7-8	专业学位博士职业发展的中介效应模型	226
表 7-9	毕业专业学位博士首要读博动机的分布情况	226

表 8-1	"新一代博士"行动中各成员单位关注的改革主题	248
表 9-1	学术理解的变化	289
表 9-2	大学知识生产的演变	290
表 9-3	博士生培养学术逻辑的演变	291
表 9-4	博士生培养的 PDET 模型	303

◀ 缩略语表

贝塔文凭证书框架	Beta Credentials Framework	BCF
博士生教育接受者的调查	Survey of Doctorate Recipients	SDR
博士生人力资源调查	Japan Doctoral Human Resource Profiling	JD-Pro
博士学位获得者调查	Survey of Earned Doctorates	SED
博士学位获得者职业发展项目	Careers of Doctorate Holders' Project	CDH
博士训练中心	Centre for Doctoral Training	CDT
博士职业生涯早期调查	Early Career Doctorates Survey	ECDS
产业博士训练中心	Industry Doctoral Training Centre	IDTC
大学生就读经验调查	The College Student Experiences Questionnaire	CSEQ
高等教育学院	Higher Education Academy	HEA
高级研究者调查	Survey of Senior Researchers	SSR
高等院校研究生研究经验调查	Postgraduate Research Experience Survey	PRES
国家科学基金会	National Science Foundation	NSF
国家人文基金会	National Endowment for Humanities	NEH
经济合作与发展组织	Organization for Economic Cooperation and Development	OECD
科研训练经历拓展	Broadening Experiences in Scientific Training	BEST
美国大学联盟	Association of American Universities	AAU
美国国立卫生研究院	National Institute of Health	NIH
美国历史协会	American Historical Association	AHA
美国生物化学协会	American Society for Biochemistry and Molecular Biology	ASBMB
美国心理学联合会	American Psychological Association	APA
美国学院联盟	American College Association	ACA
美国艺术与科学院	American Association for the Advancement of Science	AAAS

欧盟委员会	European Commission	EC
欧洲大学联盟	European Universities Association	EUA
欧洲科研基金会	European Science Foundation	ESF
欧洲科研职业开发联盟	European Alliance on Research Careers Development	EARCD
欧洲研究区	European Research Area	ERA
欧洲研究型大学联盟	League of European Research Universities	LERU
全美大学生学习投入调查	National Survey of Students Engagement	NSSE
全国专业研究生协会	National Association of Graduate-Professional Students	NAGPS
人文学者职业培训项目	Professional Advancement and Training for Humanities Scientists	PATHS
社会科学博士毕业五年后调查	Social Science Ph.Ds-Five+Years Out	SS5
社会认知职业理论	Social Cognitive Career Theory	SCCT
输入-环境-输出	input-environment-outcome	IEO
未来师资培训发展项目	Preparing Future Faculty	PFF
无序多分类 Logistics 回归	multinomial logistic regression	MLR
现代语言协会	Modern Languages Association	MLA
学位资格文件	Degree Qualifications Profile	DQP
研究生教育创新中心	Center for Innovation and Research in Graduate Education	CIRGE
研究生院理事会	Council of Graduate Schools	CGS
研究生职业联盟	Graduate Career Consortium	GCC
研究生综合性训练项目	Integrative Graduate Education and Research Traineeship	IGERT
英国产业联合会	Confederation of British Industry	CBI
英国科学研究委员会	Research Councils UK	RCUK
职业规划与开发办公室	Office of Career Planning and Professional Development	OCPPD
职业生涯追踪项目	Welcome Trust Career Tracker	WTCT
职业训练资源库	Postbac Research Education Program	PREP
智慧社区技术合作平台	Intelligent Community Forum in Cooperation with Technolopolis	ICF
主成分分析法	Principal Component Analysis	PCA

绪　　论

一、本书的研究意义

2020年7月29日，全国研究生教育会议召开，习近平总书记对研究生教育作出重要指示，强调"研究生教育在培养创新人才、提高创新能力、服务经济社会发展、推进国家治理体系和治理能力现代化方面具有重要作用"；李克强总理作出重要批示，指出"改革开放以来，我国研究生教育实现了历史性跨越，培养了一批又一批优秀人才，为党和国家事业发展作出了突出贡献，要坚持以习近平新时代中国特色社会主义思想为指导，认真贯彻党中央、国务院决策部署，面向国家经济社会发展主战场、人民群众需求和世界科技发展等最前沿，培养适应多领域需要的人才"。[①] 2020年9月颁布的《教育部 国家发展改革委 财政部联合印发关于加快新时代研究生教育改革发展的意见》提出，"研究生教育肩负着高层次人才培养和创新创造的重要使命，是国家发展、社会进步的重要基石，是应对全球人才竞争的基础布局"，"到2025年，基本建成规模结构更加优化、体制机制更加完善、培养质量显著提升、服务需求贡献卓著、国际影响力不断扩大的高水平研究生教育体系"。[②]

作为研究生教育系统顶层，博士生教育肩负着向劳动力市场输送高层次创新人才的重要任务，在驱动经济与创新、延伸知识前沿、解决实践问题方面扮演着重要角色。以博士生群体为代表的创新型人才是推动社会与科技进步的重要生力军，决定着国家在全球化进程中的核心竞争力。近年来，随着博士生教育规模不断扩大，人们对博士生教育质量、博士毕业生职业发展的关注和质疑越来越多。究其原因，主要在于博士生开展学术研究的内外部环境发生变化、博士毕业生面临的劳动力市场需求逐渐多元化、博士生教育质量的内涵发生变化。

[①] 中华人民共和国中央人民政府. 习近平对研究生教育工作作出重要指示. (2020-07-29)[2022-03-20]. http://www.gov.cn/xinwen/2020-07/29/content_5531011.htm.

[②] 中华人民共和国教育部. 教育部 国家发展改革委 财政部关于加快新时代研究生教育改革发展的意见. (2020-09-21)[2022-03-20]. http://www.moe.gov.cn/srcsite/A22/s7065/202009/t20200921_489271.html.

（一）学术研究的内外部环境发生变化

学术研究活动是大学活动的中心，是学者的生命，也是博士生培养的主要内容和途径。自 20 世纪末，学术研究的内外部环境发生了一系列变化，给博士生教育带来了一系列挑战。知识经济的发展以及知识生产模式的转变使得市场渗入学术领域，改变了大学传统的对学术的理解，也改变了大学职能及其知识生产方式。[1]大学被越来越多地要求参与到社会服务中，与政府、企业合作生产经济发展需要的有价值的知识。"象牙塔"里的学术人也被要求学术研究回应社会发展的需求，解决实际问题。政治、经济和社会的融合使得学术研究的内外部环境变得更加复杂、相互联系且不确定。[2]学术研究活动从"洪堡理想"到"学术资本主义"的转变已不是全球趋势，而是既定的事实。学术研究不再依据或不再单单依据学术的理论原则进行，而主要依据学术的市场原则进行；也不再依据学科体系在大学内部进行，而基于跨学科进行，并且与产业界紧密联系。[3]

卡拉扬尼斯（Carayannis）等认为系统包括政治系统、经济系统、创新系统以及教育系统。大学作为教学与科研统一体，分别属于社会教育系统以及创新系统。[4]因此，当社会整个知识生产与科技创新系统发生变化的时候，作为其中一部分的大学必然受到影响。组织变革理论认为，组织外部环境主要包括资源环境和制度环境，资源环境主要是指影响组织生产服务的供给性资源因素，制度环境主要包括文化信仰制度和规范管理制度。为适应外部环境的变化，组织变革基于两种形式：一是组织的适应性变革（adaptive change），即组织积极适应外部环境的变化，在现有组织基础上进行变革，例如组织尝试做新事情，或者采用新的方式做旧事情；二是组织的生态变革（ecological change），即旧组织的解散与新组织的成立。[5]

---

[1] 顾剑秀，罗英姿. 学术抑或市场：博士生培养模式变革的逻辑与路径. 高等教育研究，2016（1）：49-56.
[2] Hancock S，Walsh E. Beyond knowledge and skills：Rethinking the development of professional identity during the STEM doctorate. Studies in Higher Education，2016，41（4）：37-50.
[3] 顾剑秀，罗英姿. 学术抑或市场：博士生培养模式变革的逻辑与路径. 高等教育研究，2016（1）：49-56.
[4] Carayannis E G，Campbell D J."Mode 3"：Meaning and Implications from a Knowledge Systems Perspective. In Carayannis E G，Campbell D J（Eds.） Knowledge Creation，Diffusion，and Use in Innovation Networks and Knowledge Clusters：A Comparative Systems Approach across the United States，Europe，and Asia. PRAEGER，2006：1-25.
[5] Scott W R. Institutional Change and Healthcare Organizations：From Professional Dominance to Managed Care. Chicago：University of Chicago Press，2000：4.

大学处于社会创新系统之中，而社会创新系统与政治和经济系统都有一定程度的交集，受二者的影响。此外，大学知识生产处于社会整个知识生产系统之中，社会大环境，不论是制度环境还是资源环境，都在发生变化，这对大学学术研究活动产生了重要的影响。知识生产模式的转变使得大学失去了传统知识生产"霸主"的地位，转而成为广泛的知识生产市场的一部分。大学要维持其科学研究的核心地位和知识生产的合法性主导地位，必须进行适应外部环境和知识生产新要求的组织结构变革。[1]博士生教育不仅是大学教育体系的一部分，更是知识生产体系的一个重要环节，以往学术研究活动只在学校内部，基于学科模式探索自然界的本质及规律，而随着大学学术研究逐渐以应用知识创造财富、满足社会需求、服务社会为目的，大学更多地与社会其他部门开展知识生产的合作。学术研究内外部环境的变化必然要求包括博士生培养目标、培养主体和培养方式在内的博士生教育进行适应性变革。

（二）博士毕业生面临的劳动力市场需求逐渐多元化

经济全球化使得知识成为国家发展、创新和竞争的关键性资源。科学技术创新是国家经济发展的可持续动力。世界各国为保持全球竞争力将目光转向高等教育，尤其是培养科学家、技术创新者的博士生教育，提高博士生教育对国家和地区经济发展的贡献率。[2]虽然全球范围内市场逻辑已主导着大学[3]，但博士生教育也许并不能满足劳动力市场的要求，人们对博士生教育质量的关注和质疑越来越多。不论大学、用人单位，还是博士生本身，均对其表示担忧和不满，究其原因，主要在于高等教育机构培养的博士所掌握的技能与社会需求之间出现不匹配。[4]近年来，随着各国博士生教育快速扩张，学术领域人才竞争日益激烈，并不是所有希望能够从事学术职业的博士生都能实现自己的职业期望。[5]同时，产业、政府、公益组织等非学术用人单位对创新型、研究型人才的需求大幅增加，

---

[1] 钱志刚，崔艳丽. 知识生产视域中的学科制度危机与应对策略. 中国高教研究，2012（10）：46-49.

[2] Nerad M. Conceptual approaches to doctoral education: A community of practice. Alternation, 2012, 19 (2): 57-72.

[3] Seddon T, Ozga J, Levin J S. Global transitions and teacher professionalism. In Seddon T, Levin J S (Eds.), World Yearbook of Education 2013. Educators, Professionalism and Politics: Global Transitions, National Spaces, and Professional Projects. London: Routledge, 2013: 3-24.

[4] 陈洪捷，等. 博士质量：概念、评价与趋势. 北京：北京大学出版社，2010：22.

[5] 李永刚. 中国博士毕业生的就业选择与流动趋势研究——以教育部直属高校为例. 中国高教研究，2019 (9): 87-93.

越来越多的博士生选择走出象牙塔，在非学术领域就业[1][2]，而这部分博士在学期间可能并没有为他们的非学术职业做好准备[3]。

传统以培养学术接班人为导向的博士生教育与毕业博士生日益多元化职业发展需求之间的矛盾不断凸显：传统博士生教育聚焦的核心问题是博士生与导师之间的关系、学术论文与原始知识的贡献，但现实中，毕业博士不再局限于学术职业，其多元化的职业发展路径已成为全球现象[4][5]，跨学科、跨部门的研究要求博士生除了具备杰出的学术研究能力以外，还要求具备一系列多元化的能力。为适应变化的知识生产内外部环境以及博士职业发展的多元化，汉考克（Hancock）等构建了知识工作者模型，即"跨学科知识+研究和可迁移技能+反思性+职业经验=知识工作者"。该模型强调了培养博士生跨学科理解、反思，以及获得在学术领域之外进行知识生产与运用的实践经验的重要性。[6]"学徒研究者"不仅要掌握特定研究领域的学科专业知识，还必须有应用情境下问题解决的能力以及应对学术同行的非学术需求的能力。美国研究生院理事会（CGS）的调查发现，非学术领域的管理者感到研究生缺乏一些执行工作任务的基本技能和态度，比如团队能力、知识沟通能力、整体性思维、成本意识等，他们认为学校课程与工作需求间的联系应更加密切，研究生院应加强对跨领域能力的关注，从而使得专业知识可以应用于不同产业领域。大部分教师只了解学校里的职业发展路径，他们可以为学生提供充分的学术职业经验，但对于学术领域之外的职场信息则知之甚少。[7]由于不断变化的政治、经济、社会环境的不确定性与流动性，知识经济中的生活与工作被描述为"流动的"（liquid），博士专业身份需要以比以往更灵

---

[1] European Science Foundation. Career Tracking Survey of Doctorate Holders. Strasbourg: European Science Foundation，2017.

[2] 张佳乐，罗英姿. 知识生产模式转型下的博士职业发展——基于国内外相关调查数据的分析. 教育发展研究，2017（19）：25-32.

[3] Gu J X, Levin J S, Luo Y Z. Reproducing "academic successors" or cultivating "versatile experts": Influences of doctoral training on career expectations of Chinese PhD students. Higher Education, 2018, 76（3）: 427-447.

[4] Council of Graduate Schools. Data Sources: Trends in New PhDs Entering Academe，1970 to 2005. CGS Communicator Newsletter 40，No. 2：4. March 2007，Washington，DC.

[5] Neumann R, Tan K K. From PhD to initial employment: The doctorate in a knowledge economy. Studies in Higher Education，2011，36（5）：601-614.

[6] Hancock S, Walsh E. Beyond knowledge and skills: Rethinking the development of professional identity during the STEM doctorate. Studies in Higher Education，2016，41（7）：37-50.

[7] Council of Graduate Schools. Understanding PhD Career Pathways for Program Improvement: A CGS Report. Washington，DC：Council of Graduate Schools，2014.

活的方式理解以适应这种流动的专业生活。[1]因此，博士生培养应该超越传统的知识和技能的培养，更加关注博士生在学术领域之外应用知识解决问题的能力，培养跨学科研究的能力，并能将传统学科知识与解决复杂问题所需要的技能联系起来。

（三）博士生教育质量的内涵发生变化

关于"博士生教育质量"的概念界定，张国栋提出，博士生教育质量是指博士生教育系统所提供的服务满足社会需要的程度。[2]陈洪捷等认为，博士生教育质量从广义上讲，包括博士质量、博士点质量、博士生教育活动过程（课程、教学、学术指导、学术训练、科研资助等）质量等；从狭义上讲，一般指博士生教育活动过程的质量，其衡量指标包括学术训练质量、学术氛围、学术服务质量、导师指导质量、博士生学业成就、博士生修业年限等。[3]尽管博士生教育质量日益成为人们关注的焦点，但什么是博士生教育质量似乎一直难有定论。而博士质量观集中体现了人们对什么是博士生教育质量的认识，是整个博士生教育质量改革、发展的逻辑起点，也是博士生教育质量评价的基本依据。关于博士生教育质量的分析，国内外学者遵循四种质量观，分别是学术成果导向的质量观、学术训练导向的质量观、职业导向的质量观以及效益导向的质量观。[4]自学术型博士于18世纪末兴起，博士生教育的根本任务就被认定为塑造学者、进行"知识创新"，学位论文作为博士生最重要的学术成果，几乎成为衡量博士生教育质量的唯一标准。随着知识生产模式的转型和博士生教育规模的不断扩大，世界范围内对博士生教育本质的理解发生了改变，传统单纯遵循学术成果导向质量观的博士生教育质量的内涵界定受到质疑。博士生教育质量除了由博士生学术成果质量所代表，更应该结合学术成果质量和训练过程质量。[5]越来越多的博士毕业生在非

---

[1] Council of Graduate Schools. Pathways through Graduate School and into Careers. Princeton，NJ：Educational Testing Service，2012.

[2] 张国栋，樊琳，黄欣钰，等. 博士生培养质量的自我评估指标体系研究. 学位与研究生教育，2010（6）：4-7.

[3] 陈洪捷，等. 博士质量：概念、评价与趋势. 北京：北京大学出版社，2010：21-24.

[4] 沈文钦，赵世奎. 博士质量观及其差异性的实证分析——基于全国所有博士培养单位的调查. 教育学术月刊，2010（1）：21-24.

[5] Golde C M，Dore T M. At Cross Purposes：What the Experience of Doctoral Students Reveal about the Doctoral Education. Philadelphia，PA，2001.

学术界就职，博士生教育因博士就业不充分而饱受质疑[1][2][3]，博士生教育质量越来越多地被学生以及用人单位所评价。因此，将博士职业发展质量纳入博士生教育质量维度逐渐成为研究热点。[4][5]学者对"博士生教育质量"内涵的分析经历了从单一的博士学位论文到融入其他学术成果、从学术成果拓宽到与学习经历相结合、从博士生在学质量延伸到关注毕业博士的职业发展质量，并呈现出明显的趋势——更加注重学生主体和学生参与，关注学生成长和发展。[6]

尽管在读博士生可以评价博士生培养质量，但他们不能在没有获得博士学位的情况下充分评价博士生教育质量。所以，开展毕业博士对博士生教育质量的回溯评价以及博士生教育经历对其职业发展促进成效的评价，无疑可以为我们反思博士生教育的目标定位和培养过程提供最直接有效的依据。正如美国研究生院理事会原主席奥尔特加（S. T. Ortega）所言：如果不了解毕业博士在学术与非学术领域的职业发展情况，我们便无从知晓博士生教育是否帮助博士生为多元化的职业发展做好准备。[7]美国研究生院理事会进一步指出，研究者应充分关注博士在非学术领域的职业发展情况，并坚持主观与客观评价相结合。然而，我国学界对博士生教育的研究多局限于博士生教育本身，还未能将博士生教育与博士职业发展有机联系起来，且对博士职业发展的评价更多聚焦于收入、晋升、获奖等客观表现[8]，忽视了主观评价。一方面，这难以揭示博士职业发展内在重要的影响机制；另一方面，也难以为正在进行的博士生教育改革提供足够的理论和实践依据。这一现象，客观上要求把博士生教育纳入博士职业发展的研究视野中，构建创新理论框

---

[1] Eenders J. Research training and careers in transition: A European perspective on the many faces of the PhD. Studies in Continuing Education, 2004 (26): 419-429.

[2] Council of Graduate Schools. Pathways through Graduate School and into Careers. Princeton, NJ: Educational Testing Service, 2012.

[3] Neumann R, Kiley M, Mullins G. Australian doctoral graduates: Where are they going? Quality in postgraduate research in the new global environment. In Kiley M, Mullins G. Conference Proceedings of the 2008 Quality in Postgraduate Research Conference, April 17-18, Adelaide, South Australia, 2008: 84-89.

[4] 周光礼. 中国博士质量调查——基于U/H大学的案例分析. 北京：社会科学文献出版社，2010：59.

[5] 罗英姿，刘泽文，张佳乐，等. 基于IPOD框架的博士生教育质量研究——以涉农学科为例. 高等教育研究，2017（5）：55-63.

[6] 罗英姿，张佳乐. 我国毕业博士职业选择与发展影响因素的实证研究——以涉农学科为例. 高等教育研究，2018（11）：25-36.

[7] 转引自Council of Graduate Schools. Understanding PhD Career Pathways for Program Improvement: A CGS Report. Washington, DC: Council of Graduate Schools, 2014.

[8] Pedersen H S. Are PhDs winners or losers? Wage premiums for doctoral degrees in private sector employment. Higher Education, 2016, 71 (2): 269-287.

架，以全面审视博士职业发展状况，明晰博士生教育在促进个人职业发展、满足用人单位人才需求等方面的现实价值，进而优化调整博士生教育政策。

二、核心概念界定

（一）博士生教育质量

就教育环节而言，博士生教育质量包括课程质量、教学质量、管理质量、学术指导质量、教育设施质量、教育服务质量等；就评价对象而言，包括学校、院系、学科、博士生导师、博士生等。不同研究主体所理解的博士生教育质量维度有所差异，但都可以从输入、过程和输出三个维度进行概括。输入维度主要是指博士生生源质量、博士点质量；过程维度主要是指博士生教育活动过程中课程质量、教学质量、学术资源、学术氛围、管理与服务等方面；输出维度则主要通过博士学位获得者论文发表的质量和数量、创新能力、科研能力、通用技能等指标衡量。无论从何种角度来界定博士生教育质量，都需要确保博士学位获得者在接受博士生教育之后能够保持其独特的贡献力，使其成为满足社会发展需要、具备专业技能的知识工作者。

本书在肯定学者将博士质量分为培养质量和发展质量两部分[①]的基础上，对博士生教育质量的具体内涵和外延做了进一步补充和界定，认为博士生教育质量包括博士生在学质量和博士发展质量。博士生在学质量表现为博士生个体在准备接受博士教育时的输入质量、接受博士教育阶段内的过程质量和获得博士学位时点上的输出质量3个方面；博士发展质量是指博士学位获得者毕业10年内表现出的职业发展质量。具体来说，博士生教育质量包括博士生教育的输入质量（教育背景、博士生求学动机）、过程质量（学习与研究投入度、博士生教育经历满意度）、输出质量（获得学位时点上的学术成果、个体发展自我评价）以及发展质量（职业发展客观表现、职业发展满意度）。

（二）职业生涯

职业生涯的定义主要有狭义和广义两类。其中，狭义视域下的职业生涯，多指人一生中的工作经历，即职业领域的客观变化过程。[②]比较经典的有：休珀

[①] 陈洪捷，等. 博士质量：概念、评价与趋势. 北京：北京大学出版社，2010：22.
[②] 胡立恩. 大学生职业生涯规划与就业指导. 北京：清华大学出版社，2013：18-30.

(Super）将职业生涯界定为一个人终生经历的所有职位的整体历程[1]；克劳福德（Crawford）认为一个人工作生活中所从事的职位、工作或职业顺序构成其职业生涯[2]。

广义的职业生涯则是在承认职业生涯二元性的基础上，将职业生涯在狭义定义客观维度的基础上，增加了主观维度。休珀把职业生涯区分为客观职业生涯与主观职业生涯，其中，客观职业生涯通常是人们可以看到的、可以测度的，包括薪资福利、职称升迁、岗位变动等，这也是社会大众惯常用来判断的角度；主观职业生涯则是指个人对自身职业生活的体验与反应，唯有当事人才可以直接感受到。[3]格林豪斯（Greenhaus）等在对传统职业生涯概念归纳总结的基础上，认为职业生涯就是"个人整个生命中与工作有关经历的总和"[4]。职业生涯既包含工作岗位、工作内容、工作决策等客观层面，也包括个人价值观、需要、态度等与工作相关的主观感知层面。[5]无论是职业活动本身，还是个人对职业活动的主观感知，都是个人职业生涯不可缺失的观察视角，只有将两者结合起来，才能充分、完整地理解一个人的职业生涯。[6]

因此，为了更好地理解博士的职业生涯、认识其职业生涯发展，本书的"职业生涯"采用广义职业生涯的内涵，认为职业生涯具有二元性——主观职业生涯和客观职业生涯。

（三）博士职业选择

博士职业选择，即博士选择进入哪类劳动力市场。博士劳动力市场，顾名思义，是博士生群体就业所面向的市场。博士劳动力市场包括为博士毕业生提供的职位及其场所。当前，由于知识经济的蓬勃发展以及博士规模的扩大，一方面，博士毕业生所从事的职位，不再局限于教学科研，也开始进行专业领域的技术研发和高级管理；另一方面，博士毕业生的就业场所，也不再局限于传统的高校、科研院所，企业、政府等部门的博士毕业生比例逐年增加。根据上述博士毕业生

---

[1] Super D E. A theory of vocational development. American Psychologist, 1953, 8 (5): 185-190.

[2] Crawford J D. Career development and career choice in pioneer and traditional women. Journal of Vocational Behavior, 1978, 12 (2): 129-139.

[3] Hughes C. The influence of self-concept, parenting style and individualism-collectivism on career maturity in Australia and Thailand. International Journal for Educational and Vocational Guidance, 2011, 11 (3): 197-210.

[4] Greenhaus J H, Parasuraman S, Wormley W M. Effects of race on organizational experiences, job performance evaluations, and career outcomes. Academy of Management Journal, 1990, 33 (1): 64-86.

[5] 张小兵，孔凡柱. 人力资源管理.3版. 北京：机械工业出版社，2017：15-27.

[6] 贺小刚，刘丽君. 人力资源管理. 上海：上海财经大学出版社，2015：22-39.

职位及其场所的差异，本书将博士劳动力市场划分为学术劳动力市场与非学术劳动力市场。其中，学术劳动力市场主要是博士从事学术职业的职位及场所，非学术劳动力市场则是博士从事非学术职业的职位及场所。

根据沈红对"学术职业"的定义：从广义上来说，学术职业是指在不同组织中与学术相关的工作以及从事学术工作的学者；从狭义上来说，学术职业则是指以四年制本科院校为工作场所的学者及其在这一场所中所从事的工作。[1]本书使用的是狭义的学术职业概念，也就是在四年制本科院校从事教学、科研及社会服务工作。相对而言，非学术职业则是除了高校以外，在包括科研院所在内的其他单位从事的工作。相对应地，本书中"学术劳动力市场"指向在四年制本科高校从事教学、科研及服务社会岗位的博士；"非学术劳动力市场"指向高校以外的博士，包括在科研院所、企业、政府部门等单位工作的博士。

（四）博士职业发展

"职业发展"，即职业生涯发展，英文是"career development"。目前，职业发展主要有两个概念框架，一个是个人职业生涯行为的发展历程，另一个是如何通过教育或者管理实践改变职业生涯行为。[2]后者即国内学者通常翻译的"职业生涯开发"。

国际上，职业发展概念范式经过四个阶段的转移：第一个阶段是金兹伯格（Ginzberg）在揭示职业生涯发展阶段的理论论述时，将职业发展界定为一个与职业相关的系列过程，主要研究个人职业的变迁历程[3]；第二个阶段是西尔斯（Sears）将外部因素纳入职业发展的研究范畴，认为经济、教育、社会、心理、身体、机遇等因素集合起来塑造了个人职业生涯的发展[4]；第三个阶段是休珀基于社会环境的变化及无边界职业生涯的出现，在职业发展中加入其他生活角色，如探讨职业发展与家庭生活的关系，并总结出职业发展不一定是线性、不一定正向变动、不一定由个体决定等新特征[5]；第四个阶段是沃尔夫（Wolfe）等在总结先前研究的基础上，指出个人、环境，以及个人与周围环境的交互作用和变化是

---

[1] 沈红. 论学术职业的独特性. 北京大学教育评论，2011，9（3）：18-28，188.

[2] Patton W, McMahon M. Career Development and Systems Theory: A New Relationship. Beverly, MA: Wadsworth, 2014: 7-15.

[3] Ginzberg E. A critical look at career guidance. American Vocational Journal, 1972, 47 (4): 51-54.

[4] Sears S. A definition of career guidance terms: A national vocational guidance association perspective. Vocational Guidance Quarterly, 1982, 31 (2): 137-143.

[5] Super D E. A life-span, life-space approach to career development. Journal of Vocational Behavior, 1980, 16 (3): 282-298.

职业发展的基础因素，其中，环境与个人的相互作用促成了职业生涯的发展[①]。

在国内，徐芳提出职业生涯发展的实质是使员工个人获得全方位的发展。[②]马力提出职业发展是指个人逐渐完成其生涯发展目标，并不断地制订和完成新的职业发展目标的工作过程。[③]张艳芳等根据对大学教师的分析，提出大学教师的职业发展分为六个发展阶段：适应发展阶段、调整发展阶段、成熟发展阶段、停滞发展阶段、更新发展阶段及结束发展阶段。[④]李从欣提出职业发展是一个动态过程，指从入职到离职结束的整个工作过程，在此过程中，个体可以为了完成其职业发展目标，采用各种各样的策略调整工作任务、工作内容、工作性质，或者改变工作组织。[⑤]曾福生等对农民工职业发展的定义是，农民工在职业活动中，经过逐渐累积增加其岗位经验和专业技能、管理沟通能力，并且扩展人际关系，从而在个人职务层次、薪酬水平和工作团队内部地位等方面，逐渐获得提高的发展过程。[⑥]由此可见，国内对职业发展的定义较多停留在职业生涯的过程上，且在定义的表达中，较多涉及职业阶段、任务、内容等客观职业生涯，较少考虑到职业生涯的二元性。

职业生涯的二元性决定了研究者在考量职业生涯发展时，应该同时考虑职业发展的主观和客观两方面。基于职业生涯的二元性，借鉴沃尔夫等学者的理念，本书认为个人和环境的相互作用与匹配是个体职业发展的核心要素，即职业发展是个体在其和环境互动的基础上实现职业生涯行为的变化过程。

因此，本书认为，博士职业发展是指博士在职业生涯中的动态变化过程，其中，职业类型、职务层级、社会经济地位等客观层面的变化是职业发展的外化表现，个体与其所处职业环境的有效互动是职业发展的推动力。当博士与职业环境较匹配、能够良好互动时，就会推动博士个体职业生涯产生正向的外在变化（如岗位晋升、收入增加等），进而为国家创新和经济发展作出贡献；否则便会阻碍个体职业生涯的发展（如滋生离职想法、产生倦怠情绪等），乃至造成国家教育资源、社会资源的无效配置与浪费。

[①] Wolfe D M, Kolb D A. Career development.personal growth, and experimental learning. Springer, J. W. Issues in career and human resource development. Madison, Wis：American Society for Training and Development，1980：1-11.

[②] 徐芳. 浅析职业中专语文教学的实践性. 和田师范专科学校学报，2004，24（3）：155-156.

[③] 马力. 职业发展研究——构筑个人和组织双赢模式. 厦门大学博士学位论文，2004.

[④] 张艳芳，张万红. 基于职业发展阶段理论的高校教师激励策略. 现代教育管理，2010，29（3）：78-80.

[⑤] 李从欣. 高校教师职业成长驱动因素及关联效应研究. 天津大学博士学位论文，2013.

[⑥] 曾福生，周化明. 农民工职业发展影响因素的实证分析——基于25个省（区、市）1141个农民工的调查数据. 中国农村观察，2013（1）：78-89，93.

此外，考虑到职业发展涉及从入职到职业生命结束的整个工作过程，基于有限目标原则，本书仅关注博士早期的职业发展状况。参考《学术职业社会学研究的思考》一文中对职业发展阶段的划分依据，作者认为为了避免个体发展理论研究中存在的聚集性问题，应该相对宽松地划分职业发展阶段，其中，早期职业发展阶段主要是助理教授阶段，该阶段一般持续 7 年左右；中期职业发展阶段主要是副教授阶段，一般持续 5—10 年；最后就是晚期职业发展阶段。他认为这种 10 年左右的划分形式有助于避免个体发展的聚集性问题，也有助于研究对象区分、回忆每个阶段的职业发展情况。[1]基于该职业发展阶段的划分逻辑，结合中国的实际情况，本书将毕业 10 年内的职业发展，界定为早期职业发展。同时，在研究样本的选择上，选取毕业 10 年内的博士作为调查对象，以获取其早期职业发展的相关信息。

三、国内外研究现状

（一）关于博士生教育质量评价的研究

1. 教育质量评价的研究

要了解教育质量评价的内涵，首先要对其中的"评价"一词有所了解。评价最通俗的解释是"评定价值"，其中隐含对事物的价值判断，是基于特定的目的、根据一定的标准、通过特定的程序对事物进行检测或判断。教育评价是对教育活动满足社会和个人需求的程度做出判断的活动。[2]由此，教育质量评价则可理解为对教育质量的价值判断，是对教育活动或教育结果在多大程度上达成了教育目标、在多大程度上满足了主体需要的判断。

教育质量评价除了以价值判断为核心外，还包括其他特点：第一，教育质量评价需要遵循一定程序和系统活动，它是一个过程；第二，教育质量评价中所讲求的价值判断是建立在一定教育目标或教育价值观的基础之上的，并非评价者的完全主观判断；第三，教育质量评价同样依赖适当、科学的方法和手段；第四，对被评对象做出价值判断的最终目的是修正和完善教育质量，以及在此基础上为教育决策提供帮助。根据对教育质量进行价值判断的功能，通常可将教育质量评价分为诊断性评价、过程性评价和终结性评价，这也是依据教育开展的时间节点

---

[1] Hermanowicz J C. Argument and outline for the sociology of scientific (and other) careers. Social Studies of Science, 2007, 37 (4): 625-646.

[2] 陈玉琨. 教育评价学. 北京：人民教育出版社，1999：185.

对教育质量进行评价的主要方式。

学界对教育质量评价理论与实践的关注推动着对不同层次、不同类型教育的质量评价日臻完善而科学。纵览教育评价理论发展的不同阶段，它大致经历了四代（表0-1）。

表 0-1　教育质量评价理论的演进

教育评价	时间	侧重	重要人物及其理论	特征
第一代	19世纪末至20世纪30年代	测验	桑代克（Thorndike）《精神与社会测验学导论》	讲求依靠测验的方式测量学生对知识的掌握情况，1923年，美国出版第一个标准化成绩测验《斯坦福成绩测验》
第二代	20世纪30—50年代	描述	泰勒（Tyler）"行为目标评价模式"	"教育评价"的概念被正式提出，并用以描述教育结果与教育目标的一致程度
第三代	20世纪60—70年代	判断	布鲁姆（Bloom）等"形成性评价模式"	评价者需要对教育做出价值判断，包括教育过程中各种行为优劣、目的及效果的评判
第四代	20世纪80年代至今	建构	古帕（Guba）等《第四代教育评价》	"价值多元化"的观念被提及，反对"管理主义倾向"

第四代教育质量评价理论起源于美国，是由著名教育评价专家古帕等依据建构主义方法论针对前三代评价中存在的缺点和不足而提出的。其主要观点是：评价并不对事物的真实状态进行描述，而是对所评价对象的主观认识，是参评人的"共同的心理建构"。①古帕等认为先前教育评价中存在的主要问题表现在以下几个方面：第一，聚焦于被评对象本身，评价者与被评价者之间是对立关系，管理主义倾向较为严重；第二，评价的标准相对单一，以量化评价为主，质性评价应用不足，整体缺乏灵活性；第三，价值观念因素被忽视，不同评价者对教育过程、结果、目标的价值差异未被纳入评价范围。②相比之下，第四代教育评价理论更为成熟，更符合评价实际，承认不同评价者之间存在的价值体系的差异性，并试图对这种差异进行协调，更多地关注评价者观念的一致性，而非仅仅考察实际结果的一致性。总而言之，第四代教育评价理论强调对利益相关者观念的"回应"，注重评价者之间的交流，力图缩小分歧并达成一致意见，最终促使评价者与被评对象共同建构能够真正科学、正确评价被评对象的方法和标准。

尽管学界对教育质量宏观与微观所关注的要素基本达成一致，但对于教育质量应该以什么作为标准进行衡量则出现了较大分歧。目前主要包括两种观点：其

---

① 卢立涛. 回应、协商、共同建构——"第四代评价理论"述评. 内蒙古师范大学学报（教育科学版），2008（8）：1-6.

② Guba E，Lincoln Y. Fourth Generation Evaluation Foreword. Newburg：Sage，1989：293-294.

一，以"顾客"需求是否得到满足作为标准。这一观点将教育视为一种"产品"，将受教育者及其利益相关者作为"顾客"，"顾客"对"产品"的需求度和满意度是教育质量最主要的衡量标准。这一观点是对美国著名质量管理专家朱兰（Juran）所倡导的质量管理理念和方法在教育领域的拓展，朱兰等认为，"质量是一种合用性，而所谓合用性（fitness for use）是指使产品在使用期间能满足使用者的需求"[①]。其二，依据教育特性所制定的统一标准衡量其质量状况。这一观点更加关注教育的成果产出，国家及社会是主要的教育提供者，也是最主要的受益者。统一标准的制定大多从服务于国家与社会的发展需求出发，是国家本位主义的体现。随着时代的进步，第二种教育质量观念逐步向第一种教育质量观念转变，在制度设计和标准设定时，充分考虑教育的利益相关者的需求，逐步改进，并进行动态管理。

2. 博士生教育质量评价主体的研究

在博士生教育质量评价过程中，学生、导师、用人单位或培养单位等对博士生教育质量评价都具有支配或影响作用，均可作为博士生教育质量评价的主体。

（1）学生作为主体的评价

20世纪70年代初期，以学生为主体对教师教学进行评价成为研究热点。[②]以学生为主体的评价逐渐应用到博士生教育领域，学者开展了一系列理论研究和实践探索。2001年，在阿尔弗雷德·P. 斯隆基金会的资助下，美国全国专业研究生协会（NAGPS）对美国的1300个博士生项目中的32 000名在读博士生和博士毕业生进行了博士生教育经历满意度调查，主要针对博士培养项目的成效展开评价。戈尔德（Golde）等开展的"博士生教育及职业准备调查"，主要调查博士项目对学生技能的培养成效。[③]内拉德（Nerad）等主持的"哲学博士：十年之后"（Ph.D：Ten Years Later）项目，对毕业博士就读期间的博士生教育质量进行回溯性评价，涉及博士学位授权点质量、研究训练质量、课程质量、学术指导质量等。澳大利亚和英国开展的"研究生研究经验调查"（Postgraduate Research Experience Survey）也是通过研究生的主观评价来测量研究生教育的质量，其一级评价指标主要包括学术指导、技能发展、学术氛围、目标与标准、论文考试

---

① Juran J M, Godfrey A B. Juran's Quality Handbook. New York: McGraw-Hill, 1998: 7-9.
② 王灿明. 美国高等教育扩张时期的学生评价研究. 高等教育研究, 2001, 22（4）: 97-101.
③ Golde C M, Dore T M. At Cross Purpose: What the Experience of Doctoral Students Reveal about Doctoral Education. The Association of American Universities, 2001.

等。①罗英姿等基于博士生视角，构建了以学生为中心的博士生教育质量评价指标体系，包括博士生教育的输入质量、过程质量和结果质量的评价。②

（2）导师作为主体的评价

以导师为主体的博士生教育质量评价更多关注的是博士生在学质量。李学昌等对华东地区某高校的博士生导师进行问卷调查，发现导师一般以学位论文水平、在读期间科研成果、毕业后的社会成就、课程学习水平等指标来衡量博士生教育质量水平。③李丽等对某省 318 名博士生导师进行问卷调查发现，导师评价博士生教育质量的三大指标是创新能力、科研能力、基础和专业知识水平。④

（3）用人单位或培养单位为主体的评价

用人单位或培养单位为主体的评价多以管理者的视角看待博士生教育质量。华盛顿大学尼奎斯特（Nyquist）主持的"重构博士计划"（Re-envisioning the Ph.D Project）通过对 365 位来自不同博士培养单位和用人单位的代表进行访谈，围绕博士生教育的理想实践模式，探讨博士生教育质量的评价。⑤

2007 年 6 月到 2008 年 12 月，中国博士质量分析课题组将博士质量分成培养质量和发展质量，从培养单位和用人单位两个角度，采用创新能力、科研能力、学位论文质量、思想品德、组织协调能力等 9 个指标第一次在全国范围内（不含港澳台）对博士个体的质量进行界定和测评，在理论和方法上对博士质量评价进行了探索。⑥李荔的研究发现，50%的用人单位认为我国博士生培养质量 2000—2010 年没有进步，甚至还有下降趋势。在对新进博士创新能力的评价上，用人单位认为"一般"和"差"的比例为 68%。⑦

3. 博士生教育质量评价内容的研究

随着评价理论的发展，高等教育评价内容也在不断丰富，从最初对高等教育某一方面或某一阶段的评价向更加系统化、综合化的价值判断转变。对于博士生

---

① Park C, Hanbury A, Kulej M, et al. Postgraduate Research Experience Survey 2008 Final Report. The Higher Education Academy, 2008.

② 罗英姿, 程俊. "以学生为中心"的博士生教育质量评价. 学位与研究生教育, 2014（6）：60-65.

③ 李学昌, 苗苗. 博士研究生教育质量状况调查报告（博士生导师卷）. 煤炭高等教育, 2006（4）：83-86.

④ 李丽, 王前. 基于实证的博士生教育质量影响因素分析. 学位与研究生教育, 2012（9）：14-18.

⑤ Nyquist J, Woodford B. Re-envisioning the PhD: What Concerns Do We Have? Seattle, WA: Center for Instructional Development and Research, University of Washington.（2002-10-05）[2022-10-01]. http://depts.washington.edu/envision/project_resources/concerns.2000.

⑥ 中国博士质量分析课题组. 中国博士质量报告. 北京：北京大学出版社, 2010：18-22.

⑦ 李荔. 博士教育：数量增长水平下降. 北京科技报, 2011-05-02.

教育质量评价而言,学界由早期聚焦于对学习结果的终结性评价转向逐渐重视对学习阶段的增值评价、对学习经历的过程性评价及对职业发展的追踪性评价。

(1)对学习结果的终结性评价

早期,学界对博士生教育质量的评价大多集中于对学习结果的评价,即学位论文质量和就业情况等内容的评价。麦柯迪(McCurdy)等通过对142篇博士学位论文摘要进行文本分析,提出了该学科领域博士论文质量的评价标准,并依此对学位论文的质量进行分析,引起学界对博士生教育质量的激烈讨论。[1]之后,怀特(White)[2]、亚当斯(Adams)等[3]对公共行政博士学位论文进行追踪评价,在一定程度上衡量了博士生教育质量的发展变化。孔祥沛认为学位论文可以反映研究生的科研能力和培养质量,是研究生教育结果质量的体现。[4]王玉环等以评审专家关注度指标分析为重点,以学位论文的创新性为核心,构建出博士学位论文评价指标体系。[5]此外,部分学者从就业评价着手,如沈延兵等认为应建立科学的研究生就业评价指标体系,强调以学科为评价对象、以相关者满意度为中心,体现教育为本的理念,实现学术、市场和人文价值取向的统一。[6]

(2)对学习阶段的增值评价

20世纪70年代,社会问责制转变为关注教育目标实现的绩效问责制,学生的成长和发展成为关键的考核指标。美国高等教育质量评估专家阿斯廷(Astin)认为,增值评价主要关注学生从进入大学到毕业离开期间发生的变化,学生质量是大学质量的根本体现,真正的质量在于大学对学生认知和情感发展的影响程度,学生在校期间的学习和发展变化越大,那么学校对学生的影响也就越大,学校的质量就越高。[7]丹麦科学、技术与创新部于2005年9月组织了由索兰(Sorlin)领衔的国际专家小组,基于增值评价的视角对丹麦博士生教育质量进行

---

[1] McCurdy A, Cleary R. Why can't we resolve the research issue in public administration? Public Administration Review, 1984, 44(1): 49-55.

[2] White J D. Dissertations and Publications in Public Administration. Public Administration Review, 1986, 46(3): 227-234.

[3] Adams G B, White J D. The Public administration doctorate: A degree in search of a purpose. Journal of Public Administration Education, 1995, 1(1): 67-76.

[4] 孔祥沛. 基于江苏高校的研究生教育质量评价实证研究. 南京航空航天大学博士学位论文, 2011.

[5] 王玉环, 程杰贤, 任健华. 基于专家关注度的博士学位论文评价指标体系分析. 学位与研究生教育, 2012(9): 49-53.

[6] 沈延兵, 费毓芳, 陶德坤. 我国研究生就业评价存在的问题和对策. 学位与研究生教育, 2004(10): 46-50.

[7] Astin A W. Achieving Education Excellence: A Critical Assessment of Priorities and Practices in Higher Education. San Francisco: Jossey Bass, 1985: 23.

全面评估，涉及学术指导、博士生课程、博士生教育国际化、博士生流失率、博士生资助、博士生教育经费等维度。①刘海燕认为增值评价关注学生的学习起点、过程与结果，注重学生的学习质量、学习经历和体验、学习意愿、学术参与、与教师和同伴互动、学术氛围的营造以及支持性校园学习环境的构建等评价指标。②

（3）对学习经历的过程性评价

有学者认为，"博士生教育的主要绩效就是让学生在合理的时间内毕业，对博士学习期间的经历比较满意，为成为一个有创造性、独立性的学者做好充分的准备"③。戈尔德等对4000多名在读博士生进行的"博士生教育及职业准备调查"发现，尽管学生在整体上对课程及导师持满意态度，但大部分学生对培养过程及最终培养目标并不满意或不了解，说明博士生培养过程本身存在"信息赤字"现象，即培养过程与课程内容、培养目标和职业准备存在"三效错配"。④2011年，英国高等教育学院（HEA）开展高等院校研究生研究经验调查（PRES），102所英国大学的31 202名学生完成了问卷，评价内容涉及导师、技能发展、设施、氛围、目标和标准、论文考试、专业发展和职业规划、教学机会、角色和责任、个人因素、动机等方面。⑤王嘉毅等通过对349名甘肃省高校博士生的调查发现：博士生对所在学校博士生培养过程的满意度不高，指导方式较为单一、培养过程中考核不严格和研究资料缺乏及培养经费不足。⑥

（4）对职业发展的追踪性评价

对就业结果和就业满意度等方面的关注，国外开展得较多。华盛顿大学研究生教育创新中心（CIRGE）对博士学位获得者毕业若干年之后的大规模调查——"博士：十年之后""社会科学博士生毕业五年后的研究"，都关注职业选择、就业和对博士生教育项目的回溯性评价，评价的内容包括博士学位授权点的质量、研究经验的质量、课程的充足性、指导关系的质量、专业发展活动的有效性。这

---

① Sorlin S A. Public Good: PhD Education in Denmark, Report from an International Evaluation Panel. Copenhagen: Ministry of Science, Technology and Innovation, 2006: 23-30.

② 刘海燕. 美国高等教育增值评价模式的兴起与应用. 高等教育研究, 2012（5）: 96-101.

③ Lovitts B E. Being a good course-taker is not enough: A theoretical perspective on the transition to independent research. Studies in Higher Education, 2005, 30（2）: 137-154.

④ Golde C M, Dore T M. At Cross Purposes: What the Experience of Doctoral Students Reveal about the Doctoral Education. Philadelphia, PA: Pew Charitable Trusts, 2001.

⑤ Hodsdon L, Buckley A. Postgraduate Research Experience Survey 2011 Results. [2023-03-15]. https://www.britishcouncil.org/sites/default/files/pres_report_2011_executive_summary.pdf.

⑥ 王嘉毅, 陈富. 博士研究生培养过程调查研究——基于5所甘肃省属高校349名博士生的问卷数据. 研究生教育研究, 2013（4）: 31-37.

类调查关注博士学位获得者的职业发展状况,可以用来衡量博士学位获得者的就业结果和就业满意度。①另外一项深入研究博士生教育的重要调查——博士毕业生从事博士后研究计划的调查,通过对 61 所大学在 6 个博士学科领域的 6000 名左右的博士毕业生进行调查,分析他们在毕业后 10—14 年的职业发展路径,总结博士毕业生的宏观就业模式及学科就业特点,发现学生在求职和职业培训时存在"文化忽视"的现象。②

(二)关于博士职业发展的研究

1. 博士职业选择的相关研究

(1)博士职业选择的评价研究

博士的职业选择是研究博士职业生涯发展的逻辑起点。已有博士职业选择的研究大多利用宏观数据了解博士职业选择的特征与趋势。一方面,博士职业选择呈现多元化特征。研究发现,越来越多的博士到企业和非营利组织等非学术劳动力市场就业③,而遵从传统职业路径选择学术劳动力市场开展职业生涯的博士越来越少④。另一方面,博士职业选择的学科差异明显。总体而言,人文社科博士选择学术职业的比例更高,工科博士更多选择非学术职业。调查发现,2013 年美国人文社科博士毕业后选择高校、研究院所等学术劳动力市场就业的比例高达 67%,而理科博士为 49%,工科博士仅为 27%。⑤有学者统计了清华大学 2005—2015 年博士的职业选择也发现相似情况,工科博士中选择学术职业的比例是 53.5%,而理科和文科博士的这一比例则分别达到 70.5%和 76.3%。⑥

(2)博士职业选择的影响因素研究

国内外学者运用微观调研数据挖掘博士职业选择的影响因素。国外相关研究探讨了性别、博士就读期间学术参与经历和非学术参与经历、能力发展等个人因

---

① 王东芳. 博士生教育质量评价:新情境下的挑战与启示. 学位与研究生教育,2012(2):14-19.

② Nerad M,Cerny J. From rumors to facts:Career outcomes of English PhDs. ADE Bulletin,2000(13):43-55.

③ Clarke G,Lunt I. International Comparisons in Postgraduate Education:Quality,Access and Employment Outcomes. United Kingdom: Higher Education Funding Council for England,2014.

④ Neumann R,Tan K K. From PhD to initial employment:The doctorate in a knowledge economy. Studies in Higher Education,2011,36(5):601-614.

⑤ National Science Foundation. Improving undergraduate STEM education:Education and human resources. (2017-08-23)[2021-03-20]. https://www.nsf.gov/funding/pgm_summ.jsp?pims_id=505082.

⑥ 胡德鑫,金蕾莅,林成涛,等. 我国顶尖研究型大学工科博士职业选择多元化及其应对策略——以清华大学为例. 中国高教研究,2017(4):72-77.

素①②，导师指导、学校资源、职业指导等培养单位因素③，以及用人单位需求等因素④对博士职业选择的影响。国内学者对博士职业选择影响因素的探讨，多数基于在读博士生的调查数据，相关研究发现，性别、家庭社会经济地位、高校层次、学科类型以及薪资待遇对博士的职业选择产生显著影响。⑤⑥

综合来看，在博士职业选择的特征与趋势方面，国内外学者取得了较为一致的研究结果，即博士职业选择多元化，且学科差异明显；在博士职业选择的影响因素方面，国外研究已涉及个人、培养单位、用人单位等方方面面，国内研究尚缺少将博士生教育过程纳入考察范畴⑦、综合"个人-培养单位-用人单位"等利益相关者的系统研究。国内相关研究多基于在读博士生的职业期望数据，不能完全代表博士毕业生的实际职业选择情况。

2. 博士职业发展的相关研究

（1）博士职业发展的评价研究

毕业博士是博士生教育目标、学生发展和市场诉求三者的联结点⑧，毕业博士的职业发展过程就是运用博士生教育所学去满足市场需求、实现个人发展的实践场。在博士职业发展已有研究中，多数学者与研究机构关注博士职业发展路径的变动情况。⑨近十年，由于组织管理理论在博士职业发展领域的应用，国外学

---

① Herrera L, Nieto M. The determinants of firms' PhD recruitment to undertake R&D activities. European Management Journal, 2015, 33（2）：132-142.

② Lee H F, Miozzo M, Laredo P. Career patterns and competences of PhDs in science and engineering in the knowledge economy: The case of graduates from a UK research-based university. Research Policy, 2010, 39（7）：869-881.

③ Miller C C, Glick W H, Cardinal L B. The allocation of prestigious positions in organizational science: Accumulative advantage, sponsored mobility, and contest mobility. Journal of Organizational Behavior, 2005, 26（5）：489-516.

④ Thune T. Doctoral students on the university-industry interface: A review of the literature. The International Journal of Higher Education, 2009, 58（5）：637-651.

⑤ Gu J X, Levin J S, Luo Y Z. Reproducing "academic successors" or cultivating "versatile experts": Influences of doctoral training on career expectations of Chinese PhD students. Higher Education, 2018, 76（3）：427-447.

⑥ 张英丽. 我国博士生的学术职业选择及影响因素. 高教探索, 2009（2）：22-25, 37.

⑦ 鲍威, 杜嬛, 麻嘉玲. 是否以学术为业：博士研究生的学术职业取向及其影响因素. 高等教育研究, 2017（4）：61-74.

⑧ 罗英姿, 张佳乐, 顾剑秀. 毕业博士调查：博士生教育质量评价的新工具. 学位与研究生教育, 2016（11）：22-27.

⑨ Nogueira M M, Phillips S, Scholz B, et al. Career Tracking of Doctorate Holders: Pilot Project Report. Strasbourg: European Science Foundation. （2015-05-08）[2022-08-10]. https://www.esf.org/fileadmin/user_upload/esf/Career_Tracking_Pilot_Report_2015-05-28.pdf.

者开始关注博士职业发展的主观满意度[①②],认为博士职业发展水平不仅取决于薪酬、职位等传统客观指标的表现,还应取决于其主观满意度的高低[③]。有研究对博士职业发展的主观满意度提出了具体评价指标,如有研究者从价值贡献、能力匹配、声誉匹配、客观待遇4个方面来衡量博士职业发展的主观满意度,包括职业机会、薪酬福利、岗位声誉、工作重要性等14个维度[④];还有研究者侧重于从价值观层面来建立博士职业发展满意度模型,包括自主性、平衡性、工作内容、声誉、环境、灵活性、职业发展机会7个维度。[⑤]

  我国学者对博士职业发展的衡量主要采用收入、职称、晋升等客观指标。黄梅等用收入、职称、晋升次数、获得专利数量来表征博士职业发展,发现女博士的客观职业发展明显不如同年龄段的男博士。[⑥]赵世奎等从职务晋升(年龄)和学术生产(论文、专利、课题)方面来评价博士学位获得者的职业发展情况,发现相比于全日制博士,非全日制博士不管在职务升迁方面还是在学术产出方面都存在显著劣势。[⑦]赵卫华采用举办会议、英文专著发表、年收入指标来衡量博士毕业后职业发展水平,发现本土博士在获得最高奖励、中文专著出版方面优于海归博士。[⑧]钟云华以学术声誉提高、学术生产力增长、经济收入增长、职称晋升、承担课题与发表论文著作数量增加来衡量大学教师的学术职业发展。[⑨]

  总体而言,相较于国外的研究进展,我国学者对博士职业发展的衡量有两大局限:一是主要从职业发展客观性及外在性角度进行研究,即多采用收入、职称

---

① Escardíbul J O, Afcha S. Determinants of the job satisfaction of PhD holders: An analysis by gender, employment sector, and type of satisfaction in Spain. Higher Education, 2017, 74 (5): 855-875.

② Torp S, Lysfjord L, Midje H H. Workaholism and work-family conflict among university academics. Higher Education, 2018, 76 (6): 1071-1090.

③ Pedersen H S. Are PhDs winners or losers? Wage premiums for doctoral degrees in private sector employment. Higher Education, 2016, 71 (2): 269-287.

④ Nogueira M M, Phillips S, Scholz B, et al. Career tracking of doctorate holders. Pilot project report. Strasbourg: European Science Foundation, 2015.

⑤ McCarthy D O. Summary of Prior Work in Humanities PhD Professional Development. Washington, DC: Council of Graduate Schools, 2017.

⑥ 黄梅,范巍. 不同年龄段博士职业发展质量性别差异实证研究——基于劳动力市场转型背景下体制内就业的分析视角. 中国行政管理,2011(11):110-114.

⑦ 赵世奎,范巍,李汉邦. 博士学位获得者职业发展状况及其影响因素——基于职务晋升和学术生产视角的实证分析. 高等工程教育研究,2011(1):148-151.

⑧ 赵卫华. 海归博士与本土博士职业成就比较——基于全国博士质量调查的统计分析. 中国高教研究,2010(11):47-50.

⑨ 钟云华. 学缘关系对大学教师学术职业发展影响的实证研究——以H大学为个案. 教育发展研究,2012(1):61-68.

和薪资等客观方面的表现来衡量博士职业发展，而忽视了职业发展的主观性及内在性，即博士在职业发展中对个人需求和职业理想的实现等的主观感知；二是当前指标多针对学术劳动力市场，即采用学术生产、论文发表等衡量学术职业表现的指标，而缺少对当前博士就业多元化趋势的及时反应，缺少对非学术劳动力市场中博士职业发展的考量。

（2）博士职业发展的影响因素研究

近年来，博士职业发展影响因素的研究主要关注：用人单位需求对博士职业发展的促进与约束[1]、人口统计学特征对博士职业发展的影响[2][3]、博士生教育过程[4][5]，尤其是教育过程中的能力发展对博士职业发展的作用与价值[6][7]。

具体来看，基于用人单位需求对个人职业发展的影响研究，致力于探究在劳动力市场变化的背景下，用人单位需求与博士职业发展间的联系。如帕萨雷塔（Passaretta）等认为在经济衰退及教育经费减少的情况下，意大利学术劳动力市场的雇主普遍减少学术职位供给，使得更多的毕业博士为实现学术职业生涯发展而前往海外就业。[8]这类影响也同样表现在非学术劳动力市场，随着产业科研需求的持续加大，大量应用型学科的毕业博士在非学术劳动力市场实现职业生涯发展。

人口统计学特征会影响博士职业发展。总体而言，女性在职业发展上处于弱势地位。在职业搜寻过程中，女博士的首次求职成功时间长于男博士，其在学术劳动力市场就业的机会也少于男博士；在正式进入职业生涯后，女博士在晋升、收入等方面的职业表现也通常不如男博士。[9]

---

[1] Pedersen H S. Are PhDs winners or losers？Wage premiums for doctoral degrees in private sector employment. Higher Education，2016，71（2）：269-287.

[2] 金蕾莅，刘新益. 女博士就业初探——基于落实率和求职过程及结果的分析. 清华大学教育研究，2011（5）：68-72.

[3] Mangematin V. PhD job market：Professional trajectories and incentives during the PhD. Research Policy，2000，29（6）：741-756.

[4] Conti A，Visentin F. A revealed preference analysis of PhD students' choices over employment outcomes. Research Policy，2015，44（10）：1931-1947.

[5] 罗英姿，张佳乐. 我国毕业博士职业选择与发展影响因素的实证研究——以涉农学科为例. 高等教育研究，2018（11）：25-36.

[6] 罗英姿，黄维海. 博士职业发展成功的非认知能力特征及教育增值效应. 教育发展研究，2018（13-14）：77-84.

[7] Haapakorpi A. Doctorate holders outside the academy in Finland：Academic engagement and industry-specific competence. Journal of Education and Work，2017，30（1）：53-68.

[8] Passaretta G，Trivellato P，Triventi M. Between academia and labour market：The occupational outcomes of PhD graduates in a period of academic reforms and economic crisis. Higher Education，2019，77（3）：541-559.

[9] 黄梅，范巍. 不同年龄段博士职业发展质量性别差异实证研究——基于劳动力市场转型背景下体制内就业的分析视角. 中国行政管理，2011（11）：110-114.

博士生教育显著影响博士职业发展。关于教育与就业的研究，主要从两种视角看待教育：第一种视角将教育视为个人获得的某种可用来转化为职业地位和经济收入的优势拥有物（possession），强调其可用来获得竞争优势、实现社会流动的工具性，因而这种视角下主要的研究是将教育操作化为"受教育年限""受教育程度"，将个人所受的教育抽象为一个数字或者一种学历。这种视角下的研究主要使用定量研究方法去测量教育对职业地位获得的回报性贡献。[1]第二种视角则将教育概念化为一种如"育婴室"（incubator）般培育学生素养和能力的社会性过程[2]，通常采用质性研究方法或混合研究方法。因为学校是学生置身其中时间最长的地方，所以被视为一个相对于家庭和社会的独立环境，并且是家庭之外的第二个塑造学生的关键场所。[3]这一过程性视角试图打开前一视角中的教育"黑箱"，去详细考察教育经历/过程对学生的能力和发展的影响。这一视角最早应用于基础教育领域，近些年在高等教育领域方兴未艾。[4]近年来，国外开始将博士生教育作为过程，探讨其对博士职业选择、职业发展塑造作用的研究。如有研究发现，博士生在求学期间学术参与经历及非学术参与经历对其毕业后职业的选择产生影响[5][6]；米勒（Miller）等发现导师行为、学术声望和指导方式会对博士毕业生的职业选择产生重要影响[7]。总体来看，博士就读期间，学术发表越多、学业表现越好，其越倾向于从事学术职业，并获得更好的学术职业发展。[8]而博士生在教育过程中的非学术参与经验（如与企业开展合作）会促使博士选择非学术劳动力市场就业，实现更好的非学术职业发展。[9]我国学者也通过实证研究发现，博士生

---

[1] Hout M. Social and Economic Returns to College Education in the United States. Annual Review of Sociology, 2012（38）: 379-400.

[2] Stevens M L, Armstrong E A, Arum R. Sieve, incubator, temple, hub: Empirical and theoretical advances in the sociology of higher education. Annual Review of Sociology, 2008（34）: 127-151.

[3] Stuber J M. Inside the College Gates: How Class and Culture Matter in Higher Education. Lanham, MD: Lexington Books, 2011: 9.

[4] Binder A J, Davis D B, Bloom N. Career funneling: How elite students learn to define and desire "prestigious" jobs. Sociology of Education, 2016, 89（1）: 20-39.

[5] Mangematin V. PhD job market: Professional trajectories and incentives during the PhD. Research Policy, 2000, 29（6）: 741-756.

[6] Herrera L, Nieto M. The determinants of firms' PhD recruitment to undertake R&D activities. European Management Journal, 2015, 33（2）: 132-142.

[7] Miller C C, Glick W H, Cardinal L B. The allocation of prestigious positions in organizational science: Accumulative advantage, sponsored mobility, and contest mobility. Journal of Organizational Behavior, 2005, 26（5）: 489-516.

[8] Conti A, Visentin F. A revealed preference analysis of PhD students' choices over employment outcomes. Research Policy, 2015, 44（10）: 1931-1947.

[9] Herrera L, Nieto M. PhD careers in Spanish industry: Job determinants in manufacturing versus non-manufacturing firms. Technological Forecasting and Social Change, 2016, 113: 341-351.

在就读期间的导师支持是其职业发展的重要影响因素;博士生在就读期间的科研兴趣、组织协调能力等非认知能力增值程度对博士职业发展成功具有显著影响。[1]

从上述梳理可以看出,博士职业发展受到用人单位、个人特征、博士生教育的多重影响。截至目前,我国针对博士职业发展影响因素的研究较少,鲜有研究打开博士生教育"黑箱",探究博士生教育过程对博士毕业后的职业选择与发展的作用机制。

3. 博士职业匹配的相关研究

随着博士生教育规模的扩张,博士就业问题被广泛关注,其中被讨论最多的是"教育与职业不匹配""博士技能与社会需求不匹配"。[2][3][4]传统的博士生教育主要是以培养大学教授为目的,但并不是每个博士毕业生都希望成为大学教授,即使那些希望毕业后从事学术职业的博士也并非能够得偿所愿,即博士的实际职业道路和博士生教育目标之间再难达到传统的匹配。[5]有学者将博士在非学术领域就业的原因归结为过度教育,即博士在规模上的供给超过了劳动力市场的需求。[6]随着知识经济的发展,经济结构与生产方式的升级,越来越多的学者开始强调博士在企业等非学术领域就业的必要性,并淡化博士过度教育的说法。[7]对博士职业匹配的讨论,也从规模匹配、结构匹配的宏观视角转换到了能力匹配、专业匹配的微观视角,而后者更能从本质上反映博士职业匹配的现状、特征与问题。[8]有学者还指出,在非学术领域就业的博士,其博士生教育与工作的匹配程度较低。[9]

---

[1] 罗英姿,黄维海. 博士职业发展成功的非认知能力特征及教育增值效应. 教育发展研究,2018(13-14):77-84.

[2] Nerad M, Cerny J. From rumors to facts: Career outcomes of English PhDs. ADE Bulletin, 2000(124): 43-55.

[3] Golde C M, Dore T M. At cross purposes: What the experiences of today's doctoral students reveal about doctoral education. Career Choice, 2001: 63.

[4] 陈洪捷. 知识生产模式的转变与博士质量的危机. 高等教育研究,2010(1):57-63.

[5] Binsaleh S, Babaeer A, Alkhayal A, et al. Evaluation of the learning environment of urology residency training using the postgraduate hospital educational environment measure inventory. Advances in Medical Education & Practice, 2015(6): 271-277.

[6] Roulston K, Preissle J, Freeman M. Becoming researchers: Doctoral students' developmental processes. International Journal of Research & Method in Education, 2013, 36(3): 252-267.

[7] Haapakorpi A. Doctorate holders outside the academy in Finland: Academic engagement and industry-specific competence. Journal of Education and Work, 2017, 30(1): 53-68.

[8] National Science Board. Revisiting the STEM Workforce, A Companion to Science and Engineering Indicator 2014. Arlington: National Science Foundation, 2015.

[9] Roach M, Sauermann H. A taste for science? PhD scientists' academic orientation and self-selection into research careers in industry. Research Policy, 2010, 39(3): 422-434.

博士生教育忽略了对实际工作非常重要的学科交叉、团队合作以及领导能力的培养，即博士生培养不能提供博士在学术界外就业所需的技能。[①]美国国家科学委员会通过对 STEM 博士的调查发现，不论是在学术领域还是在非学术领域就职的博士，其能力与用人单位所需能力之间都出现了不匹配状况，他们往往缺少有效的可转移能力，过于注重学术研究，而欠缺教学、专业知识转移和应用、人际关系方面的能力。此外，部分博士生教育培养的研究人才并不能适应现代学术生活，也不能满足用人单位在研发领域就业的专业需求。[②]

我国学者也对博士职业匹配问题进行了探讨。有学者认为，传统的以培育学术人才为主导的博士生培养模式无法契合更为复杂的实际发展需求[③]，一些博士虽然拥有相当的专业研究能力，但其综合能力无法满足用人单位需求[④]。学术界认为博士未能作好科研与教学等学术职业的准备，企业界等非学术职业部门则指责当前博士没有很好的实践和运用能力[⑤]，博士能力的供需不匹配在一定程度上造成"学非所用"和"用非所学"[⑥]。

总体来说，国外对博士在劳动力市场的供需匹配问题给予了充分关注，并将重心逐渐从宏观层面的博士规模、结构的供需匹配研究转移到微观层面的能力匹配、专业匹配分析，其中微观层面的能力匹配研究基于毕业博士职业发展调查。我国则对更能反映博士职业匹配本质、更关涉博士生教育改革的微观匹配研究关注较少，且相关论断基本上是理论探讨和经验分析所得，缺乏对博士供需匹配进行深入、系统的实证研究。

（三）研究述评

1. 关于博士生教育质量评价的研究述评

回溯以往的博士生教育质量相关研究，可以发现，关于什么是博士生教育质

---

① Herrera L, Nieto M. PhD careers in Spanish industry: Job determinants in manufacturing versus non-manufacturing firms. Technological Forecasting and Social Change, 2016, 113: 341-351.

② National Science Board. Revisiting the STEM Workforce, A Companion to Science and Engineering Indicator 2014. Arlington: National Science Foundation, 2015.

③ 焦磊,谢安邦,赵军. 美国大学 STEM 领域博士生跨学科"规训"研究——基于 IGERT 项目. 清华大学教育研究, 2017（2）: 50-56.

④ 沈文钦,高耀,王传毅. 我国博士生教育需求的政策分析——基于二元需求的视角. 教育学术月刊, 2016（12）: 33-41.

⑤ 顾剑秀,罗英姿. 学术抑或市场: 博士生培养模式变革的逻辑与路径. 高等教育研究, 2016（1）: 49-56.

⑥ 胡德鑫,金蕾莅,林成涛,等. 我国顶尖研究型大学工科博士职业选择多元化及其应对策略——以清华大学为例. 中国高教研究, 2017（4）: 72-77.

量一直难有定论。学者多根据自身研究内容,用"博士质量""博士点质量""博士生培养质量""博士生发展质量"等概念来代替对博士生教育质量内涵的解读。由此,造成已有研究中博士生教育质量的内涵界定不一、外延指向模糊化的现象,进而使得对于博士生教育质量要素的探讨和评价缺乏统一的话语体系和对话平台,限制了博士生教育质量概念作用的发挥,也很难为研究本身提供完整的分析框架和研究路径。

在博士生教育质量评价领域,国外的研究倾向于微观层面的"博士生个人质量评价",强调博士毕业后的"发展质量",注重毕业博士对博士生教育质量的回溯性评价,体现的是学术成果导向、学术训练导向、职业发展导向相结合的多元质量观;国内的相关研究则注重宏观层面的"院校质量评估",主要基于导师和培养单位两个主体对博士生在学质量进行评价,强调博士生在获得学位时的"在学质量",评价的标准较多是博士生在读期间学术成果的质量,体现的是学术成果导向的质量观。就我国博士生教育质量评价而言,研究者大都忽略了博士生教育的直接利益相关者——博士生对博士生教育质量的评价与诉求,使得国内关于博士生教育质量评价的研究结果难以直接用于博士生个体的学习与发展改善。

2. 关于博士职业发展的研究述评

当前,国际上关于博士职业发展的研究呈现出两个趋势:一是博士职业发展的评价逐渐采取主观评价与客观评价相结合的方式,探究个体与职业的匹配情况;二是博士职业发展的研究逐渐引入社会认知职业理论,关注职业发展的形成机制。但不论是人与环境匹配理论抑或社会认知职业理论,多运用于企业员工或弱势群体的职业发展研究,对于博士群体的职业发展少有验证。与国外相比,国内关于博士职业发展的研究仍比较匮乏,且相关研究存在以下问题。

从评价视角来看,多从客观视角出发,忽视主观视角的评价。现有研究主要从博士的就业率、就业去向、职称晋升、职业迁移等客观方面研究博士的职业发展情况,较少从个人的发展意愿、主观感知切入研究,缺少博士个体对自身职业发展的直接回应,且研究较为分散,缺乏基于相关理论支撑的博士职业发展评价的指标体系,难以对博士职业发展进行全面、科学的评价。实际上,基于主客观相结合的视角,既可探寻博士职业发展的客观表现,又能挖掘博士职业发展的主观感知,对系统、深入探索博士职业发展现状及特征十分必要。

从研究内容来看,多关注从事学术职业博士的发展规律,鲜有探寻从事非学术职业博士的发展特征。多数研究聚焦于毕业博士的学术成就和学术职业发展规律的探寻，忽视了博士非学术职业发展的特征与问题。在博士生教育规模扩张、知识经济转型、劳动力市场需求转变的背景下，博士就业已呈现多元化趋势，而当前对博士生教育的质量、价值等方面的质疑多集中在非学术领域，因此，对非学术劳动力市场中博士职业发展的现状、问题与规律的探寻尤为迫切。

四、本书的研究方法

本书调查数据依托国家自然科学基金项目、教育部重大攻关项目的资助，分别于 2016 年 7—9 月开展全国涉农学科学术学位博士生教育质量调查，于 2018 年 12 月至 2019 年 2 月开展全国专业学位博士生教育质量调查。

（一）样本选择与获取

1. 学术学位博士生样本选取

关于调查学科的选取，主要依据《授予博士硕士学位和培养研究生的学科专业目录》（2011 年）统计口径，选取农学、工学、管理学学科门类中涉农相关学科展开调查，涉及作物学、植物保护、农业资源与环境、畜牧学、兽医学、农业工程、农林经济管理 7 个一级学科。之所以选择这些学科，是因为它们都是传统的优势涉农学科，其博士生培养规模相对较大，且又分属不同的学科门类，各学科博士毕业生就业市场不同，职业稳定性上也存在一定差异。

关于调查高校的选取，依据全国一级学科评估中高等院校涉农学科的综合排名，同时考虑院校层次类型和地域分布，本书最终确定以下几所调研高校：3 所"985 工程"高校，即中国农业大学、西北农林科技大学、浙江大学；2 所"211 工程"高校，即南京农业大学、华中农业大学；1 所省属农业院校，即华南农业大学。同时，在 ESI 中国大学综合排名中，样本高校均进入中国高校百强。此外，根据《中国学位与研究生教育发展年度报告-2015》，2015 年我国共招收了 3161 名农学博士，其中招生数量靠前的 7 个地区分别为北京、江苏、湖北、陕西、浙江、黑龙江及广东，约占招生总数的 65%。[①]选取的这 6 所高校在这些省市中又属于招收农学博士生数量最多的高校。综上可见，样本高校具有良好的代表性。

关于个体样本的选取，主要为 3 年级及以上在读博士生和毕业 10 年内的博士。对于 3 年级及以上在读博士生而言，他们基本经历了整个博士生教育过程，

---

① 中国学位与研究生教育发展年度报告课题组，全国学位与研究生教育数据中心. 中国学位与研究生教育发展年度报告-2015. 北京：高等教育出版社，2016：70.

并拥有明确的职业目标和职业期望，调研该群体能有效了解在读博士生对博士生教育的满意度以及当前博士生教育是否满足其个人发展与职业期望需求。对于毕业博士而言，调研该群体能有效了解处于不同时段的毕业博士对博士生教育经历的满意度及其职业发展情况，可以结合毕业后实际职业发展需求对博士生教育进行客观评价。

2. 专业学位博士生样本选取

关于调查高校的选取，为充分掌握我国不同专业学位博士生教育质量状况，本书对设有临床医学、兽医、口腔医学、教育、工程①和中医博士专业学位的相关高校进行了调研，高校类型包括"双一流"建设高校和其他高校，地域分布遍及东部、中部、西部不同地区。为使调研结果更具代表性，此次调研重点关注了招收专业学位博士生人数较多、获授权招生时间较长的高校。关于个体样本的选取，为提高样本的覆盖率，对所有博士专业学位种类、不同年级、不同毕业时长的学生进行了充分调查。

3. 样本数据的获取

主要采用网络平台和实地调研两种方式。对每所被调研高校选择一位固定联系人，通过被调研高校的研究生院的微信公共平台、博士生导师的学生微信群、博士生的微信群，或结合实地访谈采用滚雪球法通过问卷星平台，向毕业博士发放相关问卷的网络链接。同时，课题组成员走访了相关调研高校，并深入各学科博士生学习室和实验室进行纸质版问卷和电子版问卷发放；此外，调研过程中获得高校教师、学院辅导员、研究生会及在读博士生的帮助，提高了问卷的发放率和回收率。

（二）研究方法

本书采取宏观与微观相结合、理论与实践相结合、定量与定性研究相结合的方法。针对每部分研究内容，采用的具体方法包括理论分析、质性访谈、问卷调查、案例分析、计量模型等。主要研究方法有以下5种。

1. 理论分析法

通过搜集并分析教育质量评价研究、职业发展研究的相关文献资料和理论进

---

① 工程博士专业学位于2011年2月召开的国务院学位委员会第28次会议审议通过设立，为更好地服务国家工程科技与产业发展需要，统筹工程博士专业人才培养。2018年，国务院学位委员会将工程博士专业学位调整为电子信息、机械、材料与化工、资源与环境、能源动力、土木水利、生物与医药、交通运输8个专业学位类别，因此本书的工程博士专业学位即包括电子信息等8个专业学位类别的工程类博士专业学位。

展，为本书构建我国博士生教育质量评价、博士职业发展研究的理论框架提供了理论支撑。其中，学生发展理论为本书博士生教育质量评价理论框架的构建提供了理论基础与测量方法，社会认知职业理论为本书博士职业发展研究理论框架的构建提供了理论基础。

2. 半结构式访谈法

通过运用半结构式访谈法对在读博士生、毕业博士、培养单位及用人单位进行访谈，了解当前基于学生发展的博士生教育质量问题特征及原因，并在对博士生教育质量现状调查问卷的统计分析基础上，选取典型样本，针对个别对象进行深入了解和重点访谈。

3. 问卷调查法

采用问卷调查法对在读博士生、毕业博士、培养单位和用人单位进行博士生教育质量评价指标重要程度的问卷调查，了解博士生教育各利益相关者对博士生教育质量评价指标重要程度的判断。对在校博士生及毕业博士发放博士生教育质量现状调查问卷，了解当前博士生教育质量现状。

4. 案例分析法

通过案例分析法，对国外博士生教育变革的理念与路径进行分析。在找寻国外有助于博士生教育质量提升、有益于博士职业发展的经验借鉴时，通过案例分析法分析国外发达国家博士生教育的改革理念、变革行动和运行效果。

5. 数据分析方法

本书使用到的数据分析方法包括层次分析法、指数法、描述性统计法，以及多种计量分析模型。本书采用层次分析法对"博士生教育质量评价指标重要程度问卷"数据进行处理，确定本书所构建的博士生教育质量各评价指标的权重，建构基于学生发展导向的博士生教育质量 IPOD 评价模型；采用指数法分别测算我国学术学位/专业学位博士生教育的输入质量指数、过程质量指数、输出质量指数、发展质量指数以及综合质量指数；采用描述性统计分析法探究我国学术学位/专业学位博士生教育质量的现状，探究学术学位博士职业选择、职业发展的特征；采用线性最小二乘法（OLS）回归、二元 logistic 回归、多元线性回归等多种计量分析模型实证探索学术学位博士职业选择、职业发展的影响因素，采用多元线性回归模型实证检验学术学位博士生教育的价值，采用中介效应模型实证检验专业学位博士生教育的价值。

（三）本书逻辑框架

本书逻辑框架如图 0-1 所示。

```
                        博士生教育质量与博士职业发展
                                    ↓
                    博士生教育质量评价与职业发展理论框架构建
```

研究方法：
- 理论分析法
  - 学生发展理论
  - 匹配理论
  - 社会认知职业理论

博士生教育质量评价理论框架
输入→过程→输出→发展（IPOD）

博士职业发展理论框架
个人特征→博士生教育经历→职业选择→职业发展

研究问题：
- ✓ 博士生教育质量内涵及质量观
- ✓ 博士生教育质量评价发展趋势
- ✓ 博士职业发展内涵及评价指标体系

博士生教育质量与博士职业发展实证探索

实证研究：
- 半结构式访谈法
- 问卷调查法
- 层次分析法
- 多种计量分析模型

质量评价：评价模型→质量现状→质量指数

职业选择／职业发展：特征→影响因素

基于职业发展考察博士生教育价值

- ✓ 学术学位/专业学位博士生教育质量现状
- ✓ 学术学位博士职业选择/职业发展特征及影响因素
- ✓ 学术学位/专业学位博士生教育价值再审视

国外博士生教育变革理念与路径

国际视野：
- 案例分析

国外博士生教育变革的背景

国外博士生教育变革的理念与路径

- ✓ 美国"新一代"博士行动
- ✓ 美国BEST计划
- ✓ 欧洲博士生教育改革路径
- ✓ 日本博士生教育改革路径

中国博士生教育变革理念与路径

中国方案

中国博士生教育变革的理念

中国博士生教育变革的路径

- ✓ 学术学位博士生教育变革的路径
- ✓ 专业学位博士生教育变革的路径

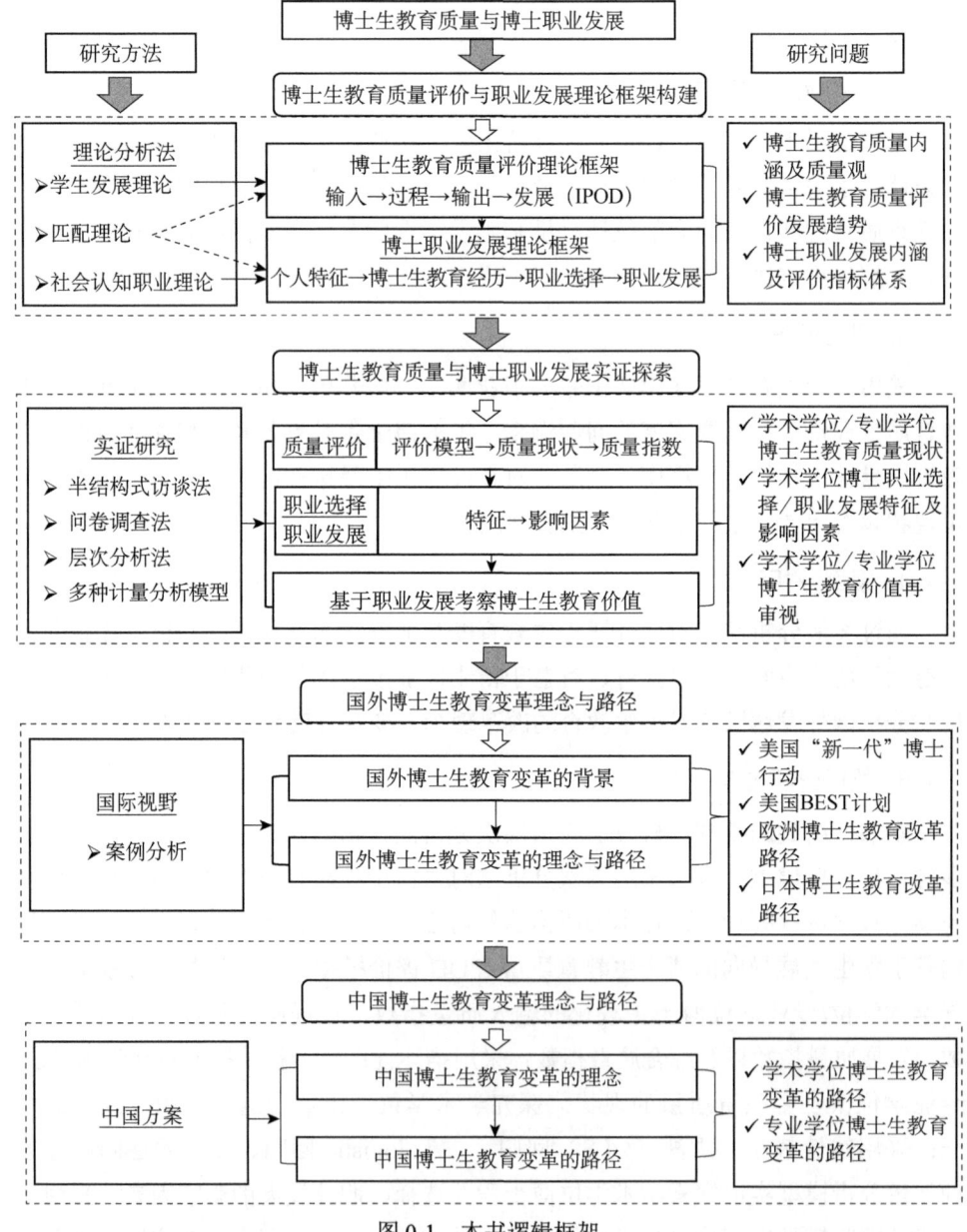

图 0-1 本书逻辑框架

第一章

博士生教育质量评价及博士职业发展理论框架

第一节 理 论 基 础

一、学生发展理论

学生发展理论形成于 20 世纪 60 年代，主要解释学生在大学期间的发展和成长规律。其中较有影响力的研究成果大多来自美国学者，如阿斯廷提出的 IEO 模型，即"输入-环境-输出"（input-environment-output）模型，认为高等教育的"输出"是"输入"与"环境"相互作用的结果。[1]他强调"学生参与"的重要性，指出学生学习就是学生参与的过程，只有积极参与大学各项活动才能学得更好，衡量大学教育质量的重要尺度在于其是否能够有效地促进学生参与的程度。[2]库（Kuh）进一步提炼了"学生参与"的概念，指出学生参与主要是测量学生投入有效学习的时间和精力，以及大学支持学生参与学习活动的强度。[3][4]此外，廷托（Tinto）、帕斯卡雷拉（Pascarella）等与韦德曼（Weideman）等也采用了"投入-过程-产出"的理论框架来研究学生成长发展与环境之间的关系。廷托提出的"社会与学术整合模型"是对 IEO 模型的发展，他认为投入要素除了包括个人特征、家庭背景、大学前经历，还应该包含求学目标，即不同学生在求学时对自身能力的变化会产生不同的目标承诺，这也会影响其与院校环境的融合度；过程要素包括学术融合与社会融合两部分；产出要素则是求学目标的改变及关于是否退学的决定。[5]帕斯卡雷拉等提出的"整体发展评定模型"认为，学生的学习和知识技能发展主要受学生个人背景与特征、院校组织结构特征、社会性人际互动、院校环境、学生个人努力程度 5 个变量直接或间接的影响。[6]韦德曼

---

[1] Astin A W. Assessment for Excellence: The Philosophy and Pratical of Assessment and Evaluation in Higher Education. London: Macmillan Publishing Company, 1991: 18.

[2] Astin A W. What Matters in College: Four Critical Years Revisited. San Francisco: Jossey-Bass, 1993.

[3] Kuh G D. What we're learning about student engagement from NSSE: Benchmarks for effective educational practices. Change: The Magazine of Higher Learning, 2003, 35 (2): 24-32.

[4] Kuh G D, Kinzie J, Buckley J A, et al. What matters to students success: A review of the literature. (2006-07-01) [2022-12-25]. https://nces.ed.gov/npec/pdf/Kuh_Team_Report.pdf.

[5] Tinto V. Dropout from higher education: A theoretical synthesis of recent research. Review of Educational Research, 1975 (45): 89-125.

[6] Pascarella E T, Terenzini P T. How College Affects Students: A Third Decade of Research. San Francisco: Jossey-Bass, 2005.

等提出"大学生社会化模型",其输入要素可归纳为学生层面的个人特征要素和其他群体层面,如源于家庭、高校、社会等群体的压力;过程要素由学术环境、社会环境及社会化过程三方面构成;产出要素则是学生社会化的结果,如职业选择、价值观、生活方式等。[1]这些研究从不同侧面探讨了高等教育中影响学生学业成就的关键变量及相互关系(表1-1),为正确评价学生的发展奠定了理论基础。由于学生发展理论是在本科生学生事务管理过程中逐渐发展起来的[2],其应用领域集中在本科生范围内,在研究生领域,主要被运用于研究硕士生流失率、留存率与满意率等[3],鲜有涉及博士研究生阶段[4]。

表1-1 不同学者关于学生发展理论的研究

学者	理论模型	投入要素	过程要素	产出要素
阿斯廷	输入-环境-输出模型	个人特征、家庭背景、入学前经历	院校环境、学生投入度	学生认知、情感、行为等收获
廷托	社会与学术整合模型	个人层面:个人特征、家庭背景、大学前经历、求学目标	学术融合:智力发展、学业表现 社会融合:生生互动、生师互动、课外活动	求学目标的改变、关于是否退学的决定
帕斯卡雷拉等	整体发展评定模型	个人层面:个人背景与特征 院校层面:院校组织结构特征	院校环境:社会性人际互动、个人努力程度	学习和知识技能的发展
韦德曼等	大学生社会化模型	个人层面:个人入学前背景 其他群体层面:源于家庭、高校、社会等群体的压力	学术环境:教学质量、培养目标、专业特点等 社会环境:院校规模、同伴群体、团体组织等 社会化过程:人际互动、内心体验、社会和学术融合	社会化结果:职业选择、价值观、生活方式等

二、匹配理论

在组织行为学研究中,匹配是指个体与所处环境的一致性,它可以阐释个体

---

[1] Weidman J C, Twale D J, Stein E L. Socialization of Graduate and Professional Students in Higher Education: A Perilous Passage?. San Francisco: Jossey-Bass, 2001.

[2] McEwen M K. New Perspectives on Identity Development. Student Services: A Handbook for the Profession. San Francisco: Jossey-Bass, 2003: 203-233.

[3] Pascarella E T, Terenzini P T. How College Affects Students: A Third Decade of Research. San Francisco: Jossey-Bass, 2005.

[4] Lanty M, Husser W, Snyder T, et al. The Condition of Education in 2008 (NCES 2008-031). National Center for Education Statistics, Institute of Education Sciences, U.S. Department of Education, Washington, DC.

对某一学科、职业、机构等方面的投入与坚持。[1]关于匹配理论，研究主要有三个分支：个体-环境匹配论（P-E fit）、个体-文化匹配论（P-C fit）、个体-职业匹配论（P-V fit），运用匹配理论可检测个体特征及行为与他们所处环境、职业预期等之间的关系。

个体-环境匹配论是指个体与所处环境之间的一致性程度。[2]个体-环境匹配论的大多数研究都检验了个体与环境的某一特定方面的感知匹配度。[3]该模型强调了个体内嵌于环境的多个方面，认为人-环境匹配实际上包括个体-组织匹配（P-O fit）、个体-职业匹配（P-V fit）、个体-岗位匹配（P-J fit）、个体-群体匹配（P-G fit）、个体-个体（P-P fit）匹配。个体-环境匹配论的多维观点可应用于博士生教育经历研究中，探讨博士生与高校、院系、学科，同学或同辈群体以及朋辈导师之间的匹配关系。

个体-文化匹配论主要阐释个体价值观与社会结构或组织之间价值观的一致性程度。文化作为一种价值体系，能够帮助人们定义什么是重要的，怎样的态度和行为是被提倡的。[4]研究表明，当组织特性与个人价值取向相一致时，个体往往能够更好地适应其所处的环境而产生更好的表现。[5]个体-文化匹配的发展和评估的关键指标是价值观，特别是个体和组织间共同的价值观。将个体-文化匹配论应用于博士生教育，可以阐释不同的文化情境对博士生教育的影响。较强的个体-文化匹配感知会提高他们在该领域的参与度，进而增强学生的自尊和专业荣誉感，使学生在课程学习、学术研究与目标职业选择上持之以恒地投入。

个体-职业匹配论是关于人的个性特征与职业性质相一致的理论。1909 年，帕森斯（Parsons）在《选择职业》（Choosing a Vocation）中首次阐述人职匹配，该理论的基本内涵是个体与个体之间存在不同，而每种职业的工作性质、工作条

---

[1] Backhaus K. Importance of person-organization fit to job seekers. Career Development International, 2003 (8): 21-26..

[2] Jansen K J, Kristof-Brown A. Toward a multidimensional theory of person-environment fit. Journal of Managerial, 2006, 18 (2): 193-212.

[3] Caldwell S D, Herold D M, Fedor D B. Toward an understanding of the relationships among organizational change, individual differences, and changes in person-environment fit: A cross-level study. Journal of Applied Psychology, 2004, 89 (5): 868-882.

[4] O'Reilly C A, Chatman J. Organizational commitment and psychological attachment: The effects of compliance, identification, and internalization on prosocial behavior. Journal of Applied Psychology, 1986, 71 (3): 492-499.

[5] Bretz R, Judge T A. Person-organization fit and the theory of work adjustment: Implications for satisfaction, tenure, and career success. Journal of Vocational Behavior, 1994, 6: 32-54..

件、工作环境、工作方式等也存在差异。[①]不同职业对个体的知识、技能、性格等要求自然也会不同。个体-职业匹配论认为个体特性与职业性质的匹配是个体获得良好职业发展的重要因素，强调个体在匹配中主观能动性的发挥，重视职业选择和职业适应。贝克（Baker）等于2013年首次将匹配理论引入博士生教育领域，并对理论的切合性进行了具体的阐释（表1-2）[②]，这也为本书的研究奠定了基础；此外，运用匹配理论解释博士生与博士生教育环境各个方面的匹配度、博士生教育质量与博士生职业发展的匹配度以及博士生个体与工作单位及工作岗位的匹配度等，以了解博士生教育环境对博士生个体发展的支持程度及博士生教育对博士生职业发展的贡献程度。

表1-2 匹配理论在博士生教育中的应用

比较项		个体-环境匹配论	个体-文化匹配论	个体-职业匹配论
内涵		个体与所处环境的一个或多个特征维度之间的吻合程度、个体对所处环境的适应性	个体价值观与组织价值观的一致性程度	个体特征与职业性质一致性程度，与职业选择、职业适应相关
博士生教育中的应用情境		博士生与所在高校、院系、区域环境以及与教职工、同学等之间的相互关系	博士生与高校、院系、专业协会等组织价值观的一致性程度，以及与学科、课程等氛围的匹配程度	个人特征、学术经历与职业选择及职业适应之间的匹配程度
潜在原因		高校类型、培养与管理、学习资源、课程与教学、导师支持等因素	培养目标，培养理念，学术氛围，对于个人发展机会、教育经历的感知价值	对个人资本与单位、岗位匹配度的认知，对践行职业角色的支持力和机会的认知
潜在结果	积极	持久性、满意度、成功	获得支持性关系、被认可、乐观	主动参与，领域内获得一定发展，满意的职业选择与职业适应
	消极	摩擦、不满、学术进展、个人发展受阻	冲突、孤立、学术进展、个人发展受阻	未能获得相关支持，未能胜任专业角色，未能获得期望职业

三、生涯发展理论

生涯发展理论中的"生涯"（career）一词是由"职业"（occupation）拓展而来的，强调个体的职业生涯发展，这一理论的产生将以往对职业的关注与对个体的关注紧密结合起来，认为生涯发展是个体的行为集合体，自我发展成为关注的

[①] Jones L K. Frank Parsons' contribution to career counseling. Journal of Career Development, 1994, 20（4）: 287-294.

[②] Baker V L, Pifer M J, Flemion B. Process challenges and learning-based interactions in stage 2 of doctoral education: Implications from two applied social science fields. The Journal of Higher Education, 2013, 84（4）: 449-476.

核心。为全面了解生涯发展理论的核心观点，综括生涯发展理论的演变过程及不同学者对该理论的拓展丰富，从影响要素角度做如下归纳（图1-1）。

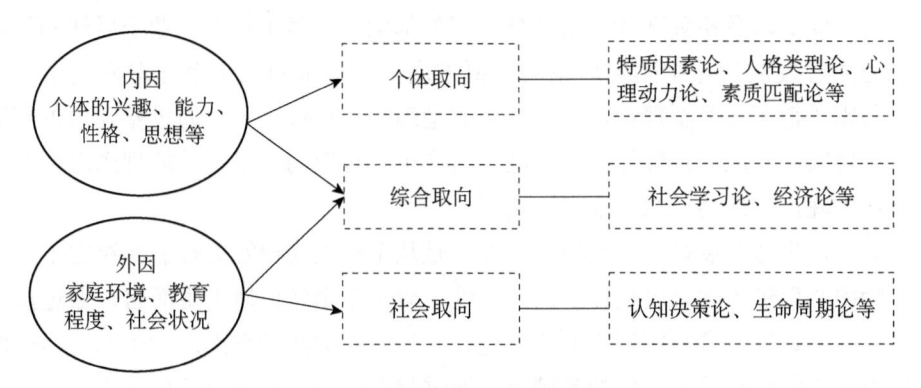

图 1-1 基于影响要素的生涯发展理论

个体的生涯发展是受内因和外因共同驱动的，内因包括个体的兴趣、能力、性格、思想等，外因包括家庭环境、教育程度、社会状况。认为内因起主要支配作用的个体取向形成了一系列相关理论，如特质因素论、人格类型论、心理动力论、素质匹配论等；认为外因起主要支配作用的社会取向，侧重于将个体的生涯发展归结为被动选择，认知决策论和生命周期论等与之相似；除此之外，认为个体生涯发展是在客观条件下发挥主观能动性，即内因和外因共同推动做出选择和发展是为综合取向，这种取向与社会学习论、经济论相类似。除此之外，从个体与职业的关系角度出发对生涯发展理论做以归纳，如图1-2所示。

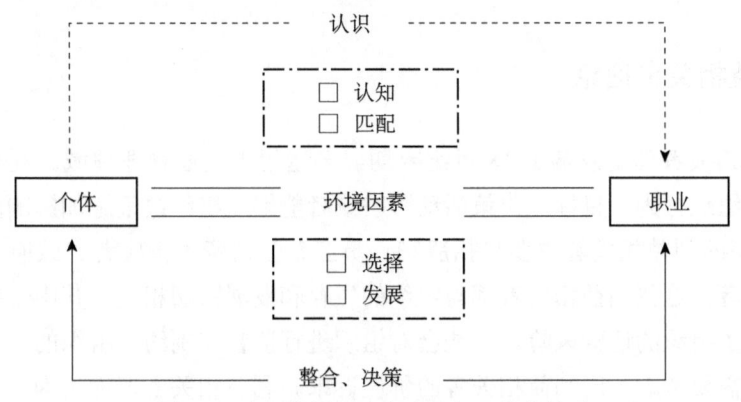

图 1-2 生涯发展理论中个体与职业的关系

在个体进行职业选择和发展过程中，个体对自我的认识、对职业的认识以及对周围环境的感知十分重要，而对三者进行整合并做出决策则是个体进行职业选择和职业发展的基础。在认识环节，回答什么样的个体适合什么样的职业；而在整合、决策环节，则需要回答个体如何选择职业、适应职业、促进职业发展。在对自身、职业以及相关环境因素充分认识的基础上，对个体与职业予以认知和匹配，是生涯发展理论中匹配理论的重要方面，更多地对应于个体取向的生涯发展，与霍兰德职业类型理论、罗伊人格类型理论有相似之处。通过整合内外部需求、环境因素及职业特性等做出决策则对应于综合取向，以发展的理念看待个体的职业生涯，与社会认知决策理论相似。

首先，生涯发展是个体的生涯发展，是从个体主观出发进行的，决定了"以学生为中心"进行教育质量评价的必要性。对于学术学位博士生而言，通过接受教育，更好地将自身与所期望的职业进行匹配是其关注的重点；对于专业学位博士生而言，如何在已有工作的基础上，通过整合资源、获取资源促进职业发展是其主要目标。生涯发展理论从个体与职业的关系角度进行分类，为学术学位和专业学位这两种不同类型的博士生教育质量评价提供了分类划分依据。

其次，生涯发展强调过程性和动态性，学生动机、所受教育、所获成果及职业发展之间是相互影响的，博士生教育质量评价也应是全过程的质量评价。博士生教育质量受内因和外因的共同影响，一方面，学生选择攻读博士学位的动机是多元的，在这些动机的综合作用下，学生做出对"为什么要攻读博士学位""选择攻读何种学位""选择在哪一所高校跟随哪一位导师攻读"等问题的决定；另一方面，学生在整个教育经历中的表现及所取得的成果、获得的能力发展也受内外动因的支配。

四、利益相关者理论

利益相关者理论发端于18世纪末期，多运用于企业管理领域。利益相关者是指受到组织行为、目标、决策活动影响或者能够对组织决策施加影响的人或团体[①]。组织的利益相关者主要包括股东、员工、公司资本供应者、政府部门、顾客、媒体等。这些利益相关者都与组织的生存和发展密切相关，其中一些利益相关者分担了组织的运营风险，一些会对组织进行监督和制约，组织的运营管理和决策制定需要考虑不同利益相关者的价值诉求。利益相关者理论认为，一个组织或者系统不是独立运行的，组织的目标是在协调各方利益的基础上，通过规范各

---

① Freeman R E. Strategic Management: A Stakeholder Approach. Boston: Pitman, 1984: 23-38.

利益相关者的责任和义务，充分整合配置资源，进而为所有的利益相关者创造最大利益。伯罗斯（Burrows）将利益相关者理论应用到教育领域，并结合教育机构将利益相关者分为内部利益相关者（学校管理者、教师、学生）和外部利益相关者（用人单位、社区、媒体）。[①]其中，代表劳动力市场需求的雇主和承载教育质量的学生是备受关注的利益相关者群体。利益相关者理论，一方面指出了不同利益相关者的角色和地位，反映出各利益相关者不同利益诉求及相互关系，为分析博士生教育各相关利益主体提供了理论框架；另一方面，为提升博士生教育质量提供了很好的观察思路和理论依据。

知识经济的发展无疑使得大学"入世"的特点更加明显，大学与外界尤其是非学术机构的联系变得更加频繁和紧密。[②]政府部门、企业单位、大众媒体及其他非学术机构等也纷纷加入知识生产和传播的行列，并对博士生教育的目标、决策等施加影响。各利益主体赋予博士生教育质量不同的含义，也体现了不同的博士生教育质量观（表1-3）。博士生教育质量观反映着不同利益主体对博士生教育目标及功能的看法，对促进博士生教育改革和发展具有导向作用。各利益主体的价值诉求存在差异，对于"博士生掌握何种技能更加重要"这一问题的认识并不统一。用人单位主要以发现问题、解决问题、理论结合实际等适应市场需求的可迁移能力（transferable skill）（适用于新的或不同的环境、活动中的技能）作为博士生教育质量评价标准；培养单位（如博士生导师）则以学术产出和科研创新能力作为衡量博士生教育质量的标准；在读博士生更加关注培养过程中的学术训练和能力提升，期望在研究方法、论文撰写、表达交流等方面能够接受更多指导[③]；毕业博士则基于职业发展视角，其关注点在于职业选择和职业发展上，强调博士生教育期间职业能力的训练和提升。

表1-3 不同利益主体的博士生教育质量观

利益主体	评价视角	质量观	关注点
用人单位	经济学视角	追求效益导向	知识的应用、问题的解决等
培养单位	产品视角	学术成果导向	论文数量、论文质量等
在读博士生	过程视角	学术训练导向	能力训练、方法获得等
毕业博士	职业发展视角	职业发展导向	职业培训、职业指导等

---

① Burrows J. Going beyond labels: Framework for profiling institutional stakeholders. Contemporary Education, 1999, 70 (4): 5.
② 徐贞, 牛梦虎. 就业多元化趋势下博士生教育改革研究. 教育发展研究, 2017 (9): 64-71.
③ 罗英姿, 刘泽文, 张佳乐, 等. 基于IPOD框架的博士生教育质量研究——以涉农学科为例. 高等教育研究, 2017 (5): 55-63.

第二节　博士生教育质量评价的价值取向与理论框架

一、博士生教育质量评价的价值取向

（一）学术取向

博士生教育质量评价的学术取向是指高校主要依据学术逻辑进行博士生培养，强调学术导向和学科导向，重视博士生学科知识的积累以及学术精神和学术规范的养成，提高博士生的科研能力，并以此促进知识的增长和学科的发展。学术取向在博士生教育质量中集中表现为学术性和研究性，遵循学术取向的博士生教育质量评价对于提升博士生的科研能力具有重要意义。然而，过分强调学术取向容易造成博士生教育与社会经济和文化发展的脱节，亦可能忽视博士生个体的全面发展。

（二）社会取向

社会取向的博士生教育质量评价较多地关注博士生教育的政治价值和经济价值，重视博士生教育为国家和社会提供高层次人才，因此在一定程度上带有功利性特征。也正因如此，若一味强调博士生教育的社会取向，忽视了博士生教育的本真意义和博士生教育发展的自身规律，则容易导致高等教育在多元化社会需求中迷失方向。加之并非所有社会需求都符合博士生教育的运行机制及发展规律，在考虑市场逻辑、强调社会取向的同时，需要遵循学术逻辑，以免冲击正常的博士生教育活动。

（三）人本取向

人本取向的博士生教育质量评价将博士生教育对博士生个体发展所做出的贡献程度作为衡量博士生教育质量的标准。在博士生教育中提倡以人为本，也就是以育人为本，是指充分调动博士生在博士生教育活动中的参与度，提高其学习研究的积极性和能动性，将博士生的个体发展作为博士生各项教育服务活动的出发点，促进博士生的自我完善。

学术取向、社会取向和人本取向是高等教育质量标准中的基本维度，三者之间是辩证统一的。过分强调或忽略其中任一种价值取向，均可能导致高等教育的

发展陷入困境。伴随着社会问责制及质量运动在各领域的开展，仅仅强调学术取向、基于博士生教育系统内部的评价已不能满足多元利益主体对博士生教育质量的诉求。博士生教育质量评价必须整合多元利益主体的价值诉求，以学术取向为根本、人本取向为核心、社会取向为基础，对博士生教育质量特别是博士生满足社会需要的程度或适应社会发展的程度进行评价。

二、博士生教育质量评价理论框架的构建

（一）学生发展理论的适切性

本书选择学生发展理论作为博士生教育质量评价理论框架的主要指导理论，主要基于以下三个原因。

1）学生发展理论关注学生个体发展，符合当前教育评价从"院校本位"向"学生本位"模式转变的趋势，能够弥补我国博士生教育质量评价研究中"忽视博士生个体视角"的不足。博士生是有才能和天赋的成人，能正确感知所接受的博士生教育质量，其在专业学习中接受的理论知识和学术训练也直接影响其未来的职业选择和职业表现，是最有资格对其博士生教育和博士生教育对职业生涯发展的影响做出评价的主体。

2）学生发展理论为探究"教育活动如何影响学生发展"提供了较为丰富、详细的理论模型。学生发展理论及其相关模型已被广泛应用于教育评价活动中，以探求学生的输入变量和学校教育环境如何影响学生发展，该模型也成为美国高校学生调查（如 CSEQ 和 NSSE 等）的指导思想之一。学生发展理论中较为成熟的理论模型，诸如阿斯廷的"输入-环境-输出"模型、廷托的"社会与学术整合模型"、帕斯卡雷拉等的"整体发展评定模型"、韦德曼等的"大学生社会化模型"都提出了详细的理论模型与测量指标，对本书博士生教育质量评价指标的选取有一定的启发与指导。

3）学生发展理论能够直接应用于学生个体的学习和发展改善中。学生发展理论认为，教育活动评估的一个最基本的目的是获得尽量多的信息构建合理的教育环境，以将学生个人的发展最大化。本书拟开展的博士生教育质量评价是指对影响博士生教育质量的有关因素和过程以及产出成果的评价及判断。学生发展理论指导下的博士生教育质量评价能够了解博士生对博士生教育经历相关过程因素和产出成果的认知及满意度。基于学生发展的博士生教育质量评价能够以博士生个体发展为主线，了解博士生对整个博士生教育经历及教育回报的感受、认知和

满意度；同时能够使政府、公众和高校等利益相关者对博士生教育质量有较为清晰的判断，了解博士生教育的实施情况，以便对博士生教育进行调整、改革与完善，直接有益于学生个体的学习与发展。

（二）博士生教育质量评价 IPOD 理论框架的构建

博士劳动力市场需求的多元化使得博士生教育质量内涵、评价标准也逐渐多元化。传统的博士生培养模式基于单一学科，博士生培养目标是培养知识的创造者、学科的传承者，博士生教育质量评价以考查博士生是否具备独立从事科学研究的能力为标准。而高校以外的用人单位则以博士毕业生知识的应用、问题的解决、团队领导合作、可迁移性、灵活性等适应社会和服务社会的能力作为博士生教育质量的评价标准。

博士生就业领域的多元化和职业发展要求的能力素质综合化，客观上使得博士生教育质量评价需要更加综合、更加细致地对评价对象做出准确的判断。在新的博士生质量评价模式中应当重新审视并重视以学生为中心的评估标准及学习过程与结果。[1]博士生是博士生教育的"经历者"，也是质量要素的"承载者"，具有博士生教育质量评价的天然"自评资质"。[2]因此，博士生教育质量评价要改变传统教育质量评价中"管理主义倾向"[3]，重视博士生主体参与。尽管在读博士生可以评价博士生培养质量，但他们不能在没有获得博士学位的情况下充分评价博士生教育质量，即博士生教育质量评价不仅要强调评价博士生在获得学位时的"在学质量"，也要强调评价博士生毕业后的"发展质量"。因此，客观上要求将"职业发展"纳入博士生教育质量评价框架，开展毕业博士对博士生教育质量的回溯评价以及博士生教育经历对其职业发展促进成效的评价，无疑可以为我们反思博士生教育的目标定位和培养过程提供最直接有效的依据。

本书在肯定学者将博士生教育质量分为培养质量和发展质量的同时[4]，进一步丰富和拓展了博士生教育质量的具体内涵和外延，最终确立包含输入（input）、过程（process）、输出（output）及发展（development）质量的博士生教育质量评价理论框架（简称 IPOD 理论框架），如图 1-3 所示。对每个阶段的

---

[1] Nyquist J D. The PhD：A tapestry of change for the 21st century. Change，2002，（11/12）：12-20.
[2] 张淑林等. 基于"毕业生群体"视角的研究生教育质量评估模式探讨. 济南：全国第十届学位与研究生教育评估学术会议论文集，2014：12-18.
[3] 卢立涛. 测量、描述、判断与建构——四代教育评价理论述评. 教育测量与评价（理论版），2009（3）：4-7.
[4] 陈洪捷，等. 博士质量：概念、评价与趋势. 北京：北京大学出版社，2010：22.

质量评价都是从定量和定性相结合，主观和客观相结合两个方面进行分析，这一评价理论框架体现的是学术成果、学术训练与职业发展导向相结合的质量观。

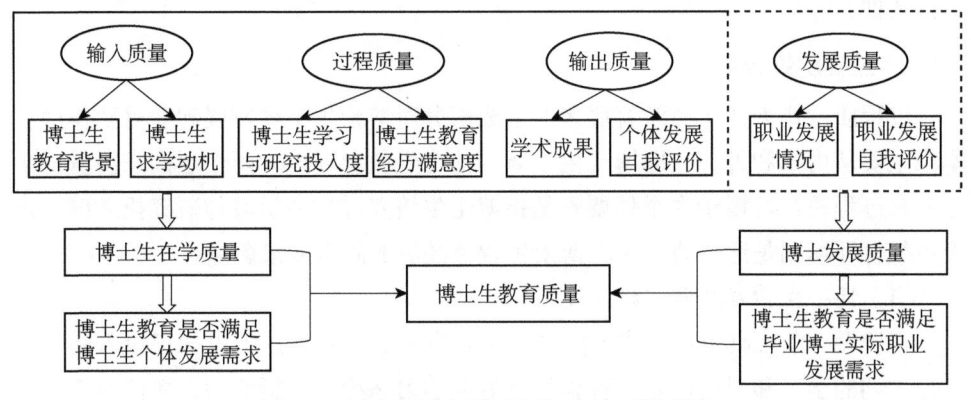

图 1-3　博士生教育质量评价 IPOD 理论框架

（三）博士生教育质量评价维度设计

1. 输入质量维度

输入质量作为博士生教育质量的起点，不同程度地影响着博士生教育过程质量、输出质量及发展质量。基于学生发展的博士生教育质量输入维度主要包括两个方面：博士生教育背景与博士生求学动机。

（1）博士生教育背景

博士生教育背景主要涵盖个人基本特征、家庭背景、录取方式、学科背景以及就读高校类型 5 项指标。个人基本特征及家庭背景一定程度上以内外因的形式作用于博士生教育质量。录取方式主要分为硕博连读、公开招考、直接攻博及申请-考核制四种形式，不同的录取方式体现了生源类型的差异，越来越多的学者开始研究不同录取方式对生源质量的影响。学科背景主要有跨学科与非跨学科之分，虽然相关研究较多，但对于学科背景的差异是否一定对教育质量的高低产生影响并没有定论。就读高校类型的差异在一定程度上反映了读博前的受教育经历，以及知识、能力、素质等方面的储备情况。

（2）博士生求学动机

博士生求学动机是指博士生选择读博或选择就读专业的内部动因、求学动机类型及强弱程度的差异对博士生读博过程的体验及学术投入与持久度都会产生影响。[①]通常情况下，兴趣使然的求学动机相对于功利性的求学动机对个体学习具

---

① 董志霞，郑晓齐. 对非定向博士生求学动机的质性研究. 学位与研究生教育，2015（1）：48-51.

有更加直接、持久和维持的作用，功利性求学动机往往以获得外部的荣誉、地位、成绩等为目的，目的一旦达成或目的难以达成均容易减弱个体的学习积极性和持久性。

2. 过程质量维度

过程质量作为博士生教育质量的组成部分对博士生个体发展起着重要作用。本章主要从内部和外部（即博士生个体与博士生教育环境）两个层面来衡量博士生教育过程质量。博士生个体要素是指博士生培养过程中学习与研究投入度，博士生教育环境则是通过博士生对博士生教育经历的满意度来衡量。

（1）博士生学习与研究投入度

肖费勒（Schaufeli）等首先提出了学习投入这一概念，指出学习投入是学生进行主动的学习和科研，是一种积极良好的学习态度。包括活力、关注与奉献三个维度；[1]此后，库等也对学习投入的概念进行了界定，提出学习投入是指学生在教育活动中付出的时间和精力；[2]弗雷德里克斯（Fredricks）等认为学习投入除了情绪和认知投入，还包括个体在校期间学业或非学业活动的高度卷入。[3]本章所涉及的博士生学习与研究投入主要包括三个维度，分别是博士生的培养类型、自学程度及学术交流状况。

（2）博士生教育经历满意度

博士生教育质量评价最终落脚点是促进学生的全面发展，从他们的角度来搜集对课程、导师及管理与服务的评价信息有助于确定在博士生教育过程中存在的问题，以便及时监控和改进过程质量。相关研究表明研究生对培养环境、科研训练、学科团队、课程组织、导师支持等方面的满意度水平很大程度上影响其在学习中的积极性和投入度。[4][5]本章将博士生教育经历满意度划分为对课程与教学的满意度、对导师支持的满意度及对管理与服务的满意度。

---

[1] Schaufeli W B, Salanova M, González-romá V, et al. The measurement of engagement and burnout: A two sample confirmatory factor analytic approach. Journal of Happiness Studies, 2002, 3 (1): 71-92.

[2] Kuh G D, Kinzie J, Cruce T. Connecting the Dots: Multi-faceted Analyses of the Relationships Between Student Engagement Results from the NSSE, and the Institutional Practices and Conditions that Foster Student Success. Indiana University, Center for Postsecondary Research, 2006.

[3] Fredricks J A, Blumenfeld P C, Paris A H. School engagement: Potential of the concept, state of the evidence. Review of Educational Research, 2004, 74 (1): 59-109.

[4] 王姮, 田义贵. 导师指导方式与研究生学术行为之关系研究. 华中师范大学研究生学报, 2015 (3): 108-113.

[5] 邢媛. 研究生教育卓越质量管理研究. 天津大学博士学位论文, 2009.

3. 输出质量维度

输出质量是博士生在毕业时点上所体现出的能力、素质和知识储备等。在传统意义上，博士生教育的目标是塑造学者，接受博士生教育通常意味着选择了学术职业，博士生教育输出质量主要由学术成果产出来体现。然而，随着博士生培养规模的扩大以及对博士生可迁移能力、博士生个体全面发展的关注，博士生教育输出质量的衡量标准变得更加丰富，除了原有的客观学术成果评价指标，本章还将主观层面博士生动机迁移、科研技能、通用技能、综合素质、职业准备等个体发展自我评价指标纳入衡量博士生教育输出质量的范畴，将博士生教育输出质量划分为学术成果与个体发展自我评价两个部分。

（1）学术成果

以学术成果（也就是论文产出）为导向的博士生教育质量观在很长时间内占据着主导地位。学术成果作为评价博士生教育质量的直观指标，包括博士生发表论文数、成果获奖数。这些指标在一定程度上反映了博士生读博期间专业知识的积累、对学科前沿问题的理解以及博士生从事创新性科研活动的能力。[1]

（2）个体发展自我评价

知识生产方式的转型及博士生就业去向的多元化让越来越多的学者开始反思单一的学术成果指标存在的不足。博士学位获得者在学术界以外就职的比例不断增加，毕业博士所处工作环境日趋复杂。[2]对博士生教育质量的评价逐渐不再局限于学术论文，动机迁移、科研技能、通用技能、综合素质、职业准备等都被视为评价博士生教育质量的重要指标。

4. 发展质量维度

发展质量体现的是博士学位获得者的职业发展质量，这也是检验博士生教育质量的重要标准。尽管学术界对于衡量毕业博士职业发展质量的指标选取上仍存在较多争议，但从全球范围内已经开展的毕业博士相关调查及相关学术研究可以看出，现阶段学者通用的衡量指标主要有就业去向、工资收入、岗位晋升、职位流动等。[3][4]本章将博士生教育发展质量概括为职业发展情况与职业发展自我评价

---

[1] 陈洪捷，等. 博士质量概念、评价与趋势. 北京：北京大学出版社，2010：21-24.

[2] Hazelkorn E, Huisman J. Higher education in the 21st century-diversity of missions. Higher Education Policy, 2008, 21 (2)：147-150.

[3] 张美云. 博士职业发展与社会贡献. 上海：上海交通大学出版社，2013：24-35.

[4] Hazelkorn E, Huisman J. Higher education in the 21st century-diversity of missions. Higher Education Policy, 2008, 21 (2)：147-150.

两个维度。

（1）职业发展情况

关于职业发展情况所包含的内容，学者大多从毕业生的工作单位、劳动报酬、工作地点、工作环境出发[①]；也有部分学者将其概括为职业社会地位、社会保障、工资水平、发展空间、职业声望、职业成就等[②]。本章所指的职业发展情况主要从客观层面的职业特征出发，包括岗位晋升、工资待遇和工作地点三个指标项目。

（2）职业发展自我评价

职业发展质量的高低不能单纯依靠客观指标来衡量，还需要关注毕业博士自身对工作单位与工作岗位的主观感知，如职业期望满足程度、专业方向与职业适应程度、人职匹配程度等方面。依据匹配理论，职业发展自我评价分为个人期望与工作单位的匹配度、个人期望与工作岗位的匹配度。个人期望与工作单位的匹配度具体体现在单位地点、单位性质、单位环境、单位文化等与个人期望的匹配程度；个人期望与工作岗位的匹配度主要体现在岗位性质、岗位薪资待遇、岗位等级、岗位发展空间等方面与个人期望的匹配程度。

（四）博士生教育质量评价 IPOD 实证分析框架的确立

至此，上文所提出博士生教育质量评价 IPOD 理论框架中的所有维度均有了具体测量指标，为后期博士生教育质量评价研究提供了整体的实证分析框架（图1-4），即博士生教育质量包括博士生在学质量和博士发展质量，具体包括博士生教育的输入质量（博士生教育背景、求学动机）、过程质量（博士生学习与研究投入度、博士生教育经历满意度）、输出质量（学术成果、个体发展自我评价）、职业发展质量（职业发展情况、职业发展自我评价）。对每个阶段的质量评价都是从定量和定性相结合、主观和客观相结合两个方面进行分析，即一方面考察博士生入学背景、学习与研究投入度、学术成果、毕业后职业发展情况等客观和定量指标，另一方面还要结合博士生求学动机、博士生教育经历满意度、个体发展自我评价和职业发展自我评价等价值判断的主观指标及定性指标。

---

① 刘素华. 建立我国就业质量量化评价体系的步骤与方法. 人口与经济，2005（6）：34-38.
② 马庆发. 提升就业质量：职业教育发展的新视角. 教育与职业，2004（12）：6-8.

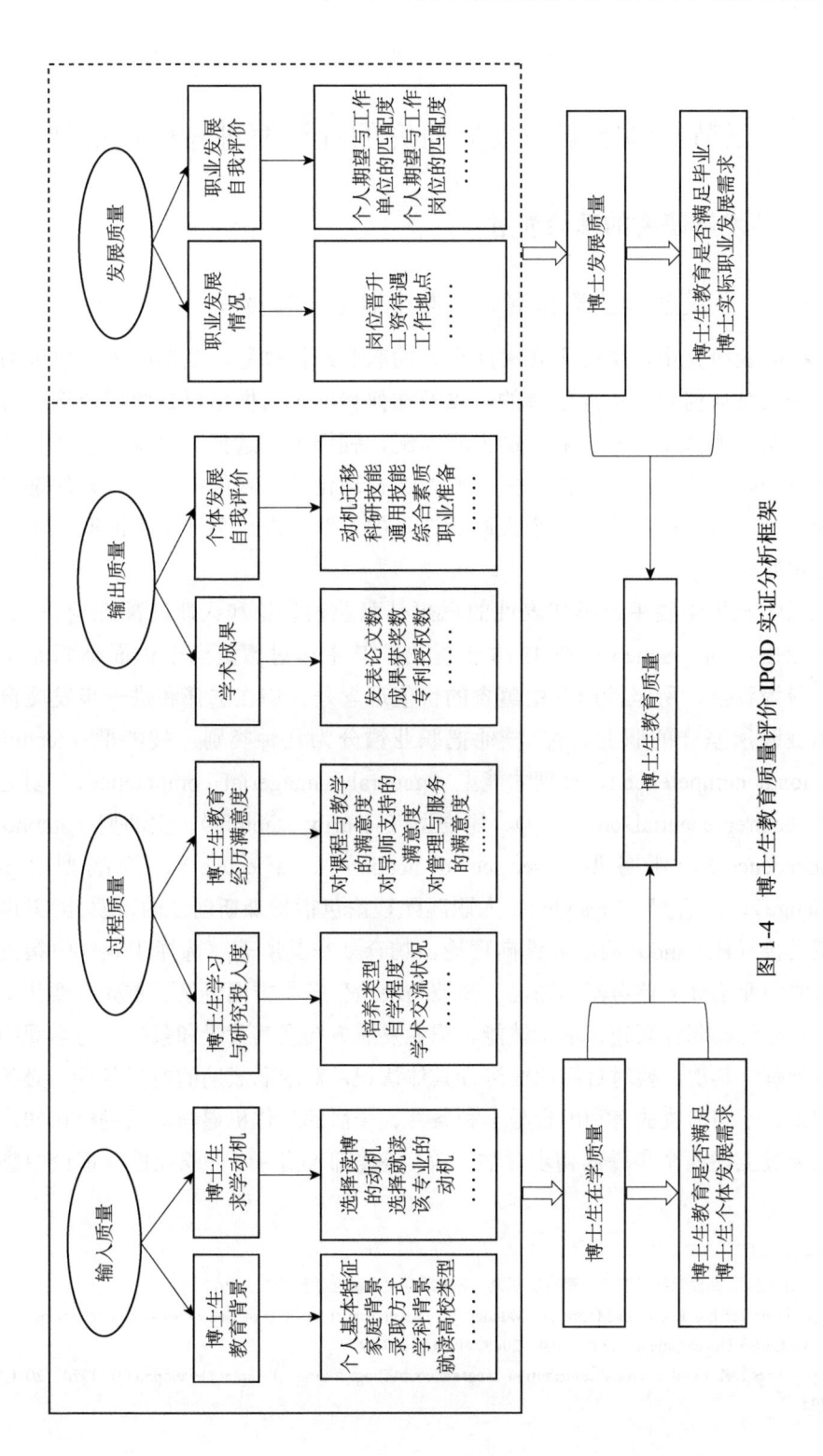

图 1-4 博士生教育质量评价 IPOD 实证分析框架

第三节　博士职业发展研究的理论演进与理论框架

一、职业发展研究的理论演进

（一）从关注职业选择到关注整个职业发展历程

在职业研究中，最初主要关注个人的职业选择过程，经典的理论也致力于探究个人是如何做出职业选择的，以及如何帮助个人做出更好的职业选择等问题，其统一特征是关注就业前的人职匹配，强调个人选择与自身价值观、特质与性格相匹配的职业。当然，关于职业选择理论和实践的探讨，隐藏的基本假设为：个人与职业的匹配是个人职业选择的主要标准，关涉个人的职业生涯表现与发展。

职业选择学说中最具代表性的思想是职业锚理论和人职匹配理论。[1]职业锚理论由沙因（Schein）在1978年提出，其主体思想是当个体面临职业决策时，最为看重、所坚持职业中蕴含的价值理念是人们在选择和进一步发展自身的职业时所坚守的职业定位。[2]他把职业锚分为八种类别：技能型（technical functional competence）、管理才能型（general managerial competence）、创业创造型（entrepreneurial creativity）、稳固型（security stability）、主动型（autonomy independence）、服务型（service dedication to a cause）、挑战型（pure challenge）、生活型（lifestyle）。人职匹配理论包括帕森斯创立的特质-因素理论和霍兰德（Holland）的职业性向理论。帕森斯在其所著《选择职业》中指出，个人的职业选择应该考察"知己、知彼与决策"三个方面要素。首先，要认知自我，对自己的职业兴趣、基本技能、职业发展方向及其背景和条件等有客观的认识与理解；其次，要对目标职业进行具体认识，对求职成功的前提条件、必备专业知识、不同岗位的有利因素与不利条件、今后的工作机遇与前景进行认知；最后，通过上述两个步骤的初步评估，确定最佳职业选择。[3]职业性向理论中颇有

---

[1] 曹威威. 高校辅导员职业生涯发展研究. 东北师范大学博士学位论文，2017.

[2] Danziger N, Rachman-Moore D, Valency R. The construct validity of Schein's career anchors orientation inventory. Career Development International，2008，13（1）：7-19.

[3] Jones L K. Frank Parsons' contribution to career counseling. Journal of Career Development，1994，20（4）：287-294.

代表性的是霍兰德的职业人格类型理论。[1]

1953年，休珀在美国心理学联合会（APA）的咨询部门会议上直接指出，对个体职业行为研究的关注点应从择业向终身的职业变迁历程延伸。[2]在此基础上，职业领域的研究开启了从重点关注职业选择到关注更长远的职业生涯历程的纵向延伸。

（二）从解读个人职业发展历程到探究职业发展的影响因素

随着研究视角的延伸，职业研究实现了从关注职业选择到关注整个职业历程的转变，金斯伯格以及休珀等学者提出的职业发展阶段理论宏观描述了职业历程的全部阶段和特点。在此基础上，相关学者构建了传统的职业生涯发展历程理论模型，如职业生涯彩虹图对个人职业生涯发展历程进行更为系统的解读。[3]

解决了"职业发展历程是什么"的问题后，学界自然开始关注"为什么"的问题，探究哪些因素影响个人的职业发展及行为。职业领域的相关理论实现了从传统的构建职业生涯发展历程模型，解读个人的职业发展历程，到关注外部因素如何影响职业发展及职业决策行为理论的扩展。其中，较为经典的有界限妥协理论（Theory of Circumscription and Compromise）[4]、吸引-选择-磨合（Attraction-Selection-Attrition）理论[5]、工作适应论（Theory of Work Adjustment）[6]。

戈特弗里德森（Gottfredson）所主张的界限妥协理论把注意力聚焦于个人职业意愿的发展过程，并指出职业意愿是兼容性（circumscription）和可实现性（compromise）判断的综合结果，二者共同影响和确定了个人职业的选择范畴与方向。[7]他指出，职业选择过程是"放弃理想性-接受可实现性"之下的平衡，此外，工作动机也会影响职业选择目标。

此外，施奈德（Schneider）于1987年提出的吸引-选择-磨合理论指出，组

---

[1] Reardon R C, Lenz J G. Holland's theory and career assessment. Journal of Vocational Behavior, 1999, 55 (1): 102-113.

[2] Super D E. A theory of vocational development. American Psychologist, 1953, 8 (5): 185-190.

[3] Super D E. A life-span, life-space approach to career development. Journal of Vocational Behavior, 1980, 16 (3): 282-298.

[4] Gottfredson L S. Circumscription and compromise: a developmental theory of occupational aspirations. Journal of Counseling Psychology, 1981, 28 (6): 545-579.

[5] Schneider B. E=f (P, B): The road to a radical approach to person-environment fit. Journal of Vocational Behavior, 1987, 31 (3): 353-361.

[6] Dawis R V, England G W, Lofquist L H. A theory of work adjustment. The Theory and Practice of Vocational Guidance, 1968 (38): 241-256.

[7] 张春瀛. 人力资源管理. 北京：中国铁道出版社，2004：30-65.

织中的所有人员都是被组织吸纳、选拔和留用的人。[①]个人更偏向于选择与自身特点、价值观相适配的单位。该理论从个人的心理层面说明了组织的吸引力和人们接受工作的意愿。

罗夫克斯特（Lofquist）等所提出的工作适应论建立在需要的基础上，认为工作模式必须同个体特征相适应，才能实现双赢。[②]该理论中涉及若干影响职业选择的心理因素，如速率、运动程度、容忍度、节奏变化、主动/被动性风格。

（三）整合型职业理论的出现：社会认知职业理论

长期以来，有关职业发展和行为领域影响因素的理论就像"拼图玩具"一样，"拼图"的碎片包含家庭条件、学校经历、文化、价值观、个人心态、职业环境、职业选择、职业适应等等。所以，必须建立一个系统的架构，将职业选择与职业发展拼图的这些碎片按照逻辑次序组合起来，同时要给予适当的干预措施，以支持尽可能多的人做出最好的职业生涯抉择。[③]

社会认知职业理论（SCCT）就是这样一个理论，它力求将现有职业发展理论加以融合，积极整合了其他研究成果的主体思想。该理论突出了个人-行为-环境三方之间复杂的相互作用关系，对心理、社会、经济等因素进行了整合，动态性地阐述了个体是怎样产生职业兴趣、做出职业选择、获得不同的工作绩效以及保持职业的长期稳定性的。该理论解决了传统职业理论研究中把心理、社会、经济等因素割裂开来进行研究的问题，使职业理论更加完整。[④]

社会认知职业理论是由伦特（Lent）等共同创立的，通过自我效能、结果期待、职业兴趣和职业目标4个基础变量（图1-5）将心理、社会等各类因素综合起来，动态、全方位地展现了职业选择的整个过程，包括职业兴趣、职业选择行为以及后期的职业成就。该理论核心内容由3个模型组成，其中第一段为职业兴趣模型，第二段为职业选择模型，第三段为绩效表现模型。在每个子模式中，基础变量与个体的其他关键特征（如性别、能力等）、社会背景及学习经验是相辅相成的，一起作用于个体职业选择和职业发展过程。

---

① 文峰，凌文辁. 从人职匹配理论到人组织匹配理论——职业生涯理论发展浅探. 商场现代化，2005（30）：298.
② 苗青，王重鸣. 20世纪职业选择与职业发展理论综述. 人类工效学，2003（1）：35-38.
③ 颜世富. 培训与开发. 北京：北京师范大学出版社，2007：89-101.
④ 龙立荣，方俐洛，李晔. 社会认知职业理论与传统职业理论比较研究. 心理科学进展，2002（2）：225-232.

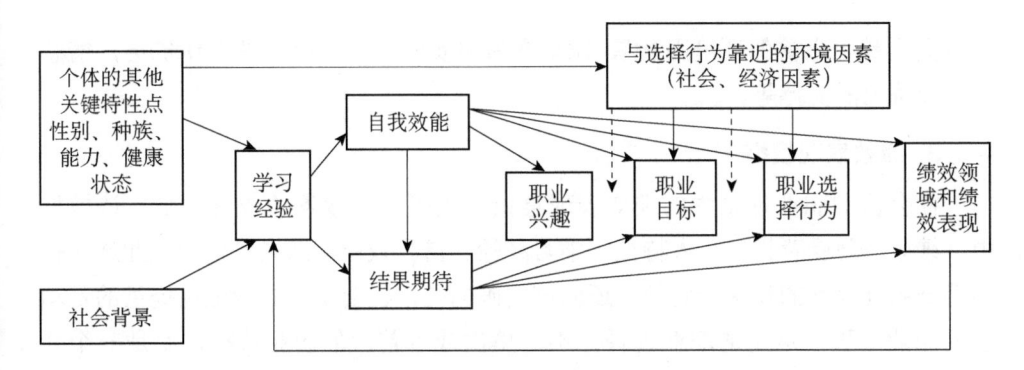

图 1-5 社会认知职业理论完整示意图

资料来源：龙立荣，方俐洛，李晔. 社会认知职业理论与传统职业理论比较研究. 心理科学进展，2002（2）：225-232.

1. 职业兴趣模型

对某个职业的自我效能和结果预期将形塑个人的职业兴趣。一旦人们觉得自己擅长从事某种职业，并预期这个职业将产生满意的职业收益，就会对该职业产生浓厚的兴趣并保持下来。职业兴趣产生后，会同自我效能和结果预期，促进个人形成职业目标，并投入有关的职业活动；职业目标和职业活动体验又会影响个人对职业的认知，改变自我效能和结果预期，这就构成了一种主动的反应回路。[1]另外，社会认知职业理论还明确了个人、环境等其他因素对职业兴趣及其变化的影响。例如，性别、种族变量等个人特征通过一定的社会化过程，既会影响到个人学习经验，也会影响到个人对自己适合做什么职业的看法。

2. 职业选择模型

职业选择模型将职业选择行为界定为三个阶段：第一阶段，明确表达自身最初的职业目标；第二阶段，积极采取行动，以实现目标，包含进行专门的项目训练或学习培训；第三阶段，进行正式的职业选择，即成功或失败，进而建立反馈回路，推动个体未来职业选择的实现。该理论在职业目标与现实职业行动之间做了区分，特别注重职业目标的调节作用，强调职业选择是动态而非静态的行为。社会认知职业理论指出，职业选择并不总是与职业兴趣相关的，人们必须综合考量职业选择前后诸多因素等影响。自我效能、结果预期都会直接影响人们的职业选择目标和实际职业选择。另外，该理论还把影响个人职业选择行为的环境分成了两个方面：一方面是"先前的背景因素"，例如性别、家庭社会经济地位或者技能培训等学习经验，它们会影响自我效能、结果预期以及职业兴趣的产生；另

---

[1] 高山川，孙时进. 社会认知职业理论：研究进展及应用. 心理科学，2005（5）：1263-1265.

一方面则是"当前的环境因素",比如在做出实际职业选择时的工作机会,情感上、经济上的支持等。

3. 绩效表现模型

社会认知职业理论中的绩效表现意指个人工作上取得的成就水平。该模型中,绩效表现受背景、个人特征、学习经验、自我效能、结果预期和职业选择行为等一系列要素的作用。此外,还应该明确的是,社会认知职业理论提供的是动态的职业过程,这里的职业选择并不是单次或者首次的职业选择,而是一个开放、动态变化的设定;这里的绩效表现也并不是绝对的工作结果,而存在动态变化的可能,即个人形成职业目标、做出实际职业选择并进入职业获得绩效表现后,仍可能由于个人及环境的动态变化而再次返回积累学习经验-调整职业目标-做出职业选择-获得绩效表现的路径中。例如,个人在工作中发现了新的职业途径、遇到障碍(如职业天花板)或挫折(被公司辞退)等,都是重新触发职业选择模型、绩效表现模型的契机。

二、博士职业发展理论框架的构建

(一)社会认知职业理论的适切性

本书选择社会认知职业理论作为博士生教育与博士职业发展理论框架的主要指导理论,主要基于以下三点原因。

1. 提供了较为完尽的职业选择与职业发展理论框架

该理论将前人的许多观点加以整合,用三个子模型全方位地展示了职业选择与职业发展的全过程,而且将心理、社会、经济等多方面影响因素纳入理论中。这种既涵盖个体职业选择与职业发展现状也涵盖影响因素的相对完整的分析框架,可以为本书研究博士职业选择、职业发展的现状以及影响因素提供整体性的参考。

2. 关注了职业发展中的反馈回路

社会认知职业理论认为,在个人特征、背景和学习经验的综合作用下,个人产生职业兴趣、形成职业目标、做出职业选择,并在其所选择的职业中获得一定的绩效成就。个人选择职业后所获得的职业成就,会影响其对学习经验的认知。通常情况下,个人会结合其所处的宏观职业环境和微观职业环境,再次回到积累学习经验—做出职业选择—获得职业成就这条基本逻辑线上，即形成动态的反馈回路。本书关注博士的职业选择与职业发展议题，意图从博士职业发展的现状、特征反思博士生教育的过程和价值，这种由职业选择和发展的动态回路有很好的启发作用。

3. 与其他职业理论可以互为补充

与传统的职业选择理论（如霍兰德职业类型论）关注初期职业选择不同的是，社会认知职业理论关注职业选择及职业成就的全过程，关注个人如何随时间和情境的变化而改变，发展并调节自己的职业行为，它是传统职业选择理论的补充、延伸。[①]与职业生涯发展阶段理论（如休珀五阶段职业生涯论）关注职业生涯不同阶段的现状与特征不同，社会认知职业理论同样关注过程中可能阻碍或促进有效职业行为的影响因素，是职业生涯发展阶段理论的扩展和深入。上述三个理论强调的是不同的职业过程、职业选择和职业发展预测指标或影响机制，这些差异是可以互补的。同时，研究中还可以有机吸纳其他职业理论（如人与环境匹配论），共同为充分表征博士职业发展情况提供空间和架构。

（二）博士职业发展理论框架的构建过程

社会认知职业理论将职业选择和职业发展看作一项复杂的系统工程，涉及心理、社会、经济等多方面的影响因素。社会认知职业理论的提出和应用，将个人职业选择与职业发展的研究带入"个人背景-学习经验-职业选择-绩效表现"的整合范式阶段。本书结合博士就业多元化等现实问题，以及实现更加充分更高质量就业的政策取向，遵循社会认知职业理论中"个人背景-学习经验-职业选择-绩效表现-学习经验-……"的研究范式，构建本书"个人特征-博士生教育经历-职业选择-职业发展-博士生教育价值评价"的理论框架（图1-6）。

对应社会认知职业理论，本书将博士的职业选择与职业发展划分为三个阶段：①基于个人背景和博士生教育经历，形成初步的职业选择目标，采取行动做出实际的职业选择结果；②在选择的职业中，获得具体的职业发展；③基于职业发展，形成反馈回路，影响个人对其博士生教育价值的认知与评价。基于该理论框架，设计问卷对毕业10年内的博士就读经历和职业发展进行大规模调查，综合运用各种计量模型，明晰以下三个问题：个人特征和博士生教育经历如何影响博士的职业选择；个人特征、博士生教育经历以及职业选择行为如何影响博士

[①] 高山川. 中国企业管理者职业选择的社会认知模型研究. 复旦大学博士学位论文, 2005.

的职业发展；博士的职业发展、博士生教育经历如何影响其对博士生教育价值评价。

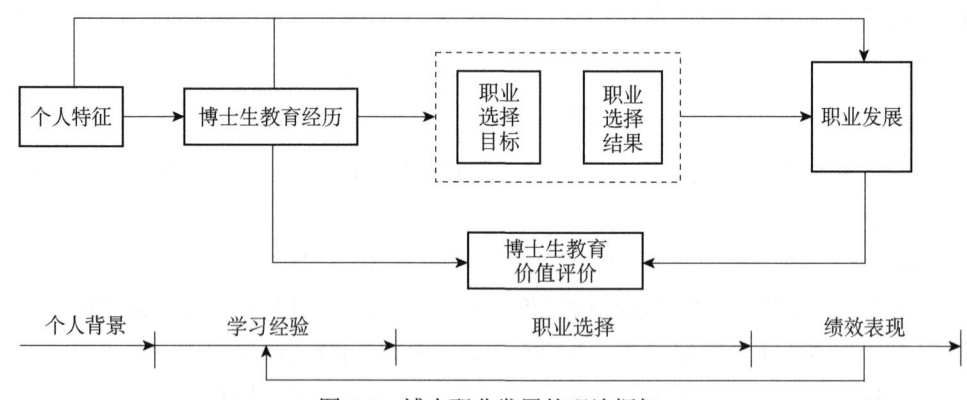

图 1-6 博士职业发展的理论框架

（三）测量指标的确定

通过相关研究文献的梳理、比较，选取与博士职业选择、职业发展关切的个人特征变量。在学生发展理论指导下，将博士生教育经历划分为"个人因素"和"院校因素"两个维度；在社会认知职业理论指导下，将博士职业选择过程具体化为"职业选择目标"与"职业选择结果"两个指标；在人与环境匹配理论指导下，将博士职业发展中的职业匹配分解为"个人能力与岗位要求的匹配""个人价值观与组织价值观的匹配""个人需求与组织供给的匹配"3个指标。同时，结合相关文献研究，对博士职业发展理论框架进行具化，提出相应的研究假设。

1. 关于个人特征指标的选取

在博士的职业选择和职业发展中，个人特征是不可忽视的重要因素。有学者实证研究了性别、家庭经济社会地位对博士职业选择职业发展的影响。[1][2]在职业搜索过程中，总体来讲，女博士首次求职成功的时间长于男博士[3]，其在学术劳

---

[1] Curtin N, Malley J, Stewart A J. Mentoring the next generation of faculty: Supporting academic career aspirations among doctoral students. Research in Higher Education, 2016, 57 (6): 714-738.

[2] 鲍威, 杜嫱, 麻嘉玲. 是否以学术为业：博士研究生的学术职业取向及其影响因素. 高等教育研究, 2017 (4): 61-70.

[3] 金蕾莅, 刘新益. 女博士就业初探——基于落实率和求职过程及结果的分析. 清华大学教育研究, 2011 (5): 68-72.

动力市场中的就业机会也少于男博士[①]；正式进入职业生涯后，女博士在晋升、收入等方面的职业表现也不如男博士[②]。相关研究表明，博士群体的职业选择存在明显的学科差异。我国工科博士选择学术职业的比例为53.5%，而理科和文科博士这一比例分别高达70.5%和76.3%。[③]

基于此，本书将性别、学科、父亲单位类型、家庭所在地、家庭经济条件作为个人特征的指标纳入博士职业发展的研究框架。此外，考虑到不同年份毕业博士所面对的宏观劳动力市场和微观职业环境有所差异，本书将毕业年限也作为个人背景变量纳入研究框架。

2. 关于博士生教育经历指标的选取

学生发展理论解决的是教育是否促进以及如何促进学生发展的问题。该理论强调关注教育过程和科学衡量教育产出[④]，重视学生参与[⑤][⑥]。本书在理解主流学者的学生发展理论的基础上，结合博士生教育与博士职业发展相关文献的梳理，确立表征博士生教育经历的具体指标。

（1）理论指导：学生发展理论

学生发展理论的各种学说，从不同侧面探讨了高等教育中影响学生发展的关键变量及其相互关系，为人们正确评价学生发展奠定了理论基础。由于学生发展理论是在本科生学生事务管理过程中逐渐成长出来的[⑦]，其应用集中于本科生领域。本书拟将学生发展理论借鉴到博士生发展领域，为解构博士生教育过程提供理论指导。通过理论分析，本书将博士生教育经历解析为个人层面的"学生投入与表现"以及院校层面的"院校投入与支持"。

（2）如何测量：博士生教育经历的具化

在明确将博士生教育经历分解为个人层面的"学生投入与表现"以及院校层

---

① Mangematin V. PhD job market: Professional trajectories and incentives during the PhD. Research Policy, 2000, 29 (6): 741-756.

② 黄梅, 范巍. 不同年龄段博士职业发展质量性别差异实证研究——基于劳动力市场转型背景下体制内就业的分析视角. 中国行政管理, 2011 (11): 110-114.

③ 胡德鑫, 金蕾莅, 林成涛, 等. 我国顶尖研究型大学工科博士职业选择多元化及其应对策略——以清华大学为例. 中国高教研究, 2017 (4): 72-77.

④ 朱红. 高校人才培养质量新范式——学生发展理论的视角. 中国教育行政学院学报, 2009 (9): 50-54.

⑤ 克里斯汀·仁, 李康. 学生发展理论在学生事务管理中的应用——美国学生发展理论简介. 高等教育研究, 2008 (3): 19-27.

⑥ 彭小孟. 学生发展理论：我国高校学生管理改革理论的思考. 教育理论与实践, 2010 (30): 3-5.

⑦ McEwen M K. New Perspectives on Identity Development. Student Services: A Handbook for the Profession. San Francisco: Jossey-Bass, 2003: 203-233.

面的"院校投入与支持"的基础上,结合国内外博士生教育与博士职业发展的研究文献,选取测量博士生教育经历的具体指标(图1-7)。

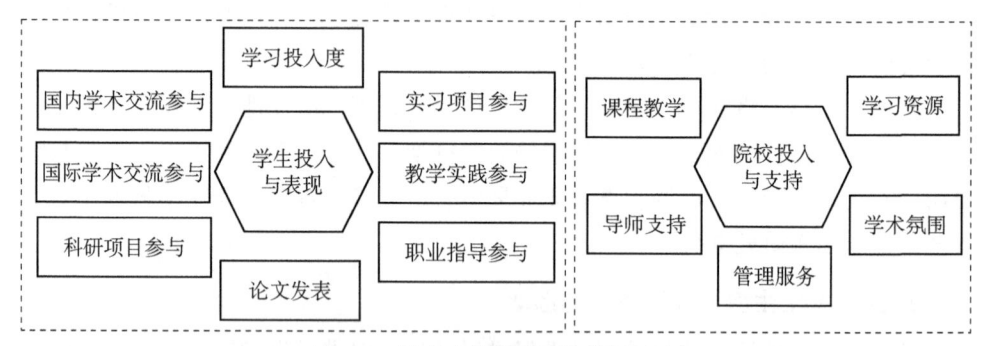

图 1-7 博士生教育经历的指标选取

学生投入与表现,是指学生在博士生教育过程中的学习投入度、学术参与经历、非学术参与经历、论文发表等方面的情况。相关研究指出,博士生在求学期间的学术参与经历和非学术参与经历会对其毕业后的职业选择产生影响。[1][2]尤其值得关注的是,博士生在教育过程中的非学术参与经历(如与企业开展合作)会促使其选择非学术劳动力市场就业,并在非学术职业中实现更好的职业发展。[3]此外,博士就读期间,论文发表数量越多、学术表现越好,在学术职业中越容易获得好的职业发展。[4]基于博士生教育与博士职业发展领域的相关研究,本书将"学生投入与表现"分解为学习投入度、论文发表、国内学术交流、国际学术交流、科研项目等学术参与经历,以及实习项目、教学实践、职业指导等非学术参与经历。

院校投入与支持,是指学校为博士生提供的学习和生活环境。阿斯廷在"输入-环境-输出"模型中,将环境(即本书关注的教育过程/经历)界定为"教育活动中学生的实际体验",包括一切在教育活动中能够对学生产生影响的事物,诸如教育项目、行政人员、课程体系、教师、硬件设施、学习氛围、课程、教学

---

[1] Mangematin V, Mandran N, Crozet A. The careers of social science doctoral graduates in France: The influence of how the research was carried out. European Journal of Education, 2000, 35 (1): 111-124.

[2] Herrera L, Nieto M. The determinants of firms' PhD recruitment to undertake R&D activities. European Management Journal, 2015, 33 (2): 132-142.

[3] Herrera L, Nieto M. PhD careers in Spanish industry: Job determinants in manufacturing versus non-manufacturing firms. Technological Forecasting and Social Change, 2016, 113: 341-351.

[4] Conti A, Visentin F. A revealed preference analysis of PhD students' choices over employment outcomes. Research Policy, 2015, 44 (10): 1931-1947.

等。他还指出，研究者可以根据研究目标选择不同的指标来表征环境变量。[①]基于阿斯廷对环境变量的解读，结合本书探索博士生教育经历对其职业选择与职业发展影响的这一研究目的，本书将博士生教育经历中的"院校投入与支持"维度分解为课程教学（合并课程体系、课程、教学）、导师支持、学习资源、学术氛围、管理服务五个方面的变量。

3. 关于博士职业选择指标的选取

依据社会认知职业理论的划分，职业选择过程可被细分为"职业选择目标"和"职业选择结果"两个指标，比较博士群体职业选择目标和职业选择结果的差异，实证探索这一差异（不适配的职业选择行为）是否影响其择业后的职业发展。本书将博士的职业领域划分为学术职业和非学术职业。

4. 关于博士职业发展指标的选取

（1）评价理念：从关注客观指标到主客观指标相结合

职业生涯的二元性（即主观职业生涯和客观职业生涯）已经得到学界共识。[②]格林豪斯在总结传统职业生涯定义的基础上，指出职业生涯是"个人整个生命中与工作有关经历的总和"[③]。格林豪斯指出，职业生涯既包含工作岗位、工作内容、工作决策等客观层面，也包括个人价值观、需要、态度等与工作相关的主观感知层面。[④]无论是职业活动本身还是个人对职业活动的主观感知，都是个人职业生涯不可缺失的观察视角，只有将两者结合起来，才能充分、完整地理解一个人的职业生涯。[⑤]

职业生涯的二元性决定了我们在考量职业发展时，应该同时考虑职业发展的主观和客观两方面。因此，本书不仅关注博士职业发展的职位、收入等客观表现，也关注博士职业生涯中个体在需要、价值观和期望等方面的主观感知。依据本书对职业发展的内涵认知和概念界定，结合当前职业发展评价领域从关注客观性指标到主客观指标相结合的研究趋势，本书将博士职业发展分为客观层面的

---

① Astin A W. What Matters in College: Four Critical Years Revisited. San Francisco: Jossey-Bass, 1993: 33-58.

② Schein E H. Career anchors revisited: Implications for career development in the 21st century. Academy of Management Perspectives, 1996, 10（4）: 80-88.

③ Greenhaus J H, Parasuraman S, Wormley W M. Effects of race on organizational experiences, job performance evaluations, and career outcomes. Academy of Management Journal, 1990, 33（1）: 64-86.

④ 张小兵, 孔凡柱. 人力资源管理. 3版. 北京: 机械工业出版社, 2017: 13-25.

⑤ 贺小刚, 刘丽君. 人力资源管理. 上海: 上海财经大学出版社, 2015: 10-18.

"博士在劳动力市场的职业表现"和主观层面的"博士个人与环境的相互作用和匹配"两个维度,即客观层面的职业表现与主观层面的职业匹配。

(2)理论指导:人与环境匹配理论

人与环境匹配是职业发展研究的核心内容。从20世纪50年代起,学者在前人研究的基础上提出了体现人与环境匹配思想的职业生涯理论。霍兰德在1959年提出职业规划六角形理论,即人业互择理论。该理论正式将职业环境纳入职业生涯研究范畴。[1]戴维斯等基于霍兰德职业规划理论中的人职协调概念,进一步分解出能力需求匹配和价值需求匹配两个维度,并据此评价或预测劳动者的职业状态,即工作适应理论。[2][3]此外,人与环境间的能力需求匹配使雇主产生用人满意感;价值需求匹配使劳动者产生职业满意感,二者的同时实现可以获得积极的职业发展成果,反之则导致消极的职业发展状态。[4][5]

克里斯托夫将人与职业环境间的匹配分为一致性匹配(supplementary fit)和补充性匹配(complementary fit)(图1-8)[6]。一致性匹配强调个人的人格特质(如目标、价值观、个性、态度)与所在组织或群体文化的相似性,即个人的人格特质与职业环境中的他人相似;补充性匹配则指个人供给要素(如能力、资质)满足组织的需求(如工作任务、人际关系),而组织供给要素(如经济支持、物质条件、心理关怀)满足个人需求。克里斯托夫等认为补充性匹配和一致性匹配共同作用于个体的职业行为和发展。[7]

凯布尔(Cable)分别基于个人和组织视角提出另外两种匹配关系,即要求-能力匹配(demands-abilities fit)和需求-供给匹配(needs-supplies fit),并综合克里斯托夫(Kristof)的研究,将人与环境匹配的内涵进一步解析为价值观匹配、

---

[1] Holland J L. A theory of vocational choice. Journal of Counseling Psychology, 1959, 6(1): 35-45.

[2] Dawis R V, Lofquist L H. A psychological theory of work adjustment. Minneapolis: University of Minnesota Press, 1984: 16-25.

[3] Dawis R V. The Minnesota Theory of work adjustment. In Brown S D. Career Development and Counseling: Putting Theory and Research to Work. New York: Wiley, 2005: 3-23.

[4] Dawis R V, Lofquist L H. A Psychological Theory of Work Adjustment: An Individual-differences Model and Its Applications. Minneapolis: University of Minnesota Press, 1984: 16-25.

[5] Swanson J L, Schneider M. Minnesota theory of work adjustment. In Brown S D. Career Development and Counseling: Putting Theory and Research to Work. New York: Wiley, 2013: 29-53.

[6] Kristof A L. Person-organization fit: An integrative review of its conceptualizations, measurement, and implications. Personnel Psychology, 1996, 49(1): 1-49.

[7] Kristof A L, Zimmerman R D, Johnson E C. Consequences of individuals' fit at work: A meta-analysis of person-job, person-organization, person-group, and person-supervisor fit. Personnel Psychology, 2010, 58(2): 281-342.

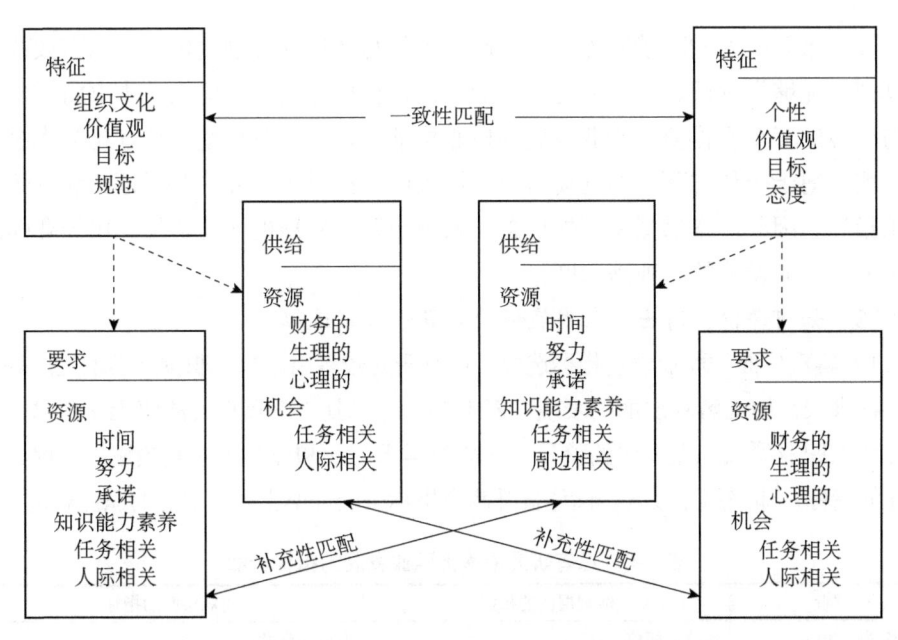

图 1-8 克里斯托夫的人与组织匹配概念模型

供给匹配、能力匹配三个方面（表 1-4）[①]。其中价值观匹配指组织的文化、愿景、价值取向等组织价值特征与员工个性、价值观、职业目标等个人价值特征间的一致性；供给匹配关注组织的供应系统是否与员工的各种需求相适应，从组织的薪酬体系、晋升机制、工作环境等特征与个人对薪酬待遇、晋升机会、工作环境等方面要求的匹配度来衡量；能力匹配则着眼于员工能力是否符合组织要求，以员工具备与工作任务及人际交流相关的知识、技能和能力的程度来衡量。

表 1-4 人与环境匹配的三元模型

匹配维度	内涵	内容	影响结果
个人与组织价值观匹配（价值观匹配）	个人价值观与组织、成员的价值观是否一致	个体：个性、价值观、目标、态度 组织：文化、价值观、目标、环境、制度体系	组织认同感 组织支持感 离职意愿 组织公民行为
个人需求与岗位供给匹配（供给匹配）	个体需求是否能够被岗位满足	个体需求：薪酬待遇、有挑战性的工作内容、晋升机会、社会声誉、积极的工作环境	工作满意度 职业满意度 职业承诺 离职意愿
个人能力与岗位要求匹配（能力匹配）	个体能力是否能够满足岗位要求	岗位要求能力：与工作任务及人际交流相关的知识、技能和能力	工作表现 未来工资增长

---

① Cable D M, Derue D S. The convergent and discriminant validity of subjective fit perceptions. The Journal of Applied Psychology, 2002, 87（5）：875-884.

综合来看，人与环境匹配理论为研究个体与环境的互动提供了一个有效的分析框架，能够为理解、考察人与环境的互动提供成熟的支撑体系。本书将博士个体与环境的互动看作博士职业发展的核心推动力，而人与环境匹配理论为本书理解、测量博士个体与环境的互动与一致性程度，提供了有效的分析框架和具体的理论指导。因此，本书拟将匹配理念引入博士职业发展的研究框架，用职业匹配评价博士职业发展的主观满意度。

（3）如何评价：博士职业发展评价的具体指标选取

1）客观层面的职业表现指标选取。已有研究较多用薪酬、职位、学术生产等传统指标来表征博士客观层面的表现（表1-5）。考虑到本书重点关注博士在学术职业和非学术职业领域职业发展的差异，选取对学术职业和非学术职业领域均适用、均关注的指标，即采用年收入、岗位晋升两个指标来表征博士客观层面的职业表现。

表1-5　已有研究中博士职业发展的指标选取

学者	客观层面的指标	主观层面的指标
托尔普（Torp）等[①]	薪酬、职位	主观满意度
丹（Dan）等[②]	职业机会、薪酬福利等	价值贡献、能力匹配、声誉匹配
麦卡锡（McCarthy）[③]	—	主观满意度（自主性、平衡性、工作内容、声誉、环境、灵活性、职业发展机会）
王传敏，孙钰[④]	职业晋升	—
黄梅，范巍[⑤]	收入、职称、晋升次数、获得专利数量	—
赵世奎等[⑥]	岗位晋升（年龄）、学术生产	—
赵卫华[⑦]	举办会议、英文专著发表、年收入	—

2）主观层面的职业匹配指标选取。在主观层面职业匹配的变量选取与测量上，主要借鉴人与环境匹配理论领域的主要研究。凯布尔等提出的人与环境匹配

[①] Torp S, Lysfjord L, Midje H H. Workaholism and work-family conflict among university academics. Higher Education, 2018, 76 (6): 1071-1090.

[②] Dan M B, Nogueira M M, Scholz B, et al. New concepts of mobility to foster career development and gender balance in Europe. EuroScience Open Forum, 2014.

[③] McCarthy M T. Summary of Prior Work in Humanities PhD Professional Development. Washington, DC: Council of Graduate Schools, 2017.

[④] 王传敏，孙钰. 大学教师学术职业发展的影响因素研究. 现代教育管理, 2014 (3): 66-69.

[⑤] 黄梅，范巍. 不同年龄段博士职业发展质量性别差异实证研究——基于劳动力市场转型背景下体制内就业的分析视角. 中国行政管理, 2011 (11): 110-114.

[⑥] 赵世奎，范巍，李汉邦. 博士学位获得者职业发展状况及其影响因素——基于职务晋升和学术生产视角的实证分析. 高等工程教育研究, 2011 (1): 148-151.

[⑦] 赵卫华. 海归博士与本土博士职业成就比较——基于全国博士质量调查的统计分析. 中国高教研究, 2010 (11): 47-50.

三元模型为研究个体与环境的互动提供了一个有效的分析框架。根据该分析框架，本书将博士职业匹配划分为个人价值观与组织价值观的匹配、个人需求与组织供给的匹配、个人能力与岗位要求的匹配三个维度。具体来说，博士与组织的价值观匹配（价值观匹配）是职业发展的基础，主要探究博士个人价值观、职业态度、职业目标是否和组织的价值观、文化氛围、组织目标相一致；博士能力与岗位要求匹配（能力匹配）是博士个体职业发展的必要前提，考察博士是否具备与岗位任务相关的知识、技能和能力；博士需求与岗位供给匹配（供给匹配）是博士个体职业发展的原动力，若博士在薪酬待遇、晋升机会、社会声誉、工作环境等职业方面的需求能够很好地被岗位满足，其职业态度与表现就会更好。博士职业匹配的分析框架如图1-9所示。

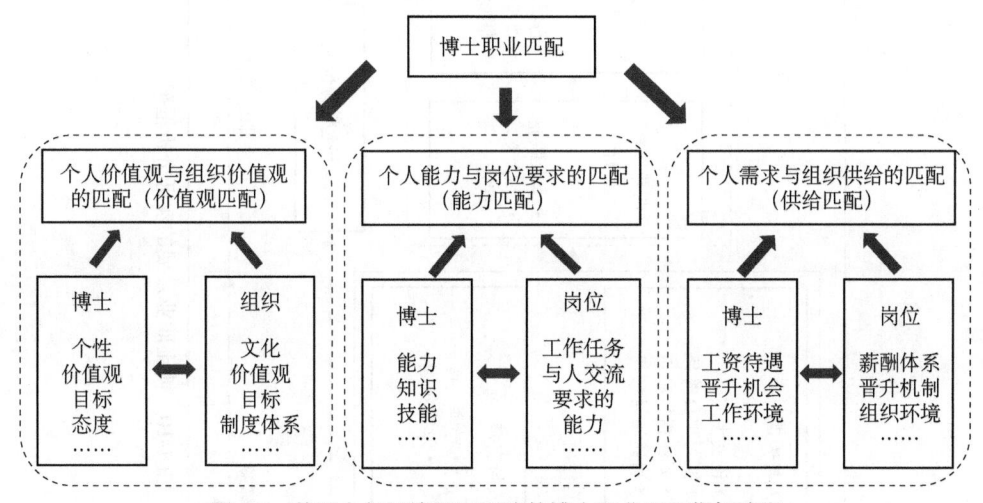

图1-9 基于人与环境匹配理论的博士职业匹配指标选取

（四）博士职业发展实证分析框架的确立

至此，前文所提出理论框架中的所有研究变量均有了具体测量指标，为后期博士职业发展研究提供了整体的实证分析框架（图1-10）。

图 1-10 博士职业发展的实证分析框架

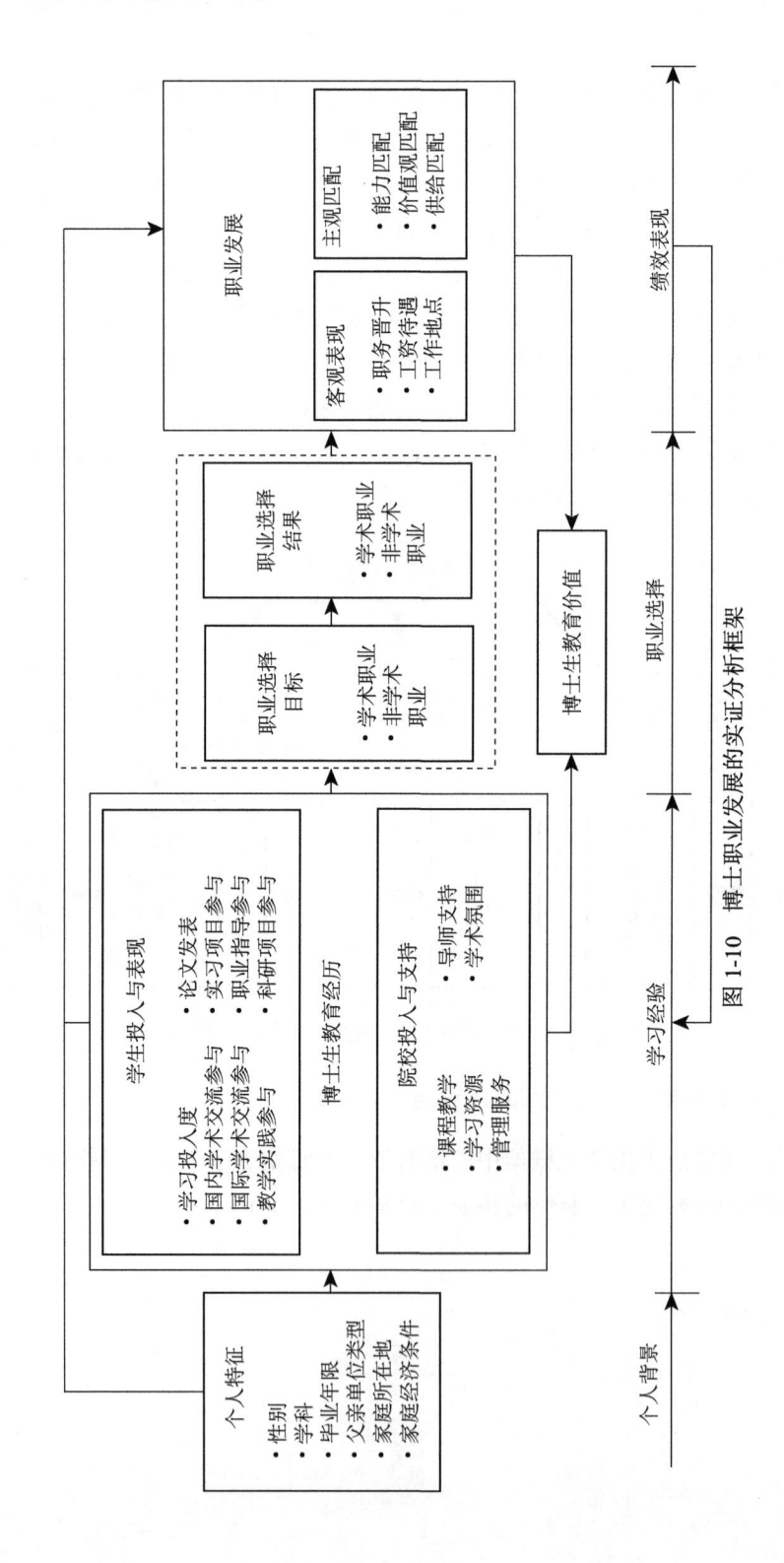

第二章

博士生教育质量评价实践与发展趋势

第一节 博士生教育质量评价实践

一、国内博士生教育质量评价实践

（一）政府主导的输入质量评价

1985年，在国务院学位委员会统一部署下，我国逐步建立起各级学位授予质量的检查和评估制度，并开展了一系列有关研究生教育评估的理论探讨和实践探索活动。[1]国务院学位委员会第六次会议要求各学位授予单位间不仅要相互检查，还要自行评价，这标志着我国研究生教育质量评价体系构建工作正式启动。[2]这一阶段的博士生教育质量评价主要包括对学位授权点的综合性、整体性审核评价及对一些学科、专业的学位授予质量进行水平评价。[3]

这一时期的学位与研究生教育评估与计划经济体制相适应，形成了研究生教育质量评价的"政府主导模式"，具有明显的国家、政府行为色彩。1985—1993年，我国先后开展的几次规模较大的评估，无一例外地表明国务院学位委员会、国家教委等政府机构是研究生教育质量评价活动的直接组织者、协调者和实施者。[4]这一时期的评估，是中央一级的学位与研究生教育主管部门对高等学校等研究生教育单位实施直接管理的一种手段，其中的直接关系方就是政府、研究生教育单位和评估专家。相比之下，高校在评价活动中的自主性则偏弱。高等学校等研究生教育单位依据评估组织者的要求实施自评，基本上就是为中央政府的评估提供背景资料，通过自评发现问题、改善管理、提高质量的意识较差，导致自评过程中出现被动应付及弄虚作假的现象。因此，这种以中央政府评估为主的学位与研究生教育评估体系，是历史和时代的产物，不可避免地带有这一时期的历史局限性和时代特征。尽管政府主导的评价模式需要高校进行自我评价，但评价目标的确定、评价对象的选择、评价指标的构建及评价活动的开展均由政府部门负责，博士生很难直接感知博士生教育质量评价情况，评价结果主要为政府提供

---

[1] 王战军. 学位与研究生教育评估技术与实践. 北京：高等教育出版社，2000：6.
[2] 汤晓蒙，詹春燕. 我国研究生教育质量评价发展研究. 高教探索，2010（5）：5-9.
[3] 董秀华. 我国学位与研究生教育评估的发展及其基本特点. 学位与研究生教育，2000（5）：33-39.
[4] 董秀华. 我国学位与研究生教育评估的发展及其基本特点. 学位与研究生教育，2000（5）：33-39.

博士生教育质量信息，高校在整个评价过程中处于被动地位，缺乏常态化、制度化的自我评价。

总体来说，20世纪80—90年代，博士生教育质量评价是在中央政府统一指导下，各级政府及有关部委以监督和鉴定博士生教育质量为目标，直接发起并具体安排实施的政策性与学术性较强的评价活动。博士生教育质量评价是政府部门对高校等博士生培养单位实施的直接管理，社会各界作为博士生教育质量的检测者尚未在评价中发挥应有的作用。博士生教育质量评价主要针对博士学位授权点展开，更多体现的是博士学位授权点的质量，着重对教育投入的评价，如博士学位授权点师生比、硬件设施质量、资金投入、生源质量等；问责对象则是博士学位授权点负责人。[①]博士学位授权点质量评价是"以教师为中心"的评价，看重教师的质量、教师的学术水准及学术声誉。这种仅针对博士生培养单位的各项输入性指标开展的评价，只能间接感知学生学习成果和质量，并不能直接反映博士生学习教育经历和实际学术成果。

（二）事业性机构参与的输出质量评价

1992年召开的党的十四大正式提出建立社会主义市场经济体制。所谓经济基础决定上层建筑，社会主义市场经济体制的确立也推动着教育制度的变迁。最初以单一的政府机构作为研究生教育质量评价主体的格局逐渐被打破，高校的自主性增强，具有中介性质的社会评价机构开始参与到研究生教育质量评价之中。1993年初，中共中央、国务院印发的《中国教育改革和发展纲要》提出，深化高等教育体制改革，建立政府宏观管理、学校面向社会自主办学的体制。在这一思想的指导下，政府从计划控制的评价模式中慢慢抽离出来，高校获得更多自主权，研究生教育质量评价进入一个新的发展阶段。1994年，国务院学位办公室设立了"质量监督与信息工作处"（简称"评估处"）负责全国研究生教育质量评价工作，具体包括评价工作的总体安排、相关政策的制定及评价指标体系的确立等。同年7月，我国第一家专门从事学位与研究生教育评估的事业性机构——学位与研究生教育评估所在北京理工大学成立，该评估所在评估处的指导下开展评价活动，承担着国务院学位委员会和国家教委及学位办公室和研究生工作办公室委托的有关研究生教育质量评价的具体工作。1995年2月，国家教委研究生工作办公室发出《关于开展研究生院评估工作的通知》，正式启动对全国33所研究

---

① 沈文钦.博士培养质量评价：概念、方法与视角.北京大学教育评论，2009（2）：47-59,189.

生院的评估工作。①同年 9 月，学位与研究生教育评估的学术团体"中国学位与研究生教育学会评估工作委员会"成立，博士生教育质量评价主体呈现多元化趋势，评价对象也从"以教师为中心"转向"以学生为中心"，更加关注博士生群体的质量。

1997 年 6 月，国务院学位委员会、国家教委联合颁布《授予博士、硕士学位和培养研究生的学科、专业目录》，该目录是我国审核授予博士学位的学科和专业范围划分的重要依据。对于博士生教育质量的衡量标准，主要体现在对在读博士生的要求上：一是掌握和了解本门学科基础知识和学科前沿；二是具有独立开展科学研究和学术探索的能力；三是从事原创性研究，拓展学科前沿，研究成果获得同行满意的评价，并能够达到公开发表的水平；四是具备未来职业发展所需要的品格和技能。不同学科门类的博士生教育质量评价因学科知识本身的差异和应用情境的区别，具体标准也有所不同。

20 世纪 90 年代至 21 世纪初，博士生教育质量评价不再仅仅强调对博士生培养单位各项输入性指标的评价，更加注重对博士生输出质量的评价。1999 年，教育部学位管理与研究生教育司组织开展了"全国优秀博士学位论文评选"活动，该评选也成为反映博士生教育质量的单项评价指标。这一时期，博士生教育质量评价以学位论文的质量作为最重要的衡量指标，同时伴随博士生教育实践的多样化，课程论文、综合性考试、学术论文、实习表现等也被纳入博士生在学期间学术成果体系，成为衡量博士生教育质量的标准。这种以学术成果为导向的输出质量评价是博士培养单位或导师的一项经常性的教育活动，一般采用同行评议的形式。②

（三）学生主体视角的过程质量评价

进入 21 世纪，由于我国在创新型国家建设中对高层次人才的需求剧增，从 2000 年起，我国博士生招生规模持续扩大，从 2.51 万人增长到 2021 年的 12.58 万人，增长 4 倍多。③伴随博士生教育规模的扩张，人们对博士生教育质量的理解也在发生改变，单纯遵循学术成果导向质量观的博士生教育质量评价受到质疑。在最近 20 年的博士生教育改革中，以美国模式为主流的博士生教育，更多强调的是一种学术训练。相比于以论文产出作为主要衡量指标的学术成果导向的

---

① 佚名. 学位与研究生教育 1995 年大事记. 学位与研究生教育，1996（6）：71-75.
② 沈文钦. 博士培养质量评价：概念、方法与视角. 北京大学教育评论，2009（2）：47-59，189.
③ 2021 年全国教育事业发展统计公报.（2022-09-14）[2023-01-20]. http://www.moe.gov.cn/jyb_sjzl/sjzl_fztjgb/202209/t20220914_660850.html.

质量观，学术训练导向的质量观更加强调对博士生课程学习、研究方法、学术交流能力、论文撰写等方面的训练。

这一时期我国对于博士生教育质量的评价主要受国外"大学生体验调查"及"研究教育经历调查"等项目的影响，更加重视学术成果和训练过程的结合，且通常基于学生主体视角展开。学界通过对国外相关项目开展背景、内容、成效等方面的分析，为我国博士生教育质量评价提供了新的思路和视角。2007年，国务院学位委员会、教育部、人事部开展了全国博士质量调查工作。此后国内关于博士生教育质量的文献大多基于此次调查的数据。

相较于强调输入质量或输出质量的博士生教育质量评价，学生主体视角的过程质量评价更加重视倾听博士生教育最直接利益相关者——博士生的声音，从博士生主体视角评价博士生教育质量，在关注学术成果的同时，从专业知识获得、通用能力发展、职业准备等方面衡量博士生教育质量。评价内容主要涉及博士生感知的学习环境、学习经历及学习体验。

（四）多元主体介入的发展质量评价

博士生教育规模的扩张及博士学位类型的多元化已成为全球趋势，博士生教育质量保障成为政府、社会和学术界普遍关心的问题。[①]同行评议已很难满足多元利益主体的诉求，社会问责开始渗透到博士生教育的整个过程。除了高校以外，社会评价机构、民间团体、用人单位等多元利益主体都参与到知识的生产和博士生教育质量的评价中。另外，选择进入学术领域从事教学和研究工作的博士生比例逐渐下降，从20世纪80到90年代的80%左右到2000年以后40%左右。[②]

近十年来，毕业博士选择进入政府部门、事业单位及企业界从事非学术职业的博士生比例显著上升。传统的基于输入与输出指标的博士生教育质量评价标准也因毕业博士在非学术界领域就职的增多、不能充分就业现象的增加而受到冲击。[③]这一时期，博士生教育质量评价在关注博士生在学质量的同时，开始强调对毕业博士发展质量的追踪评价，以用人单位或毕业博士作为评价主体，基于职业发展的视角衡量博士生教育质量的实践和理论探索越来越多。[④]2013年3月，

[①] 陈洪捷，等. 博士质量概念、评价与趋势. 北京：北京大学出版社，2010：16.
[②] 刘泽文，罗英姿. 知识转型背景下博士生教育困境与对策展望. 研究生教育研究，2015（3）：38-43.
[③] 陈小满，罗英姿. 我国博士毕业生就业多元化研究——以27所教育部直属高校为例. 中国高教研究，2017（9）：51-56.
[④] 罗英姿，张佳乐，顾剑秀. 毕业博士调查：博士生教育质量评价的新工具. 学位与研究生教育，2016（11）：22-27.

教育部、国家发展改革委、财政部联合颁发《关于深化研究生教育改革的意见》。同年7月，全国研究生教育工作暨国务院学位委员会第三十次会议在北京召开，提出把"立德树人"作为研究生教育的根本任务，要以服务需求、提高质量为主线，适应新形势下的研究生教育改革，积极探索内涵式发展道路，更加突出服务经济社会发展，更加突出创新精神和实践能力培养，更加突出科教结合和产学结合，更加突出对外开放。2020年7月，全国研究生教育大会召开，这是本世纪以来研究生教育领域内最为系统和最为全面的研究生教育改革部署。同年9月印发的《教育部 国家发展改革委 财政部关于加快新时代研究生教育改革发展的意见》提出，要加强研究生教育质量监测，探索开展毕业研究生职业发展调查。这为博士生教育质量评价改革提供了纲领性文件。

相较于以往从政府或培养单位两个主体视角出发，现阶段博士生教育质量评价在评价主体、评价体系构建、评价方式等方面均发生了改变：在评价主体上，更加关注博士生的主体地位，重视博士生个体的成长和发展；在评价体系构建上，除了考虑论文写作、科学研究等学术能力相关指标，还突出对博士生创新能力、人际沟通、组织协调等非学术能力的重视，以增强博士毕业生对劳动力市场的适应性，更好地为社会发展服务；在评价方式上，博士生教育质量评价的系统性、专业性和科学性进一步提升，从强调博士生的学术成果向关注过程训练转变，从终结性评价向追踪性评价转变，基于博士生主体视角（尤其是毕业博士视角）来反思和评价博士生教育质量成为博士生教育质量评价的新趋向。

二、国外博士生教育质量评价实践

20世纪90年代以来，西方许多国家的学术团体和政府等组织开展了大规模的毕业博士调查与研究。比较有影响力的有：经济合作与发展组织（OECD）的"博士学位获得者职业发展调查"、美国"博士学位获得者调查"以及华盛顿大学开展的"毕业博士系列调查"（博士毕业10年后调查、艺术史博士10年后调查、社会科学博士5年后调查）、英国"研究者在做什么"项目、德国"毕业博士概况调查"。此外，芬兰、荷兰、挪威等国的统计局也持续开展博士毕业后的数据追踪。在知识经济全球化的大环境下，这些博士职业发展调查通常服务于多元利益相关者和多重目标。博士职业发展状况的信息，不仅可以被宏观层面的社会、政府、劳动力市场用来分析博士群体的经济和社会贡献、优化博士生教育资源配置，还可以为组织层面的用人单位在如何促进博士雇员职业发展、营造适合博士发展的职业环境等方面提供启示，而且有利于个体层面的毕业博士和在读博士了解当前劳动力市场及就业趋势，做出理性职业选择。毕业博士职业发展调查概况如图2-1所示。

为谁调查
- 宏观层面
  社会/政府/劳动力市场
- 组织层面
  资助机构/专业协会/各种类型用人单位
- 个体层面
  毕业博士/在读博士

为何调查
- 优化博士生教育资源配置
- 分析博士对经济和社会贡献
- 为组织内员工创造更合适的职业环境
- 促进组织内员工实现更好的职业发展
- 帮助博士候选人做出理性职业选择
- 帮助毕业博士与在读博士了解劳动力市场

典型调查
- OECD"博士学位获得者职业发展调查"
- 美国"博士学位获得者调查"
  华盛顿大学"毕业博士系列调查"
- 英国"研究者在做什么"项目
- 德国"毕业博士概况调查"

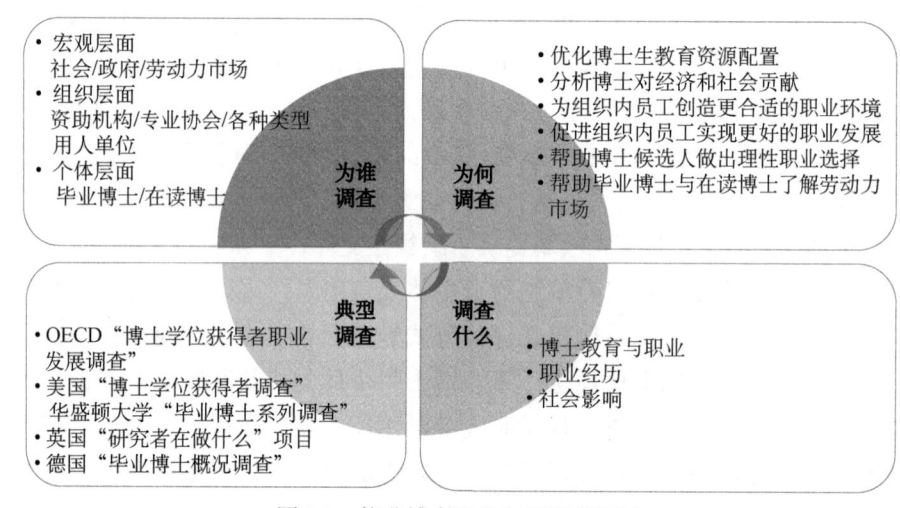

调查什么
- 博士教育与职业
- 职业经历
- 社会影响

图 2-1　毕业博士职业发展调查概况

梳理国外大规模的毕业博士调查，可将其归纳为三个层次（表2-1）：①国际研究项目，开阔国际视野，侧重于国家间的横向比较；②国家或区域范围内开展的全国性调查，注重收集全国毕业博士的常规性数据，为国家或区域宏观战略服务；③高校或研究机构主持的研究，基本围绕具体研究问题设计调查项目，偏向学术研究性质。

表 2-1　国外相关机构开展的典型毕业博士调查概况

层级	项目名称	调查机构	调查时间	调查对象	链接
国际	博士学位获得者职业发展调查项目（CDH）	OECD	2005年试行，2007和2010年数据收集，2011—2012扩大调查；暂定三年一次	①在ISCED6级以上的教育水平；②在调查国家边界内是永久居民	https://www.oecd.org/sti/cdh
国家/区域	博士生教育接受者的调查（SDR）	美国、NSF和国立卫生研究院资助，全国民意研究中心调查（芝加哥大学）NORC实施	1973年开始的纵向调查，两年一次，最近一次是2015年	在美国获得学位的科学和工程类博士（每个个体从获得学位到76岁），每次调查会增添新样本，现共12 000样本	https://www.nsf.gov/statistics/srvydoctoratework/

续表

层级	项目名称	调查机构	调查时间	调查对象	链接
国家/区域	博士职业生涯早期调查（ECDS）	美国，NSF资助	2014年秋预调查，2016年开始全样本调查	生物医学领域内所有学科，获得的博士学位10年以上，在美国学术机构、联邦资助研究发展中心或美国国立卫生研究院工作的	https://www.nsf.gov/statistics/srvyecd/
	博士学位获得者调查（SED）	美国，NSF、国家健康总署、美国教育部、美国农业部、国家人文科学基金会和国家航空航天局共同资助	1957年开始，每学年一次	在一个学年内从获得认可的美国机构获得研究型博士学位的所有人	https://www.nsf.gov/statistics/srvydoctorates/
	博士毕业十年后调查（Ph.Ds—10+Years Later）	美国，安德鲁·梅隆基金委和NSF资助，加州大学伯克利分校和华盛顿大学CIRGE组织	1997年，一次	（生物化学、计算机科学、电子工程、数学、政策科学、英语）6个学科于1983—1985年间从国内61所大学完成博士学位的博士	https://www.education.uw.edu/cirge/Ph.D-career-path-tracking/Ph.D-holders-in-naturalsciencesengineering/
	艺术史博士毕业十年后调查（Ph.Ds in Art History—Over a Decade Later）	美国，盖蒂基金委资助，加州大学伯克利分校和华盛顿大学CIRGE实施	2001年，一次	1985—1991年从美国艺术与建筑史项目毕业的博士学位获得者，746名	https://www.education.uw.edu/cirge/Ph.Ds-in-art-history-over-a-decade-later/
	社会科学博士毕业五年后调查（SS5）	美国，福特基金资助，华盛顿大学CIRGE实施	2005—2006年，一次	65所博士学位授权高校的选定6专业（人类学、通信、地理、历史、政策科学、社会学）1995年7月到1999年7月毕业的博士	https://www.education.uw.edu/cirge/Ph.D-career-path-tracking/2261-2/
	"研究者在做什么"系列（What do researchers do？）	英国，RCUK基金资助，VITAE组织调查	每年都开展调查；3年后追踪其中部分样本，2006年试点，2008年和2010年正式追踪	从英国高校毕业，并在英国或其他欧盟国家定居的博士毕业生；每年调查样本大概9000-10 000人	https://www.vitae.ac.uk/impact-and-evaluation/what-do-researchers-do
	博士项目调查（Profile-Promovierendenpanel）	德国，由DFG资助，iFQ组织调查	每年一次，自2009年起	德国9所大学加上DFG、DAAD组织和两个基金委的全体获得博士学位研究人员	https://research-information.de/Projekte/ProFile/projekte_profile.asp
	第一版博士生人力资源调查（JD-Pro）	日本，国家科学技术·学术政策研究所（NISTEP）实施	2014年，2016年	分别是2012年和2015年在日本各研究生院修完博士课程的毕业生	https://www.nistep.go.jp/en/?page_id=3800

续表

层级	项目名称	调查机构	调查时间	调查对象	链接
国家/区域	高级研究者调查（SSR）	芬兰，由弗兰德政府基金资助，肯特大学实施	2010年起，4年一次	弗兰德地区的5所大学所有获得博士学位的研究人员	https://www.ecoom.be/en/research/doctoralcareers
	丹麦博士注册数据和ISOLA数据库	丹麦统计局资助和实施	每年更新	所有阶段的博士，整体	https://www.dst.dk/en/
	挪威数据库（Norwegian databases）	挪威研究委员会资助，挪威科研、创新和教育研究机构NIFU实施	每年更新	所有阶段的博士，整体	https://www.nifu.no
机构	ANRT法国"CIFRE补助金"项目追踪	法国，法国高等教育研究机构资助，ANRT实施	2000—2011年，3年一次	曾获得CIFRE补助金项目支持的博士，覆盖所有学科，5794人	https://www.anrt.asso.fr
	英国威康基金会的职业生涯追踪项目（WTCT）	英国，威康基金会（Welcome Trust）资助并实施	从2009年开始，每年一次	WelcomeTrust资助的研究者，主要涉及基础科学领域博士生	https://www.wellcome.ac.uk/careertracker
	欧盟大学研究院（EUI）开展项目	欧盟大学研究院EUI（Europe University Institute）	2012年开始，5年一次	1976—2006年参与了LLM或博士培养项目的EUI毕业生（学科：经济学、历史学、法律、社会和政策科学）	https://www.eui.eu
	德国"洪堡基金会（AvH）科研奖学金项目"	AA/BMBF/BMZ/BMU资助，洪堡基金会（AvH）实施	2010年，1次	1970—2009年，被资助的16 875人	https://www.humboldt-foundation.de/web/evaluation-hfst-en.html
	全球在读博士研究生调查（Nature Research Group Ph.D Student Survey）	英国Shift Learning研究咨询公司组织调查	2011年起，每两年一次	全球在读博士群体	https://www.nature.com

第二节　多元主体视角下博士生教育质量评价现状

一、用人单位：毕业博士能力供给与市场需求存在矛盾

用人单位是毕业博士的直接利益相关者，也是博士生供给方的间接利益相关者。用人单位从经济学视角对博士生教育质量进行评价，关注点更多聚焦于毕业博士是否具备岗位所需要的知识、技能和个性特质。尽管用人单位在评价中以追求经济效益为导向，但其在推动博士生教育改革、提升博士生教育质量中发挥着

难以替代的作用。用人单位的评价反馈能够促进高校博士生培养供给与劳动力市场人才需求进行更好的衔接，帮助博士毕业生尽快地完成角色转变，并用较短时间适应和满足市场的需要，进而实现博士生教育的社会价值。当高校供给方与用人单位需求方的质量观不匹配时，毕业博士的能力供给就容易与市场需求出现矛盾，进而引发用人单位对博士生教育质量的质疑。①

一位在企业从事技术研发的人员提及：

> 我们单位对科研人员的学历要求很高，基本是博士学位。他们理论性比较强，但是实践操作方面还不行。研发部门虽然看重科研，但在学校做科研和在企业做科研还是有很大差别的。读博的时候，博士生很少有机会接触到实际工作，进入企业后一般需要前辈带着适应一段时间。（L20160715p）

对于毕业博士的管理能力，访谈者也质疑：

> 管理岗位对于一个人的综合能力的要求高，他要能带动团队，激活团队。博士从事管理岗，学历是一个优势，但是学历并不能代表能力，一个好的管理者还需要具备良好的组织能力、协调能力、沟通能力、领导能力、决策能力等。然而博士生刚从学校走到工作岗位，这些能力还需要提升，想要成为好的管理者就不能好高骛远，要一步一步慢慢来。（L20160723a）

一位从事产品研发的人力资源总监谈到毕业博士的岗位胜任情况：

> 博士生在企业主要是做科研和管理。不可否认的是，岗位上的博士专业知识都很扎实，科研能力也值得认可，为企业的研发做出了不少贡献。但这些博士在管理上的优势并不突出，一些博士虽然是管理者，但在沟通、领导、协调以及制定决策方面有很多不足。作为一名管理岗位上的毕业博士，我认为博士生管理能力的不足与博士生培养有一定的关系。读博期间，大家一门心思做实验、写论文，学校、导师以及博士生自己都关心科研产出，忽略了对其他技能的训练。（L20160706p）

随着博士就业面的不断扩大，仅有科研能力已经很难满足用人单位对博士生的期望，博士生更需要培养适应更广泛劳动力市场的可迁移能力，能够将专业知识迁移到企业。

---

① 刘泽文，罗英姿．博士生教育质量评价：沿革与启示．研究生教育研究，2020（2）：68-73．

用人单位在进行博士生教育质量评价的过程中，对博士生教育在人才培养和科学研究方面的价值给予了肯定，但对于高校博士生供给和市场需求之间的匹配情况也表现出担忧，认为学力和能力并不能画等号。用人单位更加强调毕业博士的综合素质和非学术能力，而不单是毕业博士的科研能力。伴随越来越多利益相关主体的加入，博士生教育逐渐从象牙塔内向社会中心转移，其结构日益复杂，价值取向也愈加多元。博士生教育不仅需要培养博士生的学术能力，还需要丰富博士生教育内容、发展其适应劳动力市场的职业能力，尤其是在非学术界就业的能力。

二、培养单位：成果导向的评价与博士生个体发展存在矛盾

培养单位是博士生教育实施的主要载体，同时也是保障博士生教育质量的关键主体。高校对博士生教育质量的评价通常以博士生学术能力作为衡量标准，以知识积累和学术创新来评判博士生教育质量。导师作为学徒制模式下博士生教育的重要参与者，对博士生的要求和高校衡量标准基本相同，强调博士生的知识掌握和学术产出，更多体现的是学术成果导向的质量观。

《中华人民共和国学位条例》中规定，博士学位获得者必须具备独立从事科学研究工作的能力，并且能够"做出创造性成果"。对高校而言，博士生学术成果很大程度上代表着博士生的学术能力，自然可以作为衡量其"科学研究能力"最简单、高效的指标。一位农学专业的副教授认为：

> 博士生教育质量评价标准应该与学校的培养要求相一致。要评价一个博士生，最低的标准就是学校标准。只有达到了学校的标准，完成了毕业论文，才能够拿到博士学位。其次，才是其他的综合素质。（T20160714p）

但关于学校的博士生培养要求，也有一些博士生导师和教育工作者有不同的看法，认为"唯论文"的成果导向与博士生个体发展存在矛盾，博士生非学术能力的培养对于博士生个体发展尤为关键。现在的市场环境及其对博士生的要求相比以前有很大不同，对博士生各方面能力素质都会看重。哪怕博士毕业后留在高校，除了做科研还要带学生，带学生也是一门学问。

一位具有多年教学经验的博士生导师指出：

> 带的博士生当中，有些研究成果不错，科研能力也很强，但表达能力不

行，在进行学术交流或者学术探讨时，他们很难将自己的研究成果、研究进展清楚地讲给大家听。现在的博士生在教学方面还是缺乏训练，博士生教育可能会培养出优秀的科研人员，但不一定能塑造出优秀的教师。如果一个老师表达能力、沟通能力欠缺，那教学能力、指导学生的能力肯定会有很多问题。（T20160727a）

一位农业经济管理专业的教授指出：

现在博士生教育还是结果导向的，这就导致博士生十分重视产出，除了写论文，就是发论文，其他方面的能力素质往往很难得到培养，这必然会影响他们后来的职业发展。博士毕业后去企业、机关单位或者金融机构等非学术界工作，它们看重的不是论文发表了多少，而是看一个人的综合能力，尤其是他的情商。所以博士生教育质量评价不能局限于产出，评价的指标不能单一化，容易造成学术功利化。（T20160908p）

一位植物保护专业的教授有着类似的看法：

论文输出只是科研的一部分，现在的评价指标比较单一，主要看论文数量、影响因子。这样虽然简单、高效，但还是有很多不妥。"唯论文"的成果导向也是造成学术生态环境恶化的重要原因。（T20160715p）

总体上，培养单位对于博士生教育质量的评价是基于成果导向的，评价要素主要包括学术生产力、成果影响力、学术道德和学术创新性（新的问题、新的研究视角、新的研究方法、新的应用领域等）等学术能力相关指标。同样，在博士生导师眼中，博士生优秀与否往往也是以学术论文的发表和研究的独创性作为衡量标准的，具体体现在对本学科知识发展的贡献上。

三、在读博士生：非学术能力提升与传统培养模式存在矛盾

博士生是博士生教育最直接的利益相关者，也是直接反映博士生教育质量的主体。博士生眼中的教育质量主要以其个体发展和能力提升作为衡量标准，在质量评价过程中，关注点在培养过程，重视导师的指导、课程与教学的质量及考核方式等内容。在读博士生所体现的是学术训练与能力提升导向的质量观。

一位兽医学专业的博士生谈到自己的职业期望：

毕业后希望还能够留在大学校园，成为一名高校老师，但是高校对老师的要求越来越高，所以不确定是否可以找到一所合适的学校工作。博士生课程较少，大部分课余时间用来做实验，自己的表达能力、组织能力很少有机会得到锻炼。除了做科研，其他方面不知道自己能不能做好。（D20160912p）

另一名农业资源与环境专业的博士生也阐述了他眼中的博士生教育：

大家的时间基本都花在科研上，科研压力比较大，没什么时间和精力去参加一些非学术性的活动，即便投入的时间比较多，每年延期的博士也有一半以上。关于综合能力，博士生并不一定比硕士生、本科生有优势，因为长时间做科研，大部分博士生的科研能力应该可以，但像人际交往、组织能力就不一定了。也正因为这样，博士生大多愿意去高校或研究所工作，而不大愿意去企业。（D20160912a）

一位农业经济管理专业临近毕业的博士生在评价中提到跨学科能力的培养：

博士生在本科、硕士、博士阶段学科背景基本都一致，很少接触到其他学科的东西，跨学科能力通常比较弱，而且经常待在一个领域，创新意识不强，研究就很难有新的突破。如果在培养方式上有所改变，有更多机会接触到其他相关学科的研究方法、研究视角等，可能对我们的研究更有帮助。（D20160908a）

也有博士生反映校企之间的互动较少，导师承担的课题基本是学术性研究课题，很少与政府、企业合作承担一些实践性课题。

博士生在评价中更加关注能否通过博士生教育掌握专业知识、提升综合能力，这些能力对于毕业后选择进入学术或非学术劳动力市场都是有益的。伴随知识的社会弥散，越来越多的博士生会加入非学术劳动力市场，这对于博士生的非学术能力就提出了更高要求。然而当前的博士生教育仍然遵循着培养学者的模式，博士生教育期间所形成的能力结构和知识体系更多的是为学术职业做准备，导师的精力也基本放在博士生学术能力的提升上，以期培养出学科领域优秀的研究人员，这也使一些博士生在学生角色和职场角色的转变过程中出现困难。

四、毕业博士：职业期望与职业发展现实存在矛盾

毕业博士是博士生教育质量的承载者和验证者，其职业发展状况很大程度上反映着博士生教育质量。对毕业博士而言，博士学位可能是"敲门砖"，对职业发展起到关键作用的是博士生教育经历。毕业博士既经历了博士生教育，又展开了自己的职业生涯，这一群体可以更好地结合实际的职业发展情况对博士生教育进行回溯评价。

一位在企业工作了3年的农学博士谈到博士生教育对其职业选择和职业发展的影响：

> 之所以选择企业，一是因为专业对口，二是因为薪资待遇比一般高校更好一些。如果再选择一次，我还是会选择读博，博士生教育期间最大的收获是训练了思维，主要是思考问题的方式，而这对于现在的工作和生活都在产生影响。由于不在高校就职，我认为科研能力在工作中显得并不那么重要，除了专业技能之外，语言表达能力、团队协调能力在岗位中更被需要。（G20160805a）

近年来，毕业博士生的职业选择日益增多，但仍有不少博士生向往继续进行学术研究，留在大学校园担任大学教师的生活。一位从事教学科研工作的毕业博士介绍了博士生就业过程中的困境：

> 随着毕业博士数量的增长，进入大学的门槛也在不断提高，毕业博士想要进入高校工作不再像以前那么简单，很多想要进入高校的博士无法实现他们的职业期望，只能退而求其次，要么选择去企业或者其他事业单位，要么选择去层次更低一些或者地理位置相对偏远一些的高校求职。高校对于博士生职业支持和职业引导也不够，一些博士生可能适合去企业，但随大流去了高校；一些更适合去高校工作的，反而去了企业。（G20160804p）

此外，毕业博士在就业过程中还存在结构性失业问题。结构性失业主要是指劳动力市场存在岗位空缺，毕业博士因个人能力、经验、知识技能结构与岗位需求不相匹配而造成的失业现象。一位管理岗位的毕业博士也谈到博士生就业问题：

> 博士生知识结构相对单一，加之雇佣成本较高，企业如果有更经济性的

选择，就不大会招博士。博士生自身职业期待也比较高，市场现有的一些岗位对他们的吸引力不够。供需双方的不匹配导致毕业博士在实际工作中难以实现其职业期望。目前，政府、企业包括高校本身更多时候是要解决应用性的跨学科问题，需要博士生有更强的可迁移能力，而这些对于刚毕业的博士生来说是不小的挑战。（G20160806p）

毕业博士也意识到博士生教育存在的一些问题：注重结果评价，忽视过程训练；强调科研能力培养，忽视综合能力提升等。因此，在博士生教育期间，除了进行学术能力的培养，还需要为博士生提供学术职业和非学术职业所需要的技能训练，让博士生对未来职业生涯有较为清晰的认知，并能够在今后的工作中具备职业转换的能力。

第三节 博士生教育质量评价发展趋势

一、从博士生主体的惯性缺位向突出博士生主体地位转变

突出博士生主体地位主要包括两层含义：一是强调博士生作为评价主体参与到博士生教育质量评价中；二是关注博士生个体的全面发展。国内相关研究主要是基于导师和培养单位两个主体，大都忽略了博士生对博士生教育质量的评价与诉求，造成评价的研究结果很难直接用于博士生个体的学习与发展改善。然而，博士生是博士生教育最直接的利益相关者，博士生教育最终指向的是博士生的发展，博士生对自身发展应有自评或互评的权利，从这个意义上说，博士生作为评价主体是博士生教育质量评价的应有之义。博士生教育质量评价需改变传统的"导师倾向"与"管理倾向"，重视博士生主体的参与。此外，我国博士生教育的主要任务在很长时间内被认定为塑造学者，进行"知识创新"，学位论文等学术成果成为博士生教育质量评价的唯一标准，这也在一定程度上导致博士生的片面发展与学术功利化。伴随知识生产模式的转型及劳动力市场的变化，仅仅注重学位论文等学术成果是不够的，博士生更应该在博士生教育期间获得一些技能、素质和方法。

二、从强调博士生在学质量向关注毕业博士发展质量转变

2000年以来，国内外学者对毕业博士发展质量的关注度不断提升，从职业

发展质量角度衡量博士生教育逐渐成为研究热点。西方学者主要通过调查博士生在学经历与毕业博士的发展经历来评价博士生教育质量，进而揭示博士生教育与职业发展之间的关系。美国学者内拉德（Nerad）等组织的"博士毕业十年后的调查"，是对6个不同学科且毕业6—10年的博士群体展开的全国性调查，评估其博士职业生涯中专业技能的用处以及在博士生期间对职业发展的需求情况。[①]随后，美国专业研究生协会、英国高等教育学院等机构也陆续进行了类似博士生教育经历的调查研究。[②]由此，基于毕业博士职业发展状况和路径来评价博士生教育逐渐被高校、学者重视。部分国内学者逐渐开始对博士生教育经历展开调查，并构建以博士生个体发展为主线的博士生教育质量评价体系。[③]

三、从单一内部评价视角向多维度综合评价视角转变

高等教育质量的价值取向主要有学术取向、社会取向与人本取向之分。[④]如何实现三种价值取向的整合及内外部评价的结合，则需要重视第三方评估在博士生教育质量评价中的作用。以博士生培养单位及导师为主的第一方评估往往忽视了博士生教育与博士劳动力市场之间的衔接，使得博士生教育质量供给很难与经济社会发展需求相匹配；以各级教育行政管理部门为主的第二方评估侧重对博士生教育教学宏观层面的指标如办学目标、办学条件、师资建设等进行评价，忽视了关于博士生个体体验和博士生自身发展的微观层面指标。第三方评估作为独立于高校、教育行政管理部门之外的专业评估力量，不仅能够弥补内部评估的不足，而且能够吸纳多元主体，如高校、政府、用人单位、博士生、毕业博士及家长等，参与到评估之中，从培养目标与学生发展的契合度、能力供给与岗位需求的匹配度、人才培养与社会需求的满意度、博士生教育的社会贡献度等方面选取评价指标，更加全面地对博士生教育过程及其质量做出评价。[⑤]这使得博士生教育质量评价一方面能够关注包括导师、培养单位在内的内部利益相关者，另一方面也可以回应博士生教育外部利益相关者的诉求，最终实现以博士生发展为导向、以学术取向为根本、以人本取向为核心、以社会取向为基础的博士生教育质量评价。

---

① 范巍，蔡学军，成龙. 我国博士毕业生就业状况与趋势分析. 教育发展研究，2010（7）：79-81.
② National Doctoral Program Survey.（2001-10-02）[2022-10-01]. http://cresmet.asu.edu/nagps/index.php.
③ 罗英姿，程俊."以学生为中心"的博士生教育质量评价. 学位与研究生教育，2014（6）：60-65.
④ 许克毅，赵军. 从扬弃到超越——研究生教育质量观的重构与发展. 中国高教研究，2004（6）：33-36.
⑤ 席成孝. 我国高等教育第三方评估机制探析. 陕西理工学院学报（社会科学版），2014（4）：85-89.

第三章

学术学位博士生教育质量评价

第一节　学术学位博士生教育质量评价模型构建

一、评价指标体系权重确定

由于本章是基于毕业博士视角进行博士生教育质量评价，为了提高博士生教育质量评价结果的科学性，指标权重的确定综合了15位专家的意见。并运用层次分析法确定博士生教育质量评价指标体系的权重，同时为了弱化主观因素对评价结果的影响，在确定博士生教育质量各指标权重的过程中将层次分析法与聚类分析法相结合，对15位专家所确定的权重利用聚类分析法进行了合理的筛选和修正，最终确定博士生教育质量各评价指标的权重，得到修正后的三级指标权重（表3-1）。

表 3-1　博士生教育质量评价指标权重

一级指标及权重	二级指标及权重	三级指标及权重
输入质量（0.084）	博士生教育背景（0.047）	个人基本特征（0.005） 家庭背景（0.003） 录取方式（0.009） 学科背景（0.017） 就读高校类型（0.013）
	博士生求学动机（0.037）	选择读博的动机（0.011） 选择就读该专业的动机（0.026）
过程质量（0.321）	博士生学习与研究投入度（0.252）	培养类型（0.039） 自学程度（0.154） 学术交流状况（0.059）
	博士生教育经历满意度（0.069）	对课程与教学的满意度（0.016） 对导师支持的满意度（0.045） 对管理与服务的满意度（0.008）
输出质量（0.221）	学术成果（0.089）	发表论文数（0.063） 成果获奖数（0.026）
	个体发展自我评价（0.132）	动机迁移（0.007） 科研技能（0.016） 通用技能（0.025） 综合素质（0.053） 职业准备（0.031）

续表

一级指标及权重	二级指标及权重	三级指标及权重
发展质量（0.374）	职业发展情况（0.208）	岗位晋升（0.062） 工资待遇（0.112） 工作地点（0.034）
	职业发展自我评价（0.166）	个人期望与工作单位的匹配度（0.051） 个人期望与工作岗位的匹配度（0.115）

二、评价模型的确立

根据博士生教育质量评价指标权重表，综合评价模型可表述为：

$$Y_n = \sum_{i=1}^{25} W_i X_{in} \qquad (3\text{-}1)$$

其中，Y_n表示第n个评价主体的博士生教育质量指数；i为第i个评价指标，取值1—25；n为第n个评价主体，取值1—n；W_i为第i个评价指标的权重；X_{in}为第n个评价主体的第i个评价指标的得分。

因此，个体博士生教育质量评价模型可表述为各评价指标权重与各评价指标所得分数的乘积：

$Y_n = 0.084A_{1n} + 0.321A_{2n} + 0.221A_{3n} + 0.374A_{4n}$
$\quad = 0.047B_{1n} + 0.037B_{2n} + 0.252B_{3n} + 0.069B_{4n} + 0.089B_{5n} + 0.132B_{6n} + 0.208B_{7n} + 0.166B_{8n}$
$\quad = 0.006X_{1n} + 0.003X_{2n} + 0.009X_{3n} + 0.017X_{4n} + \cdots + 0.051X_{24n} 0.115X_{25n}$ （3-2）

其中，A_{1n}、A_{2n}、A_{3n}、A_{4n}分别表示第n个评价主体一级评价指标输入质量、过程质量、输出质量、发展质量的得分；$B_{1n}B_{2n}$、B_{3n}、$\cdots B_{8n}$表示第n个评价主体二级评价指标的得分；X_{1n}、X_{2n}、X_{3n}、$\cdots X_{25n}$表示第n个评价主体三级评价指标的得分。

整体博士生教育质量评价模型可表述为：

$$Y = \frac{1}{n}\sum_{i=1}^{n} Y_n \qquad (3\text{-}3)$$

三、评价模型的验证

为了确保博士生教育质量评价模型的合理性与科学性，本章以Amos 24.0为工具，将博士生教育质量评价模型结构方程化，对其进行适配度及组合信度的检验，以确保该模型的内在质量。

对 IPOD 评价模型进行验证性因素分析（CFA）发现，IPOD 评价模型的基本适配指标良好（表 3-2），没有违反模型辨识规则，说明本项目所构建的 IPOD 评价模型匹配度较好，即 IPOD 研究框架及其测量指标的设置合理。

表 3-2　博士生教育质量评价模型整体适配度检验

拟合指标	RMSEA	GFI	AGFI	CN	NFI	IFI	CFI
拟合标准	<0.08	>0.90	>0.90	>200	>0.90	>0.90	>0.90
运算结果	0.049	0.989	0.971	0.543	0.962	0.971	0.970
	符合	符合	符合	符合	符合	符合	符合

对 IPOD 评价模型进行组合信度检验发现：模型的适配度检验结果表明模型接受虚无假设，说明本项目所构建的 IPOD 评价模型与实际数据相契合，模型的外在质量与收敛效度较好；模型中 4 个潜变量的组合信度值与平均方差抽取值均满足模型的判定标准，且 4 个潜变量所对应观测变量的标准化因素负荷量均大于 0.500，充分说明本章所构建的 IPOD 评价模型组合信度较好、内在质量理想。

第二节　学术学位博士生教育质量评价实证研究

一、问卷设计与样本数据

（一）问卷设计

调查问卷是基于博士生教育质量评价模型，并进行了小范围的预调研，多次修改确定。在读博士生问卷由个人基本情况、博士生教育经历情况、博士生教育输出情况三部分构成，共 109 道题，包括 1 道开放性试题；毕业博士问卷增加了职业发展情况及基于职业经历的博士学位认知评价，共 149 道题，包括 1 道开放性试题。通过对 3 年级及以上在读博士生和毕业博士的问卷调查和深度访谈，一方面，考察博士生教育背景、学习与研究投入度、学术成果、职业发展情况等客观和定量指标；另一方面，了解博士生求学动机、博士生教育经历满意度、个体发展的自我评价和职业发展自我评价等主观和定性指标。满意度评价均采用利克特 5 点量表进行计分，从"非常不同意"到"非常同意"分别记 1—5 分。

（二）问卷信度与效度检验

运用 SPSS 21.0 软件对调查问卷的信度进行检验，毕业博士调查问卷中的整体的 Cronbach's α 系数为 0.981，各维度的 Cronbach's α 系数经测试均在 0.866—0.974，呈现良好的内部一致性。在内容效度方面，本章问卷中涉及的量表是基于学生发展理论，借鉴国内外已有相对成熟量表构建的，并邀请博士生教育领域相关专家及其他利益相关者对问卷内容进行了合理性判断，基本可以保证其内容效度。在结构效度方面，本章样本的 KMO 值为 0.932，球形检验结果 $F=0.000$ 达到显著性水平，变量间相关度较高，问卷适合进行因子分析。同时，利用 SPSS Amos 22.0 进行验证性因子分析，对问卷进行拟合度检验。经检验，该问卷结构没有违犯估计检验，且相关指标表明该问卷有较好的适配度。

（三）样本数据的基本特征

问卷调查时间为 2016 年 7—9 月，共回收毕业博士问卷 1179 份，有效问卷 1107 份；回收在读博士生问卷 1006 份，有效问卷 902 份。调查显示：在人口统计学层面，样本博士生的性别比为男生 55.3%，女生 44.7%，生源地多集中在东部和中部地区；在读博士生年龄段多集中在 26—30 岁，占 88.2%；毕业博士多集中在 26—30 岁及 31—35 岁，分别占 46.3%、31.2%；毕业博士分毕业 1—2 年、3—5 年、6—8 年、9 年及以上，依次对应的样本量为 465 人、395 人、146 人、101 人，其中以毕业 1—2 年及 3—5 年时间段的居多，分别占 42.0%、35.7%，毕业 3 年及以上的约占 58.0%；在高校层面，样本博士生来自"985 工程"院校的约占 56%；来自"211 工程"院校的约占 35%；其余约 10%的博士生来自其他高校（表 3-3）。此外，样本毕业博士延期率为 44.6%，其中以延期 1 年以内居多，占 32.1%（图 3-1）。

表 3-3 样本数据特征　　　　　　　　　　　　　　　单位：人

个人信息	性别		年龄					生源地			
	男	女	≤25 岁	26—30 岁	31—35 岁	36—40 岁	41 岁及以上	东部地区	东北地区	中部地区	西部地区
在读博士生	498	404	33	796	56	17	0	445	55	271	131
毕业博士	613	494	26	512	345	140	84	543	69	348	147

高校信息	高校层次类型			高校所在地					
	"985 工程"高校	"211 工程"高校	其他高校	北京	浙江	陕西	江苏	湖北	广东
在读博士生	508	299	95	252	140	116	194	105	95
毕业博士	608	403	96	248	211	149	295	108	96

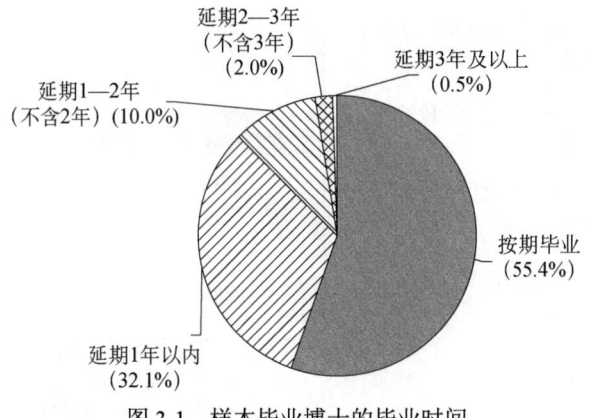

图 3-1 样本毕业博士的毕业时间

二、涉农学科学术学位博士生教育质量现状

（一）输入质量

1. 博士生教育背景

博士生求学背景主要通过录取方式、学科背景和就读高校类型来反映。关于录取方式，在调查的 902 位在读博士生中，选择硕博连读、公开招考、直接攻博或申请-考核的比例分别为 39.9%、32.9%、13.1%和 14.1%；1107 位毕业博士的对应比例分别为 45.3%、39.7%、7.9%和 7.1%。可以看出，被调查的博士中，以"硕博连读"方式录取的最多。从对博导的访谈中我们了解到，大部分博导在招生时会存在一定的偏好，他们认为硕博连读的考生在科研方面更具延续性和完整性，较容易做出成果，并且硕博连读的博士生基本用 5 年时间来完成博士学位，延期的情况相对较少，因而他们更倾向于招收硕博连读的考生。关于学科背景，从图 3-2 中可以看出，在读博士生中，本硕博学科背景一致的比例约占七成，跨学科的相对较少；而在毕业博士中，虽本科、硕士、博士阶段学科专业均相同的占到半数以上，但硕士与博士阶段学科背景相同、本科阶段不同的比例也相对较高，接近三成。关于高校类型，从表 3-4 可以看出，毕业博士生从本科到硕士再到博士阶段，就读高校层次类型总体是逐步提高的，这也反映了学生在选择继续深造的过程中不断追求层次更高、实力更强的高校。

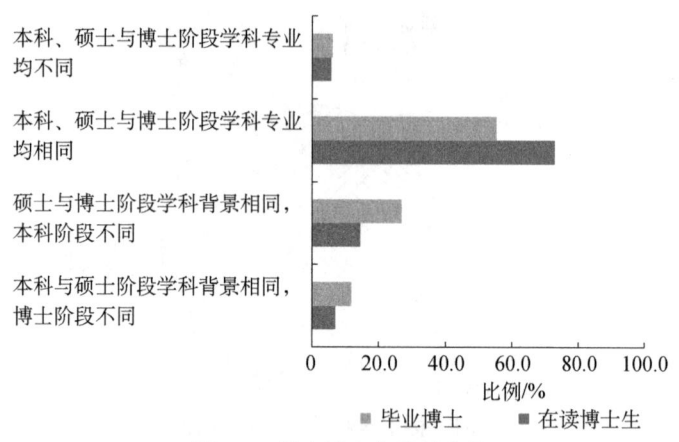

图 3-2　样本博士生学科背景

表 3-4　毕业博士本硕博高校类型情况

高校类型	博士阶段 数量/所	博士阶段 占比/%	硕士阶段 数量/所	硕士阶段 占比/%	本科阶段 数量/所	本科阶段 占比/%
"985 工程"	608	54.9	484	43.7	301	27.2
"211 工程"	403	36.4	422	38.1	387	35.0
其他	96	8.7	201	18.2	419	37.9

2. 博士生求学动机

动机是引起个体行为活动，并使之朝向某一目标的心理倾向，对个体行为活动具有激发、指向、维持和调节的功能。[①]读博动机的差异对博士生教育过程的体验、学习投入及学业成就都会产生影响。由于在读博士生与毕业博士在求学动机方面呈现较高的一致性，因此本章通过毕业博士数据来反映样本博士生求学动机情况。调查发现，一方面，超过半数的博士生功利性读博动机较为明显，其选择读博，更多关注的是获得博士学位后所能带来的职业回报（即职业发展考虑）（图3-3）；另一方面，影响博士生选择专业的关键因素主要包括有学科基础优势、兴趣使然、受导师影响等因素（图3-4），具有学科基础优势的学生会继续选择原专业就读也能够解释博士生学科背景大多一致的现象。

[①] 黄希庭. 心理学. 上海：上海教育出版社，1997：88.

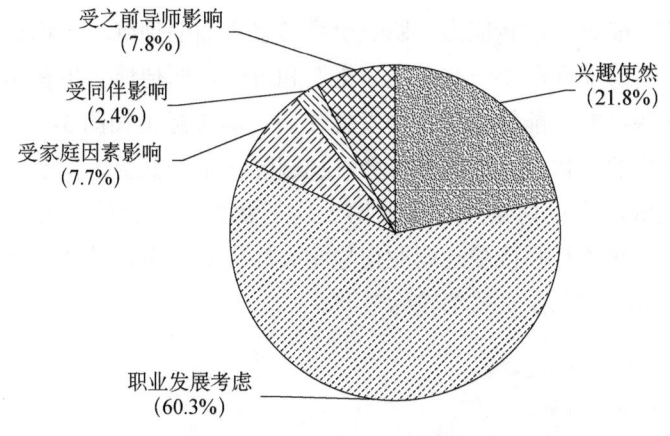

图 3-3　毕业博士的读博动机

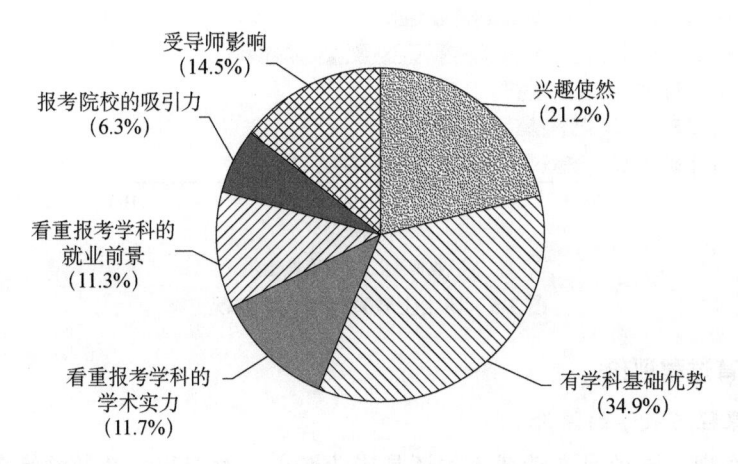

图 3-4　毕业博士选择专业的动机

注：由于四舍五入，各分项加总可能不为100%，余同。

（二）过程质量

1. 学习投入情况

本章主要通过博士生学习投入的时间来反映学习投入度。调查发现，约70%的博士生每天学习投入时间在7小时以上，约30%的博士生学习投入时间达到9小时以上，投入时间1—3小时的博士生的占比不到10%，表明博士生总体上学习投入度较高。

2. 过程训练情况

博士生教育作为一个学术训练过程，不仅包括研究论文撰写，还应包括学术交流能力、教学能力、创新能力、职业引导等多方面的训练。过程训练更重要的是使博士生在读博期间获得一些技能、素质和方法，即便博士生在毕业后选择非学术职业，这些技能也能够在工作中发挥作用。但实际上如图3-5所示，博士生在接受学术训练的过程中，很少有机会参加国际学术研究会议；参与国外访学交流的比重则更低，在读博士生和毕业博士均不到20%；此外，有过教学相关体验、独立申请科研项目和接受过职业指导相关培训的比重也较低，而这些项目的训练对博士生未来的职业发展都较为重要。

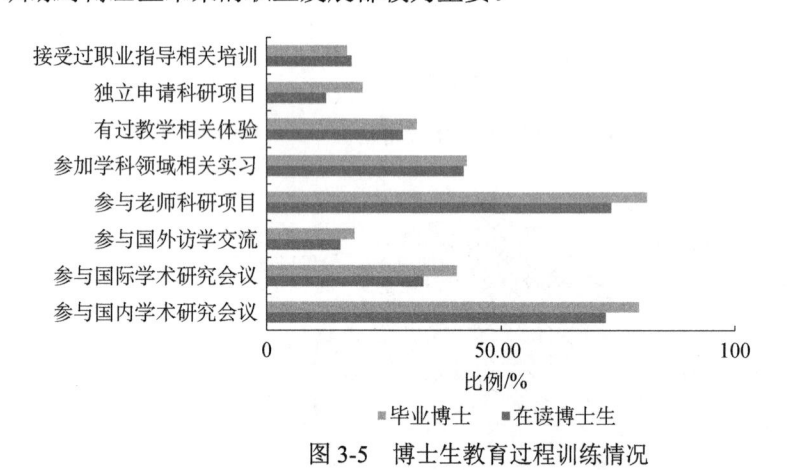

图 3-5 博士生教育过程训练情况

3. 教育过程评价

（1）课程与教学的评价

调查发现，无论是在读博士生还是毕业博士，对课程与教学的满意度都较低，平均分均低于4分（图3-6）。总体上，在读博士生对课程与教学满意度要低于毕业博士。对于"培养方案能够根据我的需要和兴趣调整"这一项，博士生满意度相对较高，说明博士生培养方案相对较灵活；对于"博士生资格考试和其他形式的测试对我的研究有帮助"这一项，博士生满意度相对较低，说明博士生资格考试或其他形式的测试还需要改善，以促进博士生的学习与研究；相对于"专业课程设置的数量能够满足我的需求"和"专业课程的教学效果令我感到满意"，"跨学科课程设置的数量能够满足我的需求"和"跨学科课程的教学效果令我感到满意"的满意度更低，这说明在博士生培养过程中对博士生跨学科教育并未引起重视。

图 3-6 课程与教学满意度评价

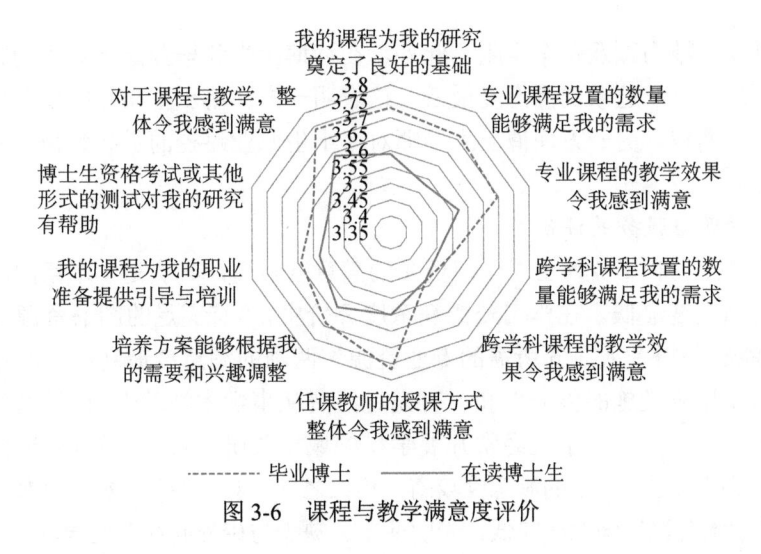

（2）导师支持的评价

调查发现，毕业博士对导师支持的满意度明显高于在读博士生（图 3-7）。在导师支持的众多项目中，"导师的学术道德令我感到满意""导师的指导水平令我感到满意""对我的研究兴趣与观点表示尊重"三个选项的满意度较高；而对于"导师的指导方式令我感到满意""导师能够给我常规的和建设性的指导和反馈""为我提供研究领域相关的前沿信息"三个选项，在读博士生和毕业博士的满意度均较低，这可能与导师所带博士生数量有关，博士生数量越多，导师则很难有

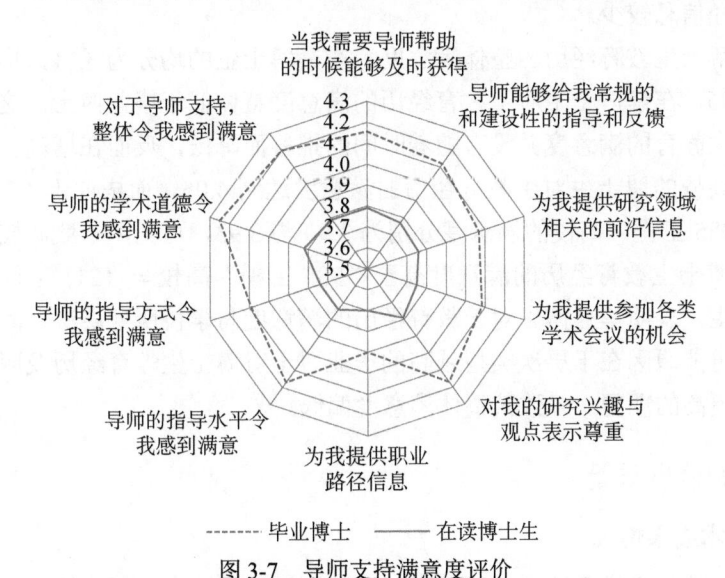

图 3-7 导师支持满意度评价

足够的时间和精力顾及每个学生。此外,在读博士生和毕业博士对"为我提供职业路径信息"这一选项的满意度最低,这表明一方面博士生在寻找职业时对导师抱有较高的期望,另一方面博士生导师对博士生职业路径的引导和帮助还有待进一步提升。

(3)管理与服务的评价

在读博士生和毕业博士对学习资源的满意度最高,其次是学术氛围,对培养与管理的满意度最低。在学习资源满意度评价中,"有充足的图书资源和网络数据库""能够获得个人研究所需的专业资源"两项的满意度最高;其次是"有计算机资源和相应设施的供应"和"有充足经费从事学术活动"。在学术氛围满意度评价中,博士生对"学院经常开展学科领域相关研讨会""经常有机会与其他博士讨论科研问题"两项的满意度较高;相比之下,对"经常有机会参加区域性或全国性的学术会议"满意度较低,表明博士生缺少与校外同行交流学术、沟通信息的机会,学院需要积极开展学术交流活动,提升博士生的学术交流和创新能力。

在培养与管理满意度评价中,满意度最高的一项是"校园学习与生活环境卫生、舒适";其次对院系"奖助评定、学籍管理及纪律考勤等管理制度"和"论文开题、中期考核、资格考试和论文答辩等培养制度"满意度稍高;满意度最低的是"学院能够提供有效的心理咨询服务"及"学院能够提供有效的职业路径信息"。这表明,博士生在学习、生活、择业等方面都可能存在较大压力,而博士生的心理状况并没有得到足够的重视;学院虽照例提供招聘信息,但有效的博士生职业路径信息较少。

关于博士生教育经历的整体满意度,在读博士生的均分为3.71,毕业博士的均分为3.96,在读博士生对于教育经历的满意度整体低于毕业博士,这表明博士对于博士生教育的满意度并没有随着时间的推移而降低,反而在增高。此外,毕业于一般高校的博士生对于教育经历的满意度达到4.05,而毕业于"211工程"高校与"985工程"高校的满意度分别为3.90与3.93,可见,一般高校的博士毕业生对于博士生教育经历的满意度高于"985工程"高校与"211工程"高校的博士毕业生,表明毕业博士对于教育经历的满意度与学校所处层次之间没有必然相关性,可能原因在于层次类型越高的毕业博士对博士生教育经历及职业发展等方面怀有更高的期望,导致其整体满意度偏低。

(三)输出质量

1. 学术成果情况

博士生的学术成果情况主要通过其读博期间发表论文数所计算出的指数进行

比较分析。以毕业博士为例，1107 位毕业博士在读博期间发表论文的平均指数为 2.11。其中 3 所"985 工程"高校的学术成果平均指数分别为 2.18、2.13、2.06；2 所"211 工程"高校的学术成果平均指数分别为 2.11、2.10；省属院校学术成果的平均指数为 2.04。结果表明，毕业于不同层次高校的博士生学术成果产出存在差异，高校层次越高，学术成果产出也越多。另外，博士生学术成果与投入时间有密切关系，通过堆积折线图可以直观发现，学习投入与学术成果整体为正向关系。由于样本数据较多，在此展现了南京农业大学作物学 73 位博士生（图 3-8）及中国农业大学作物学 64 位博士生学习成果与学习投入之间的趋势图（图 3-9）。

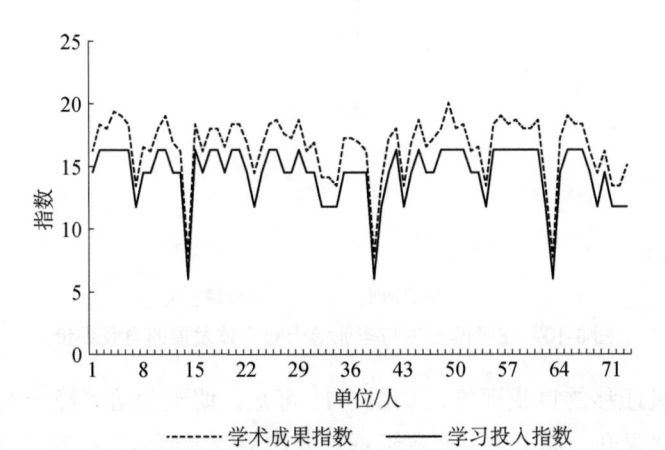

图 3-8 南京农业大学作物学博士生学术成果与学习投入关系趋势

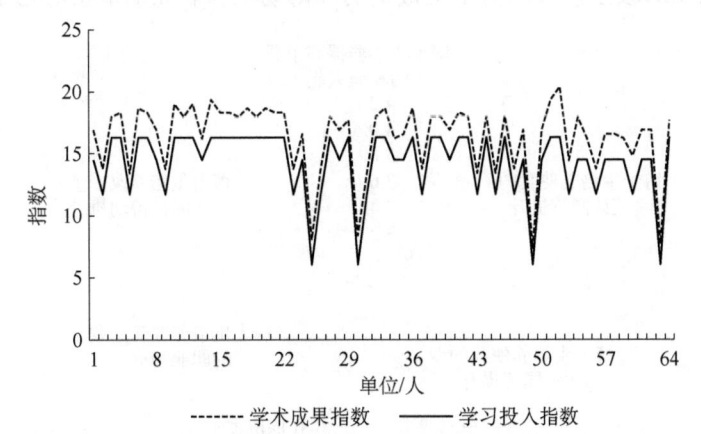

图 3-9 中国农业大学作物学博士生学术成果与学习投入关系趋势

2. 自我评价情况

关于个体发展的自我评价，总体上，在读博士生对个体发展的自我评价要低于毕业博士，但二者对各模块的评价表现出较高的一致性，对博士生教育经历在"综合素质"提升这一项得分最低；其次是"动机迁移"和"职业准备"；"科研技能"和"通用技能"两项得分相对较高（图3-10）。通过对动机迁移的评价，主要了解博士生教育经历是否对博士生科研兴趣的提高、学校和专业认同感的提升、读博动机及职业期望的改变产生影响。

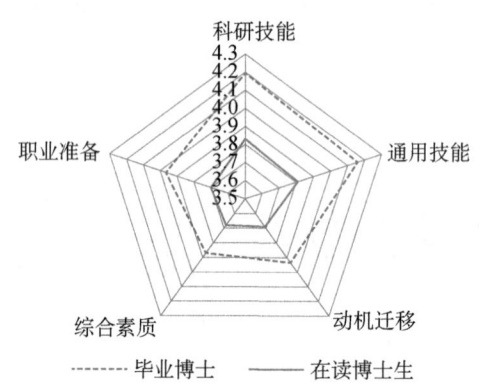

图 3-10 在读博士生与毕业博士对个体发展的自我评价

关于动机迁移的自我评价，从图3-11可知，博士生培养经历对学校认同感及专业认同感提升、博士生科研兴趣提高的作用较为明显；而对读博动机及职业期望的作用相对较小，表明博士生最初的读博动机和职业期望相对稳定。

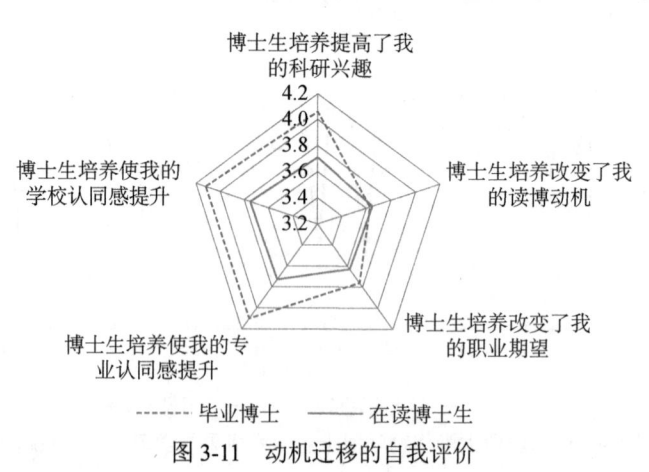

图 3-11 动机迁移的自我评价

关于科研技能的自我评价，评分较高的是本领域的研究能力、学习能力、写作能力、学术交流能力；评分较低的是教学能力、跨学科研究能力。这表明在博士生过程训练中，更重视对本领域的研究、论文写作的相关训练，对其他方面能力的训练相对较少（图 3-12）。

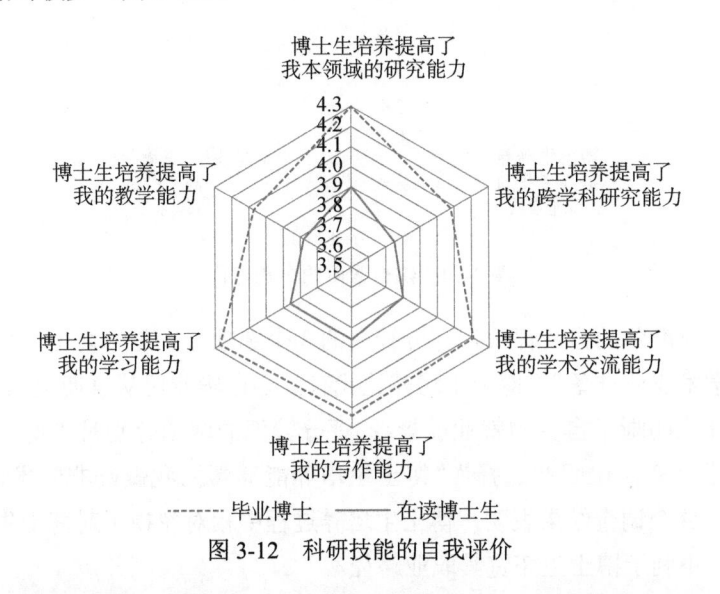

图 3-12 科研技能的自我评价

关于通用技能的自我评价，评分较高的是发现、分析和解决问题的能力以及资料收集与处理能力；得分较低的是人际沟通能力、组织协调能力、外语运用能力，其中人际沟通能力和组织协调能力的得分相对更低（图 3-13）。

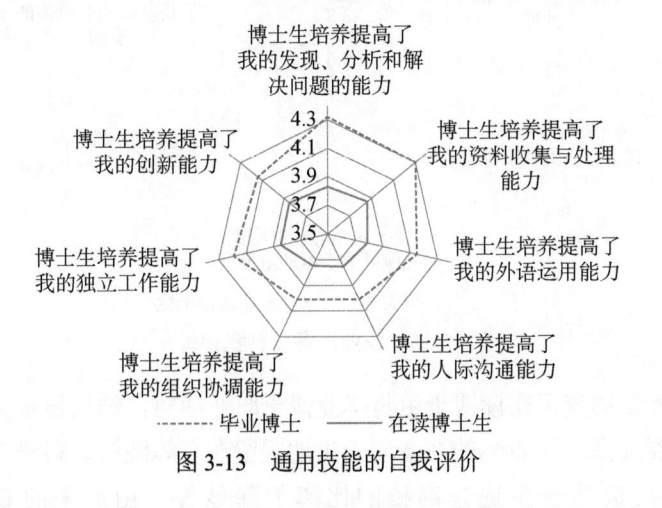

图 3-13 通用技能的自我评价

关于综合素质的自我评价，相比"道德素质""心理素质"，"身体素质"这一项得分更低，表明博士生在读博期间身体健康状况受到较多负面影响（图 3-14）。

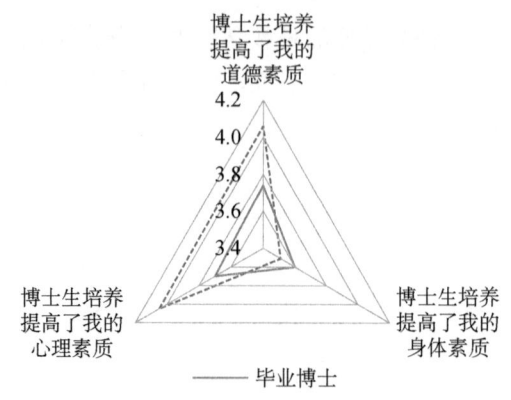

图 3-14 综合素质的自我评价

关于职业准备的自我评价，评分较高的 3 个选项分别是"博士生培养能够帮助我做好学术职业准备""博士生培养让我有信心在毕业后从事期望的职业""博士生培养让我明晰了自身的就业前景"；评分较低的两项分别是"博士生培养能够帮助我进行多元化职业选择""博士生培养能够帮助我做好非学术职业准备"（图 3-15）。这个调查结果表明，博士生培养过程中相对忽视了对博士生非学术能力的培养，不利于博士生拓宽其职业路径。

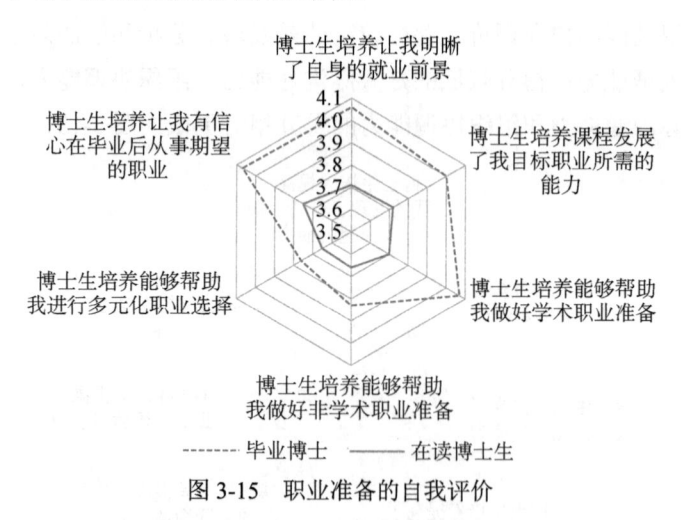

图 3-15 职业准备的自我评价

此外，本章调查了在读博士生与毕业博士职业期望，结果显示高校仍是博士生就业的主要选择，约 80% 的在读博士生期望留在高等院校、科研院所。相比于毕业博士，在读博士生选择高校的比率下降显著，由原来的 66.4% 下降到 53.1%，这可能受到学术劳动力市场的影响，新增的博士生不断涌入高校这个容量有限的管道，学术岗位的增长速度很难赶上毕业博士的增长速度，使得越来越多的博士生将目光放在高校以外的岗位上。

（四）发展质量

1. 职业发展情况

毕业博士的职业发展情况主要通过单位性质、岗位性质、工作地点和工作收入几个方面来描述。博士生就业市场主要分为学术和非学术领域。在博士生教育规模不断扩大的情况下，博士毕业生在学术与非学术领域的就业分布也日益均衡化。博士生毕业去向总体较为多元，55.7%的涉农学科毕业博士选择进入高等院校，其余主要进了科研院所，民营、三资、私营企业和其他事业单位，少部分进了国家机关和国有企业，自主创业的占比很小（表3-5）。与毕业博士职业期望相比，可以发现约70%的在读博士生期望留在高等院校，与实际比例相差约15个百分点。这个调查结果表明，虽超过半数的涉农学科毕业博士留在了高等院校，但也有很多博士生并未在就业现实中实现就业期望，约30%的博士生毕业后去了高校和科研院所以外的单位就职。这就要求培养单位和博士生导师在博士生培养过程中考虑博士生在非学术领域就职的可能，不能将精力全部放在提高博士生的学术能力上，也要重视如社交能力、组织协调能力、实践动手能力等一些可迁移能力的培养。当然，多元的职业去向并非一定是博士生主动选择的结果，很大程度上是包括学术和非学术劳动力市场在内的社会劳动力供需与博士生主体共同作用的结果。

表 3-5　毕业博士所在单位性质分布

单位性质	频数/人	百分比/%
国家机关	43	3.9
国有企业	23	2.1
民营、三资、私营企业	122	11.0
高等院校	617	55.7
科研院所	204	18.4
其他事业单位	86	7.8
自主创业	12	1.1
合计	1107	100

毕业博士选择做科研人员的比例较大，为65.6%；除此之外，毕业博士多选

择成为技术人员和管理人员（表3-6）。

表 3-6　毕业博士所在岗位性质分布

岗位性质	频数/人	百分比/%
科研人员	726	65.6
管理人员	142	12.8
业务人员	54	4.9
技术人员	143	12.9
普通职员	42	3.8
合计	1107	100

关于毕业博士的工作地点的调查发现，毕业博士中，54.7%在东部地区工作，29.3%在中部地区工作，9.4%在西部地区工作，5.2%在东北地区工作，1.4%去了国外发展。这个结果一方面与我们选择的调研高校所在地有关，另一方面也可以看出，大部分博士倾向于留在经济较发达的东部、中部地区，选择西部、东北地区的较少，出国发展的更少。

2. 职业发展评价

总体来看，毕业博士与工作岗位的匹配度要高于其与工作单位的匹配度，这说明博士生在择业时，对自己岗位性质比对自己所在单位性质更加满意。可能出现的情况是，毕业博士未能如愿进入自己期望的单位，但选择了其他单位中符合自己期望的岗位就职；工作岗位实现了自己的期望，而工作单位没有达到预想的目标。

在毕业博士个体与工作单位的匹配度方面，评分最高的是"当前工作单位性质与我的期望相匹配"，表明大部分毕业博士仍然选择了高等院校就业，即使没有达到期望的层次类型，单位性质与期望也是匹配的。评分相对较低的是"当前工作地点与我博士毕业院校所在地相匹配""当前工作地点与我的家庭所在地相匹配"（图3-16），这可能受毕业博士个人职业生涯规划、区域经济发展等因素的影响，出现就业地点与生源地或者高校所在地都不太匹配的现象。

在毕业博士个体与工作岗位的匹配度方面，"当前的薪资待遇与我的个人人力资本相匹配""当前的职位等级与我的个人人力资本相匹配"两个选项的评分较低（图3-17）。可能原因在于高等教育供给规模的扩大，使得过度教育的问题在博士生群体中也变得更加突出：受过博士生教育的人没有实现其对事业成就的期望，在岗的博士员工拥有比工作岗位要求更高的技能。

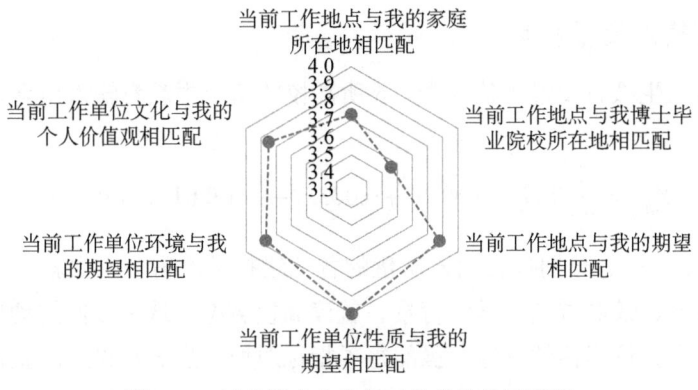

图 3-16　毕业博士个体与工作单位的匹配度

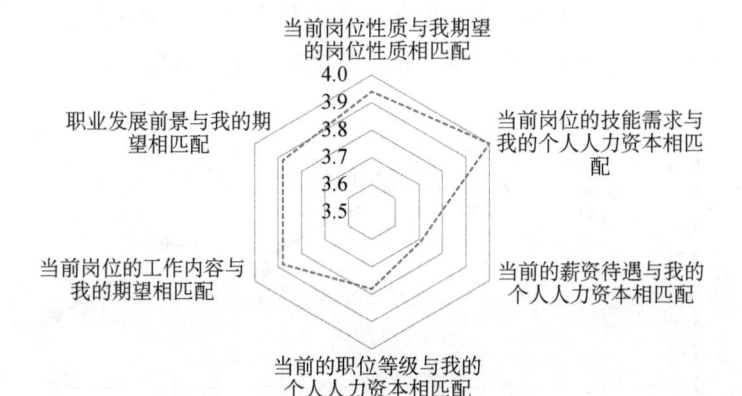

图 3-17　毕业博士个体与工作岗位的匹配度

三、涉农学科学术学位博士生教育质量指数

在教育领域，构建质量指数是积极回应社会问责、动态监测与评价教育质量的有益探索，博士生教育质量指数还可以为教育行政部门制定相关政策提供参考依据。

本章构建的博士生教育质量指数是通过若干测量质量指标的加权计算，综合表征博士生教育质量现状及不同高校、不同个体博士生教育质量差异程度的相对数值。从这个意义上讲，博士生教育质量指数是一个狭义的指数，是为了反映博士生个体或一所高校博士生教育质量水平所构建的相对数；是一个综合指数，拥有多项测量质量的指标；是一个加权指数，且各指标的权重有所不同；是一个动态指数，可以用于测量不同时期博士生教育质量的发展变化。

（一）输入质量指数

根据博士生教育质量评价模型，6 所高校的博士生教育输入质量指数可用公式 3-4 计算：

$$Y_{输入} = \sum_{i=1}^{7} W_i A_i = 0.006x_1 + 0.003x_2 + \cdots + 0.011x_6 + 0.026x_7 \quad （3-4）$$

其中，x_1、x_2、$\cdots x_7$ 分别代表输入质量的各三级指标的得分，也就是个人基本特征、家庭背景、录取方式、学科背景、就读高校类型、选择读博的动机及选择专业的动机 7 个评价指标的分值。虽然每项指标对博士生教育输入质量都会有不同程度的影响，但本小节在计算输入质量指数的过程中重点关注的是博士生就读高校类型对于输入质量的影响，而在博士生个人基本特征、家庭背景等其他输入指标上所得分值则保持一致。经计算，6 所高校的博士生教育输入质量指数如图 3-18 所示。

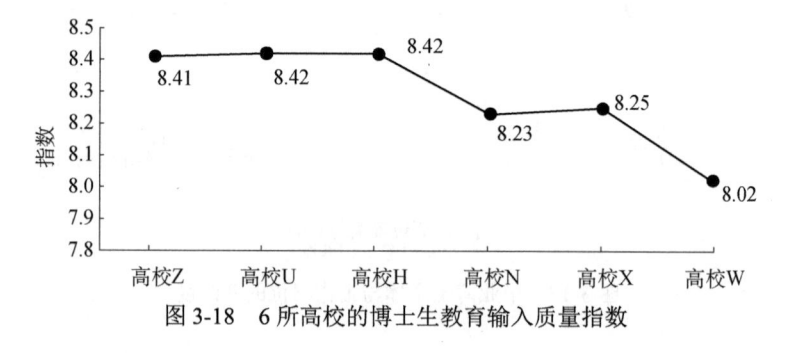

图 3-18　6 所高校的博士生教育输入质量指数

若博士生在各项输入指标中的得分均为满分 100，那么输入质量指数最优可达到 8.50。从输入质量指数图中不难发现，高校 Z、高校 U 及高校 H 的输入质量指数较高，均达到 8.40 以上；高校 N 与高校 X 处于居中的位置，指数值分别为 8.23 和 8.25；高校 W 的输入质量指数相对较低，为 8.02。之所以呈现这样的差异，主要是由于不同高校的博士生本科、硕士及博士阶段就读高校背景不同。高校 Z、高校 U 及高校 H 均为"985 工程"院校，输入质量指数居中的两所院校为"211 工程"院校，指数值相对较低的院校为省属院校，这也说明博士阶段就读高校层次类型越高，硕士与本科阶段的就读高校层次类型往往相对较高；反之，博士阶段就读高校层次类型越低，硕士与本科阶段的高校层次类型一般也较低。

（二）过程质量指数

根据博士生教育质量评价模型，6 所高校的博士生教育过程质量指数可用公式 3-5 计算：

$$Y_{过程} = \sum_{i=1}^{6} W_i A_2 = 0.039x_1 + 0.154x_2 + \cdots + 0.045x_5 + 0.008x_6 \quad (3-5)$$

其中，x_1、x_2、$\cdots x_6$ 分别代表过程质量的各三级指标得分，也就是培养类型、自学程度、学术交流、课程与教学满意度、导师支持满意度及管理与服务满意度 6 个评价指标的分值。由于被调研的博士生中绝大多数为全日制博士生，只有少数为非全日制，因此本小节将博士生在培养类型这一指标上的赋值相同，主要从自学程度、学术交流等方面来衡量过程质量的差异。经计算，6 所高校的博士生教育过程质量指数如图 3-19 所示。

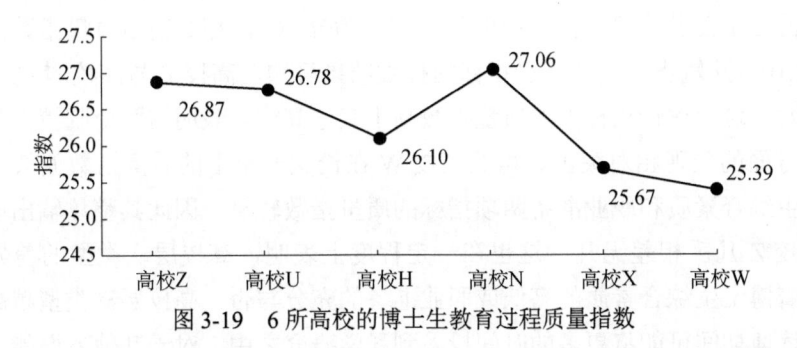

图 3-19 6 所高校的博士生教育过程质量指数

若博士生在各项过程指标中的得分均为满分 100，那么过程质量指数最优可达到 32.10。从过程质量各三级指标的指数结果及过程质量指数图中可以看出，高校 N 的过程质量指数最高，达到 27.06，其次是高校 Z 和高校 U，相比之下，高校 X 与高校 W 的过程质量指数较低。高校 N、高校 Z 与高校 U 的博士生在学术交流这一指标上的质量指数较为领先，表明这 3 所高校的博士生参与学术会议的机会较多，学术交流频繁。对这一结果影响较大的指标为自学程度，表明高校 N 的博士生学习与投入度相对其他高校的博士生整体更高。

（三）输出质量指数

根据博士生教育质量评价模型，6 所高校的博士生教育输出质量指数可用公式 3-6 计算：

$$Y_{输出} = \sum_{i=1}^{7} W_i A_3 = 0.063x_1 + 0.026x_2 + \cdots + 0.053x_6 + 0.031x_7 \quad (3-6)$$

其中，x_1、x_2、…x_7 分别代表输出质量的各三级指标的得分，也就是发表论文数、成果获奖数、动机迁移、科研技能、通用技能、综合素质及职业准备 7 个评价指标的分值。经计算，6 所高校的博士生教育输出质量指数如图 3-20 所示。

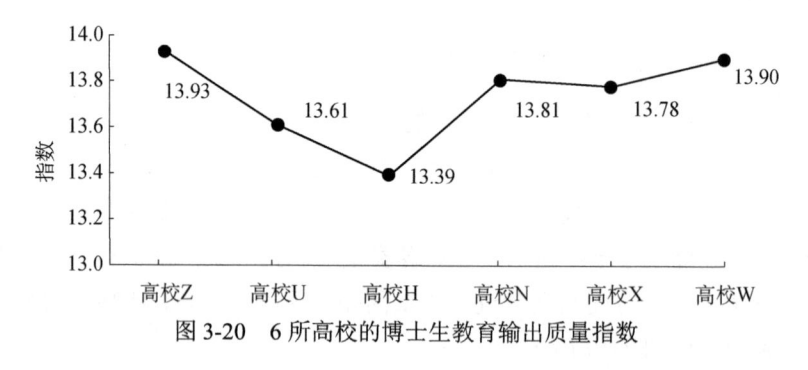

图 3-20　6 所高校的博士生教育输出质量指数

若博士生在各项输出指标中的得分均为满分 100，那么输出质量指数最优可达到 22.10。从输出质量各三级指标的指数结果可知，高校 Z 与高校 N 的博士生在论文发表这一评价指标上的质量指数高于其他高校，表明这两所院校在学术成果产出方面的表现相对突出。虽然高校 W 在论文产出上的质量指数偏低，但该校博士生综合素质和职业准备两项指标的质量指数较高，因此其整体输出质量指数与高校 Z 几乎相差无几。这也在一定程度上表明，高校层次类型的差异不一定决定着博士生综合素质的高低或职业准备的充分与否，高校层次类型越高的博士生在读博期间可能将更多的时间投入到科学研究之中，对于其他方面能力和素质的训练反而有所缺乏。

（四）发展质量指数

根据博士生教育质量评价模型，6 所高校的博士生教育发展质量指数可用公式 3-7 计算：

$$Y_{发展} = \sum_{i=1}^{5} W_i A_4 = 0.062x_1 + 0.112x_2 + 0.034x_3 + 0.051x_4 + 0.115x_5 \quad (3-7)$$

其中，x_1、x_2、…x_5 分别代表发展质量的各三级指标的得分，也就是发表岗位晋升、工资待遇、工作地点、个人与工作单位匹配度及个人与工作岗位匹配度 5 个评价指标的分值。经计算，6 所高校的博士生教育发展质量指数如图 3-21 所示。

图 3-21 6 所高校的博士生教育发展质量指数

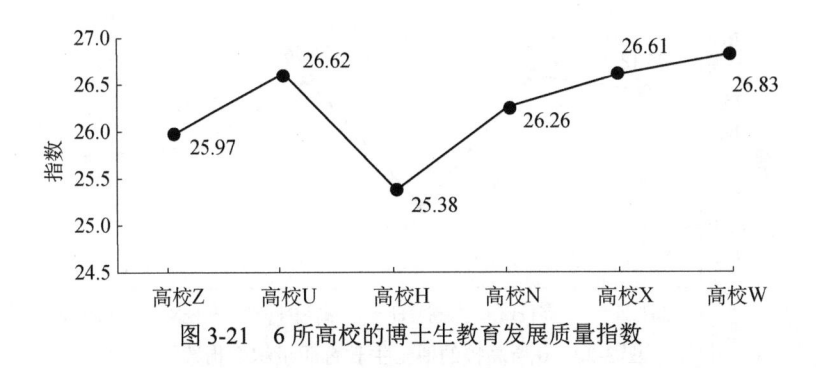

若博士生在各项发展指标中的得分均为满分 100，那么发展质量指数最优可达到 37.40。从发展质量各三级指标的指数结果及 6 所高校的发展质量指数图可以看出，高校 Z、高校 H、高校 U 虽为"985 工程"院校，但前两校的发展质量指数并未高于其他 3 所院校，反而毕业于高校 W 的博士生对于岗位晋升、薪酬待遇及个人与工作岗位的匹配度的评价更为满意，整体发展质量指数也领先于其他更高层次类型的院校。形成这一现象的原因一方面可能与高校所在地理位置及当地的经济发展程度有关，另一方面由于本节是基于博士生的视角来评价博士生教育质量的，从博士生自身来看，就读高校类型层次越高，往往对未来的职业发展期望越高，自然会以更高的标准来衡量其职业发展质量，可能导致评分较低。

（五）学术学位博士生教育综合质量指数

根据博士生教育质量综合评价模型，6 所高校的博士生教育质量综合指数如图 3-22 所示。若博士生在各项指标中的得分均为满分，那么博士生教育质量综合指数最优可达到 100。从 6 所高校博士生教育质量综合指数图中可以看出，高校 U 作为综合性"985 工程"高校，其整体质量指数比其他 5 所高校优异，原因可能在于该校的发展定位及各学科均衡发展带来的学科交叉融合对于博士生教育质量的提升作用。其次，高校 Z 与高校 N 的博士生教育质量综合指数与高校 U 几乎持平，表明这两所高校的涉农学科博士生对博士教育整体满意度也较高。由于调研高校所在地域的差异及经济发展状况的不同，这也会对博士生在读博期间的体验及毕业后的职业发展产生影响，因此各高校的博士生教育质量指数和高校所在地域的分布也存在一定关联。

```
    76.0
         75.18    75.43              75.36
    75.5 ●─────────●                   ●
    75.0                                  
指 74.5                              74.31
    74.0                               ●────●74.14
数 73.5                                        
    73.0         73.29                 
         ●           ●
    72.5                                     
    72.0
         高校Z  高校U  高校H  高校N  高校X  高校W
```

图 3-22 6 所高校的博士生教育质量综合指数

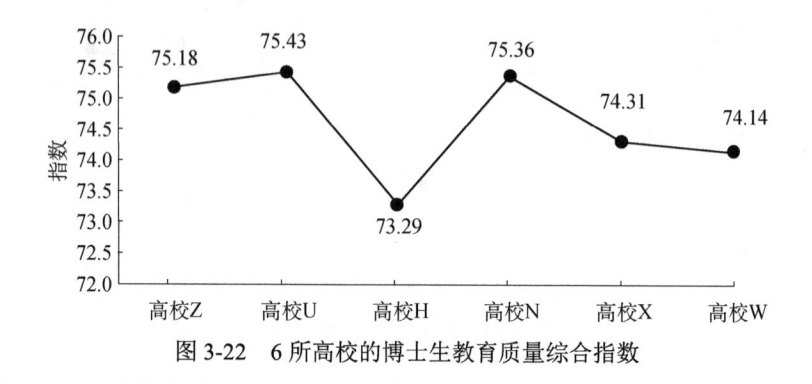

（六）不同学科学术学位博士生教育质量指数

虽然本节选取的均是涉农相关学科展开的调查，学科上具有一定的统一性，但在涉农学科中涵盖农学、工学和管理学三大学科门类。通过对这三大学科门类的博士生教育质量指数比较，也能看出学科之间差异对博士生教育质量评价结果的影响，具体见表 3-7。从不同学科博士毕业生对博士生教育质量的评价可以看出，管理学相比于农学和工学，博士生教育质量综合指数最高，影响综合质量指数高低的因素主要是发展质量指数和输出质量指数，这就表明在职业发展相关评价中，管理学博士生总体满意度最高，这与其学科属性也有一定关系，管理学、工学和农学三大学科的博士毕业生在就业市场、就业环境及职业稳定性等方面都有所不同，使得他们在对职业发展质量的评价上也存在着一定的差异。同时，由表 3-7 也可以看出，农学博士生过程质量指数明显要高于工学和管理学博士生，表明农学作为被调研高校中的传统优势学科及重点学科，博士生在培养过程中所接触到的各项资源及参加学术交流、学术训练的机会更多，对课程教学、导师支持和管理服务等方面的满意度比工学和管理学更高。

表 3-7　不同学科学术学位博士生教育质量指数

学科门类	学术学位博士生教育质量指数				
	输入指数	过程指数	输出指数	发展指数	综合指数
农学	5.719	25.566	13.121	28.599	73.005
工学	5.718	24.476	13.562	28.959	72.715
管理学	5.711	24.484	13.558	30.097	73.850

第四章

专业学位博士生教育质量评价

第一节 专业学位博士生教育质量评价模型构建

一、专业学位博士生教育质量评价指标体系构建

（一）评价指标选取思路

专业学位博士教育与学术学位博士教育是性质不同的两种博士教育，既有共性又有差异。基于学生发展理论形成的博士教育质量评价 IPOD 理论框架[①]，按照博士生培养及发展的不同阶段将博士教育质量评价扩展至毕业后的职业发展阶段，更加完整且科学，获得了学界的广泛认可。专业学位和学术学位博士教育的共性，保证了 IPOD 理论框架运用于专业学位博士生教育质量评价体系构建的合理性；但两者间的差异，也使得针对专业学位博士生教育的特殊方面对 IPOD 理论框架中具体内涵进行充实和改变具有必要性。

本章对临床医学、口腔医学、兽医、教育、工程、中医博士学位的利益相关者（相关教育指导委员会成员、高校管理者、导师、行业部门管理者、在读生和毕业生）进行半结构化访谈 50 人次，结合专业学位博士生教育的特点，对 IPOD 理论框架的二级、三级指标体系进行了有针对性的修订。

（二）评价指标维度设计内容

1. 输入质量维度

输入质量维度包括人口学信息、硕士教育背景、博士教育背景、学科背景和工作经历 5 个方面（表 4-1）。需要指出的是，专业学位在最初有双证和单证之分，双证为毕业生既有学位证书也有毕业证书，而单证则毕业生只有学位证书，就读对象一般是在职攻读学位或以同等学力申请学位的学生，因此，在问卷设计时对二者做了区分。各题项的具体内容如表 4-1 所示。

[①] 罗英姿，刘泽文，张佳乐，等. 基于 IPOD 框架的博士生教育质量研究：以涉农学科为例. 高等教育研究，2017（5）：55-63.

表 4-1 学生基本信息题项及具体内容设计

输入质量维度	题项	具体内容
人口学信息	性别	男、女
硕士教育背景	硕士学位类型	学术型、专业学位（双证）、专业学位（单证）
	硕士就读高校	高校具体名称
博士教育背景	博士学位类型	专业学位（双证）、专业学位（单证）
	博士就读高校	高校具体名称
	博士就读专业	临床医学、兽医、口腔医学、教育、工程、中医
	博士在读年级	（仅针对在读生）一年级、二年级、三年级、四年级以上
	完成博士学位时长	（仅针对毕业生）按期毕业、延期1年内、延期1—2年（不含2年）、延期2—3年（不含3年）、延期3年及以上
学科背景	本、硕、博学科背景	本硕博一致、本硕博不一致、本硕一致、硕博一致
工作经历	读博前工作年限	读博前具体的工作年限

2. 过程质量维度

过程质量维度包括报考录取、求学动机、导师指导、课程与教学、校外参与、学校管理与服务、学生学习投入7个方面。其中，求学动机被认为是关系博士教育质量的关键因素[①]，对学业成就、科研创新能力有较大驱动作用。学界对求学动机有多种不同分法：汪雅霜等通过因子分析将博士生的入学动机分为社会驱动型、工作驱动型、学术驱动型和理想驱动型[②]；董志霞等将博士生求学动机分为8种类型，即学术追求型、谋求职业型、自我提升型、改善现状型、精神追求型、他人影响型、获取学历型和动机不明型[③]；王昕红等将博士生的求学动机归纳为职业动机、长学制制度约束动机、学术动机和回避社会动机四类[④]。综合学者的已有研究，结合专业学位博士教育利益相关者的访谈，本章将专业学位博士生的求学动机从3个方面进行调研，分别为读博动机、择专动机（选择专业学位而非学术学位）、择校动机。具体的动机描述从内部和外部两方面展开，涉及兴趣、职业发展、学历追求、家庭因素、他人影响、拓展人脉等方面。

专业学位博士教育在课程设置与导师指导方面有着不同于学术学位博士教育

---

① 黄海刚，金夷. 通往PhD之路：中国博士生入学动机的实证研究——兼论学术动机对博士生培养质量的意义. 复旦教育论坛，2016（5）：59-66.
② 汪雅霜，熊静漪. 博士生求学动机类型的实证研究. 中国高教研究，2013（6）：55-58.
③ 董志霞，郑晓齐. 对非定向博士生求学动机的质性研究. 学位与研究生教育，2015（1）：48-51.
④ 王昕红，张俊峰，何茂刚. 长学制直博生从选择到退出的实证研究. 高等教育研究，2016（6）：50-58.

的目标和要求，关注的是理论的相关性及其本质。[①]因而，课程设置分为理论课程与实践课程，导师指导分为校内导师和校外导师。

相较于学术学位博士教育，专业学位博士教育的校外力量参与比重和深度更大，本章在问卷调查中对这一部分进行了单独调研。校外力量参与包括行业参与和企业参与，其中企业力量主要指企业提供人力和实验（实践）场地，行业参与则主要指行业政策、制度等对专业学位博士教育产生的影响或支持。

另外，在培养方案设置上，虽然国家已经出台不同的博士专业学位设置方案，但不同高校对具体培养方案的设置参差不齐。鉴于此，问卷中对培养方案的设置情况进行了调查。培养过程题项及其具体内容设计如表 4-2 所示。

表 4-2　培养过程题项及具体内容设计

比较项	题项	具体内容
报考录取	录取方式	硕博连读、公开招考、"申请-考核"
	培养方式	全日制、非全日制
求学动机	读博动机	兴趣追求、职业发展、提升能力、追求学历、拓展人脉、其他
	择专动机	认为博士专业学位易获取、想在学科理论和前沿研究上提升自己、兼顾工作和学业、想在实践能力上提升自己、仅为获得学位、其他
	择校动机	学校声誉与实力、专业声誉与实力、导师的水平和声誉、学费比其他学校低、人际关系的拓展、学校离家近、其他
导师指导	指导形式	单一校内导师、校内导师为主校外导师为辅、校外导师为主校内导师为辅、导师组制
	交流频率	每月 0 次、1—3 次、4—6 次、7—9 次、9 次以上（校内导师/校外导师）
	交流方式	面对面交流、电子邮件、电话、短信或其他交流软件
	指导满意度	政治思想和个人品德的示范与导向、科研方法上的指导、学术前沿上的引领、在学位论文选题与写作和科研产出等方面的指导、实践能力提升的帮助和指导、对职业发展所提供的帮助和指导、与校内导师的关系融洽程度（校内/校外导师）
课程与教学	教学方式	理论教学、案例教学、实践（实验）教学、团队研讨、参与课题、其他
	课程与教学满意度	课程前沿性与创新性、课程实用性课程教学方式和具体教学内容、课程对科研水平及实践能力提升、课程的专业性和职业性
校外参与	校外参与度	不参与、较少参与、有一些、较多参与、全面参与
	参与满意度	单位及人员参与、行业政策、制度提供
学校管理与服务	人才培养类型	完全学术型、重学术轻实践、重实践轻学术、理论与实践并重、完全实践型
	论文形式	调研报告、案（病）例报告、教案、设计方案、与博士学术学位等同的学位论文、其他

---

① Velencei J, Lambert V. Future of education: Academic or professional doctorate//12th IEEE International Conference on Emerging eLearning Technologies and Applications (ICETA). December 4-5, 2014, Stary Smokovec, Slovakia. IEEE: 501-503.

续表

比较项	题项	具体内容
学校管理与服务	培养方案设置	有独立的专业学位博士生的培养方案、雷同学术学位博士生的培养方案、没有专门培养方案
	管理与服务满意度	硬件设施条件，提供信息共享和交流平台、实践基地，提供就业或职业发展的相关业务，健全、合理的管理制度，考核和学位授予制度的科学性，实施的公正性，为学生事务提供及时的反馈与解答、提供有效的心理咨询服务
学生学习投入	每天学习时长	1—3 小时、4—6 小时、7—9 小时、9 小时以上
	学术活动参与	国际学术会议、国内学术会议、学术讲座、参与科研项目、出国访学或留学、专业相关实践培训

3. 输出质量维度

输出质量维度主要体现在专业学位博士生的成果产出和能力提升两个方面。其中，成果产出包括学术论文发表、授权专利和奖项获得，同时也对专业学位博士生的毕业论文选题取向和成果产出满意度进行了调查。已有研究对博士生能力进行了分析，欧盟高等教育资格框架将博士生应具备的能力分为知识与认知能力、应用能力、判断能力、沟通能力和学习能力[1]，美国高校较为重视博士生的创新能力、教学能力、沟通能力和解决复杂问题等能力[2]。结合专业学位博士生的培养目标，对其能力提升部分的调查主要从科研能力、实践能力、可迁移能力和通用能力四个方面进行设计。同时，为获得实际工作对能力的需求状况，我们还对毕业生在工作中的能力重要性进行了调查，以期通过对能力提升程度和重要性的对比，找出二者间的差距，进一步明确能力培养的着力点。该部分问卷设计的具体内容如表 4-3 所示。

表 4-3 成果产出与能力提升题项及具体内容设计

比较项	题项	具体内容
成果产出	学术论文	0 篇、1 篇、2 篇、3 篇、4 篇及以上
	授权专利	0 项、1 项、2 项、3 项、4 项及以上
	国家级奖项	0 项、1 项、2 项、3 项、4 项及以上
	省部级奖项	0 项、1 项、2 项、3 项、4 项及以上
	毕业论文选题取向	理论研究型、应用研究型、开发研究型
	成果产出满意度	非常不满意、比较不满意、一般、比较满意、非常满意

---

[1] Bologna Working Group on Qualifications Frameworks. A Framework for Qualifications of the European Higher Education Area.（2008-10-18）[2019-11-20]. http://www.Bologna-Bergen2005.no/Docs/00-Main-doc/050218-QFEHEA.pdf.

[2] 赵世奎，宋秋丽. 博士研究生能力框架及发展策略的比较研究. 学位与研究生教育，2018（1）：45-49.

续表

比较项	题项	具体内容
能力提升	科研能力	专业理论知识、学术研究与写作能力
	实践能力	理论的实际应用能力、方法应用能力
	通用能力	问题的发现、分析与解决能力，资料与信息的收集与处理能力，外语运用能力，学习能力
	可迁移能力	交流和表达能力、团队协作与人际关系处理能力、组织管理和计划能力、思维能力和创造能力
能力重要性评价	科研能力	专业理论知识、学术研究与写作能力
	实践能力	理论的实际应用能力、方法应用能力
	通用能力	问题的发现、分析与解决能力，资料与信息的收集与处理能力，外语运用能力，学习能力
	可迁移能力	交流和表达能力、团队协作与人际关系处理能力、组织管理和计划能力、思维能力和创造能力

4. 发展质量维度

专业学位博士的职业发展客观表现体现在工作更换和职位晋升；职业发展主观评价则体现在职业发展满意度评价，包括对工作单位、工作岗位、被认可程度、自我实现程度、职业发展前景等方面的满意度。职业发展期望则是针对博士在读生，对其期望的工作单位类型和薪资水平进行调查。问卷设计的具体内容如表4-4所示。

表4-4 职业发展与职业期望题项及具体内容设计

比较项	题项	具体内容
职业发展客观表现	工作更换	是否更换工作、更换原因
	职位晋升	职位是否晋升、职位晋升与读博间的关系程度
职业发展主观评价	职业发展满意度评价	对当前工作单位的满意度，对当前工作岗位的满意度，对在工作单位被领导、同事认可程度的满意度，对在工作单位个人自我实现程度的满意度，对在本单位职业发展前景的满意度
职业发展期望	工作单位类型	国家机关、国有企业、民营三资私有企业、高职高专院校、高等院校、中小学、科研院所、医院及其他医疗卫生单位、其他
	薪资水平	4万—7万、8万—11万、12万—15万、16万—19万、20万及以上

综上，基于IPOD理论框架的专业学位博士教育质量评价指标体系如图4-1所示。

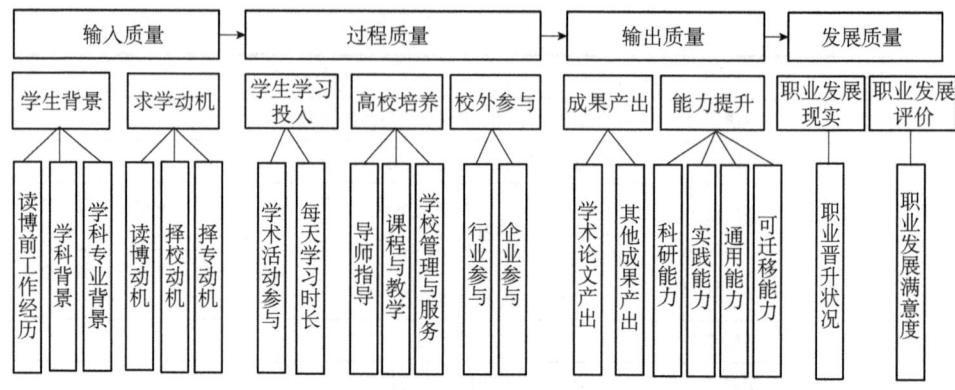

图 4-1　基于 IPOD 理论框架的专业学位博士教育质量评价指标体系

二、专业学位博士生教育质量评价模型构建

（一）评价指标体系权重的确定

由于不同种类专业学位博士生教育的差异较大，数量较少的专家学者主观评价会降低结果的准确性。因而，本小节采用主成分分析法（PCA）进行指标权重赋值，运用 SPSS 25.0 对调查问卷回收的数据进行客观权重测度，得到专业学位博士生教育质量评价各级指标权重（表 4-5）。

表 4-5　专业学位博士教育质量评价指标权重表

一级指标	权重	二级指标	权重	三级指标	权重
输入	0.097	学生背景	0.097	硕士学校背景	0.048
				博士学校背景	0.049
过程	0.451	学生学习投入	0.110	学术活动参与	0.047
				每天学习时长	0.063
		高校培养	0.201	导师指导	0.042
				课程与教学	0.077
				学校管理与服务	0.082
		校外参与	0.140	行业参与	0.077
				企业参与	0.063
输出	0.302	成果产出	0.036	学术论文产出	0.032
				其他成果产出	0.004
		能力提升	0.266	科研能力	0.067
				实践能力	0.066
				通用能力	0.066
				可迁移能力	0.067

续表

一级指标	权重	二级指标	权重	三级指标	权重
发展	0.150	职业发展	0.150	职业晋升状况	0.076
				职业发展满意度	0.074

（二）评价模型的确立

专业学位博士生教育质量评价的综合模型如下：

$$Y_{综合} = 0.097X_{输入} + 0.451X_{过程} + 0.302X_{输出} + 0.15X_{发展} \quad (4\text{-}1)$$

其中，$Y_{综合}$ 为专业学位博士生教育质量，$X_{输入}$、$X_{过程}$、$X_{输出}$、$X_{发展}$ 分别代表评价主体一级评价指标输入质量、过程质量、输出质量、发展质量。

第二节 专业学位博士生教育质量评价实证研究

一、问卷设计与样本数据

（一）问卷设计

本节共设计了由博士专业学位在读生和毕业生填写的两套问卷。在进行小范围实地预调查后对问卷进行了修订，最终形成在读生问卷，共 43 个问题，涉及学生基本信息、培养过程评价、职业发展期望和综合评价 4 部分，共计 89 个统计变量；针对毕业生问卷共 53 个问题，涉及学生基本信息、培养过程评价、成果产出与能力提升状况、职业发展概况及综合评价 5 部分，共计 113 个统计变量。满意度评价均采用利克特 5 点量表进行计分，从"非常不同意"到"非常同意"分别记 1—5 分。

（二）问卷信度与效度检验

本节运用 SPSS 25.0 软件对问卷不同指标层级的信度进行检验，在读生问卷的 Cronbach's a 系数为 0.806＞0.8，毕业生问卷的 Cronbach's a 系数为 0.848＞0.8，表明不同指标内提项的一致性程度较高，所得的评估结果是可信的。

考虑实际研究需要，主要对毕业生问卷进行效度分析。在内容效度方面，问卷设计基于博士教育质量 IPOD 理论框架[①]，根据专业学位博士教育特点，在充

---

① 罗英姿，刘泽文，张佳乐，等. 基于 IPOD 框架的博士生教育质量研究：以涉农学科为例. 高等教育研究，2017（5）：55-63.

分访谈的基础上对指标体系进行了重新修订,问卷的逻辑性可以保障。在结构效度方面,本节通过 KMO 和巴特利特球度检验对问卷的结构效度进行检验,结果显示,问卷的巴特利特球度检验统计量的观测值为 6578,观测值较大,且相应的 $p<0.001$,其 KMO 值为 $0.888>0.8$,参考 KMO 检验标准,可知变量间相关性较高,问卷适合进行因子分析。

同时,利用 Amos 22.0 进行验证性因子分析,对问卷进行拟合度检验。经检验,该问卷结构没有违反估计检验,且相关指标表明该问卷有较好的适配度。

（三）样本数据基本特征

问卷调查时间为 2018 年 12 月至 2019 年 2 月,共回收在读博士生问卷 2018 份,剔除无效问卷 210 份,剩余有效问卷 1808 份,有效率为 89.6%;回收毕业博士问卷 854 份,剔除无效问卷 176 份,剩余有效问卷 678 份,有效率为 79.4%。

基于前期的访谈,本节对能直观展现我国专业学位博士生教育质量状况的题项进行描述性分析,得出初步结论:全日制与非全日制专业学位博士生的工作经历、实践经验及求学动机不一致,因而在培养模式上也存在较大差别。国外的相关研究也论证了具有职业背景的专业学位博士生在年龄、职业成熟度、就读形式及就读期望等方面的特殊优势[1]。因而,本节以此为依据,将回收的问卷按照全日制与非全日制两种就读方式分别统计与分析。其中,全日制专业学位博士 1104 人（在读博士生 1001 人,毕业博士 103 人）,非全日制专业学位博士 1382 人（在读博士生 807 人,毕业博士 575 人）。

二、全国专业学位博士生教育质量现状

（一）输入质量

1. 学生背景

学生背景主要是指学生读博前的工作经历、学校背景、学科专业背景三个方面。通过对不同专业学位教育指导委员会成员和高校管理者的访谈,结合对相应学科专业招生简章的梳理,发现兽医、工程及教育专业学位博士在招生时均要求

---

[1] Kiley M. Career professionals entering doctoral study: Advantages and challenges. Innovations in Education and Teaching International, 2017, 54（6）: 550-559.

有工作经历。实际调查数据显示，全日制学生中有工作经历的占44.7%，非全日制学生中有工作经历的占82.0%。在学校背景方面，78.3%的学生在硕士阶段就读于"双一流"建设高校。如图4-2所示，全日制与非全日制学生的学科专业背景基本一致，除教育博士外，其他专业学位博士中本硕博阶段学科一致的占比均超过一半。究其原因，主要是博士专业学位的专业性决定了高校在学生选拔过程中更为强调教育经历中学科专业的一致性；而教育博士由于面向中小学教师和各级各类学校管理人员招生，对专业的限制较小，所以学科背景一致性水平不高。专业学位博士中，本硕博阶段学科不一致的占比最小，经问卷回访得知，这部分学生多是不同阶段的研究方向不一致，多数变化并未跨越学科大类。

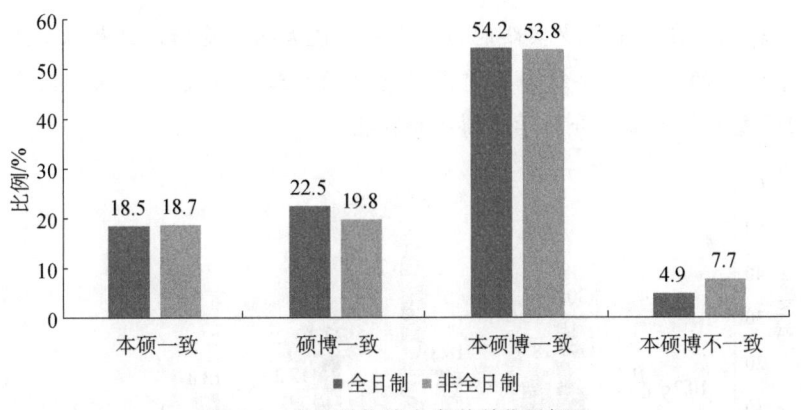

图4-2 专业学位博士生学科背景概况

2. 求学动机

求学动机主要包括读博动机、择校动机和择专动机三个方面。研究发现：第一，"职业发展需求（薪资、职位等）"和"提升专业能力"在读博动机中占比最高，其中全日制学生中占比为77.1%，非全日制学生中占比为80.9%，这与访谈结果高度一致。为了更好地满足自身职业发展需求，或者满足实际工作的新要求是学生选择专业博士学位的主要目的，这也与国外学者的研究结果相一致。①

第二，在择校动机中，"学科专业的声誉和实力"是专业学位博士生最关注的因素，其次是"学校的声誉和实力"以及"导师的水平和声誉"，全日制学生中三种动机的总占比为94.4%，非全日制学生为89.4%。这与攻读博士专业学位学生有着较明确的目标和诉求息息相关，他们更多地关注学科的声誉和实力，而

---

① Taylor J. Quality and standards: The challenge of the professional doctorate. Higher Education in Europe, 2008, 33（1）: 65-87.

不是"突破原有的学科背景或工作背景"。①

第三，选择攻读专业学位而非学术学位的主要原因在全日制和非全日制两类群体中呈现较大差异（图4-3）。全日制学生更多的是"想在学科理论和前沿研究上进一步提升自己"（30.8%）以及"想在实践能力上进一步提升自己"（22.2%）；而非全日制学生选择"工作原因，攻读博士专业学位可以兼顾工作和学业"的占比最大（52.2%），其次是"想在学科理论和前沿研究上进一步提升自己"（18.5%）。这与国外对择专动机的研究结论类似，即学生对自身职业发展的关注是最重要的原因。②其中，非全日制学生对学科理论和前沿研究的关注在访谈中也有所体现：

> 我们现在并不缺少实践能力，存在的最大问题是知识更新跟不上，从实践中积累的经验需要结合目前国际前沿的方法、理论，所以我们才更需要"回炉重造"。（工程专业学位博士毕业生）

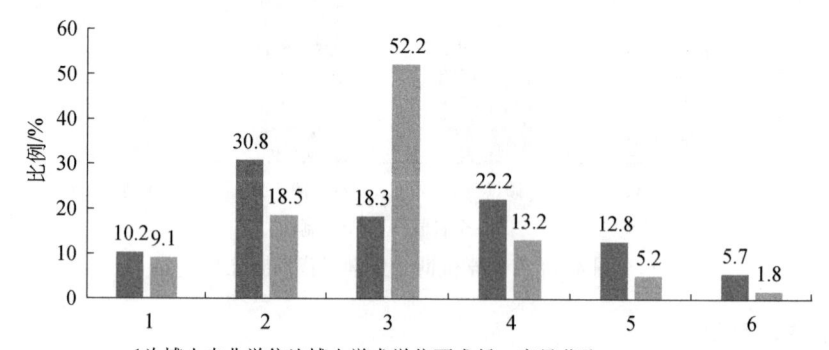

1为博士专业学位比博士学术学位要求低，容易获取
2为想在学科理论和前沿研究上进一步提升自己
3为工作原因，攻读博士专业学位可以兼顾工作和学业
4为想在实践能力上进一步提升自己，满足工作需要
5为没考虑学术学位还是专业学位，仅为获得学位提升自身的人力资本
6为其他

图4-3 选择攻读专业博士学位的动机

---

① Boud D, Fillery-Travis A, Pizzolato N, et al. The influence of professional doctorates on practice and the workplace. Studies in Higher Education, 2018, 43（9）：914-926.

② Wellington J, Sikes P. A Doctorate in a tight compartment: Why do students choose a professional doctorate and what impact does it have on their personal and professional lives? Studies in Higher Education, 2006, 31（6）：723-734.

（二）过程质量

1. 学生学习投入

学生学习投入是指学生在学习上付出的时间、努力的程度和学习过程的质量。[1]调查结果显示，70%以上的专业学位博士生参加过学术讲座、国内学术会议，而有出国访学或留学经历的比例最低（图4-4）。这一方面是因为非全日制学生的学习和科研时间被工作挤占，碎片化的学习时间难以满足国外学术交流及出国深造的需要；另一方面，学校培养制度及导师对非全日制学生的支持力度不足，也使学生缺少经费和相应条件参与国外学术活动。同时，最应为专业学位博士生积极响应的专业相关实践培训的参与比例不足50%。细致比较后发现，中医和口腔医学博士生的专业实践参与比例较高，而教育博士生专业实践参与比例较低，直接拉低了实践培训的参与比例。除此之外，工程与口腔医学博士生参与国际学术会议的比例高于其他专业。

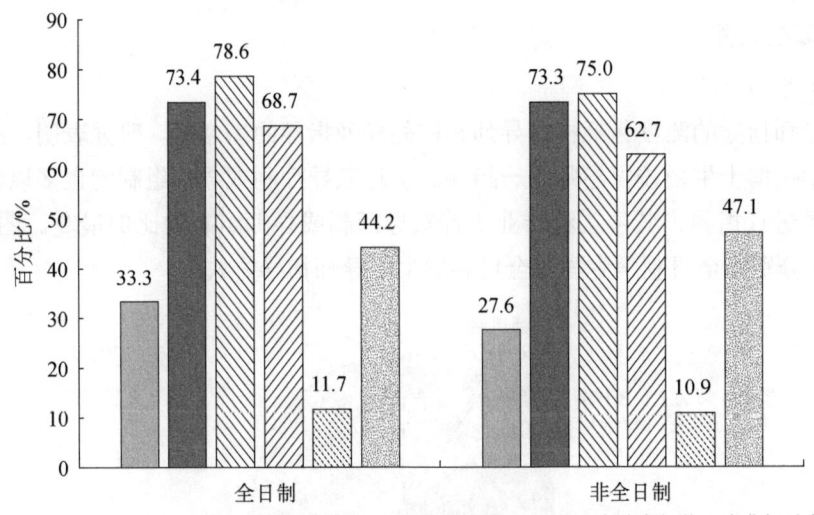

图4-4 专业学位博士生参与学术活动的情况

	国际学术会议	国内学术会议	学术讲座	参与科研项目	出国访学或留学	专业相关实践培训
全日制	33.3	73.4	78.6	68.7	11.7	44.2
非全日制	27.6	73.3	75.0	62.7	10.9	47.1

学习时长的调查数据显示，全日制专业学位博士生的学习时长比非全日制学生长。65.7%的全日制学生每天的学习时长超过7小时，而非全日制学生中同一学习时长学生的占比仅为30.9%。更为突出的是，非全日制学生每天的学习时长

---

[1] Kuh G D. Assessing what really matters to student learning inside the National Survey of Student Engagement. Change, 2001, 33 (3): 10-17.

在 1—3 小时的占比达 36.8%，其学习时间偏少（图 4-5）。

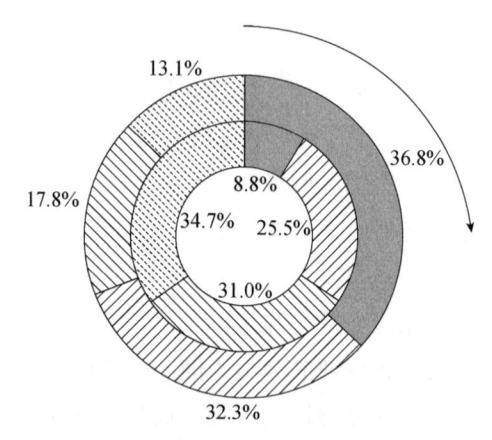

图 4-5 专业学位博士生学习时长
注：内环为全日制学生，外环为非全日制学生。

2. 高校培养

（1）导师指导

对导师指导的测度包括校内导师和校外导师指导的满意度。研究表明，超半数专业学位博士生由校内导师单一指导。实行双导师制或导师组制的也多以校内导师为主进行指导，其中工程专业实行双导师制或导师组制的比例最高。图 4-6 和图 4-7 分别为全日制学生与非全日制学生的导师指导方式。

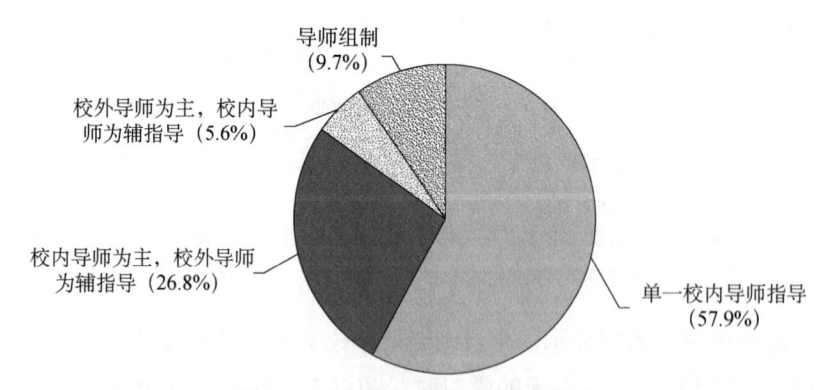

图 4-6 全日制学生的导师指导方式

第四章 专业学位博士生教育质量评价 | 119

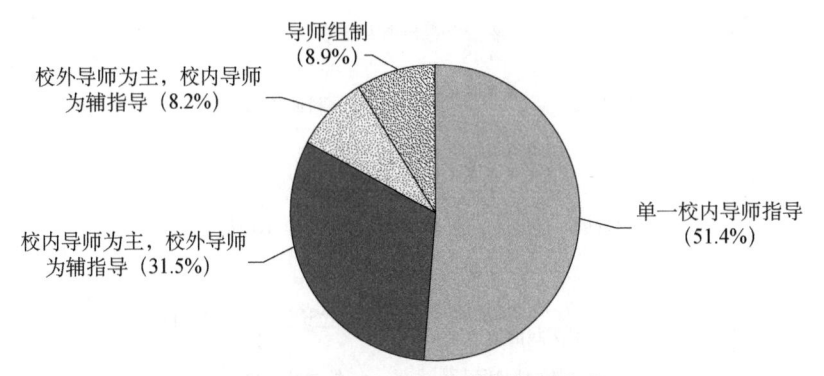

图 4-7 非全日制学生的导师指导方式

除了数量欠缺外，导师的质量也存在不足：

本身不具备实践能力的导师要培养出具备实践能力的学生，那怎么可能呢？导师对培养专业博士没有积极性，没有培养的能力，没有实现的条件，要培养好学生也是有困难的。（兽医教育指导委员会成员）

在此情境下，学生对校内、校外导师的满意度评价也有所不同。基本情况是，第一，除"职业发展"所提供的帮助和指导外，实行单一导师制的全日制学生对导师的满意度均低于非全日制学生（图4-8）。第二，实行双导师制和导师组制的学生对校内导师的评价均高于校外导师（图4-9、图4-10）。第三，实行双导师制和导师组制的全日制学生对校内导师的评价高于非全日制学生；对校外导师的评价则不然，其中全日制学生对校外导师在"职业发展所提供的指导与帮助"方面的评价明显高于非全日制学生。

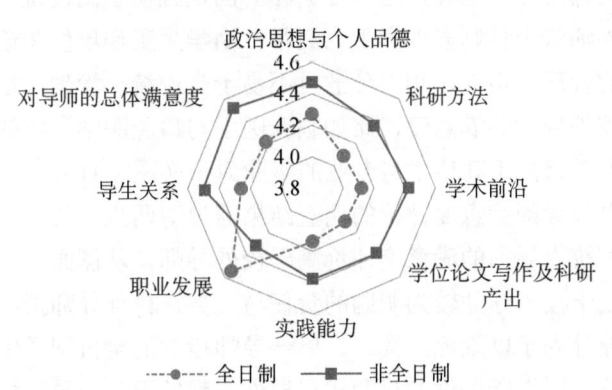

图 4-8 单一导师指导学生对导师的满意度评价

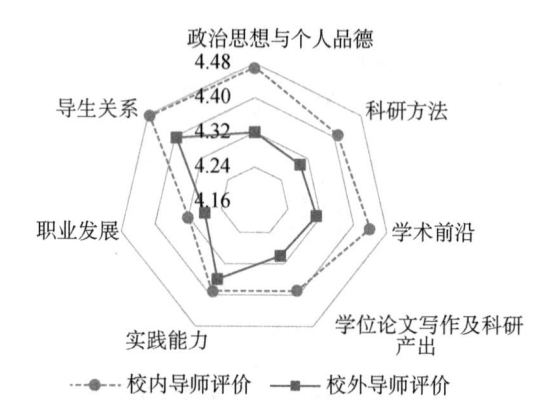

图 4-9 双导师制和导师组制非全日制学生对导师的评价

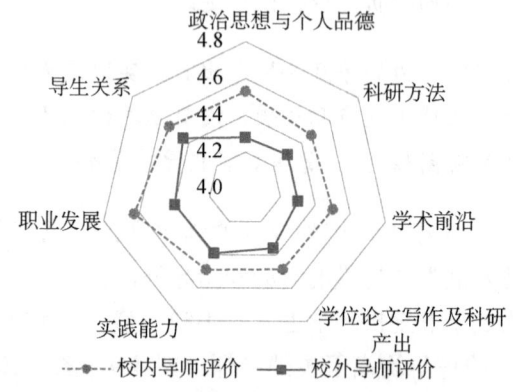

图 4-10 双导师制和导师组制全日制学生对导师的评价

访谈中发现，临床医学与口腔医学专业的校外师资力量相对充裕，多由高校所在地区医疗机构的专家担任，这些专家相对固定且易于高校统一管理。而其他学科专业的校外师资力量则多以学生为纽带，由学生工作单位在该领域有较强学术和实践能力的管理者担任，相对分散且不易于高校统一管理。这在很大程度上影响了学生对校外导师的满意度，比如临床医学与口腔医学专业的毕业博士对校外导师的满意度显著高于其他学科专业的毕业博士（图 4-11）。

对上述校内外导师满意度评价的调查结果需说明两点：其一，双导师制和导师组制的学生对校内导师的满意度评价高于校外导师，从侧面反映出校外导师指导的不足，相较于校内导师较为明确的责任与义务，校外导师指导缺乏明确的培养制度对其指导行为予以规范；其二，单一导师指导的全日制学生对校内导师的评价，除"职业发展"所提供的帮助和指导外，都低于单一导师指导的非全日制学生，在双导师和导师组指导的学生中，对校内导师评价总体高于校外导师，这一定程度反映出非全日制学生校内导师的作用发挥不足，应予以重视。

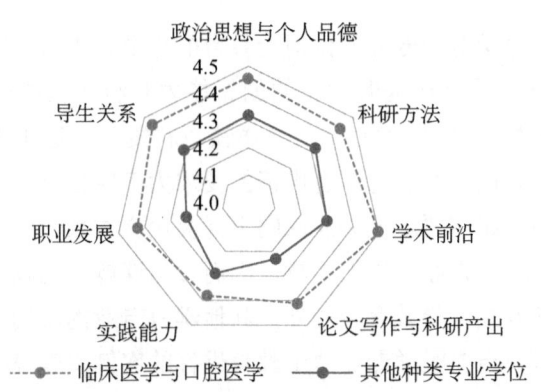

图 4-11 临床医学与口腔医学、其他种类专业学位毕业博士对校外导师的满意度评价

（2）教学

专业学位博士生的教学可分成理论教学与实践教学两部分，对满意度的调查也依此分别进行。首先，对"认为最合适的专业学位博士生教学方式"的调查发现，46.1%的全日制学生和35.0%的非全日制学生认为，"实践（实验）教学"是最合适的教学方式，其次是"参与课题"（图 4-12）。而预期可能被较多选择的"案例教学"的占比并不大。正如国外学者的研究所指出的那样，专业学位博士教育的教学目的、课程结构、知识形式三者之间存在复杂的联系，更强调实现知识和研究价值的平衡。①

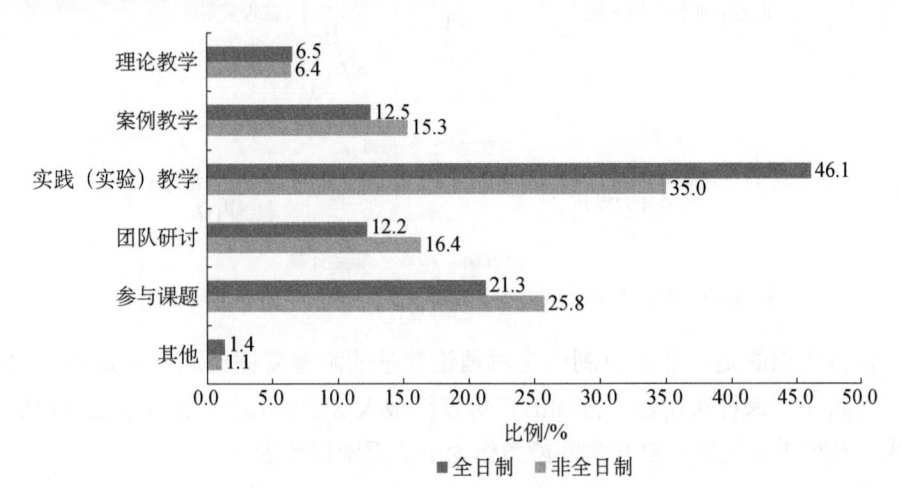

图 4-12 专业学位博士生对课程与教学方式的偏好

---

① Loxley A, Seery A. The role of the professional doctorate in Ireland from the student perspective. Studies in Higher Education, 2012, 37 (1): 3-17.

实践（实验）教学对于专业学位博士教育的重要性不言而喻，除此之外，相关研究还表明，参与课题在提升学生的创新能力和科研实践能力方面有重要作用，被视为培养学生的有效途径。[1]结合访谈资料发现，近年来在医院医务工作者的晋升标准中，对论文发表与课题申请的要求力度明显增大，医学专业的毕业博士除业务工作外，还需要适度关注课题申请及论文发表，而专业学位博士相比于学术学位博士在这一方面有先天欠缺，因而参与课题成为临床医学专业博士生越来越重视的教学方式。除教育专业外，其他学科专业的案例教学内容更倾向于实践过程中的应用，当前医学专业博士教育进行的案例库建设与推广，实际上也是案例教学与实践教学的结合。

整体来看，全日制学生对理论教学与实践教学的满意度评价均低于非全日制学生（图4-13、图4-14）。这与学生的就读期望及职业经历密切相关，呼应上文的求学动机调查，全日制学生在实践能力的提升方面有较强烈的诉求，而非全日制学生自身具备一定的实践经验，对学科理论和前沿研究的需求更明显，由此造成二者对课程教学与实践教学的评价呈现出不同的情形。

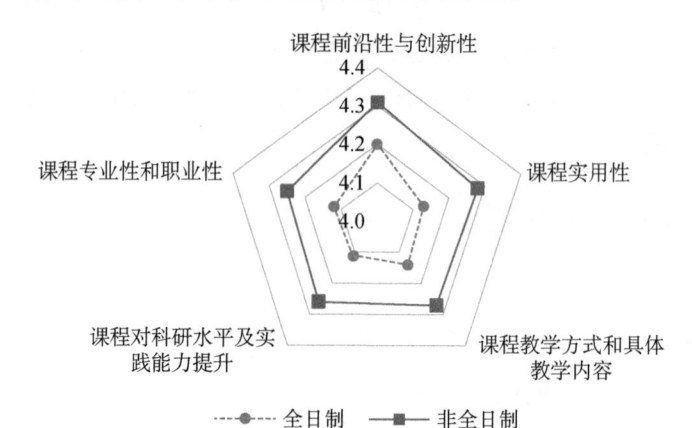

图4-13 全日制学生和非全日制学生对理论教学的满意度评价

值得注意的是，非全日制学生对理论教学的满意度评价高于实践教学的评价，尤其在"课程实用性"方面的评价差距最大（图4-15）。这与非全日制学生在求学动机中未将提升自身实践能力作为主要因素相呼应。

---

[1] 罗英姿，陈小满，李雪辉. 基于培养过程的博士生科研绩效提升策略研究. 教育发展研究，2018（9）：50-55.

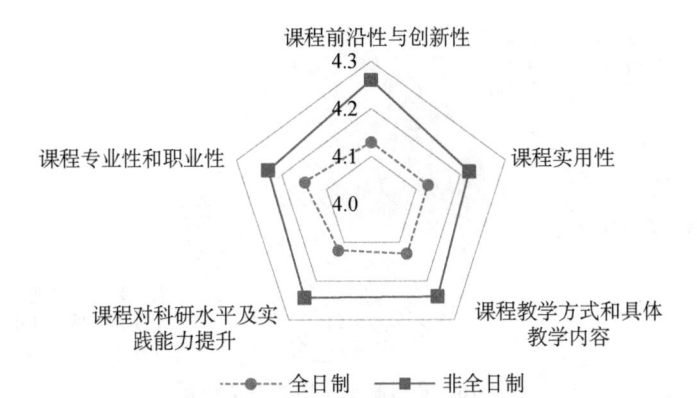

图 4-14　全日制学生和非全日制学生对实践教学的满意度评价

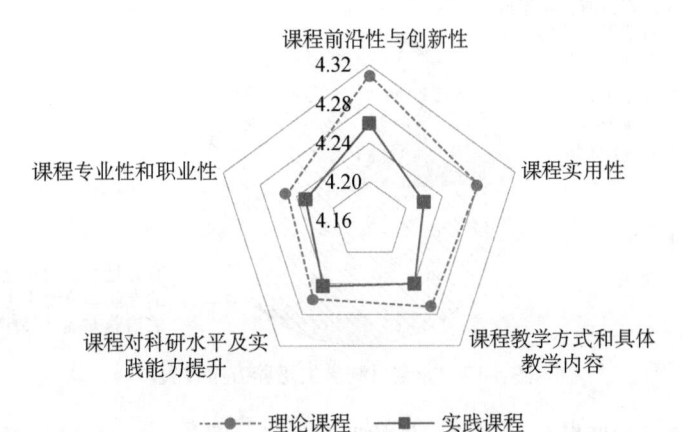

图 4-15　非全日制学生对理论及实践教学的满意度评价

（3）学校管理与服务

高校对专业学位博士生的管理与服务首先反映在培养方案的设置上。调查数据显示，总体上，有 5.4%的学生所在高校没有独立的专业学位博士生培养方案，有 20.1%的学生所在高校的专业学位博士培养方案与学术学位的方案雷同，缺少独立的培养方案这一现象在教育和工程专业中较为突出。除此之外，75.1%的全日制学生和 79.7%的非全日制学生所在高校的博士专业学位论文形式与学术学位的等同。工程专业也可采用设计方案的形式，其他专业的案（病）例报告也是较多采用的形式。上述数据直观地反映出，当前我国专业学位博士教育在培养方案设计上存在短板，除因为专业学位博士教育规模小、难以统一设定培养方案外，对学术学位博士教育培养方案的依附与因袭也是产生这一现象的主要原因。图 4-16 和图 4-17 分别为全日制和非全日制学生培养方案的设置。

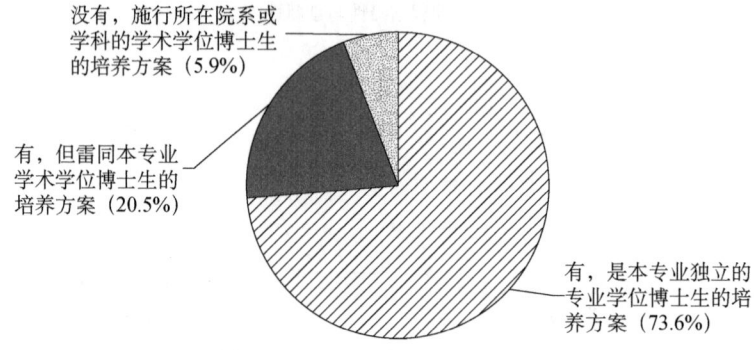

图 4-16 全日制学生培养方案设置

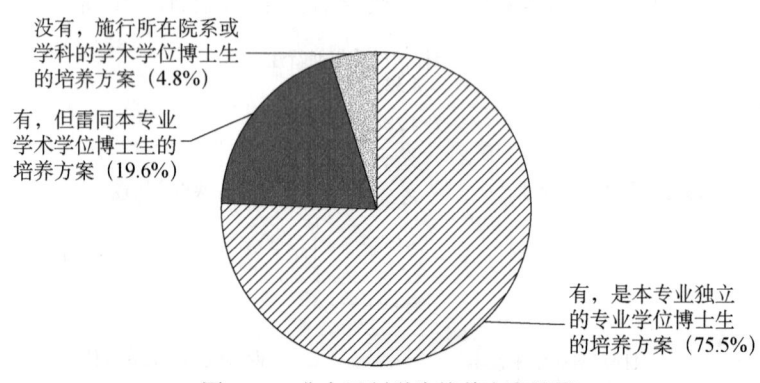

- 没有，施行所在院系或学科的学术学位博士生的培养方案（5.9%）
- 有，但雷同本专业学术学位博士生的培养方案（20.5%）
- 有，是本专业独立的专业学位博士生的培养方案（73.6%）

图 4-17 非全日制学生培养方案设置

- 没有，施行所在院系或学科的学术学位博士生的培养方案（4.8%）
- 有，但雷同本专业学术学位博士生的培养方案（19.6%）
- 有，是本专业独立的专业学位博士生的培养方案（75.5%）

对学校管理与服务的满意度评价的调查显示（图4-18），全日制学生的满意度整体上低于非全日制学生。其中，学生对"考核和学位授予制度的科学性、实施的公正性"最为满意，而对学校"提供关于就业或职业发展的相关服务"最不满意。

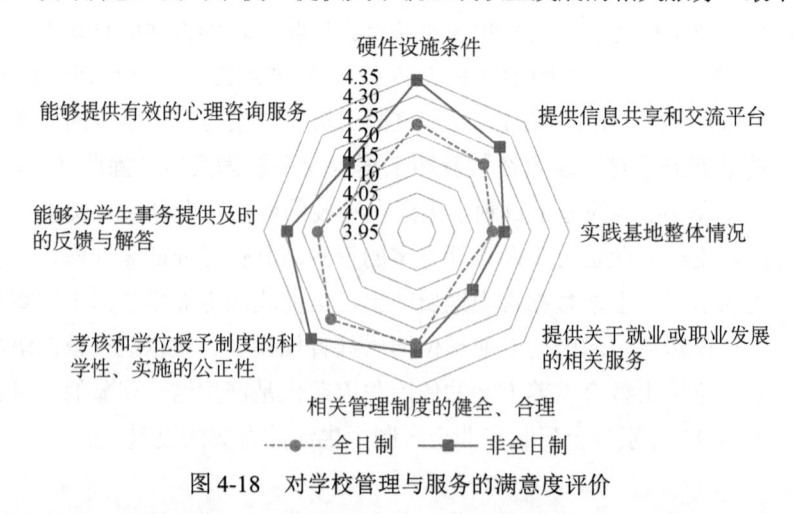

图 4-18 对学校管理与服务的满意度评价

(4) 校外参与

整体而言，学生对"校外企事业单位或人员参与博士生培养"及"行业提供支持"的满意度较低。其中，49%左右的学生认为校外企事业单位很少或没有参与学生培养过程，参与度很低。2018年10月于中国科学技术大学举行的博士专业学位研究生教育调研会上，与会专家指出：

> 校企联合培养的法规政策缺失，对企业没有激励和约束作用，部分合作企业除了推荐生源外，与高校无培养过程的合作。有些企业对工程博士教育的制度设计提出批评，认为企业在"帮助"政府和高校培养工程博士，却难以获得相应的教育话语权和人才成果，企业基本上很难参与到实际的培养过程中来。

(5) 对培养过程整体评价

全日制学生对培养过程整体满意度评价均值（3.80）略低于非全日制学生（3.85）。不同专业学生对培养过程整体满意度的评价有较大差异：在全日制学生中，口腔医学的学生满意度评价最高（4.11），其次是临床医学（3.88）、兽医（3.80）。在非全日制学生中，口腔医学专业学生的满意度评价最高（4.02），其次是工程（3.99）、临床医学（3.91）（图4-19）。经过访谈得知，口腔医学专业博士生较高的满意度在很大程度上与其职业发展（前景），尤其是薪资待遇有关。2017年，医脉通发布的《2016年度中国医生薪酬调研报告》显示，口腔科医生薪资居所有科室之首，人均月基本收入达12 757元。[①]

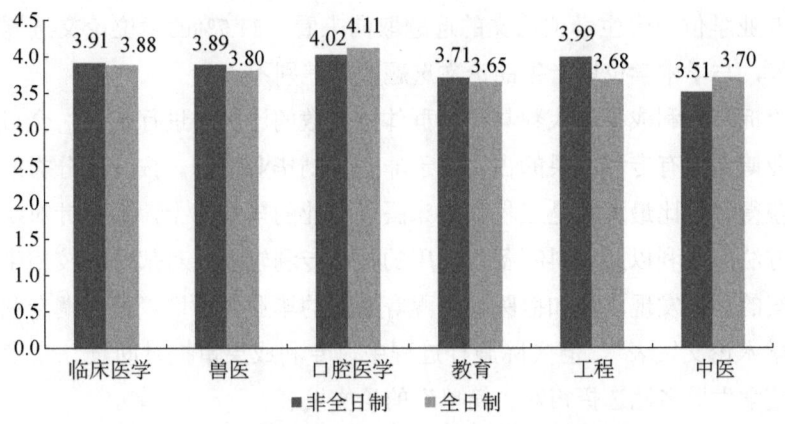

图4-19 不同种类专业博士教育过程满意度情况（均值）

---

① 医脉通. 2016年度中国医生薪酬调研报告. (2017-04-24) [2019-03-19]. http://news.medlive.cn/all/info-news/show-126878_97.html.

除此之外，对高校人才培养目标进行的调查显示，超半数学生认为学校追求人才培养"理论与实践并重"，但仍有超过 20%的学生认为所在高校对专业学位博士生的培养"重学术，轻实践"（图 4-20）。其中，教育专业占比最大，达 33.1%。这与专业学位博士教育的初衷"高层次实践应用型"并不一致。

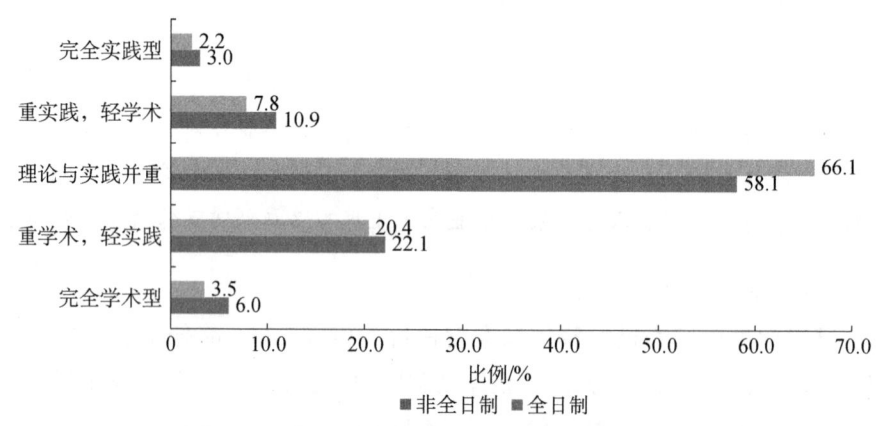

培养目标类型	非全日制	全日制
完全实践型	2.2	3.0
重实践，轻学术	7.8	10.9
理论与实践并重	66.1	58.1
重学术，轻实践	20.4	22.1
完全学术型	3.5	6.0

图 4-20 学生对高校专业学位博士培养目标的认知

（三）输出质量

1. 成果产出

专业学位博士生的成果产出主要包括发表学术论文和专利成果两大部分。仅有 1.3%毕业生以专利成果形式申请学位，98.7%的毕业生皆以发表论文而获得学位。从专业学位博士生学位论文的选题取向来看，31.7%的学位论文选题取向是理论研究，与学术学位博士生的论文选题取向差别不大。

对"拥有专利成果的人数与样本群体总人数的比例"进行统计，全日制专业学位毕业博士中有专利成果的占比少于非全日制毕业博士。按专业分类统计，专利成果获得者占比最大的是工程和临床医学专业的毕业博士，其中针对疾病诊断与治疗方法的专利以及材料制备与应用的技术专利较多。对部分高校招生简章和培养方案的分析发现，诸如兽医、工程等专业的毕业要求均"最强调专利成果，其次是学术论文发表"。但实际施行过程中，专利成果审批时间长、难度大等因素往往使学生更多地选择相对"简单"的论文发表。

2. 能力提升

对专业学位博士生能力的考察主要从科研能力、实践能力、通用能力和可迁移能力四个方面进行。整体而言，全日制学生的能力提升程度大于非全日制学生。全日制学生各项能力按提升程度的大小排序依次为科研能力、实践能力、可迁移能力、通用能力；非全日制学生各项能力按提升程度大小排序依次为科研能力、通用能力、实践能力、可迁移能力（图4-21）。

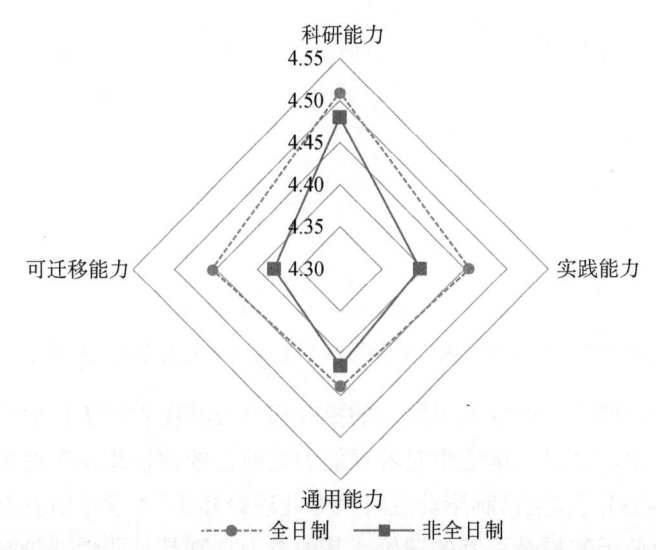

图4-21　全日制学生与非全日制学生四项能力提升程度（均值）

与能力提升的情况相反，全日制学生对各项能力重要性的评价均低于非全日制学生（图4-22）。对目前工作所需上述能力按重要性评价由高到低排序，全日制学生依次为科研能力、通用能力、可迁移能力、实践能力，非全日制学生则依次为通用能力、可迁移能力、科研能力、实践能力。对比能力提升程度的评分可以发现：全日制学生认为科研能力最重要，其提升程度评分也最高；而非全日制学生认为通用能力最重要，但提升程度评分最高的是科研能力。值得注意的是，实践能力在全日制和非全日制学生群体中均被视为最不重要的能力。可能的解释是：全日制学生毕业后有类似于学术学位博士的职业发展路径，更注重科研，这也是今后专业学位博士教育中需要着力纠正的方面；非全日制学生在读博之前就具备了一定的实践能力，对他们而言，实践能力的重要性也不及其他能力。由于这一调查结果只是对各项能力重要性均值的统计，反映的是整体情况，且不同能力重要性均值的差距并不大，因而并不能否认实践能力培养对专业学位博士生教育的必要性。

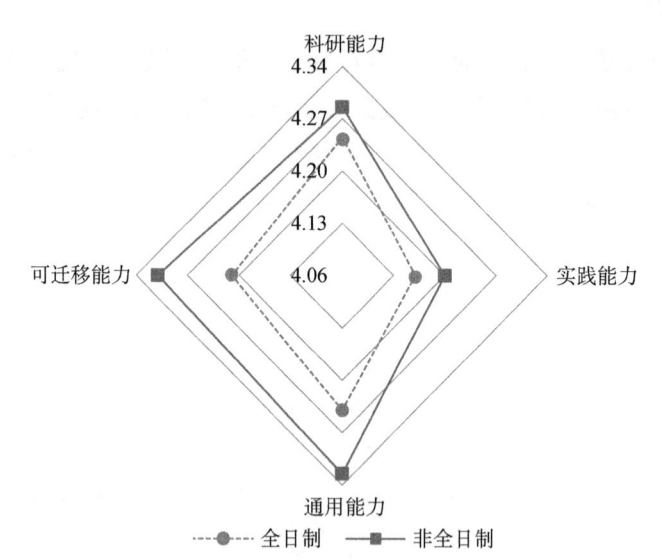

图 4-22 全日制学生与非全日制学生对四项能力重要性的评价

将专业学位博士毕业生各项能力的提升程度及其在实际工作中的重要性进行对比,可以发现,全日制毕业生对各项能力重要性的评价均高于对能力提升程度的评价(图 4-23);非全日制毕业生对"专业理论知识""学术研究与写作能力"重要性的评价低于其提升程度的评价,其他能力项则是重要性评价高于提升程度评价(图 4-24)。从整体上看,当前对专业学位博士能力的培养是不充分的,除非全日制专业学位博士的学术能力培养外,对其他能力的培养均不能够满足实际工作需求。

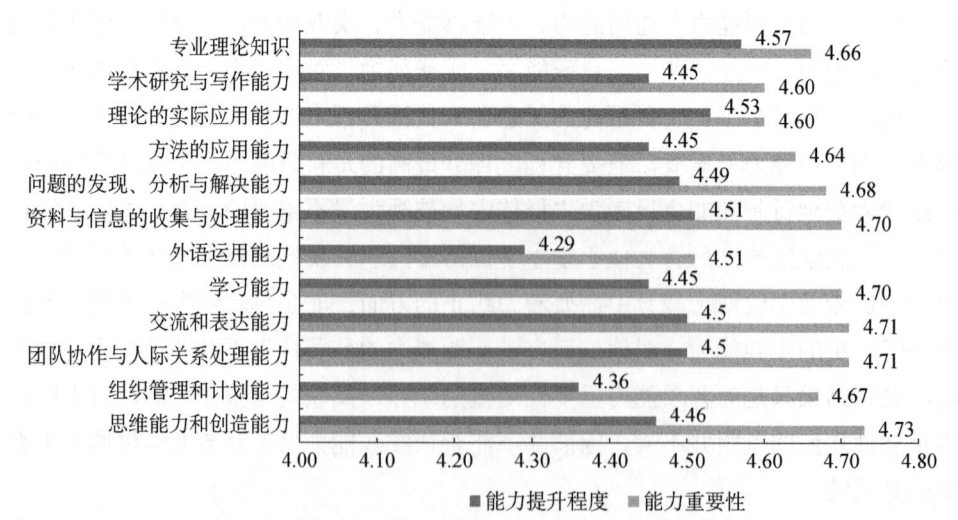

图 4-23 全日制毕业生对能力提升程度与重要性的评价

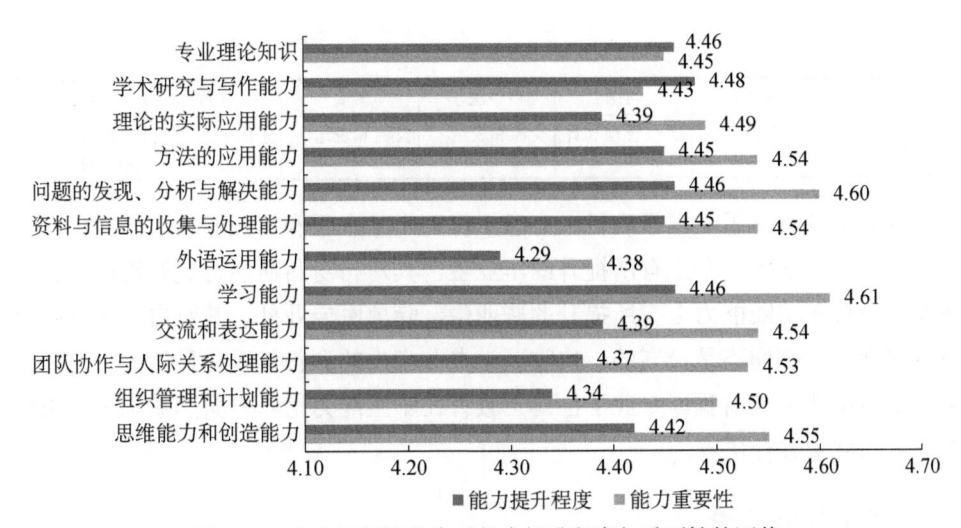

图 4-24 非全日制毕业生对能力提升程度与重要性的评价

能力	能力提升程度	能力重要性
专业理论知识	4.46	4.45
学术研究与写作能力	4.43	4.48
理论的实际应用能力	4.39	4.49
方法的应用能力	4.45	4.54
问题的发现、分析与解决能力	4.46	4.60
资料与信息的收集与处理能力	4.45	4.54
外语运用能力	4.29	4.38
学习能力	4.46	4.61
交流和表达能力	4.39	4.54
团队协作与人际关系处理能力	4.37	4.53
组织管理和计划能力	4.34	4.50
思维能力和创造能力	4.42	4.55

具体到不同的学科专业，我们又对毕业生各项能力的提升程度及这些能力在当前工作中的重要性单独进行了分析，结果如表4-6所示。其一，除工程和中医专业外，其他专业学生的"专业理论知识""学术研究与写作能力""理论的实际应用能力"提升程度最大，均属科研能力。这与高校人才培养重视学术研究息息相关。其二，除口腔医学和工程专业外，其他专业学生的"外语运用能力"提升程度最小。这与学生参与学术活动调查的结果相对应，即工程与口腔医学专业学生的国际学术会议参与度高于其他专业。其三，临床医学、兽医和工程专业的学生多选择通用能力中的子项作为最重要的能力，口腔医学、教育和中医专业的学生则多选择可迁移能力中的子项作为最重要的能力，而科研能力和实践能力都不是专业学位博士认为的最重要的能力。其四，比较不同能力子项的重要性和其提升程度，差距最大的是"组织管理和计划能力""交流和表达能力""思维能力和创造能力"。这些均属可迁移能力，表明专业学位博士教育在可迁移能力培养方面仍需做较大努力。

表 4-6 不同种类专业学位博士毕业生能力提升及重要性评价

能力	临床医学	兽医	口腔医学	教育	工程	中医
提升程度最大	专业理论知识	学术研究与写作能力	理论的实际应用能力	学术研究与写作能力	学习能力	思维能力和创造能力
提升程度最小	外语运用能力	外语运用能力	组织管理和计划能力	外语运用能力	理论的实际应用能力	外语运用能力
最重要	问题的发现、分析与解决能力	学习能力	交流和表达能力	交流和表达能力	学习能力	思维能力和创造能力

续表

能力	临床医学	兽医	口腔医学	教育	工程	中医
差距最大	组织管理和计划能力	组织管理和计划能力	交流和表达能力	交流和表达能力	思维能力和创造能力	组织管理和计划能力

我们重点关注了在求学动机中有意于提升学术水平和实践能力的毕业生，结果显示，想在学术水平上有所提升的毕业生，其对自身科研能力提升程度的评价最高；而想在实践能力上有所提升的毕业生，除兽医专业外，其对自身实践能力提升程度的评价均不是最高的，口腔医学专业学生的评价甚至是最低的。这一结果直观地反映了当前我国专业学位博士教育在学生能力培养方面的缺陷——未能按学生的需求进行培养。

（四）发展质量

1. 职业发展现实

调查数据显示，59.1%的专业学位博士在毕业后职位或职称获得了晋升，因职位或职称晋升除博士学历外还受其他诸多因素影响，调查中有针对性地提问："您认为职位或职称的晋升与博士专业学位的获取及其经历关系程度如何？"74.6%的毕业生认为二者间有一定关系或有较强关系。

2. 职业发展评价

69.8%的专业学位博士毕业生对职业发展现状比较或非常满意，满意度整体较高。具体来看，对"对在工作单位被领导、同事认可程度的满意度"最高，其次是"对在工作单位个人自我实现程度的满意度"（图4-25）。将全日制学生与非全日制学生分开来看，全日制学生对"工作单位"和"在工作单位被领导、同事认可程度"的满意度高于非全日制学生（图4-26）。

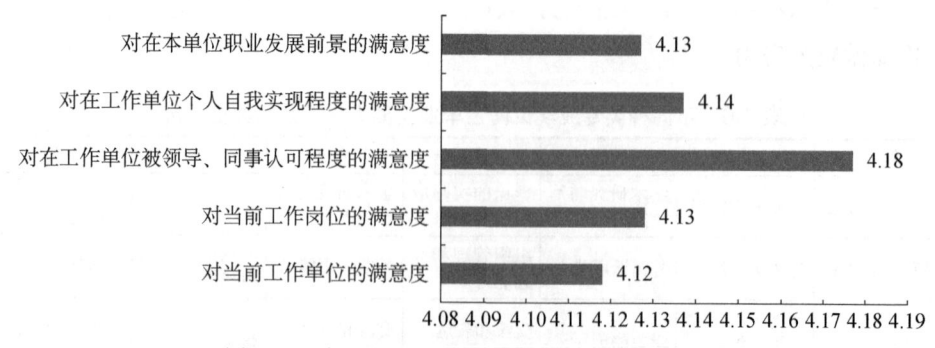

项目	满意度
对在本单位职业发展前景的满意度	4.13
对在工作单位个人自我实现程度的满意度	4.14
对在工作单位被领导、同事认可程度的满意度	4.18
对当前工作岗位的满意度	4.13
对当前工作单位的满意度	4.12

图4-25 专业学位博士毕业生职业发展的满意度

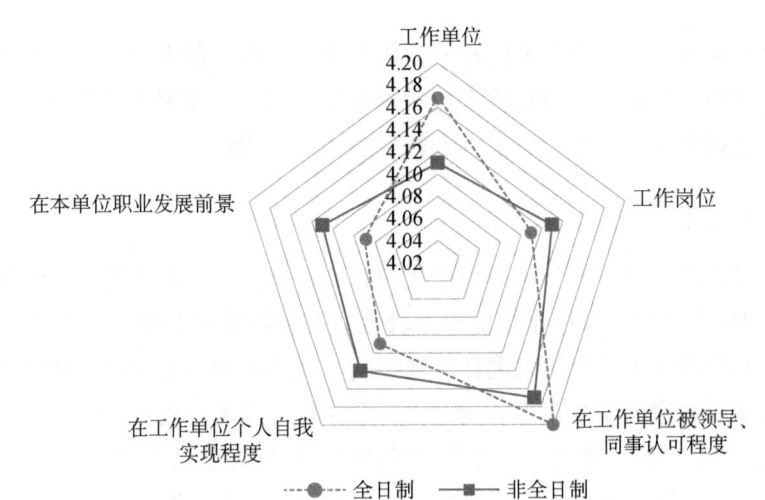

图 4-26　全日制与非全日制毕业生职业发展满意度的比较

对非全日制毕业生的访谈给出了这一现象的解释：

单位领导和同事会将全日制专业博士跟学术博士等同起来，认为他们比我们的学术能力要高。（工程专业学位博士毕业生）

在读生的职业期望在一定程度上能反映其职业发展规划及自我定位。全日制在读生中，31.3%的学生期望的工作单位是医院及其他医疗卫生单位，26.9%的学生选择高等院校（图4-27）。这与在读博士生中临床医学、口腔医学、中医和教育四个学科专业的样本占比（62.4%）较大有关。此外，在期望到高等院校工作的全日制在读生中，教育、工程和兽医专业的学生占比较大。这主要是因为除

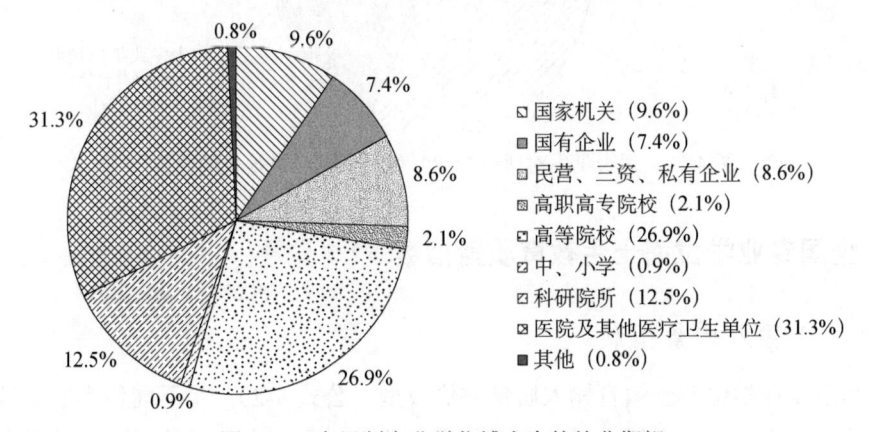

图 4-27　全日制专业学位博士生的就业期望

临床医学专业外，此三个专业的样本占比较大，这也从侧面反映出专业学位博士的职业发展路径仍然在一定程度上向学术岗位倾斜。这既偏离了专业学位博士教育目标，也说明学生对专业学位博士教育的认知不清晰。

（五）综合评价

调查问卷最后对专业学位博士及其教育的整体情况进行了考察，结果显示：第一，79.1%的学生对专业学位博士生教育的发展持乐观态度；但仍有5.3%的学生对专业学位博士生教育的发展持悲观态度，认为没有必要发展。通过电话回访得知，持悲观态度的学生大多认为博士专业学位与学术学位差别较小，没有单独设立和发展的必要。第二，对于当前我国博士专业学位与学术学位的地位，50.4%的学生认为二者的地位差不多，但也有43.1%的学生认为博士专业学位远不如或稍逊于学术学位（图4-28），这一现象在之前的访谈中也有所表现。第三，就个人投入与收益（包括潜在收益）的比较而言，87.5%的毕业生认为获得博士学位的潜在价值（包括职业晋升、薪资增长等）超过读博成本或基本与之持平。

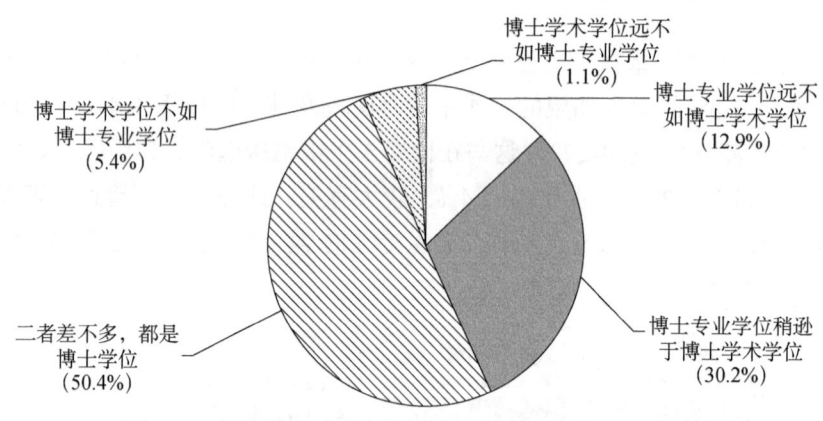

图4-28 调查学生对博士专业学位与学术学位地位的评价

三、全国专业学位博士生教育质量指数

（一）输入质量指数

利用专业学位博士教育输入质量评价模型（公式4-2），将不同种类专业学位博士的硕士学校背景和博士学校背景的得分代入模型中，可以获得不同种类专业

学位博士的输入质量指数，具体如图 4-29 所示。

$$Y_{输入}=0.097X_{输入}=0.048x_{11}+0.049x_{12} \tag{4-2}$$

由图 4-29 可知，口腔医学专业学位博士的输入质量指数最高，为 9.10，其次是工程、临床医学和教育专业学位博士，指数值分别为 7.65、7.20 和 6.72，兽医专业学位博士的输入质量指数最低，为 5.04。通过访谈和学位设置方案的梳理可以发现，虽未能在本节中通过质量指数显示，但不同高校对招生学生的硬性规定也是影响学生整体输入质量的重要因素，主要包括学生的学历要求、已有成果要求、参加科研项目要求及工作年限要求。总之，国家政策、高校制度等政策性因素对输入质量的影响较大。

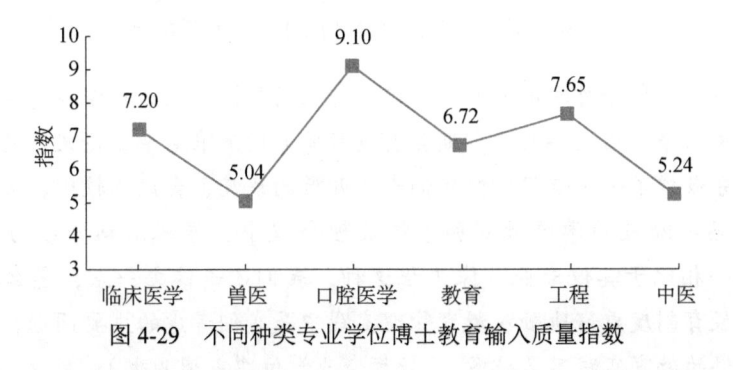

图 4-29 不同种类专业学位博士教育输入质量指数

（二）过程质量指数

利用专业学位博士教育过程质量评价模型（公式 4-3），将不同种类专业学位博士的学习投入、高校培养和校外参与得分分别代入模型中，可以获得不同种类专业学位博士的过程质量指数，口腔医学专业学位博士的过程质量指数最高，为 32.66，其次是临床医学、工程和中医专业学位博士，指数值分别为 31.25、31.43 和 29.12，教育专业学位博士的过程质量指数最低，为 29.06。过程质量汇总学习投入、高校培养和校外参与的具体情况如图 4-30 所示。

$$Y_{过程}=0.451X_{过程}=0.11x_{21}+0.202x_{22}+0.139x_{23} \tag{4-3}$$

在学习投入和高校培养方面，口腔医学专业学位博士得分最高；在校外参与方面，工程专业学位博士得分最高；在高校培养与校外参与方面，中医专业学位博士得分最低；在学习投入方面，教育专业学位博士得分最低。整体而言，在高校培养和校外参与方面，不同种类的专业学位博士教育得分差距不大，最为明显的差异表现在学生的学习投入方面，教育专业学位博士在这一方面的得分最低，在访谈中也有受访者提及：

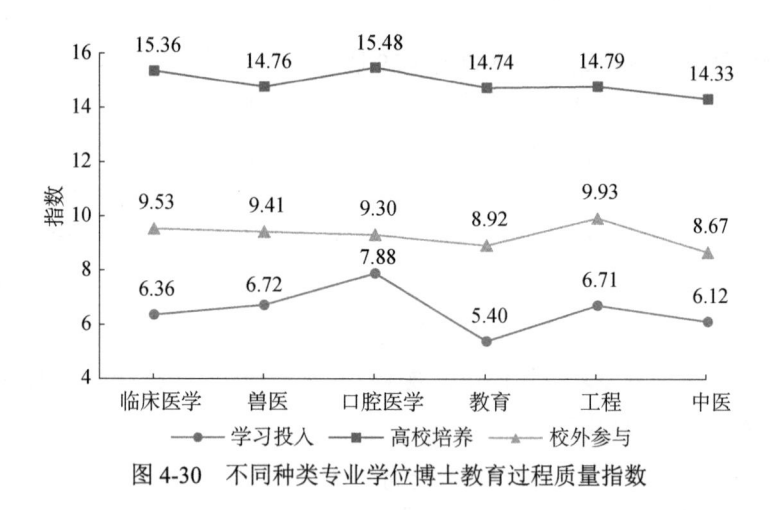

图 4-30　不同种类专业学位博士教育过程质量指数

我们大部分时间用来处理学校工作上的事情，在第一学期有专门的时间在学校上课，临近毕业的学期会有段时间专门来准备毕业论文，其余时间大多被分散掉了……专门针对我们专业开展的讲座、会议比较少，大多会归到不同层次阶段的学校教育和学校管理会议中，学术活动的参与也不是很多……相比于其他专业，像工程这种，我们还是偏文一点，怎么把教育政策、教育制度更好地融入教育管理实践中是我们考虑的主要问题，学校给我们提供的教育实践不是很多。（教育专业学位博士毕业生）

（三）输出质量指数

利用专业学位博士教育输出质量评价模型（公式 4-4），将不同种类专业学位博士的成果产出和能力提升得分分别代入模型中，可以获得不同种类专业学位博士的输出质量指数，临床医学专业学位博士的输出质量指数最高，为 24.22，其次是教育、兽医、口腔医学和工程专业学位博士，指数值分别为 24.01、23.89、23.84 和 23.62，中医专业学位博士的输出质量指数最低，为 22.74。输出质量汇总成果产出和能力提升的具体情况如图 4-31 所示。

$$Y_{输出}=0.302X_{输出}=0.036x_{31}+0.266x_{32} \tag{4-4}$$

不同种类专业学位博士教育输出质量差异较为明显（图 4-31）：在成果产出方面，工程专业学位博士的质量指数最高，其次是临床医学专业学位博士，口腔医学和中医专业学位博士在这一方面的质量指数较低。工程专业学位博士在专利成果产出方面的表现尤为突出，尽管申请专利存在时间长、难度大等问题，但工程专业学位博士的特殊专业性质及较强的实践应用性使其在专利申请方面有一定优势。同时，临床医学专业学位博士的学术论文产出也较为突出，这主要与当前医疗卫生事业单位对科研成果的看重密切相关，临床医学专业学位博士作为单位的主力科研人员既有来自工作单位的要求，也有自身晋升发展的要求，所以更加看重学术成果产出。

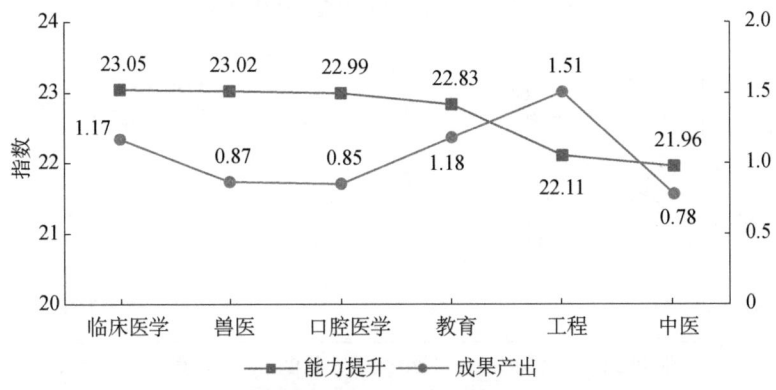

图4-31 不同种类专业学位博士教育输出质量指数

在能力提升方面，工程与中医专业学位博士教育输出质量指数较低。但工程与中医专业学位博士教育质量指数偏低的原因并不相同，这从具体访谈中可见一斑：

> 我们招收的工程博士大多是自己已经承担或参与过国家重大课题项目的人员，他们大多有自己的实验室或者研究所里配备了比较齐全的设备，有一些我们学校都比不上。所以他们的动手实践、操作能力很强，有的甚至能够超过我们的老师。他们来读这个学位更重要的还是为了丰富理论知识，可能跟国际上的前沿理论、趋势还是高校掌握得更清晰一些有关。（工程专业学位博士生导师）

> 中医不是速成的，更讲究经验、讲究传承，这就是为什么中医师都是越老越吃香。也就是因为这个原因，学中医的学生很难说毕业了就一定具备什么能力，或者能力达到什么水平，很难考查。但是我们培养学生还是希望能够通过让他们多接触病例、多自己剖析来提升自己的能力。（中医专业学位博士生导师）

（四）发展质量指数

利用专业学位博士教育发展质量评价模型（公式4-5），将不同种类专业学位博士的职业发展现实和职业发展满意度得分代入模型中，可以获得不同种类专业学位博士的发展质量指数,临床医学专业学位博士的发展质量指数最高,为10.52,其次是口腔医学、工程、兽医和教育专业学位博士,指数值分别为10.38、10.35、9.65和9.41,中医专业学位博士的发展质量指数最低,为8.38。不同种类专业学位博士职业晋升与职业发展满意度如图4-32所示。

$$Y_{发展}=0.15X_{发展}=0.076x_{41}+0.074x_{42} \quad (4-5)$$

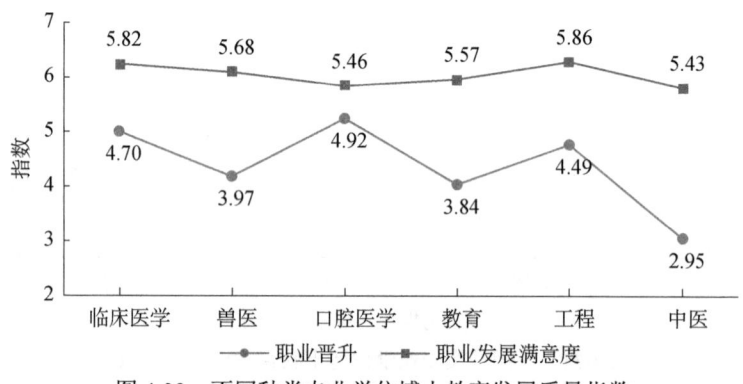

图4-32 不同种类专业学位博士教育发展质量指数

不同种类专业学位博士对职业发展的满意度评价相对均衡,但在职业晋升上差异较大。在职业晋升方面,口腔医学、临床医学和工程专业学位博士的质量指数较高,而兽医、教育和中医专业学位博士的质量指数较低。这一现象的产生与就读学生的个人背景、学科特征有较大关系,例如,教育专业学位博士入学时已身担管理职务,晋升空间相对较小;中医专业学位博士看重资历的职业上升通道使其在短时间内难以发挥自身的学历优势。

(五)不同学科专业学位博士生教育质量指数

不同种类专业学位博士教育在输入、发展、输出和结果四个阶段的质量指数差异明显(图4-33)。整体而言,过程质量指数最高,其次是输出质量指数、发展质量指数,输入质量指数最低。

对标专业学位博士生教育平均质量指数可以发现,临床医学、口腔医学和工程三种专业学位博士生教育质量指数超过平均分数,尤以口腔医学专业学位博士最高,其次是临床医学和工程专业学位博士。而兽医、教育和中医专业学位博士的质量指数低于平均分数,中医最低(图4-34)。

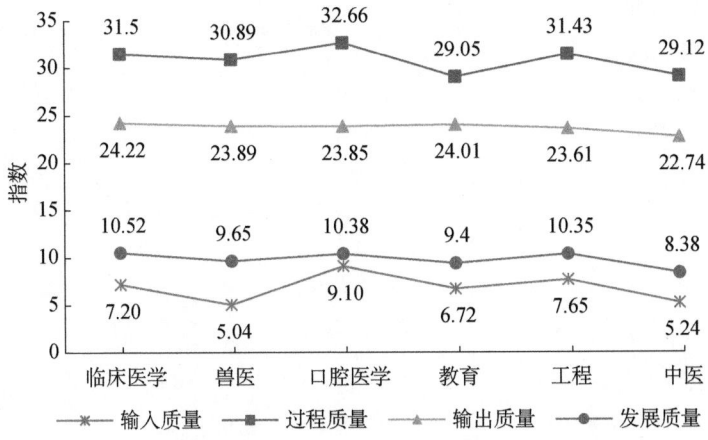

图 4-33 不同种类专业学位博士教育在不同阶段的质量指数

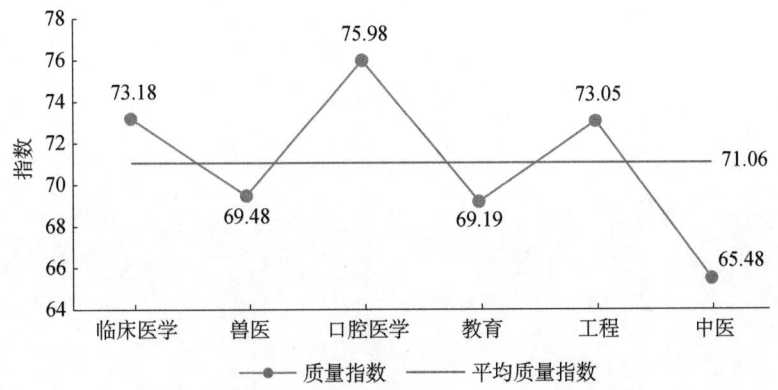

图 4-34 不同种类专业学位博士生教育质量指数

需要指出的是，由于调研时间和资料可获取性方面存在的局限性，对不同种类专业学位博士教育质量指数的测算以学生群体的调研数据为主，带有一定的主观性，未能将不同种类专业学位博士授权培养单位的客观师资力量、实践基地建设、成果产出等纳入测算过程中，所获得的我国专业学位博士教育质量指数也仅适用于本章构建的质量评价模型。

第五章

学术学位博士职业选择的特征及其影响因素

第五章 学术学位博士职业选择的特征及其影响因素

　　博士生教育作为教育、科技、人才的重要结合点，博士的职业选择成为政府、社会以及博士个体等利益相关主体所关注的焦点。博士学位获得者只有进入劳动力市场后，才能直接应用教育所学为个体、单位和社会做出职业贡献。[1]因此，博士在劳动力市场中的选择与表现，不仅关系到博士个人晋升、收入及主观感受，还关系到国家科技创新和经济发展。[2]目前，博士在劳动力市场中的职业选择与职业发展受到美国[3]、英国[4]、法国[5]、德国[6]、日本[7]等国家学者的广泛关注。

　　基于绪论对博士职业选择主题文献的梳理，可以看出，目前我国深入探讨博士职业选择的研究并不多，大多只揭示了博士职业选择的某些特征和现象，较少系统地分析博士职业选择的影响因素。此外，限于毕业博士数据的可获得性，相关实证研究主要基于在读博士生的职业目标开展分析，缺乏基于博士实际职业选择结果的研究。[8]然而，用在读生的职业目标代替毕业生的职业选择结果这类做法存在一定的争议。有学者指出，职业意愿对实际职业选择行为有48%的预测度和解释力，职业意愿并不能直接代表博士实际职业选择。[9]第三章中博士生在读期间的职业目标与实际职业选择之间的差异也印证了该观点。博士职业目标与实际职业选择分布如图5-1所示。

---

[1] McAlpine L, Emmioğlu E. Navigating careers: Perceptions of sciences doctoral students, post-PhD researchers and pre-tenure academics. Studies in Higher Education, 2015, 40 (10): 1770-1785.

[2] Hancock S, Walsh E. Beyond knowledge and skills: Rethinking the development of professional identity during the STEM doctorate. Studies in Higher Education, 2016, 41 (1): 37-50.

[3] Fox M F, Stephan P E. Careers of young scientists: Preferences, prospects and realities by gender and field. Social Studies of Science, 2001, 31 (1): 109-122.

[4] Lee H, Miozzo M, Laredo P. Career patterns and competences of PhDs in science and engineering in the knowledge economy: The case of graduates from a UK research-based university. Research Policy, 2010, 39 (7): 869-881.

[5] Lanciano-Morandat C, Nohara H. Societal production and careers of PhDs in chemistry and biochemistry in France and Japan. European Journal of Higher Education, 2013, 3 (2): 191-205.

[6] Fitzenberger B, Schulze U. Up or out: Research incentives and career prospects of postdocs in Germany. German Economic Review, 2014, 15 (2): 287-328.

[7] 小林，信一. プロフェッショナルとしての博士——博士人材の初期キャリアの現状と課題（特集 プロフェッショナルの労働市場）. 日本労働研究雑誌, 2010, 52: 70-83.

[8] 鲍威, 杜嫱, 麻嘉玲. 是否以学术为业: 博士研究生的学术职业取向及其影响因素. 高等教育研究, 2017 (4): 61-70.

[9] 罗英姿, 韩霜, 顾剑秀. 过程性视角下博士学术职业选择的形成机制研究. 中国高教研究, 2021 (3): 82-88.

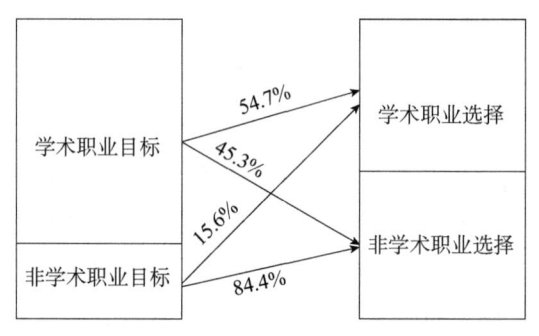

图 5-1　博士职业目标与实际职业选择分布

本章基于我国涉农学科毕业博士职业选择调查数据，考察我国涉农学科博士的职业选择现状与特征，揭示博士职业选择目标和职业选择结果的影响因素，试图解答"谁以学术职业为职业选择目标，谁以非学术职业为职业选择目标""谁最终选择了学术职业，谁最终选择了非学术职业"的核心问题。

第一节　研究设计

一、数据来源

调查数据主要来自 2016 年开展的我国涉农学科博士职业发展调查和三年级及以上在读博士生职业期望调查。

二、变量选择

（一）因变量

本章对博士职业选择的研究中，职业选择目标和职业选择结果均为二分类变量：学术职业和非学术职业。将选择在高校从事教学、科研的看作从事学术职业，选择在其他单位工作的看作是从事非学术职业。统计结果显示，职业选择是"学术职业"的博士占 41.6%，职业选择是"非学术职业"的博士占 58.5%。这一数据与范巍等对中国 1995—2008 年毕业博士就业情况梳理中的统计结果较为接近，其样本中的博士毕业后去高等院校开展教学和科研工作的比例为 43.9%。[1]

---

[1] 范巍，蔡学军，成龙. 我国博士毕业生就业状况与趋势分析. 教育发展研究，2010（7）：79-81.

（二）自变量

基于第一章提出的博士职业发展研究理论框架，对本章涉及的相关变量进行说明：在个人特征方面，选择性别、学科、毕业年限、父亲单位类型、家庭所在地、家庭经济条件6个自变量；在博士生教育经历情况方面，既包括学生个体在博士生教育阶段的参与及表现，也包括高校层面在资源、课程、服务等方面的投入与支持。其中，学生参与及表现有学习投入度、论文发表①、学术交流参与及非学术活动参与经历；高校投入与支持包括课程教学、导师支持、学习资源、学术氛围和管理服务的满意度。相关变量具体情况如表5-1所示。

表5-1 变量及其说明

	变量	变量说明	均值	标准差
个人特征	性别	女性=0；男性=1	0.55	0.497
	学科	农学（基准组）；涉农工学；涉农管理学	—	—
	毕业年限	1—2年；3—5年；6—8年；9年及以上	—	—
	父亲单位类型	国家机关；国有企业；民营、三资、私营企业；个体经营；高等院校；科研院所；其他事业单位；其他；务农（基准组）	—	—
	家庭所在地	东北（基准组）；东部；中部；西部	—	—
	家庭经济条件	低收入家庭=0；高收入家庭=1	0.41	0.493
自变量 博士生教育经历情况	学习投入度	1—3小时/天；4—6小时/天；7—9小时/天；9小时以上	—	—
	国内学术交流参与	否=0；是=1	0.79	0.404
	国际学术交流参与	否=0；是=1	0.40	0.491
	科研项目参与	否=0；是=1	0.81	0.391
	实习项目参与	否=0；是=1	0.43	0.495
	教学实践参与	否=0；是=1	0.32	0.466
	职业指导参与	否=0；是=1	0.17	0.376
	论文发表	人文社科：国外学术期刊论文+国内核心期刊论文×0.8+国内一般期刊论文×0.3；理工科：国外学术期刊论文+国内学术期刊论文×0.4	2.12	1.353
	课程教学满意度	9项观测题，1—5分	3.66	0.796
	导师支持满意度	9项观测题，1—5分	4.11	0.748
	学习资源满意度	5项观测题，1—5分	4.13	0.703
	学术氛围满意度	4项观测题，1—5分	4.02	0.756
	管理服务满意度	6项观测题，1—5分	3.93	0.727

① 鲍威，陈杰，万蜓婷. 我国"985工程"的运行机制与投入成效分析：基于国际比较与实证研究的视角. 复旦教育论坛，2016（3）：11-18.

续表

变量		变量说明	均值	标准差
因变量	职业选择目标	非学术职业=0；学术职业=1	0.664	0.473
	职业选择结果	非学术职业=0；学术职业=1	0.416	0.493

第二节 博士职业选择的特征

一、职业选择目标

（一）六成博士生期望从事学术职业

由于问卷中未设计博士期望的岗位类型，而博士生选择期望的单位类型能够很大程度上代表其岗位类型，因此，将问卷中以"高等院校"为职业期望的博士划分为职业选择目标为"学术职业"，以其他类型单位为职业期望的博士，则认为其职业选择目标为"非学术职业"。根据我国涉农学科3年级及以上在读生和毕业博士的职业选择目标数据来看，60.4%博士在读期间的职业选择目标是进入高等院校，其次是科研院所（21.2%），以企业为职业选择目标的比例为10.0%（图5-2）。由此可见，随着博士规模的扩张，虽然博士留在传统学术部门就业的比例有限，但有六成博士生在读期间抱持着进入学术职业的职业选择目标。

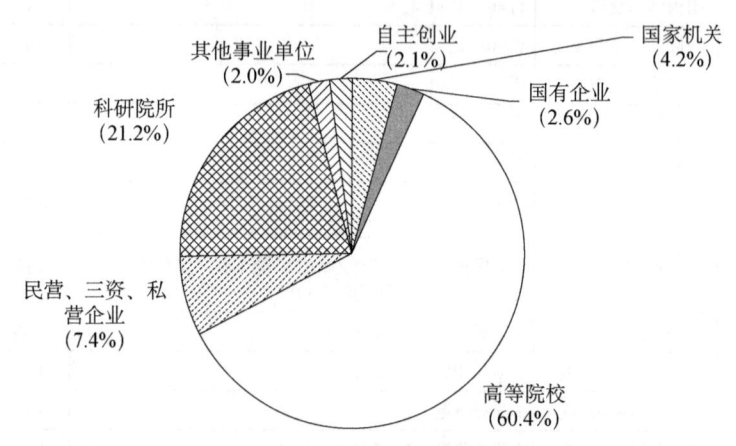

图 5-2 涉农学科博士职业选择目标分布情况
注：由于四舍五入，加总可能不是100%，全书同。

这一职业选择特征背后的原因在访谈中也有所体现：

虽然我也知道进高校的竞争越来越大，但是如果不去高校就业，这博士不就白读了吗？（农业机械工程专业博士）

能进高校还是进高校，毕竟当初读博士，就是为了毕业后进高校。（农业经济管理专业博士）

（二）毕业时间越久，将学术职业作为职业选择目标的比例越大

研究发现，毕业年限不同，博士在职业选择目标的确立上存在显著差异：毕业6年及以上的博士，以学术职业为职业选择目标的比例高达74.5%，毕业1年内的博士，这一比例就降低到53.1%（表5-2）。考虑到博士培养周期通常为3—5年，不同毕业时间段博士群体在确立职业选择目标方面存在的差异可能反映出劳动力市场及就业环境的变化，尤其是近年来，随着博士大量涌入高校以及"双一流"建设的快速推进，我国高校对博士毕业生层层筛选，学术职业的入职门槛也被不断抬高，在高校工作的博士毕业生需要容忍博士后岗位的"临时性"[①]。与此同时，社会经济发展与产业结构升级使研究型人才在非学术领域的发展路径越来越宽，在此背景下，近年毕业的博士生更倾向于以非学术领域为志业。

表 5-2 不同毕业年限博士群体在职业选择目标上的差异分析结果

毕业年限	非学术职业/样本数（占比）	学术职业/样本数（占比）	χ^2	p
6年及以上	63（25.5%）	184（74.5%）	45.439	0.000
1—5年	309（35.9%）	551（64.1%）		
0年	423（46.9%）	479（53.1%）		

二、职业选择结果

（一）近六成博士毕业生选择非学术职业

从调查样本（涉农学科毕业博士）就业单位的性质来看，55.7%进入高等院校，其次是科研院所（18.4%），进入国家机关（3.9%）、国有企业（2.1%）、自主创业（1.1%）的排在后三位（图5-3）。

[①] 卿石松，梁雅."博士毕业生就业多元化及质量特征分析. 学位与研究生教育, 2019 (11): 56-62.

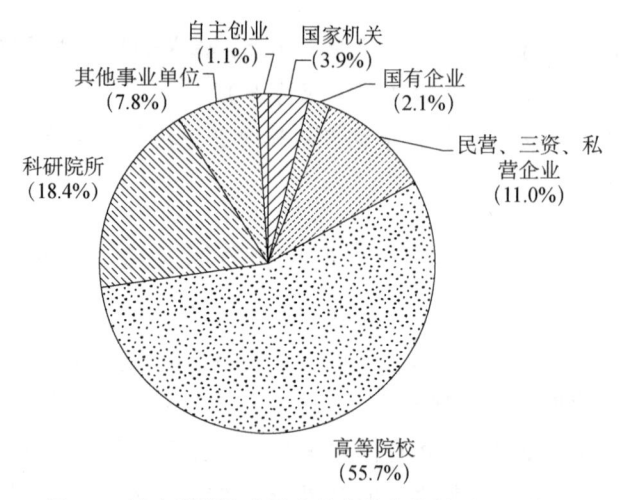

图 5-3　涉农学科毕业博士就业单位的性质分布情况

结合样本博士的就业岗位性质，根据沈红对学术职业的界定，我们将在高校内从事科研教学工作看作"学术职业"。统计结果表明，41.6%的博士选择学术职业，58.4%的博士选择非学术职业，即近六成博士选择了非学术职业（表 5-3）。

表 5-3　涉农学科博士职业选择结果的描述统计

职业选择结果	样本数	占比/%
非学术职业	647	58.4
学术职业	460	41.6

（二）父亲在高等院校、国有企业就职的博士，从事学术职业的比例更高

家庭背景一直是影响学生发展的重要因素。通过不同父亲单位类型博士的职业选择结果的差异性分析（表 5-4）发现：父亲单位类型不同的博士，其职业选择结果存在显著差异，其中，父亲在高等院校、国有企业、其他事业单位就职的博士，毕业后从事学术职业的比例较高，依次是 61.5%、55.9%、46.1%。这从一个侧面反映了家庭资本的代际传承现象，在一些有关农民工子弟及家庭文化再生产的研究中，有学者发现在边缘且弱势的生活际遇下，农民工子女对于"社会条件"的洞察，形成了"反学校"生存逻辑[1][2]。而对于博士这类高层次人才，家庭

---

[1] 史秋霞，王毅杰. 片面洞察下的"反学校"生存——关于教育与阶层再生产的探讨. 华东师范大学学报（教育科学版），2015（3）：23-31.

[2] 李涛. 底层社会与教育：一个中国西部农业县的底层教育真相. 东北师范大学博士学位论文，2014.

资本对其生命历程同样具有显著影响，如有研究者谈道："学术精英群体所接受的个人形象始终是奋力向前的，他们在生命历程中被激励着不断向上攀登……在这种环境中，他们对从事科研的期望程度是很高的。"[①]

表 5-4 不同父亲单位类型博士群体在职业选择目标上的差异分析

父亲单位类型	非学术职业/ 样本数（占比）	学术职业/ 样本数（占比）	χ^2	p
国家机关	40（76.9%）	12（23.1%）		
国有企业	15（44.1%）	19（55.9%）		
民营、三资、私营企业	166（59.3%）	114（40.7%）		
个体经营	70（58.8%）	49（41.2%）		
高等院校	15（38.5%）	24（61.5%）	28.892	<0.001
科研院所	13（86.7%）	2（13.3%）		
其他事业单位	55（53.9%）	47（46.1%）		
务农	223（56.2%）	174（43.8%）		
其他	50（72.5%）	19（27.5%）		

（三）就读期间有实习项目、职业指导参与经历的博士，从事非学术职业的比例更高

为回应博士就业多元化的现实趋势，国内外普遍通过实习项目、职业指导等职业支持活动加强博士生教育与劳动力市场的适切性。通过博士是否参与实习项目、是否参与职业指导的差异性分析（表5-5）发现：就读期间有实习项目参与经历的博士，从事非学术职业的比例显著高于没有实习项目参与经历的博士；就读期间有职业指导经历的博士，从事非学术职业的比例显著高于没有职业指导经历的博士。这在一定程度上说明，实习、职业指导作为博士生教育的重要环节，对引导博士了解非学术劳动力市场，形塑其职业选择行为具有良好的效果。

表 5-5 不同博士生教育经历的博士在职业选择结果上的差异分析

比较项		非学术职业/ 样本数（占比）	学术职业/ 样本数（占比）	χ^2	p
实习项目参与	否	346（54.5%）	289（45.5%）	9.607	0.002
	是	301（63.8%）	171（36.2%）		
职业指导参与	否	518（56.4%）	400（43.6%）	9.027	0.003
	是	129（68.3%）	60（31.7%）		

---

① Hermanowicz J C. Argument and outline for the sociology of scientific (and other) careers. Social Studies of Science, 2007, 37 (4): 625-646.

其中，职业指导项目对博士职业选择的帮助在访谈中也得到了充分肯定：

在我的择业过程中，学院开展的职业指导起到了重要作用，尤其是相关企业从业人员的座谈会，让我对本专业在企业中的工作内容有了全新的了解。（植物学毕业博士）

我们师门已经毕业的师兄师姐都是进入高校工作的，我在读博前期也一直觉得自己只能进入高校，否则就很难看，很失败。一直到读博最后一年，学院开的就业指导座谈会，邀请了不少在企业工作的博士给我们做介绍，看着那些在企业工作的博士，薪资待遇和发展前景也不错，我就开始着手通过他们的推荐往企业投递简历，并顺利进入这个企业做研发。（农机专业毕业博士）

三、职业选择目标 vs 职业选择结果

（一）博士的职业选择目标和职业选择结果存在差异

职业选择目标为学术职业的博士中，仅有 54.7%实现其职业选择目标；而职业选择目标为非学术职业的博士中，84.4%都实现了非学术职业选择目标（表 5-6）。

表 5-6 博士职业选择行为分类

职业选择目标/职业选择结果	学术职业选择结果/样本数（占比）	非学术职业选择结果/样本数（占比）	总计/样本数（占比）
学术职业目标	契合 402（54.7%）	偏离 333（45.3%）	735（100%）
非学术职业目标	偏离 58（15.6%）	契合 314（84.4%）	372（100%）

（二）以学术职业为目标的博士，仅半数进入学术职业道路

博士的职业选择目标与职业选择结果之间，存在明显的偏离，且这种偏离主观意愿的职业选择，主要发生在学术职业。统计结果显示，高达 45.3%的博士生偏离了最开始的学术职业目标（图 5-4）。这种职业选择目标和实际职业选择结果之间的偏离，一方面反映出博士个人对当前就业环境以及个人职业道路缺乏足够的认识，另一方面也暗含当前博士生教育惯常侧重于学术职业道路的引导。

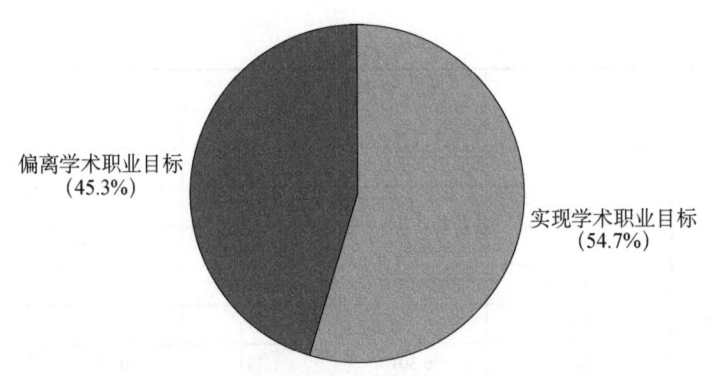

图 5-4 学术职业选择目标博士的职业选择结果分布

这种学术职业目标和实际职业选择结果之间的偏离,对博士个人而言,造成了一定的不适应和教育资源错位。

> 我在毕业前一直抱着进入高校做老师的目标,所以以为只要会写论文、写课题、上课就够了,基本没有参加过和学术无关的活动,也没有积累那些人脉资源。结果到毕业找工作的时候,我没有进入如意的高校,这个企业给的待遇和前景不错,所以最终选择到企业工作。就是刚开始很不适应,觉得读博期间没有关注做企业项目、人际与管理方面的内容有点可惜。(农业经济管理毕业博士)

第三节 博士职业选择的影响因素

一、博士职业选择影响因素的分析结果

本节使用 SPSS 23.0 对影响博士职业选择目标和职业选择结果的因素分别进行二元 logistic 回归分析。从回归结果(表 5-7)来看,性别、家庭经济条件无论是对博士的职业选择目标还是职业选择结果均没有显著影响;科研项目参与、教学实践参与和职业指导参与对博士的职业选择目标和职业选择结果也不存在统计学意义上的显著影响。

表 5-7 博士职业选择目标和职业选择结果的二元逻辑回归分析结果

变量	职业选择目标(模型 1)		职业选择结果(模型 2)	
	系数	优势比	系数	优势比
性别(女性为基准组)	−0.212	0.809	−0.148	0.862

续表

变量		职业选择目标（模型1）		职业选择结果（模型2）	
		系数	优势比	系数	优势比
学科（涉农管理学为基准组）	农学	−0.051	0.951	0.675***	1.965
	涉农工学	0.343	1.408	0.894***	2.445
	毕业年限	0.176**	1.192	0.251***	1.285
家庭所在地（东部地区为基准组）	东北地区	0.645**	1.906	0.314	1.368
	中部地区	0.175	1.191	0.282*	1.326
	西部地区	0.301	1.351	0.104	1.110
父亲单位类型（务农为基准组）	国家机关	0.386	1.472	−0.943**	0.390
	国有企业	0.049	1.05	0.608	1.837
	民营企业	0.129	1.138	0.086	1.090
	个体经营	0.371	1.449	0.103	1.108
	高等院校	0.089	1.093	0.592	1.808
	科研院所	−0.704	0.494	−1.411*	0.244
	其他事业单位	0.178	1.195	0.068	1.071
	其他	−0.676**	0.508	−0.644**	0.525
家庭经济条件（低收入家庭为基准组）		−0.030	0.97	0.015	1.015
博士生教育经历	学习投入时间	0.145*	1.156	0.425***	1.53
	国内学术交流参与	0.463*	1.589	0.752**	2.121
	国外学术交流参与	0.349**	1.418	0.371***	1.450
	科研项目参与	0.276	1.317	0.258	1.295
	实习项目参与	−0.004	0.996	−0.472***	0.624
	教学实践参与	−0.030	0.97	−0.033	0.968
	职业指导参与	−0.131	0.877	−0.176	0.839
	论文发表	0.106*	1.111	0.139***	1.149
	课程教学满意度	−0.195*	0.823	−0.200*	0.819
	导师支持满意度	0.104*	1.110	0.168**	1.183
	学习资源满意度	−0.001	0.999	0.193	1.213
	学术氛围满意度	0.162	1.176	−0.059	0.942
	管理服务满意度	−0.167*	0.846	−0.137**	0.872
常数项		−0.829*	0.437	−3.905***	0.02
N		1107		1107	
调整后 R^2		0.083		0.181	
−2 对数似然值		1345.222		1342.871	
p		0.000		0.000	

注：*表示 $p<0.05$，**表示 $p<0.01$，***表示 $p<0.001$，全书同。

总体来说，毕业年限、家庭所在地等个人特征，学习投入时间、国内学术交流参与、国外学术交流参与、论文发表，以及课程教学满意度、导师支持满意度和管理服务满意度等博士生教育经历，对博士的职业选择目标和职业选择结果均产生了显著影响。此外，值得注意的是，学科、父亲单位类型、实习项目参与能显著影响博士的职业选择结果，但是对博士生职业选择目标的确立没有显著作用。

二、结论与讨论

（一）个人特征方面

在确立个人职业选择目标时，博士生的职业选择目标并不存在显著的学科差异。然而，到了实际做出职业选择的阶段，农学和涉农工学博士则在统计学意义上更倾向于选择学术职业，这一概率是涉农管理学博士的1.965倍和2.445倍。

相对于毕业年限较近的博士，毕业时间更久的博士以学术职业为职业选择目标的可能性更大，是前者的1.192倍。到了做实际职业选择的时候，毕业时间更久的博士选择学术职业的概率是近年毕业博士的1.285倍。这一结论与博士生招生规模持续增加的趋势是一致的。

此外，家庭所在地对博士的职业选择目标和职业选择结果存在显著影响。相较于来自于东部地区的博士，家庭为东北地区的博士以学术职业为职业选择目标的概率是前者的1.906倍，而来自中部地区的博士以学术职业为职业选择结果的概率是东部地区博士的1.326倍，即东北地区、中部地区生源的博士更偏好学术职业。

父亲单位类型对博士职业选择目标无显著影响，但是会显著影响博士的职业选择结果。相对于父亲务农的博士，父亲在国家机关、科研院所就职的博士最终选择非学术职业的概率更高。

由上可知，学科、毕业年限、家庭所在地、父亲单位类型显著影响博士的职业选择行为。

（二）学生参与及表现方面

学习投入度高的博士生在确立职业选择目标时更倾向于学术职业，这一概率是学习投入度低的学生的1.16倍。就职业选择结果而言，学习投入度高的博士选择学术职业的概率是学习投入度低的学生的 1.53 倍。这和学生发展理论认为教育中学生个体的投入与参与对其发展有显著影响的理念相一致。

博士生在校期间参与国内学术交流、国外学术交流，都会显著增加其确立学术职业目标、做出学术职业选择的可能性。其中，就读期间有参与国内学术交流经历的博士生，最终选择学术职业的概率是无国内学术交流经历博士生的 2.12 倍；而就读期间有国外学术交流经历的博士生，最终选择学术职业的概率是无国外学术交流经历博士生的 1.45 倍。

博士生在校期间是否参加实习项目，对其职业选择目标的确立无显著影响。但是，参加实习项目等非学术活动会显著增加博士最终选择进入非学术职业的可能性。这与国内外相关研究得出的非学术职业就业博士的群体特征相吻合，即在读期间有企业实习项目经历[①]、参与技术开发活动的博士[②]，更倾向于去企业开展职业生涯。这可能源于企业实习项目，一方面能够提高博士生对非学术劳动力市场的了解，另一方面能够增强博士生的实践应用能力[③]。

论文发表越多的博士生，越有可能树立学术职业的职业选择目标，最终也越有可能选择学术职业，开展学术职业生涯。这和国内外大多数研究结果相一致，即读博期间发表论文数量越多，越容易在高校就职[④]，且更容易被层次高的高校聘用[⑤]。

由此可知，学生个人的学习投入度、国内学术交流参与、国外学术交流参与、实习项目参与和论文发表显著影响博士职业选择行为。

（三）院校投入与支持方面

导师支持程度越高，博士生越倾向于设立学术职业的目标，其毕业后选择学术职业的概率也越大。究其原因，一方面可能是学生学术职业生涯的发展十分需要导师的支持与引导；另一方面，有学者认为，一般来说导师不希望学生到非学

---

① Mangematin V, Mandran N, Crozet A. The careers of social science doctoral graduates in France: The influence of how the research was carried out. European Journal of Education, 2000, 35 (1): 111-124.

② Herrera L, Nieto M. The determinants of firms' PhD recruitment to undertake R&D activities. European Management Journal, 2015, 33 (2): 132-142.

③ Roach M, Sauermann H. A taste for science? PhD scientists' academic orientation and self-selection into research careers in industry. Research Policy, 2010, 39 (3): 422-434.

④ Mangematin V, Mandran N, Crozet A. The careers of social science doctoral graduates in France: The influence of how the research was carried out. European Journal of Education, 2000, 35 (1): 111-124.

⑤ Conti A, Visentin F. A revealed preference analysis of PhD students' choices over employment outcomes. Research Policy, 2015, 44 (10): 1931-1947.

术劳动力市场就业①，导师的支持会对博士生的职业选择产生潜移默化的影响。

课程支持满意度和管理服务满意度对博士确立学术职业目标、最终选择进入学术职业的影响是负的，即对课程教学和管理服务满意度高的博士倾向于确立非学术职业目标、进入非学术劳动力市场，而对课程教学和管理服务满意度较低的博士更大概率选择学术职业道路。一方面，这可能是因为想要从事学术职业生涯的博士生对课程教学的要求较高，反而会对现有课程支持有较低满意度；另一方面，院校的管理服务中，就业指导、就业服务等软性引导做得好，有助于博士生了解更为宽广的就业市场，尤其是非学术劳动力市场。这一点在毕业博士访谈中得到了验证：

> 我毕业前就决定到企业就业了。我们学校开展了好几场企业家座谈会，接触到那些企业家和在企业工作的师兄们，我对企业的工作内容、薪资待遇都有了新的认识。也是在他们的影响下，我就到了企业工作。（农学毕业博士）

总的来看，毕业年限越久、在东北地区、学习投入度高、参与国内学术交流、参与国外学术交流、论文发表较好、得到充足导师支持的博士生更大概率以学术职业为职业选择目标。相对应地，毕业年限较短、在东部地区、论文发表较少，但对课程教学和管理服务满意度较高的博士生更大概率以非学术职业为个人的职业选择目标。

农学和涉农工学、毕业时间较久、父亲务农、学习投入时间较多、积极参与国内外学术交流、论文发表较好、得到充足导师支持的博士，更可能最终选择学术职业，进入学术劳动力市场。相对应地，涉农管理学、毕业时间较短、父亲在国家机关和科研院所就职、学习投入度较低、论文发表较少，但有实习项目参与经历、课程教学满意度和管理服务满意度较高的博士，更可能最终选择非学术职业，进入非学术劳动力市场。

由此可知，课程教学、导师支持和管理服务会显著影响博士的职业选择行为。

---

① Mangematin V. PhD job market: Professional trajectories and incentives during the PhD. Research Policy, 2000, 29 (6): 741-756.

第六章

学术学位博士职业发展的特征及其影响因素

随着知识经济的发展，博士群体作为国家创新链条上的主力军，不仅应实现充分就业，还应在工作岗位上充分发挥自身所拥有的知识能力，通过知识创新实现个人发展，这是博士生教育社会功能的必然要求，因此需深入揭示并综合评价博士的职业发展。

目前对博士职业发展的研究，倾向于用收入、职称等客观表现来衡量博士职业发展水平[1][2]，忽视了人作为主体对自身职业发展水平的主观感知与评价；倾向于关注传统的博士生就业领域——学术职业中个体职业发展的规律[3][4]，忽略了对越来越多博士选择的非学术职业中个体发展特点的探寻。此外，在探讨博士职业发展的影响因素时，缺少将博士生教育阶段纳入考量范围。[5]基于本书的问卷调查，可以看出，博士生教育经历对博士职业发展普遍有重要影响，且其对学术劳动力市场和非学术劳动力市场中个体职业发展的影响程度有明显差异（图6-1）。为了最大限度地帮助博士形塑其职业生涯、推动其实现更好的职业发展，我们需要深入、系统地了解博士职业发展的关键影响因素，尤其是博士生自身所能把握同时也是国家和高校最能施力的博士生教育过程因素。

因此，本章将总结毕业博士的职业发展特征，实证分析博士职业发展的影响因素，揭示各因素特别是博士生教育经历对博士职业发展的影响，试图通过回答"谁获得了更高的收入""谁获得了岗位晋升""谁更能实现博士生教育与劳动力市场的职业匹配"来综合回应"谁获得了更好的职业发展"的核心问题。在此基础上，基于对博士所面临的两个劳动力市场（学术劳动力市场和非学术劳动力市场）内部结构差异的感性认知，进一步探索"不同劳动力市场中，影响博士职业发展的关键因素是否有差异，有何差异"。

---

[1] 黄梅，范巍. 不同年龄段博士职业发展质量性别差异实证研究——基于劳动力市场转型背景下体制内就业的分析视角. 中国行政管理，2011（11）：110-114.
[2] 赵世奎，范巍，李汉邦. 博士学位获得者职业发展状况及其影响因素——基于职务晋升和学术生产视角的实证分析. 高等工程教育研究，2011（1）：148-151.
[3] 谷志远. 我国学术职业流动影响因素的实证研究——基于"学术职业的变革-中国大陆"问卷调查. 清华大学教育研究，2010（3）：73-79.
[4] 张英丽. 我国博士生的学术职业选择及影响因素. 高教探索，2009（2）：22-25，37.
[5] 蒋承. 博士生学术职业期望的影响因素研究——一个动态视角. 北京大学教育评论，2011（3）：45-55，189.

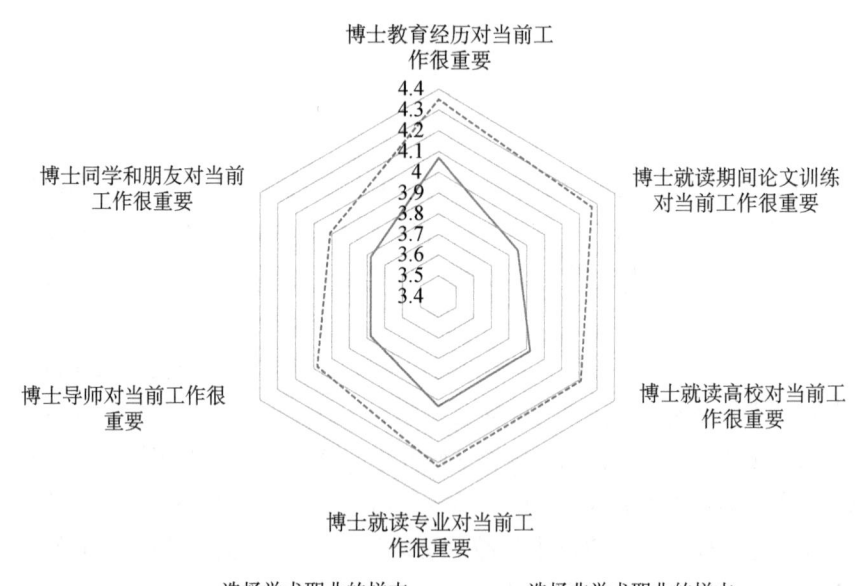

图 6-1 博士生教育对实际职业发展重要性主观评价

第一节 研究设计

一、数据来源

数据来自课题组 2016 年 7—9 月开展的我国涉农学科博士职业发展调查（表 6-1）。为更好地从全球视野理解当前的博士劳动力市场，本章将结合 OECD 的"博士学位获得者职业发展项目"开展比较分析。

表 6-1 数据来源

调查方	调查项目	调查对象	调查内容
中国	2016 年涉农学科博士职业发展调查	中国主要涉农高校涉农学科（作物学、植物保护、农业资源与环境、畜牧学、兽医学、农业工程、农林经济管理 7 个一级学科）的毕业博士	个人特征、博士生教育经历、职业选择与职业发展
OECD	"博士学位获得者职业发展项目" 2020 年、2013 年	满足以下标准的个体：①ISCED6 级以上的教育水平；②在调查国家边界内为永久居民	研究生教育经历、首次就业职位、雇佣历史、国际流动、职业相关经历、个人特征

二、变量选择

（一）因变量

1. 博士职业发展指数

本章从博士职业发展的主观匹配和客观表现两个方面来考察职业发展。其中，职业发展客观表现（Y1）是岗位晋升、工资待遇的综合加权；职业发展主观匹配（Y2）是能力匹配、价值观匹配、供给匹配的综合加权。在此基础上，确定博士职业发展指数（表 6-2）。

表 6-2 博士职业发展指标的权重分布

指标名称	一级指标名称	权重	二级指标名称	权重
职业发展	职业发展客观表现 Y1	0.554	岗位晋升	0.197
			工资待遇	0.357
	职业发展主观匹配 Y2	0.446	能力匹配	0.216
			价值观匹配	0.099
			供给匹配	0.131

2. 博士职业发展客观表现和主观匹配的具体测量

博士在劳动力市场中的工资待遇水平（即收入）具体操作化为"收入≤6万""6万<收入≤8万""8万<收入≤10万""收入>10万"四类，以"收入≤6万"为基准变量；将博士在劳动力市场中的岗位晋升情况具体操作化为"未晋升""晋升"两类，为二分类变量。

博士职业匹配的测量，本章采用利克特5级量表。在博士职业匹配的具体测量题项设计上，基于 Cable 和 De Rue[1] 的测量方法设计能力匹配、价值观匹配的评价，测量题目分别为"当前岗位的技能需求与我的人力资本相匹配"及"当前工作单位文化与我的价值观相匹配"。基于 Kristof[2] 和 Edwards[3] 的概念框架设计

---

[1] Cable D M, De Rue D S. The convergent and discriminant validity of subjective fit perceptions. The Journal of Applied Psychology, 2002, 87（5）: 875-884.

[2] Kristof A L. Person-organization fit: An integrative review of its conceptualizations, measurement, and implications. Personnel Psychology, 1996, 49（1）: 1-49.

[3] Edwards J R. Person-job fit: A conceptual integration, literature review, and methodological critique. In Cooper C L, Robertson I T (Eds.), International Review of Industrial and Organizational Psychology, 1991, 6: 283-357.

个人需求与岗位供给匹配的评价,测量项目包括"当前的薪资待遇与我的人力资本相匹配""当前职位等级与我的人力资本相匹配""我的职业发展前景与我的期望相匹配"。

(二)自变量

本章自变量的选择同第五章,包括个人特征、博士生教育经历。相关变量具体情况如表6-3所示。

表6-3 变量及其说明

变量			变量说明	均值	标准差
自变量	个人特征变量	性别	女性=0;男性=1	0.55	0.497
		学科	农学(基准组);涉农工学;涉农管理学	—	—
		毕业年限	1—2年;3—5年;6—8年;9年及以上	—	—
		父亲单位类型	国家机关;国有企业;民营、三资、私营企业;个体经营;高等院校;科研院所;其他事业单位;其他;务农(基准组)	—	—
		家庭所在地	东北(基准组);东部;中部;西部	—	—
		家庭经济条件	低收入家庭=0;高收入家庭=1	0.41	0.493
	博士生教育经历情况	学习投入度	1—3小时/天;4—6小时/天;7—9小时/天;9小时以上/天	—	—
		国内学术交流参与	是=1;否=0	0.79	0.404
		国际学术交流参与	是=1;否=0	0.40	0.491
		科研项目参与	是=1;否=0	0.81	0.391
		实习项目参与	是=1;否=0	0.43	0.495
		教学实践参与	是=1;否=0	0.32	0.466
		职业指导参与	是=1;否=0	0.17	0.376
		论文发表	人文社科:国外学术期刊论文+国内核心期刊论文×0.8+国内一般期刊论文×0.3;理工科:国外学术期刊论文+国内学术期刊论文×0.4	2.12	1.353
		课程教学满意度	9个题项,1—5分	3.66	0.796
		导师支持满意度	9个题项,1—5分	4.11	0.748
		学术资源满意度	5个题项,1—5分	4.13	0.703
		学术氛围满意度	4个题项,1—5分	4.02	0.756
		管理服务满意度	6个题项,1—5分	3.93	0.727
因变量		博士职业发展指数	0.554×客观表现+0.446×主观匹配		
		博士职业发展客观表现指数	0.357×年收入+0.197×岗位晋升		

续表

	变量	变量说明	均值	标准差
因变量	博士职业发展主观匹配指数	0.216×能力匹配+0.099×价值观匹配+0.131×供给匹配		
	收入	收入≤6万；6万<收入≤8万；8万<收入≤10万；收入>10万	—	—
	岗位晋升	有晋升=1；无晋升=0	0.59	0.492
	能力匹配	1个题项，1—5分	3.99	0.856
	价值观匹配	1个题项，1—5分	3.85	0.914
	供给匹配	3个题项，1—5分	3.79	0.813

第二节 博士职业发展的特征

一、收入

（一）不同类型单位博士收入存在明显差异

收入水平是博士做出职业生涯选择的决定性因素之一，也是社会普遍意义上衡量职业成功的标准。不同单位类型（高等教育机构/企业/政府等）、不同岗位类型（研究型/非研究型）的职业收入差异明显。OECD 2013年的"博士学位获得者职业发展项目"报告指出，大多数国家博士学位研究者的年收入高于非研究者（图6-2）。以美国为例，所有博士学位研究者对非研究者的相对收入差异为12.4%，即意味着在美国从事研究类工作平均会比从事非研究类工作的博士年收入高出12.4%。

其中，在高等教育部门中，所有获得数据国家的博士学位研究者年收入都高于非研究者。在工商业界，研究者在报酬上不一定存在优势。具体表现为：有些国家的工商业界研究者相对于非研究者依然保持很高的报酬优势，如匈牙利（38.1%）、保加利亚（28.0%）；而荷兰、罗马尼亚的工商业界研究者则没有报酬优势，研究者年收入要比非研究者低18.3%和16.7%。对政府部门而言，除美国、比利时、葡萄牙和土耳其的研究者保持微弱的报酬优势，其他国家博士学位研究者的年收入要普遍低于非研究者。由此可见，不同类型就业单位中，研究者和非研究者的经济回报不同。

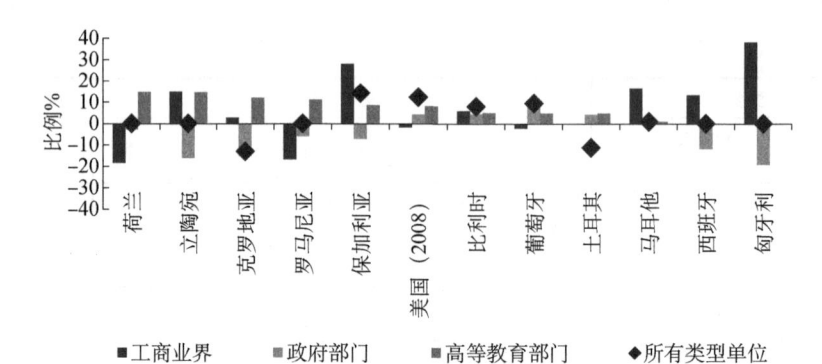

图 6-2 博士从事学术职业与非学术职业的相对收入差异

注：纵坐标为从事学术职业博士年收入与从事非学术职业博士年收入的相对差距。正值越大，表示博士从事学术职业能够获得更大的报酬优势；负值越小，表示博士从事非学术职业能够获得更大的报酬优势。

资料来源：Auriol L, Misu M, Freeman R A. "Careers of Doctorate Holders: Analysis of Labour Market and Mobility Indicators", OECD Science, Technology and Industry Working Papers．(2013-05-01)[2018-10-20]. https://dx.doi.org/10.1787/5k43nxgs289w-en.

（二）我国从事学术职业的博士相对于非学术职业而言，报酬优势不明显

根据我国涉农学科博士职业发展调查（图 6-3），从事学术职业的博士，年收入在 6 万以下区间的有 11.5%，低于非学术职业博士的这一收入水平比例；而年收入在 10 万以上区间的比例为 30.9%，同样低于非学术职业的博士群体。这说明，博士选择学术职业能够减少落入收入低水平区间的可能性，同时，收入落入高水平区间的可能性也不大。这在一定程度上与我国研究者"不至于贫，不至于富"的收入现状相符。

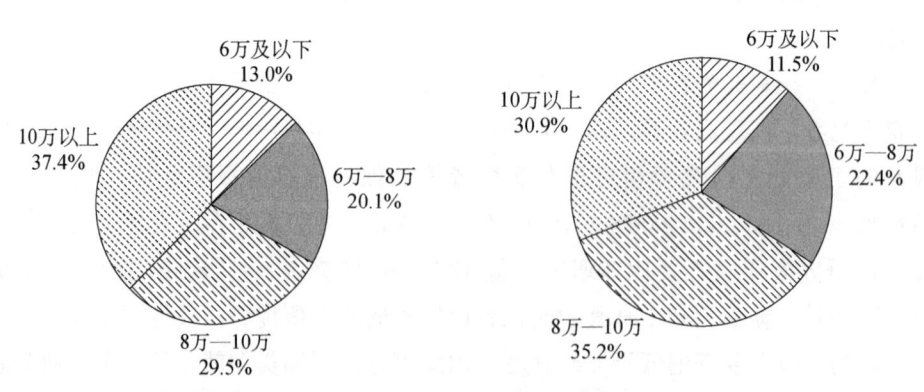

图 6-3 我国农科博士的年收入分布

从世界范围来看，相对于非学术职业，博士从事学术职业存在报酬上的优势，且这个报酬优势在不同类型单位有所差异。而将我国学术职业群体和非学术职业群体的收入水平进行独立样本 t 检验发现，相对于非学术职业，我国从事学术职业博士报酬上的优势不显著。

二、岗位晋升

（一）从事非学术职业博士更易获得岗位晋升

相较于从事学术职业，从事非学术职业的博士在职业发展中获得岗位晋升的比例明显更高（表6-4）。

表6-4 学术职业群体与非学术职业群体岗位晋升情况的卡方检验结果

群体	无晋升	有晋升	χ^2	p
学术职业群体	219（47.6%）	241（52.4%）	13.371	0.000
非学术职业群体	237（36.6%）	410（63.4%）		

这一特征与当前学术市场晋升压力大的研究结果相一致，也在毕业博士的访谈中得到验证：

> 在高校晋升的压力太大了，毕业3年了，和我同期进入企业工作的同学已经级别晋升了，同学聊天我们都给人家改称呼副总，我在高校还是处于讲师的级别。不过这种企业职称晋升的水分也挺大的，不太好比较。（农学毕业博士）

（二）学术市场和非学术市场中，博士岗位晋升的规律不同

学术劳动力市场和非学术劳动力市场的工作单位、工作内容和工作环境都有明显差异。随着博士就业日益多元化，博士自然关注在不同劳动力市场的岗位晋升状况。根据不同毕业年限博士的岗位晋升数据发现：学术劳动力市场和非学术劳动力市场中，博士岗位晋升的规律不同。在非学术劳动力市场，将近一半的博士，在工作1—2年就能获得岗位晋升，工作3—5年时，获得岗位晋升的比例高达71.1%。而在学术劳动力市场，工作1—2年就能获得岗位晋升的比例仅23.1%（图6-4），半数博士在毕业3—5年获得岗位晋升，但在毕业后6年以上，学术劳动力市场中获得岗位晋升的比例更高。从长期的职业发展来看，从事

学术职业的博士，获得岗位晋升速度较慢，但该比例稳步增长，在毕业6年以后实现反超。

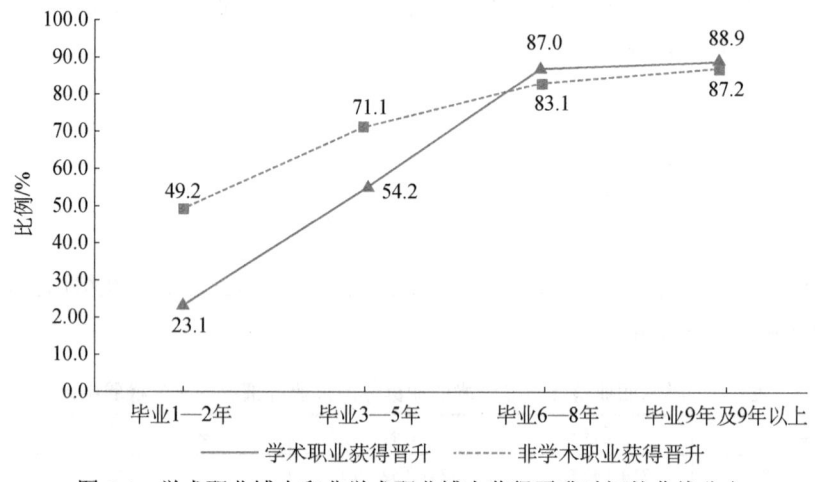

图 6-4 学术职业博士和非学术职业博士获得晋升时间的曲线分布

（三）博士职业路径突破传统线性模式

OECD 2013 年的"博士学位获得者职业发展项目"报告指出，我们的普遍观念"博士职业发展路径是位于象牙塔内部的，线性且固定的"已经被打破。传统线性的研究型职业生涯路径（traditional linear research career path）已经让步于更加多样化的职业经历（more diverse range of career experiences）；博士职业路径不再是一条大道，而是纵横交错的"立交桥"（图 6-5）。

当博士的职业发展、可获得机会、环境以及个人偏好发生改变时，个体往往会选择职业流动。职业流动主要有同类型部门内部流动和不同类型部门间流动。西班牙、比利时和美国相同类型部门内部的流动比例较大，如美国高等教育部门内部流动比例高达 78%，工商业部门和政府部门的这一比例分别为 91% 和 60%。而不同类型部门间的博士研究者流动也很活跃：西班牙的博士研究者从工商业部门和政府部门向高等教育部门流动的比例较大，分别为 49% 和 25%；比利时的政府部门和其他部门间的博士研究者流动比较多；美国、葡萄牙由高等教育部门向政府部门的博士研究者迁移比例较高。由此可见，虽然这四个国家的博士学位研究者职业流动的具体模式和比例有差异，但基本已描绘出不同部门间互通互换的职业迁移地图，也形成了超越象牙塔的以研究类工作为主体的活力四射的劳动力市场氛围。

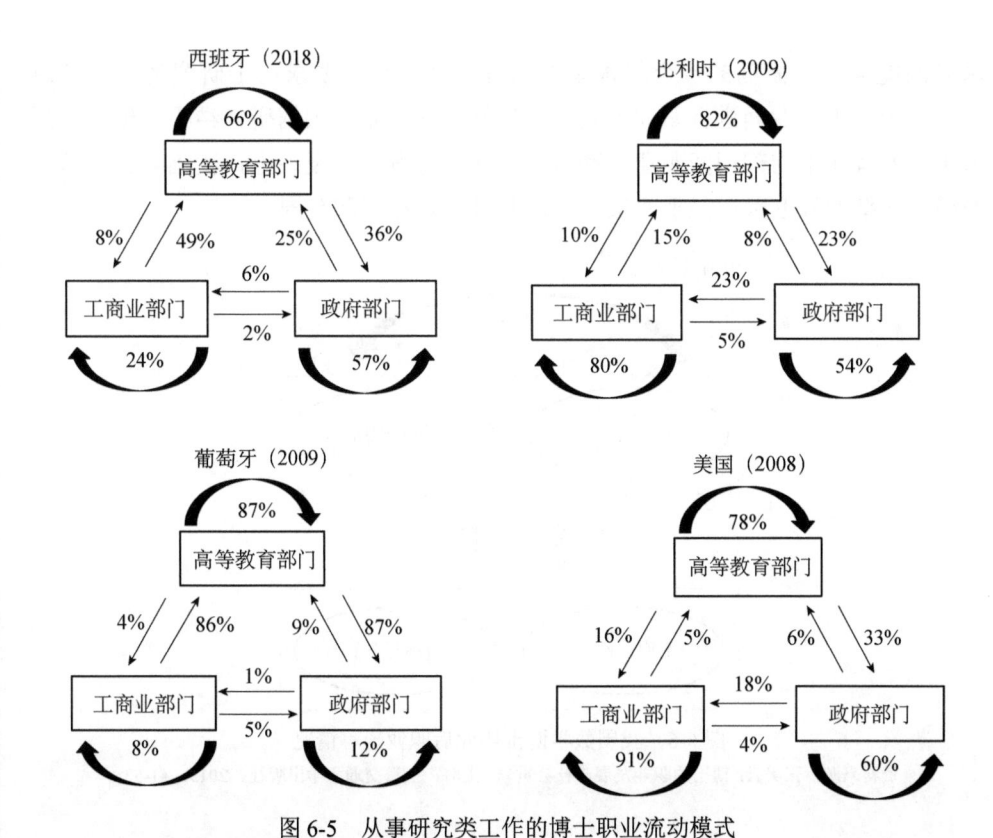

图 6-5 从事研究类工作的博士职业流动模式

资料来源：Auriol L，Misu M，Freeman R. Careers of Doctorate Holders: Analysis of Labour Market and Mobility Indicators，OECD Science，Technology and Industry Working Papers.（2013-04-30）[2018-10-25]. http://dx.doi.org/10.1787/5k43nxgs289w-en.

根据对我国数学专业毕业博士资料收集发现，我国博士的职业流动多发生在高等教育部门和科研院所这些传统学术劳动力市场内部，而高等教育部门、科研院所与工商业、政府部门之间流动的情况很少（图6-6）。由此，综合来看，我国博士的职业路径已经突破之前线性的管道，也存在从传统学术部门向非传统学术部门流动的可能性。但相较于其他国家，我国尚未形成传统学术部门与非传统学术部门的常规流动渠道，尚未激活博士职业流动的"立交桥"。

总体来说，博士毕业后的职业路径已经突破先前的线性模式，也有了在传统学术部门（高等院校、科研院所）与非传统学术部门（企业、政府等）之间进行职业流动的机会。但相较于一些国家，我国的职业轨道还是不够四通八达。知识生产模式Ⅱ特征之一是社会性的弥散，即知识在大范围的潜在知识生产场所和不同应用环境之间进行传播。这种社会弥散的本质是由知识生产网络中的研究者及其以组织形式进行互动的方式来体现的。而研究者的流动性是科学观点和专有技术之间能够相互激荡的一个最根本的前提条件。这就要求博士研究者能够在政府、高校、工商业间进行职业流动，更新知识和技术。根据研究结果发现，我国博士研究者在不同部门间职业流动较少，在一定程度上反映出，我国向新知识生产模式转型的程度远远低于西班牙、比利时、葡萄牙和美国。

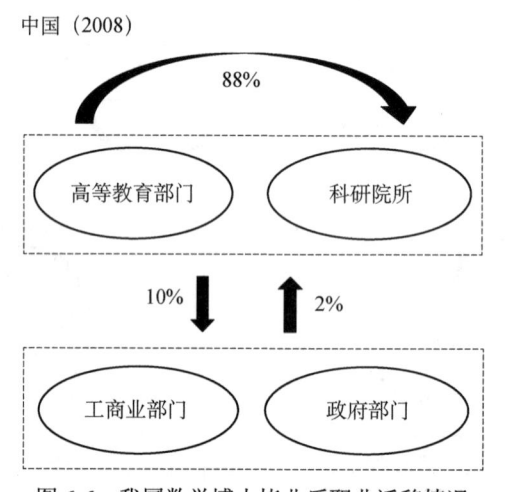

图 6-6 我国数学博士毕业后职业迁移情况

资料来源：张美云. 博士的职业发展与社会贡献. 上海：上海交通大学出版社，2013：41-52.

三、职业匹配

在知识经济全球化的环境下，如何有效发挥博士人力资源的作用，促进博士在劳动力市场的顺利发展显得尤为重要。本章从个体与劳动力市场的匹配程度来反映博士在职业发展中的主观满意度，以"博士能力与岗位要求是否匹配"（即能力匹配）、"博士价值观与工作单位价值观的匹配程度"（即价值观匹配）、"博士需求与工作单位供给的匹配程度"（即供给匹配）作为衡量的主要维度。

（一）博士与劳动力市场的匹配程度较好

我国涉农学科博士的调查结果（表 6-5）表明，我国博士与职业的匹配程度较好，总体积极正向，不论是博士的能力匹配程度（3.99 分）、价值观匹配程度（3.85 分），还是供给匹配程度（3.79 分），得分均接近 4 分（较好）。这表明当前博士生教育和劳动力市场的适切性较好。

表 6-5 毕业博士职业匹配各维度得分 [$M(SD)$]

职业匹配维度	学术市场	非学术市场	总体平均
能力匹配	4.05（0.857）	3.95（0.854）	3.99（0.856）
价值观匹配	3.83（0.916）	3.86（0.913）	3.85（0.914）
供给匹配	3.75（0.817）	3.82（0.808）	3.79（0.812）

（二）从事学术职业博士的能力更能满足岗位要求

针对当前社会较为关注的"博士能力不能满足岗位需求"的主观论断和质疑，通过我国涉农学科博士的调查发现，在学术劳动力市场就业的博士，能较好满足用人单位的能力需求。相较于学术劳动力市场，在非学术劳动力市场就职的博士与其工作岗位之间能力匹配度相对稍低，这一差异也通过了统计学意义上的检验。学术职业博士和非学术职业博士在能力匹配上的差异分析结果如表 6-6 所示。

表 6-6 学术职业博士和非学术职业博士在能力匹配上的差异分析结果

比较项	学术职业（$M\pm SD$）	非学术职业（$M\pm SD$）	t	p
能力匹配	4.05±0.875	3.95±0.854	2.038	0.042**

同时，这一现象也在访谈中得到了佐证：

> 我们（企业）对博士的基本能力素养还是比较认同的，他们的科研能力本身没有太大问题，对我们外行来讲，他们就是领域的专家人才。但是在工作中，博士和具体项目的对接需要费点儿劲，前期他们往往有点呆，不知道我们想要的到底是什么。他们的知识、研究和实际的应用项目有点差距。（某企业管理者）

> 我们公司是很欢迎博士的，招进来头衔、待遇都很好，毕竟公司也需要这些博士来撑门面。但是要说搞研发、搞项目，这些博士都且有得学。我们搞产品搞项目，重点在转化，追求效益，但是博士主要做基础研究，不容易出成果，也很难综合考虑工厂生产、产品市场的问题。（某企业项目研发经理）

（三）博士的价值观与不同劳动力市场工作单位的价值体系契合程度尚可

博士的价值观与不同劳动力市场工作单位的价值体系契合程度尚可，特别是博士的价值观与非学术劳动力市场工作单位之间并未存在明显的价值观适配问题。学术职业博士和非学术职业博士在价值观匹配上的差异分析结果如表6-7所示。

表6-7　学术职业博士和非学术职业博士在价值观匹配上的差异分析结果

比较项	学术职业（M±SD）	非学术职业（M±SD）	t	p
价值观匹配	3.83±0.916	3.86±0.913	−0.524	0.601

（四）博士需求与工作单位供给之间的匹配情况亟须关注，且突出问题反映在学术市场

当前博士的需求与工作单位供给之间的匹配情况亟须关注，且问题突出反映在学术劳动力市场，即从事学术职业的涉农学科博士，在薪资待遇、晋升机会、职业前景等方面的需求未能较好地得到满足。学术职业博士和非学术职业博士在供给匹配上的差异分析结果如表6-8所示。

表6-8　学术职业博士和非学术职业博士在供给匹配上的差异分析结果

比较项	学术职业（M±SD）	非学术职业（M±SD）	t	p
供给匹配	3.75±0.817	3.82±0.808	−1.478	0.141

第三节　博士职业发展的影响因素

一、博士职业发展指数的影响因素

（一）博士职业发展指数影响因素的分析结果

本节建立博士职业发展总指数、博士职业发展客观表现指数、博士职业发展主观匹配指数三个基础模型，并在每个模型中分别对全样本、学术职业样本和非学术职业样本进行分析。使用SPSS 23.0对9个模型进行多元线性回归分析（表6-9），9个最终模型的显著性均为0.000，即所有模型在整体上都是显著的。模型R^2在0.202—0.341。整体来看，9个模型拟合程度都很好，可信度较高。

研究发现，性别、父亲单位类型、家庭所在地等人口学变量，尤其是家庭背景会显著影响博士的职业发展。学术交流参与、独立申请科研项目和环境支持满意度等博士生教育经历因素对博士职业发展有显著促进作用。

表 6-9 博士职业发展指数影响因素的回归模型

变量		职业发展总指数 Y			职业发展客观表现指数 Y1			职业发展主观匹配指数 Y2		
		全样本（模型1）	学术（模型2）	非学术（模型3）	全样本（模型4）	学术（模型5）	非学术（模型6）	全样本（模型7）	学术（模型8）	非学术（模型9）
个人特征	性别（女性为基准组）	0.178***	0.158***	0.168***	0.128***	0.113***	0.122***	0.050**	0.045*	0.046*
	学科（涉农管理学为基准组）农学	-0.201***	-0.194*	-0.201***	-0.167***	-0.127*	-0.172***	-0.033	-0.067	-0.029
	涉农工学	-0.056	-0.003	-0.070	-0.078	0.005	-0.104	0.022	-0.008	0.034
	毕业年限	0.151***	0.228***	0.114***	0.143***	0.201***	0.117***	0.008	0.027	-0.004
	家庭所在地（东部地区为基准组）东北地区	-0.018	-0.022	0.020	-0.024	-0.027	-0.003	0.007	0.004	0.024
	中部地区	-0.138***	-0.156**	-0.091*	-0.102**	-0.077*	-0.091**	-0.036	-0.079**	0.001
	西部地区	-0.075	-0.115	-0.004	-0.088**	-0.049	-0.078	0.013	-0.066	0.073*
	父亲单位类型（务农为基准组）国家机关	0.206***	-0.089	0.256***	0.167***	0.041	0.169**	0.039	-0.129	0.087
	国有企业	0.149	0.030	0.321***	0.079	0.076	0.133	0.07	-0.046	0.187**
	民营企业	0.074	0.061	0.09	0.072*	0.059	0.085*	0.003	0.002	0.005
	个体经营	0.089	0.187**	0.042	0.073*	0.139**	0.039	0.016	0.048	0.003
	高等院校	0.154	0.308**	-0.035	0.124**	0.211**	0.036	0.029	0.097	-0.071
	科研院所	0.128	0.590	0.019	0.069	0.388	-0.019	0.059	0.202	0.037
	其他事业单位	-0.127**	-0.13	-0.103	-0.084*	-0.089	-0.054	-0.043	-0.041	-0.049
	其他	-0.024	-0.217	0.019	0.024	-0.011	0.006	-0.048	-0.206**	0.013
	家庭经济条件（低收入家庭为基准组）	0.112**	0.107*	0.118**	0.053**	0.042	0.059*	0.059***	0.065*	0.059**
博士生教育经历	学习投入时间	0.006	-0.029	0.049*	-0.012	-0.038	0.017	0.018	0.008	0.031**
	国内学术交流参与	0.101**	0.221*	0.088	0.120**	0.243**	0.105	0.019*	0.022	0.018
	国际学术交流参与	0.045	0.055	0.05	0.033*	0.064	0.029	0.012	-0.009	0.02

第六章　学术学位博士职业发展的特征及其影响因素　｜　169

续表

变量		职业发展总指数 Y			职业发展客观表现指数 Y1			职业发展主观匹配指数 Y2		
		全样本（模型1）	学术（模型2）	非学术（模型3）	全样本（模型4）	学术（模型5）	非学术（模型6）	全样本（模型7）	学术（模型8）	非学术（模型9）
博士生教育经历	科研项目参与	0.013	0.009	0.012	0.063*	0.076	0.053	-0.050	-0.068	-0.041
	实习项目参与	0.028	0.041	0.006	0.02	-0.003	0.023	0.008	0.044	-0.017
	教学实践参与	0.045	0.016	0.060	0.023	-0.020	0.046	0.022**	0.036**	0.015
	职业指导参与	0.001	0.048	-0.039	-0.020	0.024	-0.052	0.020*	0.024	0.013
	论文发表	0.019	0.073***	-0.013	0.007	0.037***	-0.009	0.012	0.036***	-0.004
	课程教学满意度	0.019	-0.002	0.012	-0.026	-0.038	-0.032	0.045**	0.036	0.044*
	导师支持满意度	0.049	0.023	0.076	0.022	0.002	0.038	0.027*	0.020	0.037
	学习资源满意度	0.015	0.105	-0.045	-0.046	-0.032	-0.048	0.061**	0.137***	0.003
	学术氛围满意度	0.097**	0.083	0.120**	0.05*	0.058	0.050	0.046*	0.025	0.069**
	管理服务满意度	0.161***	0.069	0.221***	0.028	-0.008	0.046	0.133***	0.077**	0.175***
	主被动选择（被动选择为基准）	0.032	-0.085	0.107**	0.008	-0.057	0.076**	0.024	-0.028	0.031
常数项		-1.848***	-1.844***	-2.004***	-0.514***	-0.616***	-0.597***	-1.334***	-1.228***	-1.406***
N		1107	460	647	1107	460	647	1107	460	647
R^2		0.276	0.341	0.287	0.218	0.316	0.202	0.293	0.320	0.317
F		13.686	7.388	8.285	10.008	6.614	5.208	14.884	6.721	9.523
p		0.000	0.000	0.000	0.000	0.000	0.000	0.000	0.000	0.000

注：模型1、4、7为全样本回归；模型2、5、8为职业选择为学术职业的样本的回归；模型3、6、9为职业选择为非学术职业的样本的回归结果。

1. 个人特征方面

在个人特征方面，性别、学科、毕业年限，以及家庭所在地、父亲单位类型、家庭经济条件对博士职业发展有显著影响。

一是性别。博士职业发展指数、职业发展客观表现指数、职业发展主观匹配指数均存在显著的性别差异。男博士的职业发展全面优于女博士，尤其是男博士在职业发展客观方面相对于女博士的优势显著高于其在主观匹配上相对于女博士的优势。此外，无论是在职业发展的客观维度还是在职业发展的主观维度，性别对非学术职业生涯发展的影响程度都要高于其对学术职业生涯发展的影响程度。也就是说，相较于非学术劳动力市场，女博士在学术劳动力市场更容易体现个人职业价值。

二是学科。博士职业发展指数、职业发展客观表现指数在学科上存在显著差异，但是职业发展主观匹配指数在学科上的差异并未达到统计学意义上的显著水平。相较于涉农管理学博士，农学博士的职业发展指数和职业发展客观表现指数更低，即农学博士的职业发展普遍劣于涉农管理学博士，且这种劣势主要体现在薪资待遇、岗位晋升等客观表现方面，两者在职业发展的主观匹配上并无明显差异。此外，无论是职业发展指数还是职业发展客观表现指数，学科对非学术职业生涯发展的影响程度都要高于其对学术职业生涯发展的影响程度。也就是说，在非学术劳动力市场中，农学博士职业发展的劣势更明显，其薪资待遇、岗位晋升的客观表现与涉农管理学博士的差距更大。

三是毕业年限。毕业年限不同的博士，在职业发展指数、职业发展客观表现指数存在显著差异，但在职业发展主观匹配指数上无显著差异。毕业年限越久，其职业发展指数和职业发展客观表现指数更高。即，随着工作时间的增加，博士有更好的职业发展，获得更好的收入、岗位晋升等客观表现。值得注意的是，博士与工作单位、工作岗位的匹配程度并不随着工作时间而增加。这和我们的常识是一致的。

四是家庭所在地。家庭所在地为中西部地区的博士，其职业发展明显不如家庭所在地为东部地区的博士。其中，家庭所在地为中部地区的博士，在职业发展指数、职业发展客观表现指数上显著低于家庭所在地为东部地区的博士，且这种差距主要反映在职业发展的客观表现上，即家庭所在地为东部地区的博士，在收入、岗位晋升等方面的表现明显好于家庭所在地为中西部地区的博士。此外，家庭所在地为中部地区的博士，在学术劳动力市场上的主观匹配指数显著低于家庭所在地为东部地区的博士。这在一定程度上是因为，学术职业选择和发展更多取决于父辈与子代享有的优质教育资源，以及支撑这些资源的经济条件。[①]中西部地区经济条件和优质教育资源的不足，造成了中西部生源与东部生源博士学术职业发展水平的差异。

五是父亲单位类型。父亲单位类型对博士职业发展指数、职业发展客观表现指数有显著影响，对职业发展主观匹配指数没有统计学意义上的显著影响。具体来说，父亲单位类型为"国家机关"的博士职业发展显著优于父亲务农的博士，这种优势集中体现在职业发展的晋升、收入等客观表现上，两者在职业发展的主观匹配上并无明显差异。父亲单位类型是"民营企业、个体经营、高等院校"的博士，相较于父亲务农的博士，在职业发展客观表现上存在显著优势。父亲单位类型是"国有企业"的博士，相对于父亲务农的博士，其职业发展上的优势显著体现在非学术劳动力市场。

六是家庭经济条件。家庭经济条件在博士职业发展总指数、职业发展客观表现指数、职业发展主观匹配指数上均存在显著差异。来自高收入家庭的博士，其职业发展全面优于低收入家庭的博士。也就是说，家庭经济条件，无论是对博士就业后的薪资待遇、岗位晋升等客观表现，还是对博士个人与职业的匹配度，均产生了深远影响。

2. 学生参与及表现方面

在学生个体的参与及表现方面，国内外学术交流参与、科研项目参与经历对博士职业发展有显著影响；教学实践参与和职业指导参与经历对博士职业发展主观匹配指数有影响。

国内学术交流参与对职业发展指数和职业发展的客观表现指数及主观匹配指数均有正向显著影响，且国内学术交流参与对职业发展客观表现的影响程度（0.120）远远大于其对职业发展主观匹配的影响程度（0.019）。此外，读博期间参与国内学术交流对博士在学术部门的职业发展有显著促进作用，对在非学术部门的职业发展无显著影响。另外，国际学术交流参与对博士的晋升、收入等客观表现有正向影响，这可能与我国高校在人才招聘和晋升的政策中看重国际学术交流经历有关。

读博期间参与科研项目对博士职业发展客观表现有正向影响；教学实践经历、职业指导参与对博士职业发展主观匹配有正向促进作用，且这种促进作用主

[①] 阎光才. 我国学术职业环境的现状与问题分析. 高等教育研究，2011（11）：1-9.

要发挥在学术劳动力市场。

此外，博士生在读期间的论文发表，对博士职业发展指数、职业发展客观表现指数和职业发展主观匹配指数均产生显著影响，但是该影响只体现在学术劳动力市场，并未体现在非学术劳动力市场。论文发表越好且从事学术职业的博士，越能取得好的职业发展，实现更好的岗位晋升、薪资待遇等客观表现，获得更高的个人与职业匹配度。而论文发表的多少对在非学术劳动力市场就业的博士的职业发展并无显著影响。

3. 院校投入与支持方面

在院校投入与支持方面，对学校所提供的环境支持满意度高的博士，能够获得更好的职业发展。值得注意的是，院校环境中的课程教学、导师支持、学习资源、学术氛围和管理服务对博士职业发展主观匹配指数均有显著促进作用。也就是说，博士生教育所提供的课程支持、导师支持、学习资源、学术氛围和管理服务，都有助于博士实现人职匹配。其中，导师支持、管理服务对从事学术职业博士的职业发展主观匹配有正向影响；学术氛围、管理服务对从事非学术职业博士的职业发展主观匹配有正向影响。

此外，在职业选择行为上，职业选择目标和实际的职业选择结果一致的博士，在职业发展指数和职业发展客观表现指数上，显著优于职业选择目标和职业选择结果不一致的博士，且这种优势只体现在非学术劳动力市场。也就是说，树立非学术职业目标并最终进入非学术劳动力市场的博士，其薪资待遇、岗位晋升情况显著优于原持有学术职业目标又进入非学术市场的博士。这一发现提醒博士生要树立合理的职业选择目标。

总的来讲，男性、涉农管理学、毕业时间更久、家庭所在地为东部地区、父亲单位类型为"国家机关"、来自高收入家庭、有学术参与和非学术参与经历、论文发表更多、得到充足学校支持的博士会有更好的职业发展。

（二）学术职业与非学术职业群体的比较分析

前一部分的研究结果表明，个人特征和博士生教育经历会对博士的职业发展产生影响。考虑到学术劳动力市场和非学术劳动力市场的不同，本节将在此基础上，进一步探讨博士在学术劳动力市场和非学术劳动力市场中，其职业发展指数、职业发展客观表现指数和职业发展主观匹配指数的影响因素，试图回答"学术劳动力市场和非学术劳动力市场中，影响博士职业发展的关键因素是否有差异"这一现实问题。

研究发现，博士就读期间的学术参与经历对博士学术职业发展有显著促进作用（表6-9模型2/5/8），而非学术参与经历、家庭背景对博士从事非学术职业的发展有显著影响（表6-9模型3/6/9）。

相较于非学术劳动力市场，国内学术交流、科研项目参与等学术参与经历对学术劳动力市场中博士职业发展的影响更大。究其原因，一方面是由于学术职业的基本特征就是其学术性[1]，而专门化的学术训练是进入学术劳动力市场就职的前提；另一方面，传统的博士生教育以培养学术从业人员为目标[2]，博士生教育过程中的学术训练能够有针对性地提高博士的科研能力，进而影响其学术职业发展[3]。

与学术职业者不同，影响非学术职业博士职业发展的主要因素是读博期间的非学术参与经历和家庭背景。具体来讲，就读期间有职业指导等非学术参与经历的博士会在非学术劳动力市场有更好的职业发展。这和国内外很多研究相一致，因为职业指导不仅能帮助学生明确职业发展目标、获取非学术职业路径信息，还会为其提供非学术劳动力市场就业所需的可转移技能方面的训练[4]。此外，父亲单位类型、家庭所在地、家庭经济条件对博士在非学术劳动力市场中的职业发展有更大影响，即父亲单位类型为"国家机关""国有企业"的博士在非学术劳动力市场中的职业发展优势远远大于其在学术劳动力市场中的优势。来自高收入家庭的博士，在非学术劳动力市场中的薪资待遇和岗位晋升的优势明显大于其在学术劳动力市场中的优势。这在一定程度上说明，博士的非学术职业生涯会受到其家庭经济资本、社会资本等因素的影响[5]。

总体来说，学术职业的博士主要从事科学研究与教育活动[6]，教学和科研能力是其核心竞争力，读博期间学术参与经历显著影响其职业发展；而非学术职业

---

[1] 李志峰，沈红. 基于学术职业专业化的高校教师政策创新. 高等工程教育研究，2006（5）：61-64.

[2] Kot F C, Hendel D D. Emergence and growth of professional doctorates in the United States, United Kingdom, Canada and Australia: a comparative analysis. Studies in Higher Education, 2012, 37（3）：345-364.

[3] Price E, Coffey B, Nethery A. An early career academic network: what worked and what didn't. Journal of Further & Higher Education, 2015, 39（5）：680-698.

[4] Boud D, Tennant M. Putting doctoral education to work: challenges to academic practice. Higher Education Research & Development, 2006, 25（3）：293-306.

[5] Gokhberg L, Shmatko N, Auriol L. The Science and Technology Labor Force. Cham: Springer International Publishing, 2016: 30-46.

[6] 周光礼，马海泉. 教学学术能力：大学教师发展与评价的新框架. 教育研究，2013（8）：37-47.

的博士不仅从事知识创新活动，还负责知识利用等活动[1]，其核心竞争力不限于学术能力，读博期间非学术参与经历和家庭背景显著影响其职业发展。相比较而言，博士可以通过博士生教育期间的学术参与和投入来发展其学术能力，从而实现自身学术职业期望、获得学术职业生涯更好的发展；而非学术职业比较复杂，虽然博士生教育中的职业指导等经历会有助于博士在非学术劳动力市场中的职业发展，但其在非学术劳动力市场的表现还会受到家庭经济条件、父亲单位类型等不可控的出身因素的影响。这意味着，一方面，相较于非学术劳动力市场，社会背景弱势的博士在学术劳动力市场中更容易获得好的职业发展；另一方面，相较于社会背景强势的博士，博士生教育对社会背景弱势的博士个体而言意义更大，因为能够给予他们依靠个人能动性实现职业地位再生产的机会。

（三）职业发展客观表现与主观匹配的比较分析

考虑到职业发展的客观表现和主观匹配代表了职业发展的不同维度，本节通过分样本回归探讨了影响博士职业发展客观表现和主观匹配的因素是否存在差异。研究发现，博士就读期间的学术参与经历对博士职业发展客观表现有显著促进作用（表6-9模型4—6），而非学术参与经历、学校支持对博士职业发展的主观匹配有显著影响（表6-9模型7—9）。

相较于职业发展的主观匹配，博士的国内学术交流、国际学术交流以及科研项目参与经历对其职业发展的客观表现影响作用更大。也就是说，博士就读期间的学术活动参与对其职业发展有正向促进作用，尤其是对职称晋升和收入增长有益。在学术职业的相关研究中，这一结论得到了一定程度的验证。比如，博士生的学术参与经历能够促进其学术能力的提升[2]，而学术能力等禀赋会对教师的岗位晋升有影响[3]。

与职业发展的客观表现不同，影响博士职业发展主观匹配程度的主要因素是非学术参与经历（教学实践参与、职业指导参与）和学校支持（课程、导师、学习资源、学术氛围、管理服务）。具体来讲，博士就读期间参与职业指导、教学实践等非学术活动对其在劳动力市场实现"人-职"匹配有正向促进作用。这和

---

[1] Herrera L, Nieto M. The determinants of firms' PhD recruitment to undertake R&D activities. European Management Journal, 2015, 33 (2): 132-142.

[2] McAlpine L, Turner G. Imagined and emerging career patterns: perceptions of doctoral students and research staff. Journal of Further and Higher Education, 2012, 36 (4): 535-548.

[3] 李志峰，浦文轩，刘进. 权力与学术职业分层——学校权力对高校教师职务晋升影响的实证研究. 高等教育研究，2013 (7): 28-34.

国内外很多研究结果相一致，职业指导作为链接教育与工作的关键环节，能够有效促进学生在博士生教育和工作间的顺利转化[1]，帮助学生找到与自身能力、资源相匹配的单位和岗位。而教学实践锻炼了博士从事教学工作的技能，为其学术职业生涯的发展提供助力[2]。此外，研究还发现，学校的导师支持、课程支持、学习资源、学术氛围和管理服务均有助于博士实现职业发展的主观匹配。究其原因，可能是因为课程和教学实践等环节是学校对学生产生影响的载体，自然会对学生的发展与就业有重要作用[3]。我国的一些先行研究也认为，学校教育对毕业生就业匹配程度的影响主要体现在学校所提供的创业教育或职业指导的好坏以及教学内容对知识面的拓展程度上。[4]

因此，博士生教育经历对博士职业发展的主观匹配和客观表现有着不同的作用机制。在博士生教育经历中，学生个体层面的投入与参与主要作用于职业发展的客观表现；而学校层面的投入与支持（导师、课程与环境）主要作用于职业发展的主观匹配。从某种程度上来讲，博士职业发展主观匹配程度的高低，可以用来判断博士人力资本是否在劳动力市场得到了合理配置。将学生人力资源合理配置是知识经济时代的必然要求和核心工作[5]，以上相关结论可能对我国如何实现博士劳动力资源的合理配置有一定的政策启发。为了实现博士人力资源的合理配置，博士生教育需要考虑如何通过市场反馈信息对导师、课程及环境条件等关键环节进行调整。

二、博士收入的影响因素

（一）博士收入影响因素的分析结果

由于因变量"年收入水平"为有序类型变量，优先采用有序 logistics 方法进行回归分析，然而该因变量数据未通过平行线检验，故选用无序多分类 logistics 回归（MLR）对全样本、学术职业样本和非学术职业样本的收入进行分析，回

---

[1] Boud D, Tennant M. Putting doctoral education to work: challenges to academic practice. Higher Education Research & Development, 2006, 25 (3): 293-306.

[2] Smith D D, Montrosse B E. Special Education Doctoral Programs. Teacher Education & Special Education the Journal of the Teacher Education Division of the Council for Exceptional Children, 2012, 35 (2): 101-113.

[3] Boud D, Tennant M. Putting doctoral education to work: challenges to academic practice. Higher Education Research & Development, 2006, 25 (3): 293-306.

[4] 蒋承，范皑皑，张恬. 大学生就业预期匹配程度研究：以北京市为例. 高等教育研究，2014 (3): 34-39.

[5] 孙泽厚. 大学毕业生人力资源合理配置的影响因素. 武汉市经济管理干部学院学报，2002 (1): 35-38.

归系数表如表 6-10 所示。三个最终模型的 p 值均为 0.000，即所有模型在整体上都是显著的。全样本模型、学术职业样本模型、非学术职业样本模型的调整后 R^2 分别为 0.250、0.377、0.299，即本节所选择的个人特征、博士生教育经历变量对学术劳动力市场中博士年收入水平具有更高的解释作用。整体来看，三个模型拟合程度都很好，可信度较高。

研究发现，性别、学科、毕业年限、家庭所在地、父亲单位类型、家庭经济条件等人口学变量，学习投入时间、国内学术交流、科研项目、实习项目、职业指导和论文发表等学生参与及表现，以及导师支持满意度、学术氛围满意度等院校因素对博士的年收入水平有显著影响。

1. 个人特征方面

个人特征方面，性别、学科、毕业年限，以及家庭背景中父亲单位类型、家庭所在地、家庭经济条件对博士的年收入有显著影响。

一是性别。博士的年收入存在显著的性别差异。男性获得"10万及以上"高收入的比例显著高于女性。这一规律无论是在学术职业样本，还是非学术职业样本中均得到验证。

二是学科。涉农管理学博士年收入处于"8万—10万"和"10万及以上"高收入区间的比例显著高于农学博士。其中，涉农管理学博士相对于农学博士的收入优势，只体现在非学术劳动力市场，学术劳动力市场中两者的收入无统计学意义上的显著差异。

三是毕业年限。毕业时间更久的博士获得"10万及以上"高收入的概率显著更高。在学术劳动力市场中，毕业时间更久的博士，获得"8万—10万""10万及以上"高收入的概率更大。而在非学术劳动力市场中，毕业时间长短对博士收入无显著影响。

四是家庭所在地。相较于东部地区生源的博士而言，来自中部地区和西部地区的博士，获得"8万—10万""10万及以上"高收入的比例显著更低。东部生源博士相较于中西部生源博士的收入优势，主要体现在非学术劳动力市场中。学术劳动力市场中，该收入优势不显著。

五是父亲单位类型。相较于父亲务农的博士而言，父亲在"国家机关"就职的博士获得"10万及以上"高收入的概率明显更高，父亲在"其他事业单位"就职的博士获得"8万—10万"中高收入的概率明显更低。

六是家庭经济条件。高收入家庭的博士获得"8万—10万""10万及以上"

表 6-10 博士收入水平影响因素的回归分析结果

变量:收入		全样本			学术职业样本			非学术职业样本		
		6万—8万	8万—10万	10万及以上	6万—8万	8万—10万	10万及以上	6万—8万	8万—10万	10万及以上
个人特征	性别（女性为基准组）	0.356 (1.539)	0.419 (1.898)	1.105** (4.894)	0.449 (1.152)	0.661 (1.780)	1.159** (2.965)	0.277 (0.898)	0.315 (1.079)	1.032** (3.501)
	学科（涉农管理学为基准组）农学	−0.397 (−0.891)	−0.954* (−2.304)	−1.169** (−2.811)	−0.265 (−0.345)	−0.756 (−1.066)	−0.496 (−0.662)	−0.324 (−0.570)	−0.857 (−1.641)	−1.260* (−2.431)
	涉农工学	−0.156 (−0.291)	−0.465 (−0.931)	−0.567 (−1.131)	0.322 (0.315)	0.413 (0.434)	0.700 (0.710)	−0.076 (−0.113)	−0.639 (−1.030)	−0.744 (−1.216)
	毕业年限	−0.121 (−0.834)	0.153 (1.137)	0.457** (3.442)	0.036 (0.146)	0.502* (2.211)	1.013** (4.308)	−0.262 (−1.350)	−0.097 (−0.542)	0.229 (1.314)
	家庭所在地区（东部地区为基准组）东北地区	0.054 (0.105)	0.319 (0.678)	−0.344 (−0.704)	0.333 (0.332)	0.632 (0.680)	−0.327 (−0.333)	0.011 (0.018)	0.193 (0.323)	−0.131 (−0.218)
	中部地区	0.237 (0.882)	−0.015 (−0.059)	−0.635* (−2.407)	0.682 (1.597)	0.237 (0.586)	−0.298 (−0.692)	0.048 (0.130)	−0.003 (−0.008)	−0.721* (−2.020)
	西部地区	−0.100 (−0.314)	−0.619* (−1.966)	−0.805* (−2.523)	0.443 (0.810)	−0.354 (−0.660)	−0.291 (−0.523)	−0.226 (−0.532)	−0.541 (−1.309)	−0.851* (−2.028)
	父亲单位类型（务农为基准组）国家机关	0.506 (0.841)	0.226 (0.386)	1.226* (2.140)	−0.044 (−0.032)	0.068 (0.053)	0.415 (0.310)	0.435 (0.623)	−0.051 (−0.074)	1.189 (1.782)
	国有企业	−0.712 (−0.967)	−0.292 (−0.459)	0.298 (0.478)	−1.271 (−1.151)	0.074 (0.085)	−0.185 (−0.188)	−0.040 (−0.035)	−1.254 (−0.944)	1.182 (1.228)
	民营企业	0.119 (0.385)	0.011 (0.038)	0.571 (1.905)	0.456 (0.895)	0.091 (0.184)	0.631 (1.228)	−0.122 (−0.287)	−0.018 (−0.046)	0.556 (1.387)
	个体经营	−0.313 (−0.799)	−0.029 (−0.081)	0.477 (1.294)	−0.441 (−0.621)	0.374 (0.615)	1.112 (1.766)	−0.233 (−0.462)	−0.230 (−0.479)	0.206 (0.424)
	高等院校	1.070 (0.963)	1.242 (1.160)	1.801 (1.680)	0.762 (0.606)	0.643 (0.548)	1.745 (1.501)	23.377 (0.000)	23.632 (0.000)	23.520 (0.000)

第六章　学术学位博士职业发展的特征及其影响因素 | 179

续表

变量:收入		全样本			学术职业样本			非学术职业样本		
		6万—8万	8万—10万	10万及以上	6万—8万	8万—10万	10万及以上	6万—8万	8万—10万	10万及以上
个人特征	父亲单位类型(务农作为基准组) 科研院所	0.311 (0.335)	−0.320 (−0.330)	0.795 (0.875)	2.924 (0.562)	−2.451 (−0.218)	2.645 (0.510)	−0.174 (−0.172)	−0.459 (−0.459)	0.367 (0.381)
	其他事业单位	−0.580 (−1.540)	−1.003** (−2.753)	−0.630 (−1.717)	−0.124 (−0.220)	−0.746 (−1.356)	−0.572 (−0.984)	−0.826 (−1.510)	−0.974 (−1.904)	−0.569 (−1.116)
	其他	0.205 (0.421)	0.007 (0.014)	0.185 (0.379)	0.713 (0.591)	0.684 (0.586)	0.373 (0.301)	−0.244 (−0.431)	−0.477 (−0.873)	−0.204 (−0.369)
	家庭经济条件(低收入家庭为基准组)	0.423 (1.667)	0.615* (2.548)	0.677** (2.787)	0.105 (0.252)	0.684 (1.730)	0.531 (1.289)	0.724* (2.092)	0.639 (1.940)	0.888** (2.711)
博士生教育经历	学习投入时间/天	0.333** (2.595)	0.178 (1.482)	0.101 (0.825)	0.025 (0.108)	0.103 (0.470)	−0.212 (−0.939)	0.586** (3.374)	0.311 (1.935)	0.413* (2.554)
	国内学术交流参与	0.079 (0.214)	0.943* (2.471)	1.057** (2.606)	−1.812 (−1.908)	0.196 (0.190)	4.708 (1.257)	0.592 (1.284)	1.042* (2.325)	0.905* (1.986)
	国际学术交流参与	−0.271 (−1.161)	0.094 (0.425)	0.108 (0.483)	−0.283 (−0.727)	0.253 (0.686)	0.498 (1.283)	−0.226 (−0.706)	0.174 (0.579)	0.080 (0.265)
	科研项目参与	0.454 (1.669)	1.001** (3.733)	0.823** (3.022)	0.792 (1.594)	1.340** (2.691)	0.929 (1.761)	0.217 (0.603)	0.797* (2.296)	0.726* (2.073)
	实习项目参与	0.145 (0.592)	−0.139 (−0.592)	0.273 (1.151)	−0.751 (−1.837)	−0.731 (−1.899)	−0.247 (−0.613)	0.668* (2.029)	0.160 (0.510)	0.516 (1.642)
	教学实践参与	−0.206 (−0.811)	−0.181 (−0.749)	−0.090 (−0.368)	0.079 (0.187)	0.011 (0.029)	−0.238 (−0.564)	−0.407 (−1.190)	−0.407 (−1.251)	−0.033 (−0.102)
	职业指导参与	−0.885** (−2.965)	−0.427 (−1.559)	−0.624* (−2.231)	−1.273* (−2.215)	−0.041 (−0.086)	−0.387 (−0.763)	−0.513 (−1.371)	−0.492 (−1.395)	−0.700* (−1.968)
	论文发表	0.135 (1.543)	0.063 (0.738)	0.137 (1.612)	0.300* (2.022)	0.238 (1.682)	0.482** (3.327)	0.001 (0.007)	−0.066 (−0.589)	−0.070 (−0.617)

续表

变量/收入		全样本			学术职业样本			非学术职业样本		
		6万—8万	8万—10万	10万及以上	6万—8万	8万—10万	10万及以上	6万—8万	8万—10万	10万及以上
博士生教育经历	课程教学满意度	−0.078 (−0.348)	−0.376 (−1.782)	−0.327 (−1.520)	−0.101 (−0.272)	−0.460 (−1.315)	−0.384 (−1.050)	−0.054 (−0.175)	−0.405 (−1.426)	−0.434 (−1.500)
	导师支持满意度	0.061 (0.230)	0.210* (0.853)	0.154 (0.614)	−0.302 (−0.658)	−0.397 (−0.923)	−0.182 (−0.405)	0.231 (0.650)	0.596 (1.765)	0.345 (1.018)
	学习资源满意度	0.114 (0.391)	−0.062 (−0.226)	0.032 (0.115)	0.568 (1.191)	0.165 (0.371)	0.363 (0.777)	−0.134 (−0.342)	−0.037 (−0.100)	−0.107 (−0.279)
	学术氛围满意度	0.206 (0.709)	0.523** (1.916)	0.346 (1.249)	0.548 (1.145)	0.710* (1.578)	0.245 (0.516)	−0.008 (−0.020)	0.387 (1.018)	0.427 (1.117)
	管理服务满意度	0.057 (0.178)	−0.299 (−1.009)	0.021 (0.068)	−0.321 (−0.654)	−0.410 (−0.897)	−0.129 (−0.265)	0.260 (0.561)	−0.323 (−0.752)	0.082 (0.189)
	主被动选择（被动选择为基准）	−0.102 (−0.425)	−0.159 (−0.694)	0.089 (0.381)	−0.201 (−0.335)	−0.591 (−1.052)	−0.613 (−1.036)	−0.076 (−0.243)	−0.058 (−0.197)	0.607* (2.044)
截距		−1.994* (−2.036)	−0.881 (−0.952)	−2.889** (−3.012)	−0.396 (−0.211)	0.059 (0.033)	−6.797 (−1.673)	−2.386 (−1.823)	−1.427 (−1.169)	−3.125* (−2.519)
N		1107			460			647		
调整后 R^2		0.250			0.377			0.299		
−2对数似然值		2626.448			1011.341			1491.826		
p		0.000			0.000			0.000		

年收入的概率显著大于来自低收入家庭的博士。此外，高收入家庭博士相对于低收入家庭博士的薪资优势主要体现在非学术劳动力市场。

2. 学生参与及表现方面

学生参与及表现方面，博士生个人的学习投入时间、国内学术交流参与、科研项目参与、实习项目参与、职业指导参与和论文发表，对其年收入有显著影响。

博士生就读期间的学习投入时间越长，其年收入会更高概率在"6万—8万"。对于从事非学术职业的博士而言，博士就读期间的学习投入时间越长，其获得"10万及以上"高收入的概率更大。

国内学术交流参与、科研项目参与会显著影响博士的薪资待遇。其中，有国内学术交流参与经历的博士获得"8万—10万""10万及以上"高收入的概率显著大于无该经历的博士，且这一规律主要体现在非学术劳动力市场。无论是在学术劳动力市场还是在非学术劳动力市场，有科研项目参与经历的博士，获得"8万—10万""10万及以上"收入的概率都显著高于无该经历的博士。也就是说，国内学术交流参与和科研项目参与经历，有助于提高博士的年收入水平。

此外，在非学术劳动力市场中，有实习项目参与经历的博士取得"10万及以上"高收入的概率明显大于未参加过实习项目的博士。职业指导参与经历对博士收入的影响为负，即无职业指导参与经历的博士更容易取得高收入。在学术劳动力市场中，论文发表更好的博士更容易获得"10万及以上"高收入，而不是"6万及以下"的低收入。

3. 学校投入与支持方面

在学校投入与支持方面，导师支持和学术氛围显著影响博士的年收入水平。对导师支持满意度高的博士，其年收入落入"8万—10万"中高收入的概率大于"6万及以下"低收入。对学院提供的学术氛围满意度高的博士，其更容易获得"8万—10万"的中高收入，而不是"6万及以下"的低收入，这一规律主要体现在学术劳动力市场中。

此外，职业选择目标和实际的职业选择结果均为非学术职业的博士，在非学术劳动力市场中获得"10万及以上"高收入的比例显著更高，即职业选择目标和职业选择结果一致的博士更容易在非学术劳动力市场获得高收入。

（二）学术与非学术职业群体的比较分析

在学术劳动力市场中，性别、毕业年限、科研项目参与经历、国内学术交流参与经历、职业指导参与经历、论文发表情况、学术氛围满意度显著影响博士的年收入水平。具体而言，男性、毕业年限越久、有国内学术交流经历、有科研项目参与经历、无职业指导参与经历、论文发表更好、对院校的学术氛围满意度较高的博士，在进入学术劳动力市场后，更大概率地获得高收入。

在非学术劳动力市场中，性别、学科、家庭所在地、家庭经济条件、学习投入时间、国内学术交流参与经历、科研项目参与经历、实习项目参与经历、职业指导参与经历、职业选择行为显著影响博士的年收入水平。具体而言，男性、涉农管理学、东部生源、来自高收入家庭、学习投入时间更多、有国内学术交流参与经历、有科研项目参与经历、有实习项目参与经历、无职业指导参与经历、职业选择目标是非学术职业的博士，在进入非学术劳动力市场后，更容易获高收入。

将学术劳动力市场和非学术劳动力市场中博士收入影响因素进行对比，发现比较有价值的几点差异：①家庭背景。家庭背景因素对非学术劳动力市场中博士的收入有显著影响，但对学术劳动力市场中博士的收入没有显著影响。②毕业年限。毕业年限越长，在学术劳动力市场中收入越高，而这一规律在非学术劳动力市场中则行不通，即非学术劳动力市场中，毕业时间长短并未显著影响其收入。③实习项目参与经历。在非学术劳动力市场中，博士就读期间的实习项目经历显著增加其收入水平，而在学术劳动力市场中该优势不明显。

三、博士岗位晋升的影响因素

（一）博士岗位晋升影响因素的分析结果

使用 SPSS 23.0 对影响博士在劳动力市场中岗位晋升状况的因素进行二元 logistic 回归分析。为比较学术劳动力市场和非学术劳动力市场的差异，将全样本、学术职业样本和非学术职业样本数据分别带入回归模型，三个模型的回归系数如表 6-11 所示。模型系数的综合检验结果表明，三个模型的最终模型显著性均为 0.000，即三个模型在整体上都是显著的。其中，全样本模型、学术职业样本模型和非学术职业样本模型的最终模型预测正确率分别为 70.1%、73.0%和 70.3%，Kappa 一致性检验的结果显著，表明实际结果与预测值之间存在一致性。最终模型的拟合优度检验结果显示,三个模型-2对数似然值分别为1244.286、451.553和747.147。整体来看,三个模型拟合程度均较好,可信度较高。

表6-11 博士岗位晋升状况的二元logistic回归分析结果

变量		全样本 系数	全样本 优势比	学术职业样本 系数	学术职业样本 优势比	非学术职业样本 系数	非学术职业样本 优势比
个人特征	性别（女性为基准组）	0.252*	1.286	0.253*	1.288	0.258*	1.294
	学科（涉农管理学为基准组）农学	-0.764***	0.466	-1.105**	0.331	-0.512*	0.599
	学科 涉农工学	-0.107	0.898	-0.160	0.852	-0.026	0.974
	毕业年限	0.944***	2.570	1.279***	3.593	0.807***	2.242
	家庭所在地（东部地区为基准组）东北地区	0.528*	1.696	0.824	2.279	0.473	1.605
	中部地区	-0.081	0.922	-0.127	0.881	0.147	1.159
	西部地区	0.158	1.171	-0.058	0.943	0.365	1.441
	父亲单位类型（务农为基准组）国家机关	0.317	1.374	-0.378	0.686	0.356	1.427
	国有企业	0.523	1.687	1.037	2.821	0.196	1.217
	民营企业	0.119	1.127	0.202	1.224	0.112	1.118
	个体经营	-0.009	0.991	-0.180	0.835	0.095	1.100
	高等院校	0.315	1.370	0.742	2.099	-0.049	0.952
	科研院所	0.608	1.837	0.213	1.237	0.059	1.060
	其他事业单位	-0.359	0.699	-0.151	0.860	-0.435	0.647
	其他	0.129	1.138	-0.785	0.456	0.246	1.279
	家庭经济条件（低收入家庭为基准组）	0.062	1.064	-0.044	0.957	0.105	1.111
博士生教育经历	学习投入时间	-0.086	0.918	-0.193	0.825	0.034	1.034
	国内学术交流参与	0.690**	1.994	1.196*	3.307	0.526	1.692
	国外学术交流参与	-0.060	0.941	0.134	1.143	-0.099	0.906
	科研项目参与	0.298	1.347	0.166	1.181	0.564**	1.758
	实习项目参与	0.107	1.113	-0.171	0.843	0.180	1.197
	教学实践参与	0.330**	1.390	0.307	1.359	0.349*	1.418
	职业指导参与	0.345*	1.412	0.799**	2.223	0.199	1.221
	论文发表	-0.015	0.985	0.031	1.031	-0.022	0.978
	课程教学满意度	0.066	1.069	0.001	1.001	0.088	1.093
	导师支持满意度	0.066	1.069	-0.047	0.954	0.102	1.107
	学习资源满意度	0.617***	1.853	0.691**	1.996	0.507**	1.660
	学术氛围满意度	0.192	1.211	0.662**	1.938	-0.084	0.919

续表

变量		全样本		学术职业样本		非学术职业样本	
		系数	优势比	系数	优势比	系数	优势比
博士生教育经历	管理服务满意度	0.503***	1.654	0.296	1.345	0.580**	1.786
	主被动选择（被动选择为参照组）	−0.250	0.779	−0.031	0.970	−0.127	0.881
常数项		−0.541*	0.582	−1.078	0.340	−0.644	0.525
N		1107		460		647	
调整后 R^2		0.278		0.442		0.201	
−2 对数似然值		1244.286		451.553		747.147	
p		0.000		0.000		0.000	

从回归结果来看，性别、学科、毕业年限、家庭所在地等个人特征，国内学术交流参与、教学实践参与、职业指导参与，以及学习资源满意度、学术氛围满意度和管理服务满意度等博士生教育经历，对博士岗位晋升产生了显著影响。

1. 个人特征方面

在个人特征方面，性别、学科、毕业年限、家庭所在地显著影响博士的岗位晋升。

博士毕业后的岗位晋升在性别上存在显著差异，且这一差异在非学术劳动力市场更为明显。男博士获得岗位晋升的概率大于女性。在学术劳动力市场中，男性获得岗位晋升的概率是女性的1.288倍，而在非学术劳动力市场中，这一优势扩大至1.294倍。

相较于涉农管理学博士，农学博士在实际职业发展中获得岗位晋升的概率更小。无论是在学术劳动力市场还是非学术劳动力市场，涉农管理学博士获得岗位晋升的比例都更大。相对于毕业年限较近的博士，毕业时间更久的博士获得岗位晋升的比例更大。此外，家庭所在地对博士的岗位晋升存在一定影响。相较于家庭所在地为东部地区的博士，家庭所在地为东北地区的博士获得岗位晋升的比例更高。

2. 学生参与及表现方面

在学生参与及表现方面，国内学术交流参与、科研项目参与、教学实践参与和职业指导参与经历显著影响博士的岗位晋升。

博士就读期间参与国内学术交流以及科研项目的经历，会显著增大其获得岗位晋升的概率。有国内学术交流经历的博士，获得岗位晋升的概率更高，且这一影响只体现在学术劳动力市场。而科研项目参与经历对博士岗位晋升的影响只显著体现在非学术劳动力市场。也就是说，在非学术劳动力市场中，有科研项目参与经历的博士获得岗位晋升的概率是无此经历博士的1.758倍。

博士就读期间，学生的教学实践和职业指导等非学术类活动参与经历显著影响其岗位晋升。具体而言，在校期间参与过教学实践的博士，在劳动力市场中获得岗位晋升的概率是无教学实践经历者的1.390倍。博士生教育期间，参与过职业指导的博士，在劳动力市场中获得岗位晋升的概率是无职业指导经历博士的1.412倍。

3. 学校投入与支持方面

在学校投入与支持方面，学习资源、学术氛围和管理服务显著影响博士的岗位晋升。

院校所提供的学习资源、学术氛围和管理服务显著提升学生在工作中岗位晋升的概率。得到充足学习资源支持的博士，无论是从事学术职业还是非学术职业，获得岗位晋升的概率都更大。对院校所营造的学术氛围满意度高的博士，在学术劳动力市场中获得岗位晋升的可能性是低满意度博士的1.938倍。也就是说，讲座、学术小组交流等学术氛围的营造，有助于博士在学术职业中的职业发展。高校提供的管理服务越好，博士在劳动力市场中获得岗位晋升的可能性更大。

总的来看，男性、涉农管理学、东北地区生源、有国内学术交流经历、有教学实践经历、有职业指导经历、对院校提供的学习资源和管理服务满意度更高的博士，在劳动力市场中更可能获得岗位晋升。

（二）学术与非学术职业群体的比较分析

在学术劳动力市场中，性别、学科、毕业年限、国内学术交流参与经历、职业指导参与经历、学习资源满意度、学术氛围满意度显著影响其是否获得岗位晋升。具体而言，男性、涉农管理学、毕业年限越久、有国内学术交流参与经历、有职业指导参与经历、对院校的学术氛围和学习资源满意度较高的博士，在进入学术劳动力市场后，更大概率获得岗位晋升。

在非学术劳动力市场中，性别、学科、毕业年限、科研项目参与经历、教学实践参与经历、学习资源满意度和管理服务满意度显著影响博士是否获得岗位晋升。具体而言，男性、涉农管理学、毕业年限更久、有科研项目参与经历、有教学实践参与经历、对院校提供的学习资源和管理服务满意度更高的博士，在进入非学术劳动力市场后，更容易获得岗位晋升。

比较学术职业群体和非学术职业群体岗位晋升的影响因素,发现:

1)岗位晋升在学科上存在显著差异。无论是从事学术职业还是从事非学术职业,相较于农学博士,涉农管理学的博士更容易获得岗位晋升。

2)岗位晋升在性别上存在显著差异。无论是在学术劳动力市场还是非学术劳动力市场,相较于女博士而言,男博士获得岗位晋升的概率更大。

3)无论是在学术劳动力市场还是非学术劳动力市场,从业时间(毕业年限)都是影响其岗位晋升的重要因素。

4)博士生教育经历中的职业指导参与经历会促进博士在学术劳动力市场中获得岗位晋升,科研项目参与经历、教学实践参与经历则会促进博士在非学术劳动力市场中获得岗位晋升。

5)在院校环境方面,学习资源、学术氛围、管理服务对博士在劳动力市场中的岗位晋升产生了深远影响。充足的学习资源、良好的学术氛围、完善的管理服务,均有助于学生的职业发展。

四、博士职业匹配的影响因素

(一)博士能力匹配影响因素的分析结果

博士能力与岗位要求匹配(能力匹配)是博士职业发展的必要前提,主要体现在博士是否具备与岗位任务相关的知识、技能和素质。本小节使用 SPSS 25.0 对影响博士能力匹配的因素进行多元线性回归分析。全样本博士、学术职业群体博士、非学术职业群体博士的回归系数如表 6-12 所示。

表 6-12 博士能力匹配程度的多元线性回归分析结果

变量			总样本		学术劳动力市场		非学术劳动力市场	
			系数	Z	系数	Z	系数	Z
常数项			1.187***	5.841	1.289***	3.667	1.175***	4.476
个人特征	性别(女性为基准组)		0.115**	2.449	0.097	1.265	0.122**	1.977
	学科(涉农管理学为基准组)	农学	−0.002	−0.021	−0.026	−0.193	−0.033	−0.356
		涉农工学	0.098	1.053	0.022	0.137	0.117	1.008
	毕业年限		0.060**	2.329	0.105***	2.590	0.032	0.917
	家庭所在地(东北地区为基准组)	东部地区	0.042	0.424	0.120	0.710	−0.028	−0.223
		中部地区	−0.072	−0.707	−0.084	−0.486	−0.071	−0.538
		西部地区	0.088	0.779	−0.061	−0.318	0.168	1.170

续表

变量		总样本		学术劳动力市场		非学术劳动力市场	
		系数	Z	系数	Z	系数	Z
个人特征	父亲单位类型（务农为基准组） 国家机关	0.024	0.210	−0.505**	−2.089	0.187	1.405
	国有企业	0.169	1.218	−0.008	−0.038	0.334	1.624
	民营企业	−0.022	−0.355	−0.016	−0.162	−0.022	−0.279
	个体经营	−0.045	−0.551	−0.020	−0.158	−0.052	−0.496
	高等院校	−0.039	−0.300	0.025	0.146	−0.147	−0.728
	科研院所	−0.047	−0.236	0.128	0.231	−0.081	−0.373
	其他事业单位	−0.113	−1.319	−0.101	−0.776	−0.136	−1.173
	其他	−0.175*	−1.743	−0.412**	−2.160	−0.065	−0.548
	家庭经济条件（低收入家庭为基准组）	0.100**	2.052	0.092	1.177	0.118*	1.849
博士生教育经历	学习投入时间	0.069***	2.598	0.053	1.165	0.082**	2.446
	国内学术交流参与	0.068	1.094	0.154	1.354	0.022	0.295
	国际学术交流参与	−0.029	−0.594	−0.070	−0.920	−0.023	−0.354
	科研项目参与	−0.099	−1.525	−0.107	−0.921	−0.081	−1.010
	实习项目参与	−0.004	−0.083	0.043	0.539	−0.029	−0.460
	教学实践参与	0.060	1.165	0.046	0.558	0.063	0.929
	职业指导参与	0.034	0.523	0.058	0.511	0.010	0.130
	论文发表	0.020	1.132	0.054**	2.031	0.001	0.030
	课程教学满意度	0.047	1.111	0.031	0.469	0.052	0.912
	导师支持满意度	0.042	0.834	0.042	0.535	0.029	0.428
	学术资源满意度	0.142**	2.523	0.263***	3.067	0.040	0.527
	学术氛围满意度	0.060	1.113	0.072	0.861	0.055	0.776
	管理服务满意度	0.288***	4.923	0.132	1.545	0.433***	5.261
	主被动选择（被动选择为基准）	0.085*	1.731	−0.034	−0.305	0.085	1.393
N		1107		460		647	
R^2		0.240		0.275		0.267	
F		11.298		4.937		7.475	
p		0.000		0.000		0.000	

对比众因素对不同样本群体博士能力匹配程度的影响，研究发现：总体来说，性别、毕业年限、父亲单位类型、家庭经济条件等个人背景变量会显著影响博士与其工作岗位间的能力匹配；而从其博士生求学经历来看，学习投入时间、就读期间对学术资源的满意度和管理服务满意度等因素对博士个体与岗位之间的

能力匹配具有显著的促进作用。此外，博士的职业选择（职业期望=职业选择）对其日后能力匹配状态的达成同样影响显著，即相较于被动的职业选择行为，那些主动选择进入某类劳动力市场的博士生，在进入职场后往往感知到更好的能力匹配状况。

1. 个人特征方面

在个人特征方面，性别、毕业年限、父亲单位类型和家庭经济条件对博士与岗位的能力匹配程度有显著影响。

一是性别。在劳动力市场中，博士与工作岗位间的能力匹配程度存在显著的性别差异，且这种差异主要存在于非学术劳动力市场。也就是说，在非学术劳动力市场中，男博士的个人能力与工作岗位能力需求的匹配程度显著高于女博士，而在学术劳动力市场中，男博士与女博士的能力匹配程度并无明显差异。事实上，学术劳动力市场，通常被人们视为"象牙塔"，成为学者便意味着以教学与科研为本职。在经历过长期的专业化训练之后，毕业博士能够"无缝衔接"这种学术工作范式、满足学术岗位的能力要求，尤其对于女性博士而言更是如此，例如已有调查发现我国女性科研人员的科研能力整体较好。[1]欧洲科研基金会（ESF）开展的毕业博士调查也发现，女博士在学术发表、学术交流、公共参与等方面的表现与男博士无明显差异，甚至居于优势地位，但在涉及到专利申请、资源获取、奖项申报等与切实经济利益相关的方面时，则明显处于弱势。[2]而在企业等非学术劳动力市场中，博士所担负的职业角色更加多样化，也被用人单位寄予更大的能力期待。对女博士而言，一方面，受"男主外、女主内"的观念影响，需要将一定的时间和精力投入家庭责任及养育下一代，为个人能力的发挥带来负面影响；另一方面，用人单位基于固化性别观念给予男生更多的锻炼机会。[3]由此看来，女博士在非学术市场中更有可能面临"能力被低估"或"心有余而力不足"的情况，此两类情况或许能够解释缘何女性在非学术市场中会有较低的能力匹配评分。

二是毕业年限。博士的毕业年限显著影响其在劳动力市场中的能力匹配程度，且这种影响主要在学术劳动力市场中体现，即对于从事学术职业的博士而言，毕业时间越久，其个人能力与工作岗位的匹配程度越高。这一研究结果与

---

[1] 李全喜. 女性科技工作者职业发展影响因素的三维解析. 科学学与科学技术管理, 2009（12）：188-191.
[2] European Science Foundation（ESF）. Career Tracking Survey of Doctorate Holders Project Report, 2017.
[3] 季俊杰, 高雅. 高校女硕士研究生的初次就业质量测度与性别比较——基于五所高校的调查. 研究生教育研究, 2016（1）：51-58.

"干中学"观点及社会认知职业理论（SCCT）相呼应，即博士毕业后同样需要一定的时间去主动适应学术劳动力市场中用人单位的工作模式、绩效范式，并在反思个人的行为、成就与经验的基础上重新制定学习或发展策略[1][2]，最终达成较好的岗位胜任状态或较好的绩效目标，实现个人能力与岗位要求的高度匹配。

三是父亲单位类型。父亲单位类型显著影响博士在劳动力市场的能力匹配程度，且这种影响主要集中体现在学术劳动力市场。即，相较于父亲单位类型为国家机关或其他的博士，父亲务农的博士在学术劳动力市场中具有更高的能力匹配得分；而在非学术劳动力市场中，父亲单位类型对博士的能力匹配情况无显著影响。由于研究样本均为涉农学科博士，因此，父亲务农的博士由于儿时就熟悉甚至参与到家庭农业生产相关活动中，带着这种"父辈传承"，在学术劳动力市场中具备某种天然优势，入职后的教学与科研工作仍不免同"农"打交道，诸如带学生开展大田试验、在农业生产一线开展项目研究等，在走访毕业博士过程中就发现高校中的涉农学科毕业博士常常自嘲"从小种麦子，博士毕业还种麦子"（西北农林科技大学，Z副教授），反映出其工作方式与先辈的交集。但与父辈不同的是，此处的能力匹配不仅反映出"会干农活""不怕吃苦"等传统特征，还增添了来自专业训练的"高深知识"，使毕业博士能够立于更高维的知识视角审视父辈工作，在经验之中寻找知识创新的闪光点。相反，对于非学术劳动力市场而言，毕业博士所面临的是崭新的工作环境和绩效范式，既不同于父辈，也不同于学术训练过程中所熟知的学术交流、写作、发表等事项。

四是家庭经济条件。家庭经济背景显著影响博士能力匹配程度。具体而言，相较于低收入家庭，高收入家庭的博士在非学术劳动力市场中更容易实现个人能力供给与岗位能力需求的匹配。这种家庭经济背景的差异对从事学术职业的博士的能力匹配程度并无显著影响。

2. 学生参与及表现方面

在学生个人的参与及表现方面，学习投入时间和论文发表对博士的能力匹配程度有显著影响。具体而言，对于选择非学术劳动力市场的博士而言，就读期间学习投入时间越多，其进入职场后所达成的能力匹配程度就越高；而对于进入学

---

[1] Lent R W, Brown S D, Hackett G. Social cognitive career theory//Brown D. Career Choice and Development. San Francisco: Jossey-Bass, 2002: 255-311.

[2] Hermanowicz J C. Scientists and satisfaction. Social Studies of Science, 2003, 33 (1): 45-73.

术劳动力市场的博士而言，其读博期间的论文发表越好，在毕业后对能力匹配程度的感知就越好。这一发现符合当前的主流认识，从学术学位博士的培养与训练来看，学术训练是博士生教育的核心，如此，那些立志选择非学术职业的博士生通常需要花费额外的学习时间和精力以了解象牙塔之外的行业业态，搜索职业信息，或是开展实习实践，从而适应行业业态和工作要求。同时，如上文所述，学术劳动力市场通常是以学术发表和项目申请为绩效评价导向，毕业博士需要借助学术成果积累以在学术领域博得一席"用武之地"，也使其更加适应学术工作的任职要求。

3. 学校投入与支持方面

在学校支持方面，学生对学校提供的学术资源和管理服务的满意度显著影响学生的能力匹配情况，即对学术资源满意度越高的博士，在学术劳动力市场中的能力匹配程度是学术资源满意度低的个体的 3.067 倍。而对学校管理服务满意度较高的博士，在非学术劳动力市场中能力匹配程度是满意度较低博士的 5.261 倍。因此，我们必须承认，当前的博士生教育环节中，高校对于学术资源和管理服务上的投入与维护，无论对在学术劳动力市场工作的博士还是对在非学术劳动力市场工作的博士，都具有重要的作用。

此外，进入期望的劳动力市场的博士，更容易获得较好的能力匹配。即不论是学术职业还是非学术职业，顺利进入目标职业类型的博士生，其自身更容易为具体工作做好能力素质准备。

总体来说，在学术劳动力市场中，毕业时间更久、父亲务农、论文发表更好、就读学校学术资源支持较好的博士与学术岗位之间的能力匹配程度更好；在非学术劳动力市场中，男性、家庭经济条件好、学习投入时间多、就读学校管理服务较好的博士与非学术岗位之间的能力匹配程度更高。

（二）博士价值观匹配影响因素的分析结果

博士与组织的价值观匹配是职业发展的基础，主要体现在博士个人价值观、职业态度、职业目标是否和组织的价值观、文化氛围、组织目标相一致。使用 SPSS 25.0 对影响毕业博士价值观匹配的因素进行多元线性回归分析。全样本博士、学术职业群体博士、非学术职业群体博士的回归系数如表 6-13 所示。

表 6-13 博士价值观匹配程度的多元线性回归分析结果

变量			总样本 系数	总样本 Z	学术职业样本 系数	学术职业样本 Z	非学术职业样本 系数	非学术职业样本 Z
	常数项		1.341***	6.171	1.517***	4.015	1.165***	4.168
个人特征	性别（女性为基准组）		0.055	1.086	0.070	0.858	0.029	0.435
	学科（涉农管理学为基准组）	农学	−0.117	−1.460	−0.207	−1.410	−0.081	−0.834
		涉农工学	0.002	0.015	−0.084	−0.484	0.051	0.409
	毕业年限		−0.060**	−2.181	−0.037	−0.848	−0.078**	−2.134
	家庭所在地（东北地区为基准组）	东部地区	0.014	0.134	0.067	0.372	−0.002	−0.016
		中部地区	0.009	0.079	−0.016	−0.085	0.044	0.318
		西部地区	−0.006	−0.050	−0.050	−0.242	0.066	0.432
	父亲单位类型（务农为基准组）	国家机关	0.166	1.354	0.126	0.484	0.188	1.331
		国有企业	0.201	1.356	−0.045	−0.212	0.514**	2.348
		民营企业	0.017	0.265	−0.005	−0.045	0.049	0.573
		个体经营	0.083	0.955	0.151	1.089	0.056	0.501
		高等院校	0.299**	2.166	0.426**	2.307	0.108	0.502
		科研院所	0.279	1.298	0.517	0.868	0.275	1.192
		其他事业单位	−0.071	−0.775	−0.041	−0.296	−0.114	−0.925
		其他	−0.008	−0.078	−0.374*	−1.823	0.148	1.168
	家庭经济条件（低收入家庭为基准组）		0.105**	2.023	0.126	1.501	0.101	1.495
博士生教育经历	学习投入时间		0.007	0.244	−0.019	−0.387	0.038	1.066
	国内学术交流参与		0.054	0.816	0.086	0.702	0.039	0.488
	国际学术交流参与		0.022	0.418	−0.048	−0.586	0.061	0.883
	科研项目参与		−0.109	−1.568	−0.181	−1.446	−0.082	−0.961
	实习项目参与		0.054	1.035	0.217**	2.516	−0.057	−0.841
	教学实践参与		0.009	0.157	0.086	0.970	−0.026	−0.367
	职业指导参与		0.048	0.690	−0.079	−0.646	0.094	1.121
	论文发表		0.031*	1.666	0.081***	2.838	−0.010	−0.375
	课程教学满意度		0.139***	3.056	0.114	1.600	0.131**	2.171
	导师支持满意度		0.126**	2.340	0.118	1.406	0.179**	2.460
	学术资源满意度		0.058	0.970	0.212**	2.292	−0.049	−0.609
	学术氛围满意度		0.082	1.426	−0.070	−0.771	0.202***	2.689
	管理服务满意度		0.233***	3.731	0.212**	2.318	0.224**	2.548
	主被动选择（被动选择为基准）		−0.007	−0.140	−0.026	−0.212	−0.022	−0.342

续表

变量	总样本 系数	总样本 Z	学术职业样本 系数	学术职业样本 Z	非学术职业样本 系数	非学术职业样本 Z
N	1107		460		647	
R^2	0.237		0.249		0.272	
F	11.148		4.734		7.665	
p	0.000		0.000		0.000	

对比众因素对不同样本群体博士价值观匹配程度的影响发现：总体来说，毕业年限、父亲单位类型、家庭经济条件等个人背景会显著影响博士与其工作单位间的价值观匹配。同时，实习项目参与、论文发表、课程教学满意度、导师支持满意度、学术资源满意度、学术氛围满意度、管理服务满意度等博士生教育经历亦能显著促进博士与单位之间的价值观匹配。

1. 个人特征方面

个人特征方面，毕业年限、父亲单位类型和家庭经济条件对博士与单位的价值观匹配有显著影响。

一是毕业年限。毕业年限显著影响博士在劳动力市场中的价值观匹配情况，且这种影响主要在非学术劳动力市场中体现。即对于从事非学术职业的博士而言，毕业时间越久，其个人价值观与工作单位价值观之间的匹配程度越低。对于从事学术职业的博士，其个人价值观与工作单位价值观之间的匹配程度在毕业时长上无明显差异。此处发现与一些学者[1]的研究相似，即对于那些从毕业伊始就处于学术环境的博士而言，其价值取向（如个人发展目标、愿景、对组织文化的认同等）保持同学术群体的高度一致性，甚至能持续到生涯退出阶段；对于那些远离学术环境的博士而言，其在进入职业稳定期之后通常会被主业之外的事务所吸引，或是追求更加多元化的人生发展目标。克拉克（Clark）开展的学术职业调查则发现，学者通常对教职有很高的忠诚度，也很喜欢他们所在的单位，尽管存在低收入等现象，但并不是很在意。[2]究其原因，个人的工作价值导向抑或发展导向受到其所处社会环境和文化的影响[3][4]，并会基于自己在职业环境中的成功

---

[1] Hermanowicz J C. Scientists and satisfaction. Social Studies of Science, 2003, 33（1）：45-73.

[2] Clark B R. The academic life: Small worlds, different worlds. Educational Researcher, 1989, 18（5）：4-8.

[3] Crane D. Scientists at major and minor universities: A study of productivity and recognition. American Sociological Review, 1965, 30（5）：699-714.

[4] Long J S. Productivity and academic position in the scientific career. American Sociological Review, 1978, 43（6）：889-908.

机会和发展现实而重新调整期望或心态，即戈夫曼（Goffman）提出的冷却（cooling-out）机制[1]。对于完成了学术准备的毕业博士而言，尽管可以积极适应高校中的学术环境，但在其他类型的职业环境中可能处于中等或垫底状态，因为每个环境的绩效范式是不同的，人们却需要依据其所在环境的绩效范式开展工作。[2]如此一来，学术与非学术环境间存在的文化差异也使学者的心态随时间而发生变化。正如研究者所言，"就像是步入不同的世界角落，在一些方面，你会发现人们从事相似的活动，发挥相似的知识才干，而在另一些方面，又存在系统性差异；某位学者可能发现自己与这一领域的主流期待一致，却在其他方面格格不入"[3]。尤其是对于那些不再抱有较高科研动机的博士而言，随着时间的流逝，不仅未能如学术群体一样获得大量的学术名望、声誉，亦可能存在研究没人重视，发表速度很慢，甚至无文章可发的窘境，进而在职业生涯后期产生焦虑与困惑，甚至是另谋出路（进入冷冻阶段）。

二是父亲单位类型。父亲单位类型显著影响博士在劳动力市场中的价值观匹配。在学术劳动力市场中，相较于父亲务农的博士，父亲就职于高等院校的博士与其工作单位（高等院校）的价值观更为匹配；在非学术劳动力市场中，相较于父亲务农的博士，父亲在国有企业就职的博士与其工作单位（非高等院校）的价值观匹配得更好。此处研究发现依然与一些学者[4]的研究发现相似，反映父辈群体的职业文化所产生的代际影响，另一方面也表明动机、质疑等心态产生于特定的群体环境。即博士的成长经历使其与父辈的价值体系产生交集，对于职业行为有相似的看法。

三是家庭经济条件。相较于出身于低收入家庭的博士，出身于高收入家庭的博士在其毕业后与工作单位的价值观匹配程度更高。

2. 学生参与及表现方面

学生个人的参与及表现方面，实习项目参与和论文发表对博士的价值观匹配程度有显著影响。具体而言，在博士就读期间，有实习项目参与经历的博士生，毕业后在学术劳动力市场中与工作单位的价值观匹配程度更高。相较于论文发表较少的博士，论文发表越多的博士毕业后在学术劳动力市场中的个人与单位价值

---

[1] Goffman E. On cooling the mark out: Some aspects of adaptation to failure. Psychiatry, 1952, 15 (4): 451-463.
[2] Becker H S. Art Worlds. Berkeley: University of California Press, 1982: 97-105.
[3] Hermanowicz J C. Scientists and satisfaction. Social Studies of Science, 2003, 33 (1): 45-73.
[4] Hermanowicz J C. Scientists and satisfaction. Social Studies of Science, 2003, 33 (1): 45-73.

观匹配程度更高。

3. 学校投入与支持方面

在学校支持方面，学校为博士生所提供的课程教学、导师支持、学术资源、学术氛围及管理服务都对博士实现个人与单位的价值观匹配产生显著影响。

一是课程教学满意度。学生对学校提供的课程与教学满意度越高，其毕业后与工作单位之间的价值观匹配得越好，这种优势在从事非学术职业的博士群体中尤其显著。

二是导师支持满意度。相较于对导师支持满意度低的博士群体，对导师支持满意度较高的博士，其毕业后与工作单位之间的价值观匹配程度更高，这种差异在从事非学术职业的博士中更为明显。

三是学术资源满意度。对从事学术职业的博士而言，就读期间学校提供的学术资源越充足，其毕业后与工作单位的价值观匹配程度越高。

四是学术氛围满意度。对从事非学术职业的博士而言，就读期间学术氛围越浓厚，其毕业后与工作单位的价值观匹配程度越高。

五是管理服务满意度。不论在学术劳动力市场还是非学术劳动力市场就业，学生对高校提供的管理服务满意度越高，其毕业后与工作单位的价值观匹配情况就越好。上述研究印证了教育环境对博士生长期发展的塑形作用。尤其是校园和导师团队中的人才培养文化（理念）对非学术职业发展的长期影响，导师支持、学习方式和内容等要素是影响非学术职业发展的关键，结合国内外"为博士非学术职业做准备"的相关议题看，其原因可能在于导师和院校帮助相关博士生群体更早地接触到象牙塔之外的社会实践领域，了解行业文化、发展现状与愿景，以贴近行业中的组织运营和产品研发理念，如此，毕业博士在进入非学术行业后，能更快、更好地适应其中的文化和价值观念，反之毕业博士也对其培养环境报以感激之情，而给予较高评价。另外，对立志从事学术职业的博士生而言，来自培养环境的资源支持与管理服务，则更有利于其为学术职业做好准备（心理准备），如学术发表、仪器设备等的供给，以及提供学术交流机会、满足个体生活需求等措施，均有助于帮助毕业博士取得更多成就，进入更加心仪的目标岗位（目标院校），亦强化其人岗价值观的一致性。

总体来说，在学术劳动力市场中，父亲就职于高等院校、有实习项目参与经历、论文发表更好、就读学校提供的学术资源和管理服务较好的博士与学术岗位之间的价值观匹配程度更好；在非学术劳动力市场中，毕业时间较短、父亲就职于国有企业、对就读期间课程教学、导师支持、学术氛围和管理服务满意度较高的博士与非学术岗位之间的价值观匹配程度更高。

(三)博士供给匹配影响因素的分析结果

博士需求与岗位供给匹配(供给匹配)是博士个体职业发展的原动力,若博士在薪酬待遇、晋升机会、社会声誉、工作环境等职业方面的需求能够很好的被岗位满足,其职业态度与表现就会更好。本小节使用 SPSS 25.0 对影响毕业博士需求与工作单位供给之间的匹配程度的因素进行多元线性回归分析。全样本博士、学术职业群体博士、非学术职业群体博士的回归系数如表 6-14 所示。

表 6-14 博士供给匹配程度的多元线性回归分析结果

变量		总样本		学术职业样本		非学术职业样本	
		系数	Z	系数	Z	系数	Z
常数项		1.554***	8.172	1.739***	5.334	1.421***	5.768
个人特征	性别(女性为基准组)	0.088**	1.002	0.092	1.295	0.073	1.264
	学科(涉农管理学为基准组) 农学	−0.147**	−2.099	−0.210*	−1.654	−0.132	−1.534
	涉农工学	0.054	−0.625	−0.068	−0.456	−0.044	−0.399
	毕业年限	−0.001	−0.021	0.032	0.853	−0.015	−0.476
	家庭所在地(东北地区为基准组) 东部地区	−0.126	−1.358	−0.173	−1.105	−0.124	−1.055
	中部地区	−0.174*	−1.816	−0.286*	−1.787	−0.102	−0.825
	西部地区	−0.083	−0.783	−0.192	−1.075	−0.013	−0.095
	父亲单位类型(务农为基准组) 国家机关	0.101	0.939	−0.062	−0.274	0.117	0.935
	国有企业	0.046	0.353	−0.193	−1.063	0.290	1.504
	民营企业	0.047	0.817	0.044	0.484	0.045	0.590
	个体经营	0.096	1.264	0.211*	1.760	0.033	0.332
	高等院校	0.025	0.206	0.238	1.496	−0.279	−1.470
	科研院所	0.221	1.175	0.622	1.212	0.156	0.769
	其他事业单位	−0.073	−0.910	−0.082	−0.682	−0.057	−0.529
	其他	−0.022	−0.230	−0.296*	−1.674	0.062	0.554
	家庭经济条件(低收入家庭为基准组)	0.147***	3.226	0.202***	2.784	0.114*	1.908
博士生教育经历	学习投入时间	−0.001	−0.012	−0.030	−0.721	0.042	1.331
	国内学术交流参与	0.035	0.610	0.101	0.958	0.001	0.007
	国际学术交流参与	0.013	0.277	0.021	0.296	0.019	0.315
	科研项目参与	−0.116*	−1.916	−0.216**	−2.007	−0.085	−1.128

续表

变量		总样本		学术职业样本		非学术职业样本	
		系数	Z	系数	Z	系数	Z
博士生教育经历	实习项目参与	0.009	0.191	0.046	0.619	−0.035	−0.591
	教学实践参与	0.011	0.231	0.060	0.791	−0.006	−0.098
	职业指导参与	0.075	1.234	0.113	1.074	0.034	0.465
	论文发表	0.024*	1.467	0.077***	3.138	−0.012	−0.552
	课程教学满意度	0.083**	2.074	0.065	1.061	0.077	1.452
	导师支持满意度	0.059	1.249	−0.004	−0.054	0.124*	1.936
	学术资源满意度	0.087*	1.661	0.244***	3.060	−0.016	−0.299
	学术氛围满意度	0.071	1.426	0.063	0.808	0.085	1.280
	管理服务满意度	0.288***	5.279	0.186**	2.349	0.352***	4.547
	主被动选择（被动选择为基准）	0.018	0.399	−0.109	−1.034	0.065	1.146
N		1107		460		647	
R^2		0.261		0.297		0.279	
F		12.663		6.042		7.949	
p		0.000		0.000		0.000	

对比众因素对不同样本群体博士供给匹配程度的影响发现：总体来说，性别、学科、家庭所在地、家庭经济条件等个人特征变量会显著影响博士个人需求与工作单位供给之间的匹配程度。科研项目参与、论文发表、课程教学满意度、学术资源满意度、管理服务满意度等博士生教育经历对博士与单位的供给匹配有显著影响。

1. 个人特征方面

个人特征方面，性别、学科、家庭所在地和家庭经济条件对博士个人与单位的供给匹配有显著影响。

一是性别。在劳动力市场中，博士个人需求与工作单位供给的匹配程度存在显著的性别差异。男博士的个人需求与工作单位供给的匹配程度显著高于女博士，即男博士在薪资待遇、职业前景等方面的需求能够更好地被工作单位满足。此类发现与此前很多学者的发现相一致，其原因可能在于女性博士受家庭、婚育等因素影响，而在升职、加薪等方面居于不利地位。如库尔普（Kulp）发现女性在读博期间孕育子女会对学术职业发展产生负面影响，其获取终身教职的可能性降低[①]；莫雷

[①] Kulp A M. Parenting on the path to the professoriate: A focus on graduate student mothers. Research in Higher Education, 2019, 61（3）: 408-429.

蒂尼（Morettini）等发现未婚育的男性博士更有可能保持其学术职业，而已婚育女性放弃高校职位的可能性较大。[1]

二是学科。相较于涉农管理学博士，农学博士的个人需求与工作单位供给的匹配程度较低，这种差异显著体现在学术劳动力市场，即从事学术职业的农学博士，其个人在薪资、职业前景、职位晋升方面的需求未能很好地被满足。

三是家庭所在地。相较于东北地区生源的博士，中部地区生源的博士与工作单位之间的供给匹配程度更低。

四是家庭经济条件。相较于低收入家庭的博士，高收入家庭出身的博士，无论是在学术劳动力市场还是非学术劳动力市场，其个人需求均能更好地被满足。

2. 学生参与及表现方面

学生个人的参与及表现方面，科研项目参与和论文发表情况对博士的供给匹配程度有显著影响，且主要表现于学术劳动市场中。具体而言，博士就读期间，有科研项目参与经历的博士生，在学术劳动力市场中与工作单位的供给匹配程度更低。一般而言，人们认为学术经历越丰富、学术成果越多，则更易在未来发展中处于优势地位，但此处发现与以往学者们的发现有所出入，如佩德森（Pedersen）就曾探讨了学术用人单位中博士的职业发展，研究发现如果缺乏相应的科研能力与经历，或是从事与科研无关的工作，其学术职业发展机会将会减少，甚至被学术职业彻底抛弃[2]。不过，结合问卷设计特点看，也可能是因为较多的科研参与经历使毕业博士强化了自身的自我效能，认为自己更加"卓越"，而不易满足现状，同样会给予相关选项较低的评分值。值得注意的是，通过对另外一个相似的指标，即论文发表要素的分析，就能够揭示出博士生阶段的学术参与经历及成果对未来职业发展的重要意义，即发现论文发表数量越多，毕业后在学术劳动力市场中更易对单位提供的薪资待遇、职位职称、发展空间、工作环境等回报感到满足。而此前的一些研究也能够印证这一点，如孔蒂（Conti）等发现博士就读期间发表文章数量越多、学术表现越好，更容易获得更好的学术职业发展。[3]

---

[1] Morettini L, Primeri E, Reale E. Career trajectories of PhD graduates in the social sciences and humanities. In Sarrico D (ed.), Global Challenges, National Initiatives, and Institutional Responses. Rotterdam: Sense Publishers, 2016: 205-236.

[2] Pedersen H S. New doctoral graduates in the knowledge economy: Trends and key issues. Journal of Higher Education Policy and Management, 2014, 36 (6): 632-645.

[3] Conti A, Visentin F. A revealed preference analysis of PhD students' choices over employment outcomes. Research Policy, 2015, 44 (10): 1931-1947.

3. 学校投入与支持方面

在学校支持方面，学校为博士生所提供的课程教学、导师支持、学术资源及管理服务都对博士个人需求与单位供给的匹配程度产生显著影响。

一是课程教学满意度。学生对学校提供的课程与教学满意度越高，其毕业后个人需求与工作单位供给之间的匹配程度越高。

二是导师支持满意度。在非学术劳动力市场中，相较于对导师支持满意度不高的博士，对导师支持满意度较高的博士，其个人需求工作单位供给之间的匹配程度更高。

三是学术资源满意度。对从事学术职业的博士而言，就读期间学校提供的学术资源越充足，其毕业后个人需求与工作单位供给之间的匹配程度越高。

四是管理服务满意度。不论在学术劳动力市场还是非学术劳动力市场就业，学生对高校提供的管理服务满意度越高，其毕业后个人需求越能够被满足。

总体来说，在学术劳动力市场中，涉农管理学、来自高收入家庭、论文发表更好、就读学校提供的学术资源和管理服务较好的博士与工作单位之间的供给匹配程度更高；在非学术劳动力市场中，来自高收入家庭、对就读期间导师支持和管理服务满意度较高的博士与工作单位之间的供给匹配程度较高。

（四）学术与非学术职业群体的比较分析

在知识经济全球化的环境下，如何有效发挥博士人力资源的作用，促进博士在劳动力市场的顺利发展显得非常重要。基于实证调查结果，研究发现：我国博士职业匹配水平总体正向积极但亟待提高。职业匹配各维度中，博士能力与岗位能力要求匹配、博士个体与组织价值观匹配情况比较乐观，博士需求与组织供给的匹配现状堪忧，需要给予关注。

个人特征和博士生教育经历会对博士在劳动力市场中的职业匹配状况有显著影响。实证结果显示：男性、毕业时间更久、父亲务农、家庭经济条件好、学习投入时间更多、对就读期间学校提供的学术资源和管理服务满意度更高、进入期望的劳动力市场的博士个体，毕业后其个人能力与具体工作岗位之间匹配程度更高；毕业时间越短、父亲就职于高等院校、来自高收入家庭、论文发表更好，以及对就读期间高校提供的课程教学、导师支持和管理服务的满意度更高的博士，毕业后其个人价值观与具体工作单位价值观之间的匹配程度更高；男性、涉农管理学、来自于高收入家庭、对就读期间高校提供的课程教学、学术资源和管理服务的满意度更高的博士，毕业后其个人需求与具体工作单位供给之间的匹配程度更高。

在此基础上，我们比较表 6-12—表 6-14 中主要变量对博士职业匹配不同维度的影响效应后发现：决定博士能力匹配程度的因素与影响博士价值观匹配程度及供给匹配程度的因素存在一定的差异（主要影响因素的影响作用如表 6-15 所示）。比较突出的差异是：①相较于女博士而言，男博士在劳动力市场中的能力匹配和供给匹配有明显优势，但是这一性别优势并未体现在价值观匹配上；②毕业时间越长，博士群体的能力匹配程度增高，但价值观匹配程度降低；③来自高收入家庭的博士群体，对劳动力市场中的能力匹配、价值观匹配和供给匹配程度的自我感知均更好；④博士生在校期间的个人表现与投入（学习投入时间和论文发表）主要作用于能力匹配和价值观匹配上，即学生个人的表现和投入对其能力增长、价值观塑造具有直接影响；⑤课程教学和导师支持对博士职业匹配的影响主要作用在价值观匹配上，由此可见，课程老师或导师对学生的影响在其意而不在其形，即具体知识/能力的获得与传递并不是重点，老师的职业态度、个人价值观、职业目标等潜在的影响往往是"润物细无声"的；⑥学校提供的学术资源和管理服务显著影响到博士的职业匹配状况，这也让我们正视，国家及高校对学术资源、管理服务的投资与维护具有深远意义，尤其是管理服务对能力匹配、价值观匹配、供给匹配均具有明显作用。

表 6-15　主要变量对博士职业匹配不同维度的影响效应

变量	能力匹配	价值观匹配	供给匹配
性别（男）	+		+
毕业年限	+	−	
学科（涉农管理学）			+
父亲务农	+		
高收入家庭	+	+	+
学习投入时间长	+		
论文发表		+	
课程教学		+	+
导师支持		+	
学术资源	+		+
学术氛围			
管理服务	+	+	+

注："+"为正向影响；"−"为负向影响；空白为无影响。

最后，还需要说明的是，对于职业匹配的具体测量，因为考虑到个人的匹配感知（尤其是价值观匹配感知）是一个动态变化的过程，其他方式的观测不如个人的自我报告贴近真实情况，且这种方法被广泛采用，[1]本书也采用了自我报告观测方法。然而，通过自我报告的方式测量价值观匹配、能力匹配、供给匹配可能会造成一定程度的自我放大，虽然我们的研究采用了比较严格的程序，但仍可能存在一定的局限性。

---

[1] Lauver K J, Kristof-Brown A. Distinguishing between employees' perceptions of person-job and person-organization fit. Journal of Vocational Behavior，2001，59（3）：454-470.

第七章

职业发展视角下博士生教育价值的再审视

第一节　学术学位博士生教育的价值

一、问题的提出

教育是一项价值实践，人们对教育总是充满着价值期待。教育也是充满了价值争论的实践领域，价值争论将直接影响教育决策与教育实践，应该说在教育决策、教育实践以及教育改革方面的各种争议都有其价值论根源。[1]在社会深刻转型的当代，教育领域的价值讨论与质疑不断涌现。博士生教育处于国民教育体系的顶端，为社会各界密切关注，其价值问题必然引起广泛的讨论。在当前博士就业多元化的背景下，社会各界对博士生教育价值的质疑频繁出现。[2][3]传统的学术培养模式能否在当代持续发挥促进个人发展的应有价值，尤其对进入非传统学术劳动力市场的博士而言，博士生教育是否能满足职业发展需求，这些问题亟待回应。

20世纪初，詹姆斯（James）在《哈佛月刊》（Harvard Monthly）撰文公开质疑博士生教育的价值，认为彼时美国的博士生教育已失去传统的促进原创性研究的作用，培养了一堆书呆子，博士头衔只是其装饰品。[4] 一个世纪后，2001年戈尔德等发表了《多重目的：博士生经历对博士生教育的启示》调查报告，报告开篇就直陈调查结果：博士生所接受的培养既不是他们想要的，也不能为他们的职业做好准备。报告明确指出，博士生教育促进博士职业发展的功效缺失，博士生教育和职业间缺少过渡阶段，影响了博士生教育价值的发挥。[5]另外，为探寻博士生教育的使命和价值，2001年美国卡内基教学促进会开展相关研究，并发布题为《重塑博士生教育的未来：为学科带头人做准备》的研究报告，报告指

---

[1] 石中英. 杜威的价值理论及其当代教育意义. 教育研究，2019（12）：36-44.

[2] Gokhberg L，Meissner D，Shmatko N. Myths and realities of highly qualified labor and what it means for PhDs. Journal of Knowledge Economy，2017，8（2）：758-767.

[3] 陈洪捷. 知识生产模式的转变与博士质量的危机. 高等教育研究，2010（1）：57-63.

[4] James W. The PhD. Octopus.（1903-03-31）[2022-03-07]. https://www.uky.edu/~eushe2/Pajares/octopus.html.

[5] Golde C M，Dore T M. At Cross Purposes：What the Experiences of Today's Doctoral Students Reveal about Doctoral Education. [2022-12-25]. http://www.phd-survey.org/report%20final.pdf.

出，在当前社会背景下必须重新审视博士生教育，调整其目的与定位。①近年来关于博士生教育发展的争论未曾停止过，权威性期刊也频现相关讨论，2019年，《自然》（Nature）发布对6000余名博士的调查报告，发现越来越多的博士无法学以致用，其职业价值与期望也未能在工作中体现出来，只有26%的受访者认为博士生教育能使其获得满意的事业发展。②

对教育价值的思考具有时代性，前提是把握时代精神，明确所处的社会基础，理论只有扎根现实才能具备持续的生命力。当前我国正处在改革深化、社会转型的关键时期，博士生教育也正经历一系列重大变化，其中就包括博士就业的多元化。③那么在博士就业多元化的趋势下，我国博士生教育是否仍有用，价值是否仍被认可？尤其对进入非学术劳动力市场的博士群体，博士生教育是否依然能实现其价值与效用？上述讨论有助于人们客观系统地剖析教育实践问题的内在价值原因，以便采取措施有效解决问题，提高教育实践效果。

二、理论分析

价值，是指客体对主体的意义或有用性，是关系范畴与属性范畴的综合体，是以客体功能属性满足主体需求的关系。④教育价值是教育作为客体对教育主体的需求进行满足的关系。在教育实践中，主体对教育客体的需求不同体现为不同的教育价值选择与价值取向。而教育主体的教育价值取向直接或间接地在教育实践过程中影响着具体教育行为。⑤在现代教育学中，教育主体，主要是指人和人类社会，教育的价值，也在于教育作为客体相对于个人和社会的有用性。⑥基于此，博士生教育的价值，可以理解为博士生教育作为客体对个人和社会的有用性。那么如何将"博士生教育对个人和社会的有用性"进行拆解、具化和评测，本节尝试从杜威价值哲学中寻求启示，以期尽可能具象且明确地审视博士生教育的价值。

---

① 克里斯·戈尔德，乔治·沃克. 重塑博士生教育的未来：卡内基博士生调查文集. 刘俭译. 上海：上海交通大学出版社，2015：32-55.

② Woolston C. PhDs: The tortuous truth. Nature, 2019, 575 (7782): 403-406.

③ 沈文钦，王东芳，赵世奎. 博士就业的多元化趋势及其政策应对——一个跨国比较的分析. 教育学术月刊, 2015 (2): 35-45.

④ 袁贵仁. 价值观的理论与实践——价值观若干问题的思考. 北京：北京师范大学出版社，2013：16-18.

⑤ 杨志成，柏维春. 教育价值分类研究. 教育研究, 2013 (10): 18-23.

⑥ 黄济，王策三. 现代教育论. 北京：人民教育出版社，1996：2-36.

（一）教育的社会价值和个人价值是连续统一的

教育的价值主要从社会需要和个人发展两个角度阐述，公认的分类是社会价值和个人价值。①教育既能满足社会需要并促进社会发展，也能满足个人需要并促进个体发展，但教育的社会价值归根结底是通过个人价值来实现的。因此，杜威提出将教育的社会价值和个人价值进行整合。他明确提出，受教育的个人是社会中的个人，而社会又是多个个人的有机结合。如果从个人身上割舍掉社会因素，便只留下一种抽象的事物；如果从社会方面割舍掉个人因素，就只留下一种僵硬、缺乏活力的集体。②杜威主张教育的社会价值和个人价值是连续统一的，这与马克思教育哲学是一致的。马克思教育哲学关注教育在促进个人全面发展和社会发展两个方面的作用。教育价值最后是反映在人的培养上，其他教育价值是建立在人的培养这一价值前提上的。③

遵循"教育的社会价值和个人价值是连续统一的，并且主要体现在人的培养上"这一理念，本节将不分开讨论博士生教育对社会和对个人的有用性，不比较博士生教育的社会价值与个人价值孰轻孰重，而是将两者视为有机整体，统称为"博士生教育的价值"。此外，本节探讨的博士生教育的价值最终体现在博士人才的培养与使用上。

（二）价值判断是一种当事人的判断

在杜威实验主义哲学中，问题、哲学论点并不是永恒的，都和具体情境中的具体问题有关。他相信所有判断、任何信念、所有理念都关涉具体情境，所以其有效性都是相对于具体情境来说的，并随着对具体问题的解决而得到衡量。④将实验主义哲学引入价值研究，杜威阐释了"评价""鉴定"等动词意义上的价值，以及作为形容词的价值。在此基础上，他特别指明了价值与行动、具体情境的内在联系。⑤这就是说，价值之物是人类在一定的行动情境中对该物进行判断或鉴定后，才具有了价值。

杜威指出，正如世上其他价值之物，教育的价值并不是先验、内在或自足的，亦并非某种个人情感或偏好。唯有当那些叫作"教育"的活动，能够被学习

---

① 黄济. 教育哲学通论. 太原：山西教育出版社，2011：402.
② 杜威. 我的教育信条：杜威论教育. 彭正梅译. 上海：上海人民出版社，2013：91.
③ 杨志成，柏维春. 教育价值分类研究. 教育研究，2013（10）：18-23.
④ 冯平. 杜威价值哲学之要义. 哲学研究，2006（12）：55-62.
⑤ 约翰·杜威. 评价理论. 冯平，余泽娜，等译. 上海：上海译文出版社，2007：5-23.

者所重视、欣赏并加以评估、鉴别，进而融入学习者经历的持续改造过程当中时，教育才变成实实在在的价值之物，教育的价值也才能够真正地实现。反之，教育也就仅仅是一种抽象或可能的价值之物，无法激发学习者那强烈的去尝试、去经历、去反思、去坚持、去完善的向往和动力，以至于只能通过纪律、激励、惩戒等办法来维持。显然，杜威所说的价值评判是伴随、渗入、引导着个人行为之全过程的，并非"旁观者的评判"，而是"当事人的评判"。①无独有偶，从社会化的角度来看，教育借助"资格赋予功能"（qualifying function）和"地位分配功能"（status-distributive function）将知识价值转化为更具持续性的发展价值。②受教育群体不仅在培养过程中受到直接影响，还在日后的职业生涯中切实体会到教育的价值和缺憾。

基于杜威"价值判断是一种当事人的判断""价值判断与行动及特定情境内在关联"等哲学观点，本节将博士生教育的"当事人"——博士本人，且是已经处于具体职业生涯情境中、正在运用博士生教育所学的博士群体——毕业博士，作为评判博士生教育价值的主体。

（三）欲望和兴趣（需要）是价值判断的对象（内容）

欲望和兴趣（需要）不是价值判断的前提（标准），而是价值判断的对象（内容），这也是杜威价值哲学的一个创见。在杜威眼中，实际行动中颇具风险的事件之一，便是没有经过深思熟虑而直接被没有经过反省的个人喜好、兴趣与欲望所左右。而现实中个人面临的最大困难，便是如何确定值得的喜好、值得的兴趣，以及真正的需求。所以，唯一应该考虑的事便是基于事实的已然和可能的因果关系来对它们进行评判与权衡。这种评判与权衡即是价值判断的标准。③价值判断要思考的问题并非有无价值或价值大小，而是回答诸如"通过这个行动来满足我的需要、兴趣、向往、欲望等是值得的吗"这样的问题。

基于杜威"欲望和兴趣（需要）是价值判断的内容（对象）"这一洞见，本节将"通过博士生教育来满足我的需要是值得的吗"作为博士生教育价值判断的出发点。基于对在读及毕业生的访谈，针对"您想要通过博士生教育来满足哪些需要"问题的回答，归纳提炼博士在找工作的情境及职场情境中的需要、欲望、

---

① 石中英. 杜威的价值理论及其当代教育意义. 教育研究，2019（12）：36-44.
② 罗英姿，陈尔东. 基于人与环境匹配理论的高校毕业生职业发展评价体系构建. 高等教育研究，2021（3）：70-78.
③ 冯平. 杜威价值哲学之要义. 哲学研究，2006（12）：55-62.

期望，并据此设计了"我接受的博士生教育为我的首个工作做好了准备""博士生教育使我求职很快成功"等题项，以此考察博士生教育是否满足博士个人的需要。

本节以杜威价值哲学为指导，认为博士生教育价值议题涉及博士生教育为什么会存在、为什么要存在等根本问题。博士生教育价值是其社会价值与个人价值共同构成的有机整体，而且博士生教育的社会价值归根结底要通过个人价值来实现，并最终体现在博士生培养上。毕业博士是博士生教育目标、学生发展和市场诉求三者的联结点，博士生教育的价值评价当以这一当事人为评价主体，以"博士生教育对博士职业发展需要的满足程度"为评价内容。本章一方面将探索当前我国博士生教育的有用性，审视其价值；另一方面挖掘影响毕业博士判断博士生教育价值的主要因素，为提升博士生教育价值提供参考。

三、实证检验

（一）变量选取

本节以"是否认可已接受博士生教育的价值""博士生教育是否能满足其职业工作的需要"等题项分析毕业博士对博士生教育价值的主观认知；同时，实证分析博士的实际职业发展情况以及博士生教育经历对其博士生教育价值认知的影响，从而挖掘影响博士判断博士生教育价值的关键因素。

本节用以测量博士对博士生教育价值认知的题项来自前期对在读博士生及毕业博士访谈资料的分析，他们在回答"想要通过博士生教育来满足哪些需要"的问题时，答案主要集中在找工作情境以及具体职场情境，涉及"通过博士生教育满足成功求职的需要""通过博士生教育满足富有创新力的需要"等。在此基础上，采用7个测量题目来调查毕业博士对博士生教育价值的评价，一方面，涉及博士生教育是否满足博士的就业需要，如"博士生教育使我为首个工作作好准备""博士生教育使我求职很快成功"等题项，即博士生教育能够发射较明显的文凭信号，赋予毕业博士一定的优势地位[1]；另一方面，涉及博士生教育是否满足博士在具体职业情境的需要，反映教育所应有的资质赋予功能[2]，如"博士生

---

[1] Kehm B, Teichler U. Doctoral education and labor market: Policy questions and data needs. In Gokhberg L, Shmatko N, Auriol L (Eds.), The Science and Technology Labor Force. Cham: Springer, 2016: 11-29.

[2] Bloom B S. Taxonomy of Educational Objectives: The Classification of Educational Goals. New York: Longmans Green, 1956: 13-18.

教育助我做出工作贡献""仍在使用读博期间习得的专业知识和方法"等题项。

本节对博士生教育经历的调查主要包括学生参与（国内外学术交流参与、科研项目参与、职业指导参与等）以及学校支持（包括课程教学、导师支持、学习资源、学术氛围、管理服务等）两个方面；对博士职业发展的调查主要包括客观职业表现（收入、岗位晋升）以及职业匹配（价值观匹配、能力匹配、供给匹配）的主观认知。①②具体变量设置如表7-1所示。

表7-1 变量说明

	变量	测量	M	SD
自变量	博士生教育经历	学习投入时间	1—3小时/天；4—6小时/天；7—9小时/天；9小时以上/天		
		论文发表	人文社科：国外学术期刊论文+国内核心期刊论文×0.8+国内一般期刊论文×0.3；理工科：国外学术期刊论文+国内学术期刊论文×0.4	2.12	1.353
		国内学术交流参与	是=1；否=0	0.79	0.404
		国际学术交流参与	是=1；否=0	0.40	0.491
		科研项目参与	是=1；否=0	0.81	0.391
		实习项目参与	是=1；否=0	0.43	0.495
		教学实践参与	是=1；否=0	0.32	0.466
		职业指导参与	是=1；否=0	0.17	0.376
		对课程教学的满意度	9个题项，1—5分	3.66	0.796
		对导师支持的满意度	9个题项，1—5分	4.11	0.748
		对学习资源的满意度	5个题项，1—5分	4.13	0.703
		对学术氛围的满意度	4个题项，1—5分	4.02	0.756
		对管理服务的满意度	6个题项，1—5分	3.93	0.727
	职业发展情况	收入	收入≤6万；6万<收入≤8万；8万<收入≤10万；收入>10万		
		岗位晋升	有=1；无=0	0.59	0.490
		博士个人与工作单位之间的价值观匹配	1个题项，1—5分	3.85	0.914
		博士个人与工作岗位之间的能力匹配	1个题项，1—5分	3.99	0.856
		博士个人与工作岗位之间的供给匹配	3个题项，1—5分	3.79	0.813
因变量		博士生教育的价值	7个题项，1—5分	3.87	0.601

---

① 罗英姿，张佳乐. 我国毕业博士职业选择与发展影响因素的实证研究——以涉农学科为例. 高等教育研究，2018，(11)：25-36.

② 罗英姿，陈尔东. 基于人与环境匹配理论的高校毕业生职业发展评价体系构建. 高等教育研究，2021(3)：70-78.

（二）实证分析结果

1. 博士对博士生教育价值的认可度较高

统计结果表明（表7-2）：整体上博士对博士生教育的价值的评价较高（平均值为3.85），认可其价值。具体来看，对"博士生教育助我向职业期望前进""博士生教育使我为首个工作做好准备""博士生教育使我求职很快成功""博士生教育助我做出工作贡献"四个题项认同程度的平均值均大于4，表明博士生教育能够较好地帮他们实现职业期望、做好职前准备、顺利求职以及在工作中做出贡献。对于"博士生教育使我在工作上富有创新力""仍在使用读博期间习得的专业知识和方法"两个题项，认同程度均值都接近4，也表明博士生教育在专业知识的传授和学生创新力的培养两方面都能较好地满足博士的工作需求，一定程度实现了"学有所用"。需要引起重视的是，博士对"博士生教育助我很快完成学校到工作的转换"方面普遍感到不满意（平均值为2.83），也说明他们从博士生到社会人转变的过程不顺畅。国内外有关博士职业准备话题的研究文献也曾指出这一现象。如有研究者在分析高校教师群体对博士生教育的满意度时即指出，"博士对教育的不满之处与其社会化过程相关，源于教育过程中的职业准备，以及学生对相关专业领域、知识、技能、人际能力、职业态度等方面的掌握和理解"[1]。换而言之，尽管相比其他层次毕业生，博士更容易找到符合其知识水平的工作岗位，但学校与职场间存在的结构化差异成为他们融入"工作世界"（world of works）的障碍。[2][3]因此，在夯实学术训练质量基础的同时，也应强调对博士生社会化的指导。

表7-2 博士生教育价值的问卷调查结果

	题项	平均值	学术职业	非学术职业
找工作情境	博士生教育使我为首个工作做好准备	4.03	4.08	4.00
	博士生教育使我求职很快成功	4.00	4.05	3.97
	博士生教育助我很快完成学校到工作的转换	2.83	3.02	2.70
具体职场情境	博士生教育助我向职业期望前进	4.08	4.15	4.03
	博士生教育助我做出工作贡献	4.06	4.13	4.02

---

[1] Hermanowicz J C. Faculty perceptions of their graduate education. Higher Education, 2016, 72 (3): 291-305.

[2] Kehm B M, Teichler U. Doctoral education and labor market: Policy questions and data needs. In Gokhberg L, Shmatko N, Auriol L (Eds.), The Science and Technology Labor Force. Cham: Springer, 2016: 11-29.

[3] De Grande H, De Boyser K, Vandevelde K, et al. From academia to industry: are doctorate holders ready. Journal of knowledge Economy, 2014 (5): 538-561.

续表

	题项	平均值	学术职业	非学术职业
具体职场情境	博士生教育使我在工作上富有创新力	3.96	4.02	3.91
	仍在使用读博期间习得的专业知识和方法	3.97	4.12	3.86
总计		3.85	3.94	3.78

2. 相比非学术职业，学术职业博士对博士生教育价值的认可程度更高

随着博士职业路径日趋多元化，对博士生教育价值的审视同样应延伸至非学术职业工作场景，以探讨知识经济时代人才培养的适切性。[①]欧洲科研基金会、美国研究生院理事会等开展了许多针对博士的国际调查，均将非学术领域任职的博士群体作为重要关注点之一，从而揭示不同职业群体对博士生教育成效的认知差异。为进一步讨论"博士生教育是否能满足博士的需求"这一问题的职业差异，也为了回应"博士生教育是否能满足非学术职业工作的需要"这一现实问题，本节将调查样本分为从事学术职业与非学术职业两类进行对比分析（图7-1）。

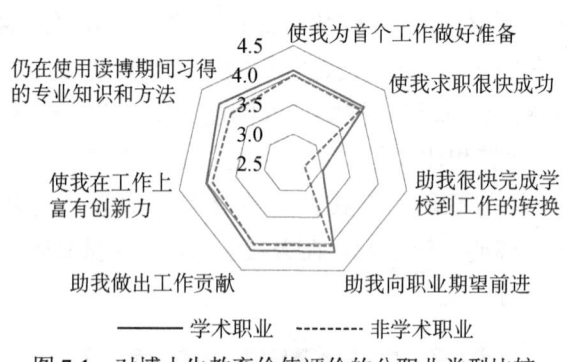

图7-1 对博士生教育价值评价的分职业类型比较

结果表明，从事学术职业的博士对博士生教育能否满足职业发展需求的认可程度（平均值为3.94）明显高于非学术职业博士（平均值为3.78）。这说明当前的博士生教育更能满足学术劳动力市场中博士的职业发展需求。具体而言，学术职业博士群体与非学术职业博士群体在"博士生教育助我向职业期望前进""仍在使用读博期间习得的专业知识和方法""博士生教育助我很快完成学校到工作的转换"等题项的认同度上存在较大差异。在德国，2018年泰希勒（Teichler）

---

① Cardoso S, Rosa M. Quality assurance of doctoral education: Current trends and future developments. In Cardoso, S. Structural and Institutional Transformations in Doctoral Education. Cham: Palgrave Macmillan, 2020: 105-138.

等的调查发现，非学术领域工作的博士对博士生教育的认可度较低，而在专业知识技能运用上，学术职业博士给出的评价也更高。[1]结合累积优势理论，上述现象可能反映出不同职业路径的博士群体对博士生教育价值的认知差异。[2][3]当前我国博士生教育呈现明显的学术职业训练导向，如洪大用认为学术培养导向在研究生教育中占据绝对主导位置。[4]就学术型博士生教育而言，培养过程在本质上是为他们未来步入学术职业做准备，涵盖论文的写作与发表、国内外学术交流、基金与课题的申请、教学实践等各方面。学术型博士生教育成为个人取得学术职业优势的基础，那些在毕业后旋即进入学术职业的博士自然处于优势地位，进而取得更好成绩、获得更高回报，当然会给予博士生教育经历更高评价，但非学术职业博士群体可能因博士生教育对工作的适切性不高而给予较低评价。[5]这也表明，当前的博士生教育与非学术劳动力市场的对接存在一定问题，传授的专业知识与技能、职业指导等均侧重于学术职业，忽视了从事非学术职业的需求。

3. 博士生教育经历显著影响博士对博士生教育价值的评价

为了检验读博过程中学生参与、学校支持对博士生教育价值认知的影响，本节以学生参与（国内外学术交流、科研项目、职业指导等）与学校方面的支持（课程教学、导师支持、学习资源、学术氛围等）为自变量，以对博士生教育价值的认知为因变量，在控制职业发展和个人特征变量后进行多元线性回归分析。回归结果（表 7-3）表明，学生参与和学校支持都显著影响博士对博士生教育价值的评价。

表 7-3 博士生教育经历与博士生教育价值评价的回归分析

变量	总样本 系数	Z	学术职业样本 系数	Z	非学术职业样本 系数	Z
常数项	1.225***	10.938	1.452***	7.371	1.224***	9.000

---

[1] Schneijderberg C, Teichler U. Doctoral education, training and work in Germany. In Shin J C. et al. Doctoral Education for the Knowledge Society: Knowledge Studies in Higher Education. Cham: Springer International Publishing, 2018: 13-34.

[2] Allison P D, Long J S, Krauze T K. Cumulative advantage and inequality in science. American Sociological Review, 1982 (47): 615-625.

[3] Zuckerman H. Scientific Elite: Nobel Laureates in the United States. New York: Free Press, 1977: 29-47.

[4] 洪大用. 为新时代研究生教育发展提供更好的智力支撑. 学位与研究生教育, 2020 (1): 1-5.

[5] Hermanowicz J C. Faculty perceptions of their graduate education. Higher Education, 2016, 72 (3): 291-305.

续表

变量		总样本 系数	总样本 Z	学术职业样本 系数	学术职业样本 Z	非学术职业样本 系数	非学术职业样本 Z
自变量	学习时间投入	0.045**	2.813	0.024	0.889	0.035	1.842
	论文发表	0.016	1.455	0.010	0.625	0.009	0.643
	国内学术交流参与	0.053	1.432	0.157*	2.275	−0.031	−0.721
	国际学术交流参与	0.041	1.414	−0.035	−0.761	0.083*	2.184
	科研项目参与	0.058	1.487	−0.050	−0.714	0.087	1.891
	实习项目参与	0.012	0.414	0.018	0.367	0.040	1.081
	教学实践参与	0.032	1.032	0.014	0.286	0.036	0.923
	职业指导参与	−0.027	−0.692	−0.026	−0.377	−0.033	−0.717
	对课程教学的满意度	0.063*	2.520	0.070	1.750	0.071*	2.219
	对导师支持的满意度	0.141***	4.700	0.128**	2.723	0.143***	3.667
	对学习资源的满意度	0.103**	3.029	0.109*	2.096	0.101*	2.295
	对学术氛围的满意度	0.085**	2.656	0.066	1.294	0.096*	2.341
	对管理服务的满意度	0.167***	4.771	0.187***	3.596	0.142**	2.958
控制变量	性别（女性为基准组）	0.046	1.643	−0.027	−0.600	0.101**	2.806
	学科（涉农管理学为基准组）农学	−0.141**	−3.133	−0.181*	−2.181	−0.127	−2.396
	学科（涉农管理学为基准组）涉农工学	−0.01	−0.179	−0.021	−0.212	−0.037	−0.552
	收入	0.073***	5.214	0.090***	3.913	0.068***	3.778
N		1107		460		647	
R^2		0.424		0.420		0.450	
F		47.147		18.850		30.306	
p		0.000		0.000		0.000	

具体来说，读博经历、学校方面的支持（课程教学、导师支持、学习资源、学术氛围和管理服务）显著影响博士对博士生教育价值的评价。首先，我们发现投入更多学习时间会产生积极的学习成果，这与杨佳乐等[①]的研究发现适度的时间投入能够提高博士生的学术产出相一致。结合本章所立足的理论基础还可知，个体的学习经历与取得的成果又能进一步强化其对学习过程（即博士生教育价值）的肯定。不过值得注意的是，在学术职业博士群体与非学术职业博士群体内的回归分析中，学习时间投入的影响均不具备显著性。原因可能在于所从事职业与学习卷入程度的适切性，即对学术职业博士或非学术职业博士而言，"学习时

---

① 杨佳乐，王传毅. 天道酬勤？不同培养模式下博士生时间投入与学术能力产出关系的实证分析. 学位与研究生教育，2021（11）：71-79.

间投入"不应是一个宽泛的整体性的概念,而应强调精力分配、学习重点与方法方式。①如此方可称为有意义的时间投入。其次,国内外学术交流经历也分别正向影响学术职业博士和非学术职业博士对博士生教育价值的评价。尽管有不少研究强调国际交流有助于强化博士生学习成果,但考虑到学术共同体的本土化特征,国内学术交流有助于近距离了解本土学术共同体的知识生产规范,其对学术职业博士无疑具有更突出的价值。②最后,学校方面的支持对评价博士生教育价值的影响也得到全面验证。在课程教学、导师支持、学习资源、学术氛围、管理服务方面的满意度均显著正向影响对博士生教育价值的评价。这一结果与博士生学习成果有关研究的结论相似,说明高质量的博士生培养更有助于形成积极的学习成果,如能力提升、职业准备等。③④其中,导师支持、学习资源、管理服务三个要素在学术职业与非学术职业博士中均表现出显著性影响,这反映出学校方面提供的支持是保障博士生教育价值的关键。

4. 职业发展状况显著影响博士对博士生教育价值的评价

为了检验职业发展情况对其博士生教育价值认知的影响,本节以博士的职业发展客观表现情况、职业匹配主观认知作为自变量,以对博士生教育价值的认知为因变量,在控制了读博经历和个人特征后进行多元线性回归分析,结果如表 7-4 所示。

表 7-4 职业发展情况与博士生教育价值评价的回归分析

变量		总样本		学术职业样本		非学术职业样本	
		系数	Z	系数	Z	系数	Z
	常数项	1.631***	17.538	1.840***	11.429	1.594***	14.232
自变量	收入	0.031*	2.214	−0.009	−0.391	0.051**	3.000
	岗位晋升	0.030	1.071	0.124**	2.696	−0.008	−0.228
	能力匹配	0.242***	10.522	0.249***	7.324	0.205***	6.833
	价值观匹配	0.100***	5.000	0.091**	2.935	0.111***	4.269
	供给匹配	0.180***	6.923	0.191***	5.026	0.200***	5.405

---

① Anderson B, Cutright M, Anderson S. Academic involvement in doctoral education: Predictive value of faculty mentorship and intellectual community on doctoral education outcomes. International Journal of Doctoral Studies, 2013 (8): 195-201.

② Zuckerman H. Scientific Elite: Nobel Laureates in The United States. New York: Free Press, 1977: 10-17.

③ 王传毅,杨佳乐,辜刘建. 博士生培养质量及其影响因素研究——基于 Nature 全球博士生调查的实证分析. 宏观质量研究, 2020 (1): 69-80.

④ 罗英姿,张佳乐. 中国毕业博士职业选择与发展影响因素的实证研究——以涉农学科为例. 高等教育研究, 2018 (11): 25-36.

续表

变量		总样本		学术职业样本		非学术职业样本	
		系数	Z	系数	Z	系数	Z
控制变量	性别（女性为基准组）	0.004	0.148	−0.087*	−2.071	0.072**	2.118
	学科（涉农管理学为基准组） 农学	−0.084*	−2.000	−0.090	−1.169	−0.074	−1.542
	涉农工学	0.024	0.471	0.088	0.989	−0.043	−0.693
	学习投入时间	0.044**	3.143	0.040	1.600	0.019	1.056
	论文发表	0.012	1.200	−0.005	−0.333	0.018	1.385
N		1107		460		647	
R^2		0.477		0.480		0.504	
F		99.932		41.506		64.532	
p		0.000		0.000		0.000	

回归结果表明，职业发展情况显著影响博士对博士生教育价值的评价。具体而言，收入、个人与工作单位价值观匹配程度、个人能力与工作岗位匹配程度、个人与工作岗位需求的匹配程度显著影响博士对博士生教育价值的评价。其中值得注意的是，在具体岗位中，人-职匹配度（能力匹配、价值观匹配、供给匹配）越高的博士，对博士生教育价值的评价也越高，越认为博士生教育能满足职业发展需求。也就是说，对自己职业发展满意度较高的博士，博士生教育在其职业生涯中起着非常重要的促进作用，能帮助他们更好地取得职业成功。这在学术职业和非学术职业博士群体中均得到印证。

此外，对学术职业博士群体而言，岗位晋升因素也显著影响其对博士生教育价值的评价。而对于从事非学术职业博士，收入因素显著影响其对博士生教育价值的评价。显然，学术职业博士将岗位晋升作为评判职业发展好坏的主要指标，以此对标个人职业发展，进而影响其对博士生教育价值的评价；而非学术职业博士群体是将收入作为评判个人职业发展好坏的主要指标。

四、结论与讨论

本节以杜威的教育价值思想及价值哲学理论为指导，以毕业博士这一"当事人"为评价主体，以"博士生教育对博士职业需要的满足程度"为评价内容，对当前博士生教育的价值开展了再审视：一方面，探讨了当前我国博士生教育的"有用性"；另一方面，分析了影响博士生教育价值评价的主要因素。

(一)博士生教育的价值被普遍认可,但在帮助博士实现专业社会化方面有待加强

博士生教育能较好地满足博士职业发展的需求,博士普遍认为"通过博士生教育来满足我的需求是值得的"。调查显示,不论从事学术职业还是非学术职业,大多数博士(约76%)满意目前的工作,并表示如果重新再来,他们依然选择攻读博士学位;博士生教育能较好地满足博士"实现职业期望、做好职业准备、求职成功以及助力做出工作贡献"等方面的需求,但在帮助博士"很快完成学校到工作的转换"方面有待加强,而且学术职业博士群体也这样认为,因此,为更好发挥博士生教育的价值,充分满足博士职业发展的需求,博士生教育需要注重博士生的专业社会化过程,把握其特征,为博士生专业社会化创造良好的环境。

(二)博士生教育经历和职业发展状况显著影响对博士生教育价值的评价

读博经历、学校方面的支持、职业收入、人-职匹配度显著影响毕业博士对博士生教育价值的评价。至此,博士生教育与博士职业发展形成了双向回路,一个意料之中又被科学验证的闭环(图7-2)。换言之,博士生教育显著影响博士的职业发展,而博士的职业发展状况也将影响其对博士生教育价值的认可程度。本书的系列研究成果均以分析博士生教育为主,验证各种博士生教育经历(包括学习时间投入、论文发表、学术与非学术活动以及导师支持、学术氛围、学习资源、管理服务等)对博士职业发展的影响(路径1)。[①②]本节则将博士职业发展状况作为源头,验证了其对博士生教育价值的影响(路径2)。

图 7-2 博士生教育与博士职业发展的关系

围绕博士生教育与博士职业发展关系的争议由来已久,针对要不要关注博士

---

① 罗英姿,张佳乐. 我国毕业博士职业选择与发展影响因素的实证研究——以涉农学科为例. 高等教育研究,2018(11):25-36.

② 罗英姿,黄维海. 博士职业发展成功的非认知能力特征及教育增值效应. 教育发展研究,2018(13-14):77-84.

的职业发展需求，要不要根据职业选择与职业发展调整博士生教育等问题的论争持续不断。本节深入辨析了博士生教育的价值，统一其人才培养价值与个人发展价值，认为博士生教育的社会价值最终通过个人价值来实现。从这个意义上来说，博士生教育改革研究必不可缺少对博士职业发展的关注，而促进博士更高质量就业、更好职业发展相关研究也不能忽视博士生教育经历的作用。

第二节 专业学位博士生教育的价值

一、问题的提出

近年来，博士专业学位在全球范围内的发展与扩张成为研究生教育领域不可忽视的重要现象，值得肯定的是专业学位博士生教育促进了高等教育领域学位类型和教育形式的多样化，缓解了学术学位博士生教育对非学术领域人才需求回应不足的窘境。但与发源历史悠久、稳居学术继承人金本位的学术学位相比，发展历史短、学位标准类型多样的博士专业学位仍面临诸多争议——不少人认为专业学位博士是"注水"博士，攻读博士专业学位者就是为了"混文凭"，以备升职加薪；也有人表示选择博士专业学位是为了获得"继续修炼"的机会，以提升自身运用理论知识解决生产实践问题的能力。[①]究其根本，这些社会舆论背后其实隐含着一项有待论证的研究议题：对于就读者而言专业学位博士生教育的功能是什么？

根据影响范围的大小，教育功能可以划分为社会功能和育人功能，[②]在此我们仅探讨专业学位博士生教育对个体产生的影响。"朝为田舍郎，暮登天子堂"（《琵琶记》），在古代科举制度的长期影响下，中国民众对教育影响个人前程发展及社会地位获得方面始终怀有较高期许；国外学者也指出博士生教育对毕业生的社会化与职业生涯发展具有关键作用[③]。专业学位博士生教育作为最高层次的学历教育，区别于学术学位博士生教育的两个代表性特征就是为专业实践做出贡献的使命和服务职场人士发展的定位，因此可以判定，专业学位博士生教育应有促

---

① 罗英姿，李雪辉. 我国专业学位博士教育面临的问题与改进策略——基于"全国专业学位博士教育质量调查"的结果. 高等教育研究，2019（11）：67-78.

② 张云霞. 教育功能的社会学研究. 武汉：武汉大学出版社，2011：64.

③ Gardner S K. "What's too much and what's too little？"：The process of becoming an independent researcher in doctoral education. The Journal of Higher Education，2008，79（3）：326-350.

进个体职业发展与地位获得的功能，国外学者已就博士专业学位影响个体生活、教育、职业、发展的重要性进行过探讨[1][2][3]，但关于这一功能经由何种路径达成的研究尚不多见，本节将聚焦此议题，基于教育功能相关理论并结合现有的调研数据，对专业学位博士生教育影响个体职业发展的具体路径进行深入挖掘，进而回应社会大众对专业学位博士生教育功能的质疑，并为政府及个人决策提供参考。

二、理论分析

关于教育对个人职业发展与地位获得的影响，现有研究主要从两条路径进行分析：一是强调教育对个体心智和能力的塑造，从而帮助个体应对工作任务、克服职业生涯中的其他挑战，进而获得更好的职业成就；二是强调个体通过接受学校教育获得相应的教育文凭，承载学科信息、教育质量状况以及文凭颁发机构层次信息的教育文凭会向用人单位发射代表个人工作能力的信号，从而使个体获得一定的社会资源和职业地位。

（一）教育通过促进个体能力提升进而获得职业发展

传统人力资本理论认为，教育通过向劳动者传授知识技能经验来提高个体的劳动生产率，进而使劳动者获得更高的工资收入，并将凝集在劳动者本身的知识、技能及其所表现出来的劳动能力界定为"认知能力"，正式的学校教育及在职培训是提升个体认知能力的主要活动。[4]另有学者指出，这一论断是在完全竞争市场下、以均衡增长为前提的严格假定下得出的，一旦经济发展陷入非均衡增长，该论断将不再准确；在非均衡增长路径下，劳动力的工资水平不仅受到生产能力的影响，也受其在技术变迁中的位置影响，而与生产能力无关的如恒心、毅力、耐心等的非认知能力，将使个体在技术变迁中获得非均衡租金。[5]这一结论

---

[1] Scott D, Brown A, Lunt I, et al. Professional doctorates: Integrating professional and academic knowledge. Society for Research into Higher Education& Open University, 2005: 113, 126-137.

[2] Burgess H, Weller G, Wellington J. The connection between professional doctorates and the workplace: Symbiotic relationship or loose association？. Work Based Learning e-Journal International, 2013, 3（1）: 76-108.

[3] Hramiak A. The impact of doctoral studies on personal and professional lives. Work Based Learning e-journal International, 2017, 7（1）: 20-39.

[4] Schultz T W. Investment in human capital. The American Economic Review, 1961, 51（1）: 1-17.

[5] 方超，黄斌. 非认知能力、家庭教育期望与子代学业成绩——基于CEPS追踪数据的经验分析. 全球教育展望, 2019（1）: 55-70.

亦得到其他研究的支持——在明瑟方程中控制认知能力及个体特征等变量后，仍存在 2/3—4/5 的个体收入差异不能被解释。[1]新人力资本理论就是在以往狭义的人力资本观点上发展而来，将人力资本重构为包含认知能力和非认知能力两维度以能力为核心的人力资本概念框架，并打开了以往被视为"黑箱"的个体能力形成过程——该理论认为个体能力差异既源自基因禀赋等先赋要素，也受到教育、环境等后致要素的影响，在个体进入劳动力市场后，这些能力差异又会造成个体发展的特征差异（图 7-3）。

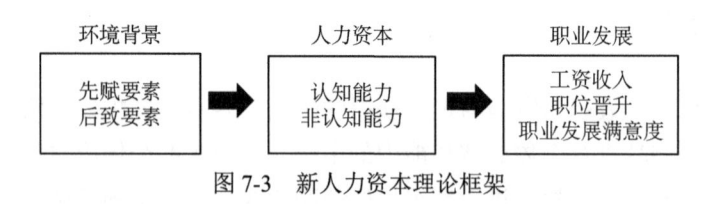

图 7-3 新人力资本理论框架

（二）教育通过筛选出不同能力水平的个体进而造成个体职业发展差异

人力资本理论的核心观点在于，教育能通过提高个体的劳动生产率从而提高个体的经济收入，即教育具有很强的生产功能。在这一理论观点的推动下，世界范围内迅速出现了教育大发展的热潮，然而十几年之后，由于经济危机造成经济衰退、通货膨胀等国际宏观经济发展环境的变动，各国政府赋予教育提高劳动生产率、促进经济增长的目标未能完全实现，这使人力资本理论在理论上和实践上都受到了众多的质疑和挑战。[2]在此背景下筛选理论应运而生，该理论独辟蹊径，基于劳动力筛选与信号传递视角阐述了教育对个体工资收益的影响路径。信号理论或筛选假设理论认为，由于劳动力市场的信息不对称，雇主无法充分了解应聘者的劳动生产率，只能通过教育文凭所传递的信息来了解应聘者的工作能力与生产效率，因而教育的经济功能不在于教育对个体能力的提升，而是在于教育可以区分、筛选出高劳动生产率的人，使其获得更高的工作收入，即教育具有很强的信号功能。[3][4]

---

[1] 周金燕. 人力资本内涵的扩展：非认知能力的经济价值和投资. 北京大学教育评论，2015（1）：78-95，189-190.
[2] 闵维方. 人力资本理论的形成、发展及其现实意义. 北京大学教育评论，2020（1）：9-26，188.
[3] Spence M. Job market signaling. Quarterly Journal of Economics，1973（3）：355-374.
[4] Riley J G. Testing the educational screening hypothesis. Journal of Political Economy，1979，87（5）：S227-S252.

关于教育究竟以何种路径影响个人职业发展，人力资本理论与筛选理论两派学者争论已久。尽管世界范围内论证这两种理论的方法很多，实证数据涉及的国家、地区、时间阶段也较为广泛，但研究结论却差别较大，且各种检验方法皆不能给人力资本理论与筛选理论之争以一个完美无缺的准确答案，也不能从已有方法中归纳出一个比较一致的方法。①但令人鼓舞的是，在人力资本理论与筛选理论长达 50 年的论战中，两派理论都做出了调适与扩展，也让人们认清了事实——教育的生产功能和信号功能不是一个非此即彼的问题，且会随着时代、地域、劳动力市场类型、教育类型及层级质量的不同而发生变化。②③故而，本节将重点置于博士专业学位这一类型与层次的教育影响个人职业发展的路径检验，而非专业学位博士教育生产功能和信号功能的比例与数值计算。

（三）专业学位博士生教育对毕业博士职业发展的影响路径假设

国外学者认为开设专业学位博士项目对处于不同职业发展阶段的从业者都具有重要价值。国外一些特定的职业领域设立有专门的专业学位研究生项目，意在培养该职业领域的从业者，例如培养科研工程师的工程博士学位（EngD）、培养临床心理学家的心理学博士学位（DClinPsy）、培养执业兽医师的兽医博士学位（DVM），因此这些领域的专业学位一般是面向职业早期的从业者招生；然而，也有越来越多处于职业阶段中后期的从业者为了寻求职业发展选择攻读专业学位博士项目，包括为支持一项重大的发展或变革工作、推动某一特定领域的实践、建立和巩固自身在某专业领域的地位与认可度，以及获得专业领域内权威专家的身份认证而攻读专业学位博士项目。

已有研究也验证了专业学位博士生教育对个体职业发展产生的促进作用。Burgess 等的研究指出，获得博士专业学位对个体的职业发展产生了极大的影响，一部分是使个体获得了更高级别的职位，另一部分则是使个人发生身份认知的转变。④但有研究指出，博士专业学位影响个体职业发展的路径值得商榷。有学者推断更多的情况是专业学位通过影响个体认知领域和情感领域的能力素养间

---

① 李锋亮. 教育的信息功能与筛选功能. 北京：北京大学出版社，2008：212-219.
② 李锋亮，Morgan W J，陈晓宇. 绝对教育年限与相对教育位置的收入效应——对教育生产功能和信号功能的检验. 中国人口科学，2008（1）：67-73，96.
③ 张青根. 中国文凭效应. 北京：中国社会科学出版社，2019：43-50.
④ Burgess H，Wellington J. Exploring the impact of the professional doctorate on students' professional practice and personal development: Early indications. Work Based Learning E-Journal，2010，1（1）：160-176.

接影响职业生涯,而非对个体的职业绩效造成直接影响①,这一观点与新人力资本理论相一致。

鉴于博士专业学位的特殊性,不少研究探讨了专业学位教育对个体能力素养的影响。与其他类型与层次的教育不同,专业学位博士生教育培养的是较为复杂的深层次能力,而非简单的专业知识技能,主要包含认知层面的写作能力、表达能力、科研思维与能力、分析能力、专业实践技能、学习方式②,以及非认知层面的态度、信心、性格、③信仰、自我认知、反思性能力。总体来看,专业学位博士生教育令个体更关注自身能力的发展,而非职位的晋升。④

综合以上研究,本节提出以下假设:

H1:专业学位博士生教育对毕业博士人力资本提升有显著正向促进作用;

H2:专业学位博士生教育通过促进个体人力资本提升,间接促进个体的职业发展。

此外,筛选理论的本质是通过一系列的教育筛选装置来实现高低能力群体的有效分离,进而导致不同能力水平个体的工资收入水平差异,而文凭是其中最重要的信号载体。因此,教育自身系统的筛选强度与效度会造成不同文凭的信号价值差异,进而影响个体职业获得与职业发展的差异,而文凭所属的教育层次、教育类型以及此类教育的规模、质量都会影响该教育系统的筛选强度与效度。总体来说,文凭所属的教育层次越高,专业就业前景越好,学位授予数量越少,教育质量越高的教育系统筛选力度越大,教育信号更可信,文凭信号价值也更高。⑤相对于学术学位博士生教育,专业学位博士生教育起步较晚,招生数量少,发展速度相对缓慢,目前仅在临床医学、兽医、口腔医学、教育、工程、中医 6 种市场需求较大的专业领域开设,2018—2020 年授予学位人数仅占博士学位授予总

---

① Wellington J, Sikes P. A doctorate in a tight compartment: Why do students choose a professional doctorate and what impact does it have on their personal and professional lives?. Studies in Higher Education, 2006, 31 (6): 723-734.

② Hramiak A. The impact of doctoral studies on personal and professional lives. Work Based Learning e-Journal International, 2017, 7 (1): 20-39.

③ Scott D, Brown A, Lunt I, et al. Professional doctorates: Integrating professional and academic knowledge. Society for Research into Higher Education & Open University, 2005: 113, 126-137.

④ Burgess H, Wellington J. Exploring the impact of the professional doctorate on students' professional practice and personal development: Early indications. Work Based Learning e-Journal, 2010, 1 (1): 160-176.

⑤ 张青根. 中国文凭效应. 北京: 中国社会科学出版社, 2019: 244-247.

数的 3.74%[①]，因此总体来看，专业学位博士生教育筛选力度较大，专业学位博士文凭应该有较强的信号价值。鉴于此，本节提出假设：

H3：专业学位博士生教育通过文凭的信号发射对毕业博士职业发展有直接促进作用。

综合以上研究假设，提出本节的研究框架（图 7-4）。

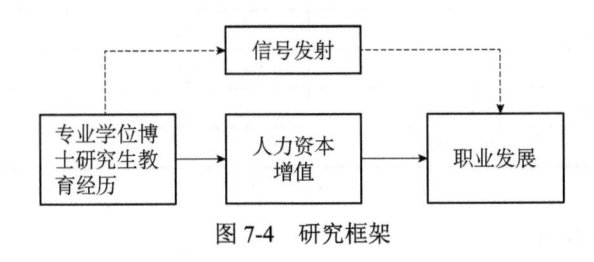

图 7-4　研究框架

三、实证检验

（一）数据来源

研究数据源自 2018 年 12 月至 2019 年 2 月开展的全国专业学位博士教育质量调查。本节选取毕业生调查中的 678 份有效问卷用于实证分析，毕业生样本数据特征如表 7-5 所示。

表 7-5　样本数据特征分布

比较项		样本数/人	占比/%
性别	男	323	47.6
	女	355	52.4
就读高校类型	"双一流"建设高校	582	85.8
	其他高校	96	14.2
培养方式	全日制	103	15.2
	非全日制	575	84.8
专业类别	临床医学	143	21.1
	兽医	137	20.2
	口腔医学	73	10.8

[①] 2018 年教育统计数据分学科研究生数（总计）.（2019-08-12）[2021-12-20]. http://www.moe.gov.cn/jyb_sjzl/moe_560/jytjsj_2018/qg/201908/t20190812_394203.html；2019 年教育统计数据分学科研究生数（总计）.（2020-06-11）[2021-12-20]. http://www.moe.gov.cn/jyb_sjzl/moe_560/jytjsj_2019/qg/202006/t20200611_464779.html；2020 年教育统计数据分学科研究生数（总计）.（2021-08-31）[2021-12-20]. http://www.moe.gov.cn/jyb_sjzl/moe_560/2020/quanguo/202108/t20210831_556345.html.

续表

比较项		样本数/人	占比/%
专业类别	教育	159	23.4
	工程	137	20.2
	中医	29	4.3
读博前的工作年限	0年	272	40.1
	1—3年	186	27.4
	4—6年	70	10.3
	7—9年	58	8.6
	10年及以上	92	13.6

（二）变量选取

依据对已有文献的梳理，为验证专业学位博士生教育通过促进博士人力资本增值进而促进职业发展的影响路径，本节选取专业学位毕业博士的职业发展满意度作为因变量，专业学位博士就读期间的人力资本增值情况作为中介变量，以及专业学位博士生教育经历要素作为自变量，通过中介效应模型对专业学位博士生教育经历经由人力资本增值影响个体职业发展的路径进行检验，具体变量界定与选取情况如表7-6所示。

表7-6 变量选取与说明

变量		变量说明
因变量	职业发展满意度	6项观测题，1—5分（1=非常不满意，5=非常满意）
中介变量	人力资本增值	13项观测题，1—5分（1=没有任何提升，5=提升很大）
自变量	校内导师指导满意度	8项观测题，1—5分（1=非常不满意，5=非常满意）
	校外导师指导满意度	8项观测题，1—5分（1=非常不满意，5=非常满意）
	理论课程与教学满意度	6项观测题，1—5分（1=非常不满意，5=非常满意）
	实践课程与教学满意度	6项观测题，1—5分（1=非常不满意，5=非常满意）
	学校管理与服务	4项观测题，1—5分（1=非常不同意，5=非常同意）
	校外支持与参与	4项观测题，1—5分（1=没有，5=很多）
	学位论文制度满意度	1项观测题，1—5分（1=非常不满意，5=非常满意）
	国内学术与实践训练参与	6项观测题，1=是，0=否
	国际学术训练经历	
控制变量	性别	1=男，0=女
	毕业高校层次	0=非"双一流"建设高校；1="双一流"建设高校
	就读的专业	1=临床医学，2=兽医，3=口腔医学，4=教育，5=工程，6=中医

1. 因变量：毕业专业学位博士的职业发展满意度

已有研究多从经济学视角探究教育的投资收益率，采用收入、晋升等客观指标来衡量博士的职业发展水平[①]，而本节无意探究专业学位博士生教育的文凭效应大小或人力资本效应大小，研究重点在于探讨专业学位博士生教育经历对个体职业发展的影响机制与路径，因此更倾向于从综合性视角选取专业学位博士职业发展情况的测量指标，职业发展满意度评价重视人作为主体对自身职业发展水平的综合感知与评价，对个体职业发展情况具有更全面的代表性，因此选取职业发展满意度评价作为专业学位博士职业发展情况的测量指标。其中，专业学位毕业博士职业发展满意度量表由6项测量题目构成，量表的内部一致性系数为0.928，KMO值为0.909，具有良好的信度和结构效度。考虑到因变量的原始测量指标数目较多，本节选取主成分分析法对专业学位博士职业发展满意度进行估算，最终得到一个综合指标。其他由多项指标测量的中介变量、自变量均采用主成分分析法进行处理，后续不再赘述。

2. 中介变量：专业学位博士就读期间的人力资本增值

新人力资本理论将人力资本等价教育观转向基于能力的人力资本概念框架，并将代表人力资本的能力划分成认知能力和非认知能力两类：认知能力是指与劳动生产相关、关乎个体工资水平的易被观测的一些能力，例如听、说、读、写、计算等基本能力，以及专业理论知识、实践操作能力等专业知识技能；非认知能力则广泛地包括不容易通过标准化测试来呈现却能够有助于问题解决的隐性的个性特质，如动机、态度、价值观、自我认知、沟通、社会交往等。[②③]借鉴已有研究，本节选取7项能力作为专业学位博士认知能力的测量指标，6项能力作为专业学位博士非认知能力的测量指标，由13项测量指标共同构成专业学位博士的人力资本量表，每项能力测量题项的原始自评选项设定为利克特5级量表，由被调查者对各项能力在专业学位博士学习期间的增值情况进行评价。人力资本量表内部一致性系数为0.969，KMO值为0.905，具有良好的信度和结构效度。

---

① 罗英姿，张佳乐. 我国毕业博士职业选择与发展影响因素的实证研究——以涉农学科为例. 高等教育研究，2018（11）：25-36.

② 罗英姿，黄维海. 博士职业发展成功的非认知能力特征及教育增值效应. 教育发展研究，2018（13-14）：77-84.

③ 周金燕. 中小学生非认知技能的测量及实证表现：以中国六省市数据为基础. 北京大学教育评论，2021（1）：87-108，191-192.

3. 自变量：专业学位博士生教育经历

区别于以往单纯采用受教育年限、文凭级别或毕业院校层次作为代理变量的做法，本节将专业学位博士生教育的测量细化至教育经历层面，从校内导师指导、校外导师指导、理论课程与教学、实践课程与教学、学校管理与服务、校外支持与参与、学位论文制度、国内学术与实践训练、国际学术训练9个维度选取43个题项对专业学位博士生教育经历进行测量；教育经历量表的总体内部一致性系数为 0.953，KMO 值为 0.974，巴特利特球形度检验 p 值小于 0.01，各自变量测量量表的内部一致性系数也均在 0.825—0.971，KMO 值均高于 0.673，这表明专业学位博士生教育经历的测量结果较为准确可靠。

4. 控制变量

本节选取性别、毕业高校层次、就读的专业作为控制变量，这些变量对专业学位毕业博士职业发展可能产生影响，但不是本节关注的影响博士人力资本增值的主要教育经历要素，因此作为控制变量纳入计量模型。

（三）实证分析结果

1. 专业学位博士生教育有效促进了专业学位博士的人力资本增值

从专业学位博士读博期间的能力增值统计分析结果可知，专业学位博士认知能力维度的人力资本增值为 4.42，非认知能力维度的增值为 4.41。对各项认知能力增值按均值和各项非认知能力增值按均值的排序如表 7-7 所示。

表 7-7 专业学位博士人力资本增值情况

维度	人力资本测量指标	均值	维度均值	维度标准差
认知能力	专业理论知识	4.48	4.42	0.66
	学术研究与写作能力	4.48		
	最新仪器设备操作能力	4.35		
	理论的实际应用能力	4.41		
	方法的应用能力	4.45		
	资料与信息的收集与处理能力	4.46		
	外语运用能力	4.29		
非认知能力	问题的发现、分析与解决能力	4.46	4.41	0.69
	学习能力	4.46		
	组织管理和计划能力	4.34		
	思维能力和创造能力	4.43		
	交流和表达能力	4.41		
	团队协作与人际关系处理能力	4.39		

总体来看，专业学位博士对读博期间认知能力与非认知能力增值情况评价普遍较高；在认知能力维度，专业理论知识、学术研究与写作能力等科研相关能力的增值情况普遍优于最新仪器设备操作能力等实践相关能力；在非认知能力维度，问题的发现、分析与解决能力、学习能力、思维能力和创造能力等目标达成类非认知能力的增值情况普遍优于交流和表达能力、团队协作与人际关系处理能力、组织管理和计划能力等人际合作类非认知能力。研究结果初步验证了专业学位博士生教育对博士人力资本积累的促进作用，假设 1 成立。

2. 专业学位博士生教育通过促进毕业博士人力资本增值进而促进其职业发展

采用逐步回归法检验专业学位博士生教育通过人力资本增值影响个体职业发展的中介效应模型结果显示，专业学位博士生教育经历各要素中，理论课程与教学、校外支持与参与、学位论文制度通过正向影响博士人力资本增值进而促进其职业发展满意度的中介路径通过检验（图 7-5）。其中，理论课程与教学、校外支持与参与影响专业学位博士职业发展的路径为部分中介过程，意为这两类要素既会通过促进个体人力资本增值进而影响个体职业发展，也会直接对个体职业发展产生一定影响，其中理论课程与教学的中介效应值为 0.044、直接效应值为 0.114，校外支持与参与的中介效应值为 0.118，直接效应值为 0.335；学位论文制度仅通过促进个体人力资本增值进而影响职业发展，也即完全中介过程，中介效应值为 0.085。由此，可以证明假设 2 成立，即专业学位博士生教育会通过促进专业学位博士个体的人力资本增值而促进其职业发展。

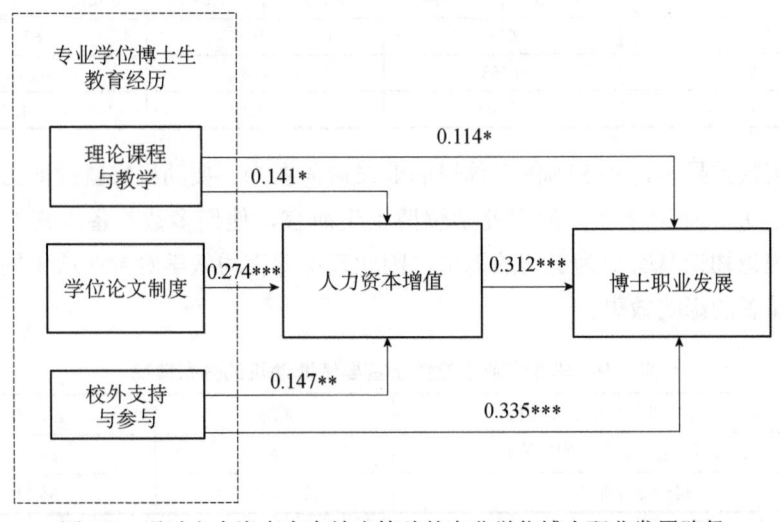

图 7-5 通过人力资本中介效应检验的专业学位博士职业发展路径

模型Ⅱ为专业学位博士生教育对博士人力资本增值情况的回归模型，可以发现导师指导、理论课程与教学、校外支持与参与、学位论文制度、国内学术与实践训练参与对专业学位博士人力资本增值均具有显著正向影响，其中影响系数最高的为学位论文制度。由表 7-8 可见，在专业学位博士生教育经历中，导师指导、理论课程与教学、学位论文制度、校外支持与参与对博士生人力资本的提升具有关键促进作用。

表 7-8 专业学位博士职业发展的中介效应模型

变量	模型Ⅰ 职业发展满意度 系数	标准误	模型Ⅱ 人力资本增值 系数	标准误	模型Ⅲ 职业发展满意度 系数	标准误
校内导师指导	0.019	0.048	0.120**	0.049	−0.018	0.046
校外导师指导	0.037	0.030	0.055*	0.031	0.020	0.029
理论课程与教学	0.158**	0.071	0.141*	0.072	0.114*	0.068
实践课程与教学	0.050	0.076	0.139*	0.077	0.007	0.072
学校管理与服务	0.003	0.067	−0.110	0.068	0.038	0.064
校外支持与参与	0.381***	0.060	0.147**	0.061	0.335***	0.057
学位论文制度	0.103**	0.050	0.274***	0.051	0.018	0.049
国内学术与实践训练参与	0.022	0.030	0.071**	0.030	0.000	0.028
国际学术训练经历	0.074**	0.030	0.037	0.030	0.062**	0.028
人力资本增值	—	—	—	—	0.312***	0.036
控制变量	性别、毕业高校层次、就读的专业					
常数项	−0.055	0.094	0.145	0.096	−0.100	0.090
N	678		678		678	
R^2	0.463		0.446		0.516	
F	35.548		33.320		41.432	

调查数据显示，39.53%的个体以职业发展需要为首要动机来就读博士专业学位（表 7-9），而对于在职的专业学位博士生而言，他们多数具备丰富的实践经验，对理论知识具有更为迫切的需求，因此理论课程与教学对专业博士的职业发展具有显著的影响效果。

表 7-9 毕业专业学位博士首要读博动机的分布情况

攻读博士专业学位的首要动机	频数	占比/%
职业发展需要（薪资、职位等）	268	39.53
提升专业能力	247	36.43

续表

攻读博士专业学位的首要动机	频数	占比/%
兴趣追求	96	14.16
追求高学历	50	7.37
扩展人脉	5	0.74
其他	12	1.77

我们收集的专业学位博士生教育利益相关者（在读生、毕业生、导师、高校管理者、行业及企业管理者）访谈资料对这些研究结论也有所印证。

学生来读这个学位大部分还是源于自身工作的需要，比如说现在工作中遇到的一些问题，因为与最新的理论知识脱节，所以想通过读博更新一下理论知识与方法……（兽医专业学位博士生教育管理者）

学习一些先进的理念、理论，及时更新信息是我来读博的最主要原因，我仍然在研发一线工作，现在对理论和方法的学习主要是通过自学，像查找、阅读文献的时间比较少，也是想通过学校学习尽快地获得这些信息。（工程专业学位博士生）

专业学位博士生教育致力于通过培养实践型高层次人才解决行业复杂应用技术问题、进行应用技术创新、推进科研成果转化，具有鲜明的行业需求导向。因此，专业学位博士培养单位与行业理应存在密切的联系与合作，行业力量的参与和支持对专业学位博士教育质量保障应具有重要影响。

从2018年开始，国家发放的专业学位博士名额大幅扩大，对跟我们学校有校企合作或对接项目的企业推荐的符合条件的学生我们会优先考虑，这对于校企长期合作、提高学生培养质量以及成果产出都是有益的。（工程专业学位博士生教育管理者）

我们科室的一个男生现在正在读博（口腔医学专业博士），平时他大多数时间还是在科里工作，他在学校的导师我们也都熟识，在今年申请课题时我们还在一起讨论过，我觉得这对学生的培养是有好处的。国外一些先进的技术、知识可能高校老师要比我们更早知道、更加了解，我们就是主要服务病患、要动手实践，但面对一些难以解决的问题，像"牙髓再生"这类技术，可能对整个人类都有重大意义，确实需要理论与实践更好地结合，我觉得这是（专业学位）博士教育的最大意义。（某省口腔医院管理者）

导师指导是影响专业学位博士成长与发展的关键因素，具有其他培养要素无可替代的重要地位，导师指导的频率、风格、模式、质量都会对博士生的能力提升与职业发展造成影响。

在读博期间的一次实验经历给我印象很深，我将我制备好的注射液拿给导师汇报时，导师发现我这个注射液存在制备失误，他没有责备我，而是给我讲做研究做产品一定要认真仔细，要学会分析问题、解决问题，并且让我自己去查资料寻找失败的原因然后再和他讨论。从此以后，我对实验现象尤为重视，并不断地分析总结，后来这一良好的习惯还在我实习期间为一家企业挽回了原料掺假带来的巨额损失。这个经历对我而言非常重要，现在我指导研究生也会注重引导学生自己思考，培养他们分析与解决问题的能力……（兽医专业学位博士生导师）

总体来看，专业学位博士教育经历对毕业博士的职业能力提升和未来职业发展均发挥出关键的影响作用。

我在硕士毕业到工作岗位后，面对复杂多样的畜牧生产和动物疫病防控工作感到自身知识储备不足，因此选择进一步攻读专业学位兽医博士……读博期间导师的指导对我克服科研中遇到的难题帮助很大，三年的兽医专业学位学习经历提升了我运用现代科学技术观察、分析和解决问题的能力，也培养了我独立思考和终身学习的能力，这些能力对我后期的职业发展帮助极大，让我在带领团队申请重大科技攻关项目、处理公共卫生事件方面能够很好的应对……博士学位论文相关的研究成果为我后期在工作单位建设疫病追溯系统奠定了技术基础……（兽医专业学位博士毕业生）

此外，值得关注的是在控制变量中，毕业高校层次显著影响专业学位博士职业发展，且经过检验发现影响路径为部分中介过程，总影响效应值为0.154，其中毕业高校层次经过人力资本增值影响个体职业发展的中介效应值为-0.065，对职业发展的直接影响效应值为0.219。这表明与非"双一流"建设高校毕业博士相比，"双一流"建设高校毕业博士能获得更好的职业发展，但这主要依靠于毕业高校的声望本身，因为数据分析结果显示毕业高校层次越高的专业学位博士，其人力资本增值程度越低，这或能验证专业学位博士教育文凭的信号发射功能。

3. 专业学位博士生教育通过博士文凭的信号价值发射进而影响博士职业发展

74.63%的毕业博士自评显示，当前的职位薪酬获得与攻读博士专业学位有关（图7-6）。进一步分析该群体数据发现，15.02%的博士认为专业学位博士文凭对当前职位与薪酬获得最具影响（图7-7）。由此可以推断专业学位博士文凭存在显著的信号价值。此外，12.25%的毕业博士认为所选择的就读高校对当前工作最具影响，这进一步验证了毕业高校层次对个体职业发展的信号发射作用，因此可以判定承载院校层次、专业信息与教育质量状况的专业学位博士文凭会通过发射代表个人工作能力的信号对个体职业发展产生促进作用，假设3成立。

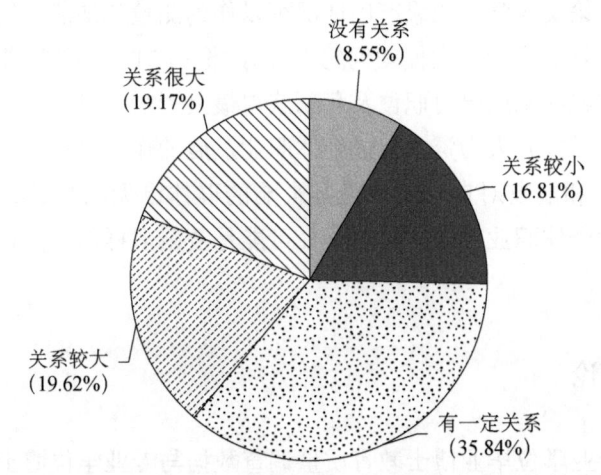

图7-6 毕业博士职位及薪酬获得与取得博士专业学位的关系

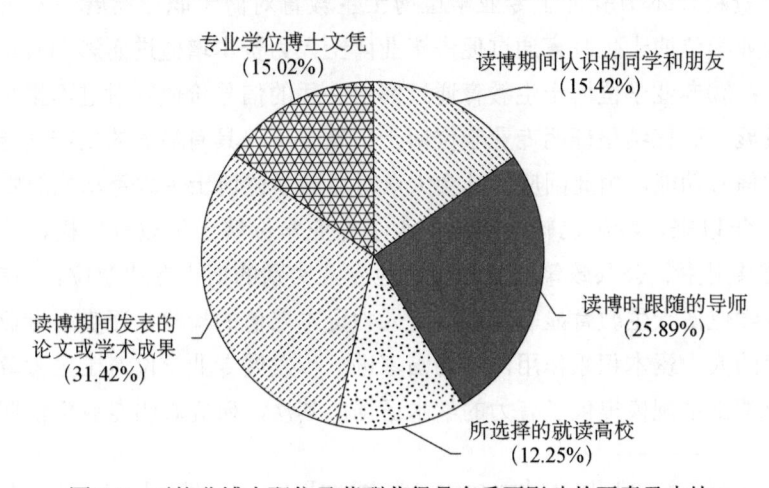

图7-7 对毕业博士职位及薪酬获得具有重要影响的要素及占比

我们对专业学位毕业博士的访谈也印证了这一结论：

> 拿了（专业学位）博士学位对职称评定和涨工资还是有好处的，一些课题、培训，领导会优先考虑让我去参加。我觉得读这个学位还是值得的……（口腔医学专业学位博士毕业生）

> 通过攻读博士学位，我还带动了单位一大帮人，他们在工作期间也报考了兽医博士，一边工作一边学习，后面拿到这个学位对于他们职称晋升都有用。（某省出入境检验检疫局管理者）

此外，由于论文等学术成果产出情况可以作为测量认知能力的代理指标，且可以克服自评工具的评价尺度偏差问题[①]，因此根据31.42%的毕业博士自评读博期间发表的论文或学术成果对职位及薪酬获得最具影响，可以进一步印证专业学位博士生教育通过提升人力资本促进个体职业发展的作用路径。此外，认为读博期间认识的同学和朋友对自己工作最具影响的群体已无法判断其背后的深层原因，因为同伴对个体职业发展的影响路径可能是复杂多样的，因篇幅有限，本节不再做深入探讨。

四、结论与讨论

基于全国专业学位毕业博士教育质量调查数据与专业学位博士生教育利益相关者访谈资料，本节验证了专业学位博士生教育对博士职业发展的两条影响路径：①专业学位博士生教育通过促进毕业博士人力资本增值进而影响其毕业后的职业发展；②专业学位博士生教育通过博士文凭的信号价值发射进而影响毕业博士职业发展。研究结果证明专业学位博士生教育不仅具有显著的生产功能，还具备一定的信号功能，由此回应了社会大众对专业学位博士生教育功能的质疑。

2018年以来，我国已较大幅度扩大了专业学位博士生教育规模，并增设了法律、公共卫生、公共政策与管理等其他专业类别的博士专业学位。[②]首先，本节对专业学位博士生教育显著促进博士人力资本增值的检验，证实了专业学位博士生教育的人力资本积累作用，这为国家进一步发展专业学位博士生教育、扩大专业学位博士生规模提供了有力的学术证据。其次，研究表明专业学位博士文凭

---

① Heckman J J, Kautz T. Hard evidence on soft skills. Labour Economics，2012，19（4）：451-464.

② 国务院学位委员会教育部关于印发《专业学位研究生教育发展方案（2020—2025）》的通知.（2020-09-30）[2021-12-20]. http://www.moe.gov.cn/srcsite/A22/moe_826/202009/t20200930_492590.html.

具有发射代表个体能力水平与生产效率的信号功能，这可以为用人单位决策员工薪酬待遇与岗位层级提供参考，因此发展专业学位博士生教育也将对劳动力市场信息不对称造成的就业效率低下及结构性矛盾存在一定缓解作用。根据专业学位博士生教育同时具备生产功能与信号功能的研究结论，我们认为对处于任一职业发展阶段且具有职业发展需求的个体而言，攻读博士专业学位都将助推其职业发展。

值得关注的是，在描述性统计分析结果中，25.89%的毕业博士认为读博时跟随的导师对当前工作最具影响作用，但在中介效应模型检验中，校内导师指导与校外导师指导对毕业博士职业发展满意度的影响路径均未通过检验，本节认为这或许缘于专业学位博士生导师制度建设仍存在较大的院校差异，一些师资力量雄厚、与行业企业联系紧密的高校可以为专业学位博士提供高水平的校内导师与校外导师，而实践型师资数量短缺、与行业企业合作较少的高校则可能存在校外导师指导缺位、校内导师指导内容与学术博士同质化的现象，故而对毕业博士职业发展助益不多。因此，除去对毕业博士职业发展有显著促进作用的理论课程与教学、学位论文制度、校外力量支持与参与等教育要素外，专业学位博士生培养单位还需进一步加大对校内外导师制度的建设投入，尤其是那些实践型师资短缺、与行业企业联系不紧密的高校，应从扩展行业合作关系、寻求行业力量支持方面加大建设力度。

此外，由于教育、兽医、工程专业学位博士招收全日制生源时间较短，调查样本多为非全日制专业学位毕业博士，即大部分调查样本已拥有工作岗位，参考现有研究的论述——文凭的信号价值主要作用于劳动力市场信息不对称背景下的个体职位获得阶段而非个体的职业发展阶段[①]，我们判断本节估算的专业学位博士文凭信号作用可能低于其实际效果；另外，由于缺乏具有相同人力资本水平但未获得专业学位博士文凭的样本，本节亦无法对博士专业学位的文凭效应进行测量，因此专业学位博士文凭的实际效应数值未来还需进一步研究。

---

① 王骏，刘泽云. 教育：提升人力资本还是发送信号. 教育与经济，2015（4）：30-37，45.

第八章

国外博士生教育变革的背景、理念与路径

第一节　国外博士生教育变革的背景

一、全球毕业博士就业多元化趋势

（一）传统就业模式的颠覆

在中世纪大学中，"博士"一词通常指医学或神学领域的教职人员。博士生教育旨在训练博士候选人的思辨能力，使其在学术领域自由拓展知识边界，成为能够通过写作、教学、实验来传递知识的博学之士。这种观点在洪堡理念下的欧洲大学中表现得更为明显，例如，19世纪的德国博士生教育将学生视为学术逻辑的初学者，直至今日，在德国、荷兰以及比利时的大学中博士生通常不被视为学生，而是领取薪水的青年学者。传统的高等教育特征和博士生培养方式，使我们理所当然地认为博士生是学者和学科的传承者。1903年，詹姆斯甚至将这种博士生教育模式称为"培养学术势利眼"。[①]

自20世纪70年代起，博士生教育与学术职业间的"裂痕"开始显现，学术劳动力市场开始出现饱和现象。[②]在此背景下，西方高等教育领域制定一系列政策以缓解博士就业危机，例如规范教育博士（Ed.D）和文科博士（D.A）学位的授予行为，帮助博士生在高校之外就业等。但需注意，这一时期学界对博士就业情况的分析和预测仅拘泥于大学这一特定劳动力市场。一方面，这是基于对洪堡理念等传统高等教育观点的认同。许多教职人员相信博士作为"象牙塔"中的精英群体，其劳动力价值主要体现在对知识世界的持续探索和对理性主义的不懈追求之上，追求其他职业或低阶教学则被认为是自掉身价。另一方面，相关研究者将博士数量的增长归因于高等教育扩张和各院校对教职人员的需求增加，即大学通过加大对博士的招聘力度来充实师资队伍，以实现本硕群体的扩张。[③]上述观

[①] James W. The PhD Octopus.（2018-10-03）[2020-05-10]. https://www.uky.edu/~eushe2/Pajares/octopus.html.

[②] Cassuto L. The Graduate School Mess: What Caused It and How We Can Fix It. Cambridge: Harvard University Press, 2015.

[③] Pedersen H. Are PhDs winners or losers? Wage premiums for doctoral degrees in private sector employment. High Education, 2016, 71（2）: 269-287.

点适用于解释在高等教育精英化阶段小众且具有严格职业边界的博士劳动力市场。

以美国为例,二战后社会经济发展已使人们认识到博士在才智、期望、职业路径等方面的多样性。1947 年,杜鲁门总统顾问委员会提交的报告《高等教育对民主的意义》(Higher Education for American Democracy)已提及博士人才对社会产业发展和国家战略的实际意义。①但具有讽刺意味的是,直至 20 世纪 80 年代,许多学者在判断博士就业前景时依然将目光限定于"发展高校教研队伍"。美国博士就业危机不仅没有缓解,反而持续加重。其中,美国人文学科博士(Ph.D)面临的就业问题尤为突出。受 20 世纪 70 年代经济危机的影响,美国政府对人文、社会学和艺术等学科的财政投入大幅减少,教职需求的饱和使人文学科博士在大学中的就业难度提升,而在政府、企业等非学术领域的就业比重不断增加。②美国人文科学委员会(Commission on the Humanities)在 1980 年发布的报告中指出,各研究生院应及时审视人文博士生教育目标与培养环节;通过为博士生提供适当的培训活动,帮助其在社会各个领域发展。③但是在经历了 20 世纪 80 年代短暂的市场平衡之后,人文博士生培养单位再次响起"扩充人文学科师资储备""提升博士的高校任教能力"等口号,继续强化学术职业导向。著名的未来师资培训发展项目(PFF)就诞生在这一背景之下。但遗憾的是这一"预言"却因为博士招生规模的迅速扩大始终没有到来。④

博士群体的持续扩大对国家人力资源开发具有积极意义,但从博士人才的发展情况看则截然相反,毕竟,大学在特定时期对博士的吸纳能力是有限的。20 世纪 50—90 年代,多数 OECD 国家的博士群体规模较小,⑤因此,毕业博士在此阶段所面临的学术就业危机并没有引发学界的过度焦虑与反思。进入 21 世纪,发达国家的博士生教育已然走上快车道。根据 OECD 2012 年提供的数据,

---

① President's Commission on Higher Education. Higher Education for American Democracy. A Report of the President's Commission on Higher Education. Washington DC,1947.

② Zuckerman H. Educating Scholars:Doctoral Education in the Humanities. Princeton:Princeton University Press,2009:29.

③ Commission on the Humanities. The Humanities in American Life:Report of the Commission on the Humanities. Berkeley:University of California Press,1980.

④ McCarthy D O. Summary of Prior Work in Humanities PhD Professional Development. Washington,DC:Council of Graduate Schools,2017.

⑤ Teichler U. Doctoral education and training:A view across countries and disciplines. In Anderson L W, et al. (Eds.),The Nurturing of New Educational Researchers:Dialogues and Debates. Rotterdam:Sense Publisers,2014:1-25.

2000—2010年，博士学位授予量以每年5%的速度增长，经合组织各成员国的博士学位占人口比重从2000年的不足1%提升至2010年的1.6%，根据2016年数据，OECD国家的博士学位占人口比重的平均值已进一步增长至2.1%。[1]另外，受宏观财政政策及高校治理方式的影响，高等教育领域普遍采取精兵简政策略实施更加灵活的雇佣方式，并减少终身教职供给。此类措施对青年学者的职业稳定性带来负面影响，例如欧洲科研基金会2014—2020年组织的三次毕业博士追踪调查显示，博士在高校的就职比例已从46.8%降至36.7%，且高校在初聘博士时普遍签订短期合同，即职业轨。[2]尽管其工作内容与终身教授相似，可独立开展科学研究，但职业稳定性和薪资待遇相对较低。[3]另外，博士后经历正逐渐成为博士进入学术领域，尤其是获取终身教职的必要条件。例如美国艺术与科学学会发布的人文指数（humanities indicator）显示，1990—2020年，博士后的就读比例大幅增加，其中在生命科学、物理等领域，超过2/3的应届毕业博士进入博士后岗位[4]。

总之，在博士规模仍持续扩张的背景下，毕业博士面临的学术职业竞争异常激烈。泰希勒就曾通过OECD数据发现一个有意思的现象，当一个国家的高等教育进入普及教育阶段时，相应的毕业博士占人口比例会提升至0.7%左右，亦可理解为博士生教育在培养规模上对高校人才需求的回应。[5]但事实上，经合组织各国的博士人口比例已然数倍于该临界值。由此，我们也能理解学者富马索利（Fumasoli）在博洛尼亚进程会议上的言论，即随着学术领域中的招聘模式和职业发展流程已逐渐趋于标准化，博士学位成为进入学术机构的必要但不充分条件。[6]无论是劳动力市场中盛行的短期职位，还是薪资待遇问题，都在弱化学术

---

[1] OECD. Education at a Glance 2017：OECD Indicators. Paris：OECD Publishing，2017.

[2] Boman J. What Comes After a PhD：Findings from the DocEnhance Survey of Doctorate Holders on Their Employment Situation，Skills Match，and the Value of the Doctorate. Europen Science Foundation，2021.

[3] Morrison R，Rudd E，Nerad M. Early career of recent U. S. social science PhDs. Learning and Teaching：The International Journal of Higher Education in the Social Science，2011，4（2）：6-29.

[4] AAAS. Humanities-Related Employment.（2021-10-06）[2022-12-25]. https://www.humanitiesindicators.org/content/indicatordoc.aspx?i=10.

[5] Teichler U. Doctoral education and training：A view across countries and disciplines. In Anderson L W，et al. The Nurturing of New Educational Researchers. Dialogues and Debates. Sense，Rotterdam，2014：1-25

[6] Fumasoli T，Goastellec G. Global models，disciplinary and local patterns in academic recruiting processes. In Fumasoli T（ed.），Academic Work and Careers in Europe：Trends，Challenges，Perspectives. Cham：Springer，2015：69-93.

职业的吸引力，不少博士将求职目光投向非学术领域。①

（二）走向多元化的职业路径

在很多发达国家，尽管博士生教育投资的增加推动博士规模扩大，但并没有促进学术职业机会的同步增长，博士生培养规模远高于学术和研究机构的人才需求。但若将分析视角延伸至象牙塔以外更宏观的社会经济背景中，则发现存在大量非传统的博士职业身份，包括在公共或非营利研究机构工作的研究者、工商界的行业专家、专业协会的运营者、知识型自我雇佣者等。尤其是在博士占人口比例较高的国家，如荷兰和丹麦，非学术领域的博士就业比例越高；而在博士人口比重较低的国家，如土耳其和波兰，博士仍集中就职于学术领域。②

就经合组织国家的整体水平看，在 2012 年已有超过 1/3 的博士毕业生直接供职于非学术领域，其中，在自然科学、机械工程等应用专业，这一比重接近 1/2。③美国国家科学基金会（NSF）实施的毕业博士调查（SED）结果也反映出相似趋势，在 2021 年的毕业博士生中，确定学术领域就业的博士仅占 23.3%，而非学术就业比例已达 46.0%。④即便对于拥有深厚学术培养传统的德国高校而言，也同样展示出明显的博士就业多元化趋势。根据德国卡塞尔大学高等教育研究中心（Centre for Research on Higher Education and Work）对德国 6 个专业领域实施的博士去向调查，1980—1990 年，44%的毕业博士一开始就职于高等教育机构，37%的毕业博士就业于产业领域，主要就职于研发部门，19%的毕业博士就职于公共领域，包括公共研究机构。⑤2013 年，德国联邦青年科学家委员会发布报告（Kommission Bundesbericht Wissenschaftlicher Nachwuchs），在毕业一年半左右的博士群体中，在学术领域之外就业的博士比例已近 60%。⑥另外，据泰希

---

① Yudkevich M，Altbach P，Rumbley L. Young Faculty in the Twenty-First Century：International Perspectives. Albany：SUNY Press，2015.

② Pedersen H S. Are PhDs winners or losers？Wage premiums for doctoral degrees in private sector employment. High Education，2016，71（2）：269-287.

③ Gajderowicz T，Wincenciak L，Gabriela G. Determinants of graduates labour market success across domains：A comprehensive analysis. In Melink M. Employability of Graduates and Higher Education Management Systems：Final Report of the DEHEMS Project. New York：Springer，2012：65-87.

④ NCSES. Research Doctorate Recipients with Definite Postgraduation Commitments, by Major Field of Doctorate：2021［2022-10-18］. https://ncses.nsf.gov/pubs/nsf23300/data-tables.

⑤ Enders J，Bornmann L. Karriere mit Doktortitel？Ausbildung，Berufsverlauf und Berufserfolg von Promovierten. Frankfurt/Main：Campus Verlag，2001

⑥ KBWN. Bundesbericht Wissenschaftlicher Nachwuchs 2013（2013 National Report on Junior Scholars）. Bielefeld：W. Bertelsmann，2013.

勒的分析，大部分德国博士候选人在攻读学位之初怀揣学术职业理想，而在培养过程中，其就业意愿发生改变，即在获取博士学位时，仅有26%的博士依然坚持学术职业理想（也就是在高等院校和公共研究院所任职），43%的博士认为选择学术与非学术职业都可以，31%的博士偏好学术领域之外的工作。[1]换言之，博士在非学术领域就业已成定势，即便是毕业之初选择在高校就业的博士，也随着职业生涯的发展不断向非学术领域溢出。[2]

　　博士为何会走上多元化的职业路径？从表面上看，这无疑与博士个人的职业发展策略相关，反映出博士在相应就业态势下做出的职业承诺，即是否维持当前的职业状态或作出职业转换决定。相对于学术领域，企业为博士提供的薪酬待遇普遍处于较高水平[3]，另外一些欧美大型企业（如安盛、特斯拉等）还为入职博士提供额外的家庭福利，包括配偶再就业、家庭保险套餐等，有助于缓解毕业博士的生活压力。总之，在非学术领域任职的博士能获取更多的物质回报，且职业稳定性更强，因此职业满意度也较高。[4]但从宏观的国家人力资源开发角度看，这亦是博士劳动力市场发展的历史必然。对政府而言，博士生教育投资背后的动因是期望博士劳动力能够为知识经济和社会发展做贡献。根据社会学家Jessop的观点，社会群体对于知识经济的展望其实是认为知识和技能、知识产权、国家创新系统、知识转移、知识管理等要素将在国家经济生产和竞争力的形成过程中扮演关键角色。因此，需要对知识生产要素进行优化配置，即将才智的载体——个人与社会生产过程中的人才需求相配位。[5]相关博士生教育政策通过强调促进博士生教育与社会生产环节间的衔接，使得作为高层次知识型劳动力的博士充分进入社会其他领域，以实现人力资源的合理配置。[6]以欧盟为例，从20世纪90年代起有一系列的国家和区域政策议程讨论加大研究型人才供给量的重要性，以

---

[1] Schneijderberg C, Teichler U. Doctoral education, training and work in Germany. In Shin J C, et al. (Eds.), Doctoral Education for the Knowledge Society, Knowledge Studies in Higher Education. Cham: Springer, 2018: 13-34.

[2] ESF. Career Tracking of Doctorate Holders. Pilot Project Report. Strasbourg: European Science Foundation, 2014.

[3] ESF. Career Tracking Survey of Doctorate Holders. Strasbourg: European Science Foundation, 2017.

[4] Schneijderberg C, Teichler U. Doctoral education, training and work in Germany. In Shin J C, et al. (Eds.), Doctoral Education for the Knowledge Society, Knowledge Studies in Higher Education. Cham: Springer International Publishing, 2018: 13-34.

[5] Jessop B. A cultural political economy of competitiveness and its implications for higher education. In Jessop B. Education and the Knowledge-based Economy in Europe. Rotterdam: Sense Publishers, 2008: 11-39.

[6] Molla T, Cuthbert D. The issue of research graduate employability in Australia: an analysis of the policy framing (1999-2013). Australian Education. 2015, 42: 237-256.

服务于知识经济社会之建设目标，包括博洛尼亚进程、里斯本战略、欧盟 2020 战略等。正如克姆等指出的，毕业博士向非学术领域溢出，不仅是由于学术领域人才供给过量，还是知识经济和知识社会发展的结果。[1][2]在此背景下，毕业博士在非学术领域的职业发展空间更加充分。例如，美国劳动统计局预测，2016—2026 年，美国劳动力市场平均每年新增 16.8 万个要求研究型学位或专业学位的工作岗位，其中只有 30%左右的新增岗位（约 5.1 万个岗位）来自高等教育领域，即大部分研究型人才需求将来自企业、公益组织、政府等社会部门。[3]而英国产业联合会（CBI）通过调查发现劳动力市场正在快速改变，预计到 2024 年，需要研究生学历的工作将增长 50%。[4]非学术组织的生产与经营活动需要拥有高深知识和科研素养的博士提供智力支持。这种需求不仅体现于同工业、制造业联系较为密切的硬学科，即便人文学科相关的职业种类也在不断丰富。

总之，在当前博士就业多元化的背后出现了至少三种推动要素。其中，国家层面强调优化博士人力资源配置，提高就业率，推动社会经济全面发展；产业等非学术领域用人单位希望获得博士的智力支持来快速将专业知识转变为相应成果；博士生虽然普遍将高校教职置于优先位置，但由于高校竞争激烈，依然期望获取相应的职业发展空间，实现自身价值。[5]从上述角度看，职业多元化趋势也不再仅仅是毕业博士因教职岗位饱和而做出的无奈之举，更是一种知识经济发展所引发的劳动力市场常态化现象。

二、博士劳动力市场需求多元化

上文中提及的博士就业趋势变化引发社会对毕业博士知识能力内涵的关注。随着全球知识经济的迅猛发展，知识的市场化使知识生产方式逐渐脱离原始的个人兴趣驱动，以"实际应用"为目的的知识生产模式Ⅱ及以"公众社会"为导向的模式Ⅲ概念先后出现，相对而言，知识生产场域和形式均发生显著改变。首

---

[1] Kehm B, Teichler U. Doctoral education and labor market: Policy questions and data needs. In Gokhberg L, Shmatko N, Auriol L（Eds.），The Science and Technology Labor Force. Cham：Springer Nature，2016：11-29.

[2] Auriol L, Misu M, Freeman R. Careers of doctorate holders: Analysis of labour market and mobility indicators. OECD Science, Technology and Industry Working Papers，2013（4）：1-61.

[3] Torpey E. Employment Outlook for Graduate-Level Occupations.（2018-08-03）[2020-05-10]. https://www.bls.gov/careeroutlook/2008/article/graduate-degree-outlook.htm/.

[4] CBI. Skills Needs in England: The Employee Perspective. England：CBI，2018.

[5] Golde C，Dore T M. At Cross Purpose: What the Experiences of Today's Doctoral Students Reveal about Doctoral Education. The Association of American Universities，2001.

先，知识生产活动向产业等非学术领域延伸。在知识经济社会中，市场竞争本质上是知识的竞争，企业为扩大市场竞争优势对专业性知识和技术的需求不断增加，并以凭借其人力与物质资本开展相应研究。其次，知识生产的形式呈现出网络化特征，卡拉扬尼斯等指出知识生产的组织形式正演变为一种多层次、多形态、多节点、多边互动的知识创新系统。政府、企业、高校、公众等利益相关群体共同介入知识生产过程，并基于共同专属性、协同演进、竞合等运行原则构成形态各异的创新网络或知识集群，以实现对知识生产过程及资源的整合。例如，在公共政策引导下成立的专业组织、联盟以及技术中介等。[1]最后，信息技术与交通运输能力的快速发展也使得全球各地的知识生产机构间的合作更为频繁紧密，市场、政策、教育与科研合作等外部因素的持续渗透使大学不再仅仅是一个学术孤岛。大学-政府-产业构成的三重螺旋关系、抑或大学-政府-产业-公众四重螺旋关系，均改变了"象牙塔"内的学术研究范式，更为强调任务驱动、主体协同、跨学科性、客户评价、社会发展需要等特征。[2]

对于毕业博士而言，其职业身份也由单纯的学者向产业技术专家、社会服务者、创新领导者等角色延伸。接受过特殊训练的研究者一方面致力于推动知识边界的延伸，另一方面作为拥有高深知识的专业工作者，也需要与经济全球化发展趋势相适应。[3]诚然，对于在学术领域发展的博士而言，科研能力无疑是极为重要的。但随着大学社会服务功能日益突出，科研能力的内涵也在发生变化。科研和教学能力的核心地位是由学术领域的绩效评价要求所决定的。大学中的学者在未来承担的任务和角色也更加复杂，比如项目管理者、研究者、教学人员等，其职场中的工作内容越发具有挑战性。迈斯纳（Meissner）等指出，从毕业博士的职业发展视角看，科研正逐渐被视为一种基于特定技能和训练的职业，这些技能中包括一系列胜任力要素如团队工作、问题分析、管理技能等，我们需要基于这种知识需求视角来审视科研职业，以及博士对相应需求的匹配性。[4]在今天，博士所处的科研职业环境不再仅局限于研究型大学。其扮演的角色不断丰富，包括

---

[1] Carayannis E G, et al. Mode 3: Meaning and implications from a knowledge system perspective. In Campbell D F (ed.), Knowledge Creation, Diffusion, and Use in Innovation Networks and Knowledge Clusters. London: Praeger, 2006: 12-20.

[2] 李志峰，高慧，张忠家. 知识生产模式的现代转型与大学科学研究的模式创新. 教育研究, 2014 (3): 55-63.

[3] Borrell-Damian L, Brown T, Dearing A, et al. Collaborative doctoral education: University-industry partnerships for enhancing knowledge exchange. Higher Education Policy, 2010, 23 (4): 493-514.

[4] Gokhberg L, Meissner D, Shmatko N. Myths and realities of highly qualified labor and what it means for PhDs. Journal of Knowledge Economy, 2017, 8 (2): 758-767.

在不同的职业情境中提供知识领导力、促进技术创新、提升产品竞争性、成为思想推动者等。因此，博士就业岗位的胜任要求同样超越了传统博士生教育所传递的学术知识范畴。例如，尼奎斯特等在《重新审视博士学位项目报告》中列举出博士生应具备的非学术特质，包括团队工作、有效沟通、教学能力、职业规划、社会责任感、道德、跨文化能力等。①相似需求趋势同样体现在萨尔茨堡协议以来，一些专业组织构建的博士知识能力框架中，进而传达适用于更广泛工作场景的知识生产与应用理念，如英国科学研究委员会（RCUK）提出一种更为融合性的博士知识能力体系，除专业知识与学术素养之外，有7个要素与个人影响力相关（学习能力、创新性、开放心态、自我评价、自律、帮助意识、自信）；3个要素与团队工作相关（社交网络、团队工作、获取反馈）；3个要素与职业管理相关（知识管理、职业规划、自我提升意识）。②

不过，从国际现有的博士职业调查数据看，尤其在产业领域，毕业博士普遍存在能力-供给匹配不足的情况。首先，产业更加强调用户思维和市场利润空间，专业知识与技术是雇主招聘决策产生的基础，但并不意味着博士群体就能胜任相应工作。在美国研究生院理事会、根特大学社会学研究中心、澳大利亚产业创新部等开展的一系列调查中，雇主对问题解决能力、团队协作、项目管理、商业技能、创新意识等胜任特征的需求越发强烈。尽管一些雇主表示并不指望博士在刚入职时就具备所有技能，但他们必须展示出愿意终身学习的能力或态度。③这种差异性影响到组织对博士人才的看法与态度。因此，在评判博士对产业需求的满足程度时，理应基于更广泛的知识能力结构视角关注要求-能力匹配，包括专业知识、软技能或可迁移能力等，正如美国研究生院理事会指出，尽管组织格外看重博士的科研能力，但是学习能力、团队工作能力等特质从某种意义上来说也是其职业潜力的展现，雇主则会基于此优选博士学位获得者。④总而言之，在知识经济社会，经济结构与生产方式升级促进了消费者和生产者的技术需求层次提升。这也对博士生教育，尤其是对以学术职业为导向的学术型博士生教育

---

① Nyquist J, Woodford B J. Re-envisioning the PhD: What Concerns Do We Have? Center for Instructional Development and Research. University of Washington, 2000.

② RCUK. Statement of Expectations for Postgraduate Training. [2017-02-14]（2022-12-01）https://www.ukri.org/publications/statement-of-expectations-for-postgraduate-training

③ Council of Graduate Schools. Professional Development Shaping Effective Programs for STEM Graduate Students.（2017-11-17）[2022-12-01]. https://cgsnet.org/ckfinder/userfiles/files/CGS_ProfDev_STEMGrads16_web.pdf.

④ Council of Graduate Schools. Professional Development Shaping Effective Programs for STEM Graduate Students.（2017-11-17）[2022-12-01]. https://cgsnet.org/ckfinder/userfiles/files/CGS_ProfDev_STEMGrads16_web.pdf.

（research-based/Ph.D program），提出全新的挑战，这就包括：博士生教育应培养哪些知识能力？博士将如何获取相应知识能力，来满足多元化的知识创新实践？

第二节 国外博士生教育变革的理念与路径

20世纪90年代至今，我国高等教育成功实现跨越式发展，在我国博士生规模持续扩大的同时，博士的职业路径也更加多元化，但就博士生教育而言，其立足点普遍以培养学术事业的接班人为核心，将获取高校教职视为一种理所应当的职业发展方向，而博士生的非学术职业准备则处于一种被"遗忘"的状态。随着博士向产业等非学术领域的流动速度加快，且知识生产转型亦对博士人才角色定位提出不同要求，博士职业发展多元化趋势更加具有合理性与必然性。因此，帮助博士"适应非学术职业环境"或是"为多元化的职业路径做准备"这一议题引发了相关研究者的关切，涉及能力匹配、价值观念、心理准备等。

在国际上，近年来也出现一系列强调博士生教育与非学术职业领域相衔接的变革倡议，例如英国的罗伯茨（Roberts）计划、澳大利亚的产业博士训练中心（IDTC）等，但总体看，真正得以落地的并不多见，其中国家人文基金会（NEH）于2016年发起的"新一代博士"（Next Generation Ph.D）行动、国立卫生研究院于2013年发起"科研训练经历拓展"（BEST）计划等项目非常具有典型性。

一、案例一：美国"新一代博士"行动

伴随着知识经济的发展，企业、政府、公益组织等用人单位出于知识创新之目的，对研究型人才与专业知识的需求大幅增加。同时，博士生教育规模快速扩张，学术领域人才竞争日益激烈，毕业博士开始向非学术领域溢出。上述趋势同样反映在美国的人文学科领域，进而要求美国人文博士教育应关注职业发展多元化趋势，开拓博士生的知识视野，为政府、公益、企业等领域的文化创新创造条件。基于此，美国国家人文基金会协同美国研究生院理事会于2016年发起首轮"新一代博士"行动，致力于在社会系统内重构人文博士生培养目标，并创新相关的培养环节。

（一）美国人文博士教育面临的挑战

1. 毕业博士热衷追求终身教职且对非学术职业抱有偏见

自20世纪40年代起，美国的一些学术机构、政府组织多次强调，大学要为博士生的非学术职业发展提供帮助。但长期以来，美国人文博士普遍将职业发展的场域限定在"象牙塔"内。根据美国国家科学基金会发布的毕业博士调查数据（Survey of Earned Doctorates），2013—2016年，人文博士在政府、工商界等非学术领域的就业比例维持在2%—6%，处于最低水平；而在学术领域的就业比例均在80%以上，远高于其他专业，其就业分布状况与工程、理科等专业截然相反[①]。一些专业组织的调查数据也印证了这一点，例如，美国艺术与科学院（AAAS）发布的人文学者指数显示，2015年毕业的人文博士在高校就业比例超过55%，而在公共服务、文化产业等方面的就业率均未超过5%。[②]华盛顿大学研究生教育创新中心通过调查发现，在历史、语言、人文地理等学科中，72%的博士将"终身教授"锁定为职业发展目标，只有5%的博士未向高校递交职位申请。[③]

诚然，由于人文知识生产特点以及学科人才培养传统的存在，美国人文博士就业主要以学术劳动力市场为主。事实上，美国人文领域的劳动力市场正在不断变化。在学术领域，人文学科获得的财政支持不断减少，终身教职的数量有限。2002—2015年，除英语文学外，历史、哲学、文化研究等人文专业的大学教职规模基本不变。[④]然而，2000—2017年，美国每年在人文领域授予的博士学位数量依然保持在5000个以上。[⑤]随着人文博士规模不断扩大，终身教职的竞争也变得更加激烈。有报道指出，只有12%的哲学博士可以获得终身教职。[⑥]相反在学术领域之外，与人文学科相关的职业种类正在不断丰富。美国艺术与科学院的统计数据显示，2007—2009年，美国人文学科相关职位约为385万个，其中高等

---

① National Science Foundation. Survey of Earned Doctorates.（2017-09-10）[2019-10-01]. https://www.nsf.gov/statistics/srvydoctorates/.

② American Academy of Arts & Sciences. Occupational Distribution of PhD.'s in Selected Academic Fields.（2015-06-09）[2019-10-01]. https://www.humanitiesindicators.org/content/indicatordoc.aspx?i=11115.

③ Morrison E，Rudd E，Nerad M. Early careers of recent U.S. social science PhDs. Learning and Teaching，2011（4）：6-29.

④ American Academy of Arts & Sciences. Number of faculty Members in Humanities Disciplines.（2016-03-04）[2019-10-01]. https://www.humanitiesindicators.org/content/indicatordoc.aspx?i=11037.

⑤ National Science Foundation. Survey of Earned Doctorates.（2020-09-01）[2022-12-01]. https://www.nsf.gov/statistics/srvydoctorates/#2D4F73F1-DBD8-1CF1-5D7C80438A0A3695.

⑥ Pettit E. What the Numbers Can Tell Us about Humanities PhD Career.（2019-06-11）[2019-10-01]. https://www.chronicle.com/article/What-the-Numbers-Can-Tell-Us/245417.

教育领域（包括社区学院）的教职数量仅为 166 070 个（包括研究生助教），占比不足 5%，而非学术领域的专业技术岗位占比达 21%，机构管理与运营岗位占比达 31%。①美国研究生院理事会的调查还发现，在非学术领域就职的人文博士并非如人们想象一样拥有较低的职业满意度，相反，他们同样认可博士生教育的价值，并认为自己可以将博士阶段所学的知识充分应用于当前工作。②

　　随着非学术领域对人文知识的需求不断扩大，前往学术领域任职的人文博士的比例正不断下降，在工商界、非营利组织的就业比例正缓慢增加，但总体看，美国人文博士的职业选择过度集中于学术领域。究其原因，"人文博士以获得终身教授职位为唯一成功标准"的理念在培养单位中仍旧根深蒂固。正如美国现代语言协会（Modern Languages Association，MLA）负责人费亚尔（Rosemary Feal）指出人文博士导师总是对博士生的非学术职业意愿抱有偏见，与学术无关的行为在他们看来毫无意义。而 VERSATILE Ph.D 创始人尚贝尔（Paula Chambers）直接指出，研究生院一直幻想博士生会找到终身教职，甚至忽视了在非学术领域就业的博士。③长期处于单一职业环境的人文博士生极易受导师行为、价值观及职业偏好的影响。虽然毕业博士可以将自己所学的专业知识技能应用于企业、政府、公益组织等非学术领域，并获得更高的薪水，但只是将这类职业视为"力争上游过程中的被迫选择"，即便无法在高校任职，但他们依然对终身教职抱有极高的兴趣。④

2. 毕业博士的职业素养与用人单位需求间存在偏差

　　美国有关加强人文博士胜任力培养的提议可追溯至美国大学联盟（AAU）1998 年发布的《研究生教育建议》，该报告倡导大学重新审视自己的博士生培养环节，并为博士生提供充分的知识和技能，促进其职业发展。⑤近年来，相关组织对人文学者所需的胜任力内涵进行界定，例如美国研究生院理事会将人文博士的胜任力划分为 16 个具体特征，70% 的受访者认为一些胜任特征如独立性、协

---

① American Academy of Arts & Sciences. Humanities-related Employment.（2011-01-03）[2019-10-01]. https://www.humanitiesindicators.org/content/indicatordoc.aspx?i=10.

② Council of Graduate Schools. Closing Gaps in our Knowledge of PhD Career Pathways: How Well Did a Humanities PhD Prepare Them. Washington, DC: Council of Graduate Schools, 2018.

③ Segran E. What Can You Do With a Humanities PhD Anyway.（2011-01-03）[2019-10-01]. https://www.google.com/amp/s/amp.theatlantic.com/amp/article/359927/.

④ Morettini L. Career trajectories of PhD graduates in the social sciences and humanities. In Sarrico C. Global Challenges, National Initiatives, and Institutional Responses. Rotterdam: Sense Publishers, 2016: 205-236.

⑤ The Association of American Universities. AAU Committee on Graduate Education Report and Recommendations. The Association of American Universities, 1998.

作、坚毅、主动性、关注细节、自我控制、问题分析等对于学术或非学术领域工作十分重要；美国历史协会（AHA）指出人文学者要在非学术领域取得职业成功，必须精通以下 5 种技能，包括沟通交流、协作、量化统计、知识自信（例如灵活性、想象力）、信息技术。[1]由于上述胜任特征可广泛应用于学术或非学术职业并促进专业知识的应用和转化，因而也被称为可迁移能力（transferable competence）。根据华盛顿大学研究生教育创新中心在 2006 年实施的博士职业路径调查，历史、语言、人文地理等专业的毕业博士所接受的可迁移能力训练与非学术岗位需求间存在较大差距，具体包括写作与发表、灵活性、团队协作、知识展示、人员管理、财务管理等。[2]此外，美国人文博士生教育中的跨学科培养工作也有待加强。在 1995 年实施的美国毕业博士十年调查（Ph.D-Ten Years Later Study）中，超过 60%的人文博士（英语专业）认为跨学科实践对当前工作和博士生教育都十分重要，只有 40%的受访者表示在博士生教育阶段有过相关经历。[3]

3. 美国人文博士生教育面临的社会新需求

社会文化既是一个国家文明程度的标志，也是其不断进取的动力。历史证明，人文学者在参与社会文化实践、塑造社会素质与民族品格过程中发挥重要作用，有学者甚至将其比作"时代与民族发展的精神系统"，而大学中的人文学科应担负起促进社会"自我理解"的工作，[4]这亦是大学文化传承与社会服务职能的体现。然而从 19 世纪末至今，美国人文学科不断受到自然学科的冲击，高校为获取财政支持更加青睐"实用性"学科。这种"轻人文，重实用"的学科发展思维给美国社会带来消极影响。新自由主义思想衍生出一些较激进的价值观念及社会团体，并在媒体的助推下持续削弱公众的批判性思维能力。与此同时，发达的物质文明和攀比性物质消费加剧了社会中的实用主义与个人主义倾向，公众对社会整体性的认同开始衰退，企业的道德底线不断下行。缺乏人文精神引导的社会不仅使公众忙于追逐私利，还使美国面临更加严重的民主危机。[5]近年来的一

---

[1] American Historical Association. The Career Diversity Five Skills.（2016-09-07）[2019-10-01］. https://www.historians.org/jobs-and-professional-development/career-diversity-for-historians/career-diversity-resources/five-skills.

[2] Morrison E，Nerad M. Early careers of recent U.S. social science PhDs. Learning and Teaching，2011（4）：6-29.

[3] Nerad M，Cerny J. From Rumors to Facts：Career Outcomes of English PhDs-results from the PhDs Ten Years Later Study. Washington，DC：Council of Graduate Schools，1999.

[4] Normand L. 社会和人文科学领域的知识共享及其对社会公益的贡献（英文）//北京大学，北京市教育委员会，韩国高等教育财团，等. 北京论坛（2013）文明的和谐与共同繁荣——回顾与展望："高等教育的全球参与和知识共享"分论坛二论文及摘要集，2013：11

[5] 薛涌. 从美国社会看人文学科的价值. 上海科技报，2014-06-27（06）.

系列社会事件，尤其是 2008 年的金融危机引发学界对于人文思想未能及时跟进后工业社会变迁的忧虑，也开启新一轮人文思想探索和文化创新浪潮。事实上，美国联邦层面已然意识到人文学科在传播人文精神、提升公民意识、推动民主进程等方面的战略意义。2016—2018 年，美国国会在白宫的反对下依然坚持将国家人文基金会、国家艺术基金会（NEA）、国家博物馆等人文艺术机构的财政拨款维持在 1.5 亿美金，同时，国家人文基金会持续发起以人文主义与社区发展为主题的社会活动，这均是上述趋势的客观反映。

在微观层面，随着社会生活水平提高以及可持续发展理念的传播，消费者对于商品设计理念及其蕴含的道德意义更加关注。商品市场所呈现的人文知识诉求使人文博士在非学术领域的职业发展空间更加充分。此外，2008 年以来，人文主义与商业模式相融合成为全球商业变革的核心议题，与之相关的经营理念开始兴起，如企业社会责任、社会企业、社区合作运营等。①其中的经典案例当数学者哈特（Stuart Hart）发起的"绿色跳跃"（Green Leap）行动，该行动将商业理念与环保等公共议题相结合，进而形成一种本土化、合作化、可持续的商业发展模式，以改善企业社会角色萎缩的现状。许多大型企业如亚马逊、花旗、摩根大通等开始设置专业化部门负责品牌文化、社会公益、社区服务等事宜，以彰显其社会责任感，重塑品牌形象。总而言之，人文博士在社区建设、教育发展、文化传播、产品设计等方面可以凭借其专业知识发挥重要作用。在加利福尼亚大学人文学者工作专栏（Humanists@work）展示的案例中，一些人文博士正就职于商业领域，并从事企业文化、组织哲学、社会公益等方面的工作。为促进社会文化向更加多元、更加包容、更加理性的方向发展，人文博士不仅要在高校中传播人文知识与理念，还需在"象牙塔"之外积极探索社会现实问题，不断创新社会实践方式，使人文主义精神根植于现代生活。正如美国研究生院理事会实践与改进部门主任 McCarthy 指出的，"我们不能只认识到人文学科在民主建设、活跃社会氛围等方面的重要作用，却依然将人文博士束缚在传统的学术路径中"②。

（二）"新一代博士"行动及其主要变革实践

2016 年 7 月，美国国家人文基金会宣布 28 个博士生培养单位（子项目）共

---

① 游小建. 美国新经济运动的人文思想和社会创新刍议全球经济下的新人文主义. (2011-01-03) [2019-10-01]. http://www.xinfajia.net/content/wview/12933.page.

② McCarthy M T. Summary of Prior Work in Humanities PhD Professional Development. Washington，DC：Council of Graduate Schools，2017.

同参与首轮"新一代博士"行动基金项目,并委托美国研究生院理事会在"新一代博士"行动过程中发挥协调、统筹、智力支持等效能,以推动人文博士生培养理念与方式的变革。①

在人才培养目标方面,该行动要求人文博士项目将培养终端由单一的学术职业转变为博士职业发展多元化,即人文博士教育要扮演好职业引路者角色,优化社会人才配置。

在人才培养方式上,人文博士教育不仅要聚焦于学术素养和专业知识,还应拓展博士生的知识视野,为职业发展多元化做准备。具体而言,通过扩展人文学科与产业、社区的合作网络,形成良好的产学研联动机制,提升人文博士生培养过程中的社会系统性、实践性;通过强化与其他学科间的科研与教学合作,突出跨学科性。该行动通过在不同院校、不同专业、不同社区文化中开展改革实践,为全美各类院校提供高度情景化的参考实例。

2017年7—8月,各成员单位共发布23份"新一代博士"行动工作白皮书,并对各自的工作重点及成就进行罗列、梳理(表8-1)。通过阅读国家人文协会发布的基金项目授权公告及各成员单位发布的工作白皮书,发现在"实现人文博士职业发展多元化"这一人才培养目标的引导下,"新一代博士"行动的改革实践主要集中在博士生培养框架、可迁移能力训练、外部合作、校友网络、导师制度、职业服务6个议题。②

表8-1 "新一代博士"行动中各成员单位关注的改革主题

培养单位	关注的改革主题	工作形式
纽约市立大学研究基金与研究生院	公共教育、毕业博士、外部合作	毕业调查、校内讨论、社会公共论坛、建立合作关系
杜克大学	能力训练、博士培养框架、资助机制、校友网络、数字人文	教学实践、项目设计、校内讨论、媒体活动
佛罗里达国际大学	历史教育、能力训练、外部合作、学位论文与答辩形式	项目设计、需求调查、课程设计
福特汉姆大学	管理机制、职业服务、导师制度、公共参与	课程设计、需求调查、校内讨论
佐治亚州立大学研究基金	数字人文、外部合作、校友网络、导师制度	校友会议、课程设计、需求调查、社会公共论坛

---

① National Endowment for the Humanities. Next Generation PhD. (2016-08-10) [2019-10-20]. https://www.neh.gov/news/press-release.

② National Endowment for the Humanities. Next Generation PhD. (2016-08-10) [2019-10-20]. https://www.neh.gov/news/press-release.

续表

培养单位	关注的改革主题	工作形式
里海大学	博士培养框架、外部合作、资助机制、校友网络、导师制度	建立合作关系、校内讨论、课程设计
罗耀拉大学芝加哥校区	人文研究助理制度、能力训练、职业服务、导师制度	课程设计、需求调查、制度设计、校内讨论
宾夕法尼亚州立大学主校区	教育与科研国际化、外部合作、学位论文与答辩形式	校内讨论、媒体活动、社会公共论坛
纽约州立大学宾厄姆顿分校	人文研究助理制度、外部合作、管理机制、校友网络	项目设计、建立合作关系
加利福尼亚大学伯克利分校	组织结构、外部合作、职业服务	媒体活动、项目设计、组织设计、制度设计
加利福尼亚大学尔湾分校	毕业博士、外部合作、能力训练	校内讨论、项目设计、毕业调查
加利福尼亚大学圣克鲁兹分校	校友网络、导师制度、能力训练、外部合作	项目设计、课程设计
加利福尼亚大学圣芭芭拉分校	公共参与、学位论文与答辩形式、能力训练、外部合作	校内讨论、课程设计、项目设计、建立合作关系
普林斯顿大学	博士培养框架、毕业博士	社会公共论坛、项目设计
芝加哥大学	能力训练、博士培养框架、职业发展文化	教学实践、课程设计、项目设计、建立合作关系
辛辛那提大学	跨学科合作、能力训练、校内实习、外部合作	校内讨论、需求调查
科罗拉多大学博尔德分校	数字人文、能力训练、学位论文与答辩形式、外部合作、校园网络	课程设计、项目设计、毕业调查、建立合作关系
特拉华大学	公共人文教育、非裔美国人教育、社区文化、能力训练	教学实践、培养结构设计、项目设计、课程设计
艾奥瓦大学	学位论文与答辩形式、修辞与沟通、数字人文	教学实践、课程设计、媒体活动
堪萨斯大学研究中心	资助机制、管理机制、能力训练、校友网络、招生政策	制度设计、课程设计、建立合作关系
新墨西哥大学	公共教育、外部合作、跨学科合作	项目设计、组织设计、建立合作关系
北卡罗来纳大学教堂山分校	职业服务、校友网络、毕业博士	校友会议、社会公共论坛
罗德岛大学	跨学科合作、管理机制、导师制度、校友网络、学位论文与答辩形式	制度设计、毕业调查、建立合作关系
德克萨斯大学埃尔帕索分析	职业发展文化、导师制度、校友网络、跨学科合作、外部合作	建立合作关系、校友会议、项目设计
威斯康星大学	毕业博士、导师制度、校友网络	社会公共论坛、校友会议、校内讨论
华盛顿大学圣路易斯分校	人文教育、能力训练、职业服务、外部合作、跨学科合作	社会公共论坛、媒体活动、项目设计、课程设计、建立合作关系
韦恩州立大学	人文学科价值、公共参与、人文研究助理制度、外部合作	项目设计、社区实践、建立合作关系

资料来源：NEH 项目授权书及各成员单位专题网站；National Endowment for the Humanities. Next Generation Ph.D.（2016-08-10）[2019-10-20]. https://www.neh.gov/news/press-release/.

第一，构建与人才培养目标相契合的博士生培养框架。"新一代博士"行动在变革博士生培养框架的过程中坚持两个关键原则。首先，在人文博士生培养目标更加强调多元化发展的前提下，各个培养环节都应与该理念相呼应。正如福德汉姆大学（Fordham University）的项目团队指出，变革人文博士培养过程的要点不在于强行增加学习环节或改变学习重点，而是通过丰富博士生教育中的一系列体验内容，激发博士生从事不同职业的兴趣。以华盛顿大学路易斯分校为例，该校人文学部正全力推进人文博士生教育创新行动，向教授、博士生、博士后等研究者征集关于课程设置、科研合作、社区实践等方面的建议和方案，并予以研究资金支持。在课程方面，该校允许2—3名来自不同学科的老师共同设计并讲授1门新课程，也可以基于不同的教学场地如博物馆、艺术馆、考古现场、社区学院开展教学活动，强化对博士生的跨学科、跨领域训练。在工作实践方面，该校建议研究者应结合人文博士职业发展前景提出相应的实训方案，例如，该校与圣路易斯社区学院合作开设的教师训练课程，旨在帮助那些有志就职于社区学院和高中的人文博士获得高质量的实践机会。

改进人文博士生培养框架需坚持的另一个原则是人文博士生教育必须呈现出较高的知识创新性，博士生的知识创新成果不仅应具备较高的学术价值，还应体现出相应的社会意义。以杜克大学数字化媒体艺术文化博士项目（Computational Media Arts Cultures Ph.D）为例，科研项目和课程学习通常围绕数字文化研究项目（Digital Culture Research）展开。博士生将希腊史、音乐史等领域的研究成果与传媒技术相结合，并将其成果广泛展示于博物馆和社交媒体。在论文与答辩环节，博士生可将研究工作报告作为毕业论文的核心内容，还可以纪录片公映、主题展等形式替代传统的博士论文答辩环节。上述环节帮助博士生获得充分的实践应用机会，也促进文化的传播。在爱荷华大学，人文博士的科研与论文写作形式也发生了巨大变化，例如文学博士生威廉姆斯（A. Williams）通过模仿知名播客栏目《美洲生活》(This American Life and Invisible)，开创了一种崭新的播客式博士论文（podcast dissertation），其论文的每一章节都是一个独立的播客故事，但同样具有充分的理论基础和调查数据。作者将其博士论文以系列播客的形式在网络上分享，引发社会各界对其研究工作的关注。正如美国研究生院理事会指出在调整或重塑博士生培养框架过程中，各培养单位既要注意相关措施对博士生本身所产生的影响，还要关注人文博士生教育的质量水平与可持续性。①

---

① McCarthy M T. Promising Practices in Humanities PhD Professional Development. Washington，DC：Council of Graduate Schools，2017.

第二，强化可迁移能力培养。美国研究生院理事会研究表明，企业、公益组织等领域希望毕业博士具备一定的可迁移能力，如领导力、沟通能力等，使其能够在多元化工作环境中将自身专业知识转化为应用型成果。[1]人文博士生教育有必要增设与可迁移能力培养相关的环节，帮助毕业博士将知识成果应用于更广阔的职业领域。为响应该趋势，"新一代博士"行动正积极探寻将可迁移能力融入博士生知识体系的方法。例如，芝加哥罗耀拉大学的人文学部邀请雇主、技术专家、毕业博士出席职业经验分享会、沟通工作坊、雇主座谈会、职业路径讨论会等活动，帮助人文博士熟悉职场环境，理解相关能力在职场中的重要性。芝加哥大学在其新设的"人文学者职业培训项目"（PATHS）中，将学术职业所需的能力同非学术职业所需的能力相融合，形成一个通适的博士胜任力体系，包括做展示、写作、批判性思维、辩论等。然后通过论坛、工作坊、课程等活动将相关知识传递给博士生。整体看该行动聚焦的可迁移能力与欧洲议会在《欧洲科研职业框架进程》报告中列举的胜任力框架大体相似，基本涵盖交流与谈判、项目与时间管理、科研领导力、组织运营、科学决策、问题解决、社交网络、写作与发表、职业规划等方面。[2]此外，随着数字人文研究趋势越来越明显，各人文博士项目或多或少与之存在联系。数字人文研究要求研究人员用数字化工具和思维分析研究对象的特性，并借助数字化工具对研究成果予以展示，进而使人文研究成果的传递性借助数字技术大幅提升。[3]为增强人文学科的社会服务性与跨学科性、促进人文研究的技术创新，各培养单位普遍将与数字人文研究相关的知识融入博士生培养过程中。例如，华盛顿大学圣路易斯分校鼓励教授在设计人文博士课程时将网络技能、数据处理技能、影像处理技能作为知识框架的一部分；芝加哥大学发布的数字人文研究平台（Digital Humanity Platform）为博士生提供充分的数字人文研究与实践机会。

第三，拓展外部合作关系。在知识生产方式逐渐呈现出社会网络化特征的背景下，构建一个集科研合作、产业实训、就业支持等功能为一体的外部支持体系就显得格外重要。总体来看，各成员单位开展的外部合作项目以科研合作或工作场地实训为主要形式。通过分析博士生的学习现状和用人单位需求，培养单位为

---

[1] Council of Graduate Schools. Understanding PhD Career Pathways for Program Improvement: A CGS report. Washington, DC: Council of Graduate Schools, 2014.
[2] European Alliance on Research Career Development. Developing Research Careers in and Beyond Europe: Enabling, Observing, Guiding, and Going Global. European Science Foundation, 2012.
[3] 林泽斐，欧石燕. 美国高校数字人文研究项目研究内容解析. 图书情报工作，2017（22）：52-58.

博士生创造出不同的实习生身份，例如科研助理、见习研究员等，并将相应信息发布于学科部门或职业中心网站。博士生可基于职业意愿选择相应的实训项目，在提升自身能力的同时，也不断强化对于学术或非学术职业的认知。例如，韦恩州立大学设立"人文学者诊所"（Humanist Clinic）项目，其人文博士研究团队在底特律市政府和学校的协助下，运用所学专业知识参与解决 Flint 社区面临的供水危机和底特律文化衰退问题；华盛顿大学圣路易斯分校与非裔美国人博物馆、格力奥艺术馆、密苏里历史博物馆等机构合作设立数字人文研究项目与博士生实习项目；杜克大学参与的"人文实验室"（Humanity Lab）项目扩展了人文博士生在产业、社区、政府、公益组织等领域的实践渠道和职业机会；另外，美国研究生院理事会还以"新一代博士"行动领导者身份与诸多专业协会建立培养或科研合作关系，使各校人文博士生能共享外部培训与科研资源，例如美国历史协会开展的历史学者职业多元化行动（Career Diversity for Historian）、现代语言协会推出的职业探索系列活动（Career Exploration Activity Packet）等。为保持合作关系的可持续性，美国研究生院理事会建议各成员单位应基于"平衡学术活动与职业训练""体现多元化需求视角"等原则，因地制宜，创新合作形式。[1]例如，佐治亚州立大学周边商业文化氛围较浓厚，拥有丰富的文化与传媒产业资源，产业实习是其行动中的重要一环；而韦恩州立大学位于底特律市，相应的企业资源较少，则主要聚焦于政府和社区合作。

第四，服务于博士教育的校友网络。研究发现，即便国家人文基金会提供了资金支持，但各成员单位在实践、研究等方面依然面临较大的财政负担，而毕业校友出于对母校的情感和认同在提供校外职业机会、工作经验、社会资源与渠道等方面成效显著，尤其是那些在非学术领域就业的博士也希望与毕业院校建立联系，帮助博士生获得相应知识与经验。正如美国研究生院理事会报告表明，毕业博士在提供博士就读建议、学习指导、实训机会、就业支持等方面发挥重要作用，同时，校友可帮助高校以较少的经济成本与企业、社区、政府等外部组织间建立合作联系。[2]随着博士生培养单位与外部组织在产学研等方面的联系日益密切，校友愈发被高校视为优质的"合作中介"和"教育资源"。当前，多数成员单位正着力构建校友关系网络，其目的正是以较低的经济成本建立一个涵盖职业

---

[1] McCarthy M T. Promising Practices in Humanities PhD Professional Development. Washington，DC：Council of Graduate Schools，2017.

[2] Council of Graduate Schools. Understanding PhD Career Pathways for Program Improvement：A CGS Report. Washington，DC：Council of Graduate Schools，2014.

导师团队、职业咨询机制、行业实训渠道等方面的外部支持网络。其中,芝加哥罗耀拉大学利用毕业的人文博士建立起一支职业讲座团队,定期为文学、历史等专业的博士生传授学习、研究、求职等方面的经验;芝加哥大学基于"人文学者职业培训"项目发起一项有关人文博士社区建设的课题,重点研究如何充分利用毕业博士这一资源,使其参与到教学、实习、科研、职业服务等环节;加利福尼亚大学尔湾分校通过"毕业博士追踪"(Alumni Track)项目逐步完善毕业博士信息,并邀请相关毕业博士参与博士生教育研究、人才培养合作、职业指导等工作。

第五,学术训练与职业发展相兼顾的导师团队。改变传统的博士生导师结构是"新一代博士"行动中的又一常见议题。博士生的实践与学习经历越多元化,那么其职业意愿与职业机会也会更加多样化。为了响应当前社会中的多元化职业发展需求,一些成员单位对学术导师的选择方式进行改进。例如,罗德岛大学项目团队通过调查建议博士生在入学后将可基于科研项目、工作背景、地理位置等教授信息选择与个人职业愿景相匹配的导师,为此,罗德岛大学团队对校园网站上的人文教授信息进行分类整合,突出其职业路径、人脉网络、专业技能。其次,该团队指出其他专业的教授可帮助博士生获取跨学科知识,提升知识创新能力,因此有必要引入跨学科导师团队。罗德岛大学研究生院副院长露丝诺克(A. Rusnock)提出并实施的"健康与人文创意实验室"(Health-Humanities Think Lab),使人文与健康领域的教授可以构建跨学科合作项目,参与此类项目的博士生将在跨学科导师团队的指导下开展研究。为支持上述行动,2017年,罗德岛大学团队发布一个名为"专业项目查询"的网站,该网站将所有涉及人文学科知识的科研项目及教授信息囊括其中,有助于人文博士生拓展导师选择面。

除学术导师外,美国研究生院理事会建议各培养单位有必要为人文博士配备正式的非学术导师,使其可以在不同的领域、产业、机构间进行转换。该角色应由毕业校友或校园中的非教职人员担任比如管理者,图书馆员等,并与学术导师、学生共同签署培养合同,为博士生提供持续、稳定的职业支持。[①]例如,纽约市立大学将非学术导师队伍建设工作交由职业规划与开发办公室(OCPPD)负责,通过整合毕业博士、博士后、图书管理人员的信息建立一个校内职业指导者网络,并将其分配给有相关职业需求的博士生。相比之下,华盛顿大学圣路易斯分校团队重点在学校外部拓展导师网络,例如,该校通过与非营利创业组织 EyeSeeMe 合作,向人文博士生征集商业问题解决方案,被选中的人文博士生可以此作为自己的研究方

---

① McCarthy M T. Summary of Prior Work in Humanities PhD Professional Development. Washington, DC: Council of Graduate Schools, 2017.

向，并在创业导师的帮助下将其知识研究成果转化为商业方案或产品。

第六，基于博士"长期发展"视角的职业服务。一些成员单位在行动过程中也将目光聚焦到博士生的职业服务方面。这里的职业服务主要指高校中的职业发展中心或职业服务中心在为博士生提供职业生涯辅导、就业咨询，以及追踪毕业生职业路径等方面所发挥的工作效能。在博士生教育阶段，职业中心可借助职业规划工具帮助博士生探明职业兴趣及所需的实践与学习路径。例如，特拉华大学、芝加哥罗耀拉大学、里海大学等院校均在其人文学部或职业中心的网站上提供 Imagine Ph.D 的系统页面，该系统是研究生职业联盟（GCC）推出的一个在线个人职业发展规划工具，帮助人文博士基于自身的知识、技能、价值观、兴趣等特征，设计个人职业路径，推荐相匹配的工作岗位。另外，美国研究生院理事会指出博士生培养单位还应做好职业信息采集工作，一是通过标准化的职业信息采集工具，关注毕业博士长期职业发展路径；二是基于社会合作网络及时获取学术与非学术领域的雇主岗位需求。在博士生面临职业选择时，职业中心可结合上述信息为其提供合理的职业建议和机会。上文中提及的加州大学尔湾分校和纽约市立大学正在强化职业中心在这些方面的职责。通过对毕业博士信息进行整合，还可以将相关数据充分应用于高校招生、报名指导、教育改革等工作。[①]

总体来看，美国"新一代博士"行动是美国社会更加重视人文学科及其社会价值的体现，也是对人文博士职业发展路径的关注。对于正在深度参与人类文明交流、不断增强文化自信的中国而言，同样具有借鉴意义。在我国大力推进"新文科"建设的背景下，我国人文与社科博士生教育的改革方向应是在审视学术型博士生教育人才培养目标的基础上，重新审视课程学习、科研与工作实践、论文写作、导师制度、能力训练、职业服务等环节，使多元化就业趋势、社会知识需求、博士生培养方式三者相互衔接。

二、案例二：美国生物医学博士生教育的职业开发实践

相较于其他生物学科，美国生物医学相关研究活动受到政府科研管理制度以及资助方式的严格约束，在基础性研究和知识转化研究方面以政府和大学实验室为主要研究场域，因此，学术职业备受美国生物医学博士群体的关注。[②]自 20 世

---

① Council of Graduate Schools. Understanding PhD career pathways for program improvement: A CGS report. Washington, DC: Council of Graduate Schools, 2014.

② Alberts B, Kirschner M W, Tilghman S, et al. Rescuring US biomedical research from its systemic flaws. Proceedings of the National Academy of Sciences of the United States of America, 2014, 111 (16): 5773-5777.

纪 90 年代，美国生物医学博士生规模迅速扩大，学术领域的教职数量却未呈现出明显的增长态势。"学术领域就业难"现象引发高等教育领域对生物医学博士生培养方式的反思。为此，美国国立卫生研究院（National Institute of Health，NIH）于 2013 年发起"科研训练经历拓展计划"（BEST），以变革生物医学博士生培养模式、拓展毕业博士的职业路径。

（一）BEST 计划实施的起因

美国生物医学博士生教育一直以培养学科继承人为主要目标，授予的学位类型以哲学博士学位为主。在经历了上个世纪末的"国立卫生研究院经费倍增期"（NIH Doubling）之后，生物医学博士规模成倍增长，但高校的终身教职数量却没有明显增加。生命科学毕业博士（包括生物医学专业）的学术职业比例从 1996 年的 51.8%下降到 2016 年的 38.3%。相反，在产业的就业比例从 1996 年的 24.5%上升至 2016 年的 37.6%。[1]

毕业博士职业路径的变化引发学界对生物医学人才培养工作的反思，即毕业博士走上多元化的职业路径，大量任职于在企业研发或管理部门，但其博士生培养过程却鲜涉及与非学术职业相关的知识、技能、信息和经验。[2]结合现有研究文献看，这种培养导向与职业路径间的"脱钩"主要表现为以下两点：一是占据主导地位的博士生培养理念同职业发展多元化趋势背道而驰。随着生物医学博士规模的扩大，生物医学科研体系使资深学者能够以较低经济成本维持一支高产出的科研助理团队，因此，他们会积极鼓励自己的博士生进入学术领域，并从事博士后、助理教授等短期职位。[3]在这一背景下，教职人员、研究生院管理者乃至博士生普遍认为，学术型博士就应该走学术道路，甚至将从事其他职业的博士视为学术竞争中的失利者。[4][5]二是缺乏与非学术职业相关的学习内容和资源。为促进生物医学博士在学术领域站稳脚跟，博士生导师也更加关注博士生的学术职业

---

[1] National Science Foundation（NSF）. Survey of Earned Doctorates.（2016-10-17）[2020-06-16]. https://www.nsf.gov/statistics/srvydoctorates/.

[2] National Institutes of Health（NIH）. Biomedical Research Workforce Working Group Report. National Institutes of Health. Bethesda，MD，USA，2012.

[3] Heggeness M L，et al. Preparing for the 21st Cent Biomedical Research Job Market：Using Census Data to Inform Policy and Career Decision-Making. SEHSD-US. Census Bureau，2016.

[4] Sauermann H，Roach M. Science PhD career preferences：Levels，changes，and advisor encouragement. PLoS One，2012，7（5）：e3630.

[5] Sauermann H，Roach M. Not all scientists pay to be scientists：PhDs' preferences for publishing in industrial employment. Research Policy，2014，43（1）：32-47.

素养，如基金申请、学术发表、学术交流等，并向博士生描绘学术职业前景、树立学术职业意愿。相比之下，教职人员缺乏相应的产业知识和社会资源，师生间缺乏有关非学术职业发展的讨论。例如，一些研究生院管理者认为同传统学术职位相比，非学术岗位通常强调知识应用与技术开发，或在绩效评价方面具有突出的目标和执行导向，但生物医学院系长期以来对相关基础设施建设、实习项目开发、产教联合培养等工作缺乏投入。①从社会认知职业理论（SCCT）视角看，上述因素成为博士生未来职业发展的障碍，使博士生缺乏从事不同职业路径的自我效能，也没有为之做好准备，如积累行业实践经验、探索职业机会、思考应用前景、提升工作与就业能力等。②③

基于此，国立卫生研究院进一步指出博士生导师和培养单位应帮助博士生探索多元化的职业路径，而不是以自身的职业偏好与习惯为培养依据，并建议通过引入多元化的训练方法，提升博士生在职业准备方面的自由度和自主性，使其能够在充分探索职业发展可能性的基础上获得充分的学习资源支持。正如美国艺术与科学院（AAAS）原名誉主席莱什纳（A. Leshner）博士所言："在坚持培养卓越科学家这一首要目标的前提下，我们需要改变现有研究生教育方式与内容，满足学生对职业的多元化需求。"④

（二）BEST 计划的实施路径

2013 年 5 月，国立卫生研究院启动 BEST 计划，致力于推动美国生物医学博士生培养目标、文化与方式的变革，促使毕业博士进入不同的职业领域，并发挥知识领导力。该计划依据美国生物医学博士生的平均科研训练时长（除去答辩阶段），将实施周期定为五年，在康奈尔大学、波士顿大学、芝加哥大学等 17 所精英院校中开展人才培养实践，并由第三方评价机构（Windrose Vision）协同各院校实施数据搜集及成效分析。值得注意的是，该计划属于国立卫生研究院的研究基金项目（DP7）而非人才训练项目（T32），因而具有教育实验意义，即在成

---

① Fuhrmann C N, Halme D G, et al. Improving graduate education to support a branching career pipeline: recommendations based on a survey of doctoral students in the basic biomedical sciences. CBE Life Sciences Education，2011（10）：239-249.

② Zimmerman A. Navigating the path to biomedical science career. PLoS One，2018，13（9）：0203783.

③ St Clair R, Hutto T, MacBeth C, et al. The new normal: Adapting doctoral trainee career preparation for broad career paths in science. PLoS One，2017，12（5）：e0177035.

④ Hendricks M. A Reality Check on the Biomedical Job Market.（2012-07-04）[2020-06-16]. https://www.hopkinsmedicine.org/research/advancements-in-research/fundamentals/in-depth/a-reality-check-on-the-biomedical-job-market.

员院校中先行开展人才培养实践，论证并提升培养措施的有效性，以便在全美范围推广。

1. 重塑生物医学博士生培养目标

美国生物医学博士生的成长路径正由传统的"学科继承人"向"全能型研究者"转变。一方面，生物医学领域关注的问题如传染病防治、环境治理等为社会公众所认知，相关研究行动在知识生产网络化的推动下向大学之外弥散。进入产业、政府等非学术领域的毕业博士，面临以解决实际问题为导向的应用型研究范式。另一方面，坚守在学术领域的研究者同样需要在研究过程中与不同的学科、职业领域进行沟通协作，如承接产业研究项目、游说不同利益群体等，因此，博士生的学习成果须能反映与之相应的职业特征。针对上述趋势，BEST 计划的人才培养目标体现在三个方面：激发博士生对不同职业的兴趣和信心、拓展博士生的知识与视野（涉及职业规划知识、专业应用技能、可迁移能力三方面）、增进毕业博士对不同职业领域的适应性。上述目标也反映在培养方案制定、教育质量评价等方面，体现了政策落实过程的连续性。

在培养方案制定方面，为切实引导博士生与导师群体关注非学术职业路径，防止"促进职业发展多元化"在实际培养过程中流于形式，国立卫生研究院要求成员院校在制定生物医学博士生培养方案时必须将重点置于"引导生物医学博士生探索从事非学术职业的可能性"，同时要保证学术培养质量不受影响。为此，BEST 计划确立 7 项指导性原则以强化人才培养过程与培养目标的契合度：①在培养过程中，向博士生持续传递多元的科研职业信息与职业发展观点；②由职业服务部门、研究生院、专业部门共同向博士生持续传授职业规划技巧，帮其进行职业决策；③将产业研发部门、公共卫生组织等非学术领域视为科研事业的基本组成部分，使相应职业路径在学术群体的视域中正当化；④对当前的导师指导和课程教学进行内容补充；⑤为博士生、博士后提供与社会实践相融合的科研训练方式，使学术研究与职业探索得以兼顾；⑥提升职业训练活动的灵活性和可参与性，避免延长毕业时间；⑦持续观测实施效果，及时界定突发性问题。[①]

在教育评价方面，国立卫生研究院基于新界定的培养目标和原则，明确 3 项具体评价任务，包括审视生物医学博士生培养工作的开展情况、分析培养措施对博士生职业发展意愿与准备程度的影响、对毕业博士进行持续追踪。为此，国立

---

① Mathur A, Meyers F J, Chalkley R, et al. Transforming training to reflect the workforce. Science Translational Medicine, 2015, 7 (285): 285ed4.

卫生研究院要求各参与单位自计划实施之日起按学年收集以下 3 类数据，并以"BEST 计划实施进度报告"形式递交至国立卫生研究院基金会。首先是项目实施及人员参与情况，包括课程设置、外部科研合作与实习、导师指导、工作场地参观、论坛与工作坊等。每位参与训练的博士生均持有一个学习追踪编号，以统计参与各项活动的时间和次数。其次，调查博士生的职业态度和准备情况。各成员院校的 BEST 计划数据专员依据国立卫生研究院制定的"研究生入学阶段调查"（Eentrance Survey）和"研究生毕业阶段调查"（Exit Survey）问卷在培养单位内部采集质性数据和量化数据，展示相关数据在项目实施 5 年间的变化情况，如博士生期望的职业路径、对职业信息及相关能力的掌握程度、潜在雇主选择、职业发展目标等。最后，对参与过该项目的毕业博士进行为期 15 年的职业追踪调查，收集学位获取周期、科研产出、职业路径、职业发展信心、能力匹配情况、教育满意度等数据，探索 BEST 计划对博士职业发展的长期影响。

除此以外，国立卫生研究院还引发高校对生物医学博士生培养制度的讨论，增进研究生院管理者和教职人员对新措施的理解和支持。例如，波士顿大学研究生院及时追踪各学年毕业博士的就业情况（包括就业领域、职位晋升、收入、工作内容等）及培养改进意见，并在研究生院、学院、学科部门等层级的会议上持续阐述 BEST 计划的实施意义和要领，从而帮助教职人员理解变革的迫切性及其应扮演的角色。罗切斯特大学、罗格斯大学、密歇根州立大学通过设立专项科研基金，授权生物医学相关学科的教授对博士生培养质量和职业发展情况开展实证研究，并为改进博士生培养环节提出建议。

2. 将职业开发融入博士生科研训练体系

如果仅将科研训练限定在实验室范围内，则难以对满足博士生日益多元化的职业发展诉求。[①]但也有批评者指出，在学术型博士生培养过程中过度强调为就业做准备，会使人们忽视博士生教育的传统优势。对此，美国研究生院理事会提出一种融合性观点：在知识经济时代，强调"博士生教育要为职业发展做准备"不是强行增加与非学术职业相关的培养内容，而是通过在培养环境中提供多元且相互联系的体验、训练和服务，帮助博士寻找适合自己的科研职业路径。同样，BEST 计划并非将博士生的注意力从知识创新中引开，而是将博士生的科研训练过程拓展至职业开发层面，即职业指导和职业技能学习两个领域，使之与传统的

---

① Nerad M. Professional development for doctoral students: What is it? Why now? Who does it?. Nagoya Journal of Higher Education, 2015, 36 (15): 285-318.

课程学习、理论研究、学术写作等培养内容相融合。

（1）职业指导是 BEST 计划的关键部分

职业指导具体包括价值取向与兴趣评测、职业信息累积、职业身份界定、职业发展规划与目标设计、职业决策辅导等，旨在帮助博士生明确自身的职业发展兴趣、持续审视自我发展潜能和学习方式。正如休珀等指出的"职业开发行动必须以个人为中心，帮助个人识别内外部环境中的约束因素，为实现职业目标确立行动方向、进程和方法"[①]。在培养过程中，BEST 计划成员院校主要从导学关系、职业指导团队、职业指导信息系统三个方面入手，提升博士生从事学术或非学术职业的自我效能。

首先，在导学关系方面，导师与研究生间的人际关系及知识沟通状态会影响博士生的科研兴趣和学习行为，为此，BEST 计划的一项重要措施是增进导师同博士生间的职业讨论。较常见的措施是将科研职业兴趣探索纳入导师同博士生的定期面谈中，导师要帮助博士生分析职业规划、研究兴趣及长处、明确不同阶段的学习重点、并询问其希望获得的帮助。学生则在导师年度评价表中对上述内容和体验予以反馈。另一种方式如密歇根州立大学，博士生入学伊始便要同导师一起制定个人发展方案，并以培养合同的形式固定化。

其次，BEST 计划各院校借助独立的职业指导团队拓宽师生的职业知识视野。以马萨诸塞州立大学的研究生职业开发中心为例，除少量专职工作人员外，其师资队伍主要由职业咨询专家、毕业校友、产业专家等兼职人员组成。提供的服务包括择业辅导、创业咨询、简历写作、科研机会搜寻与申请、面试培训、校友访谈等，同时也为导师提供相应的职业信息和资源支持。值得一提的是，该校将职业规划课纳入博士生的必修课程体系，课程教学由职业开发中心负责实施，内容包括职业探索工作坊、职业兴趣评测、职业导师匹配等。有调查发现，博士生对这一措施表示欢迎，他们不再担心因参与此类活动而遭受导师的斥责。[②] 与之相似，加利福尼亚大学戴维斯分校 BEST 计划要求博士生必须选修"职业探索工作坊"，该工作坊以课程形式在每周五下午举行，共 20 课时，可获得 1.5 个学分。在为期 10 周的教学中，学员要探索的 8 个学习单元，包括：自我技能与价

---

① Super D E, Osborne W L, Walsh D J, et al. Development career assessment and counseling: The C-DAC. Journal of Counseling & Development, 1992, 71 (1): 74-80.

② Fuhrmann C N, Halme D G, O'Sullivan P S, et al. Improving graduate education to support a branching career pipeline: Recommendations based on a survey of doctoral students in the basic biomedical sciences. CBE Life Sciences Education, 2011, 10 (3): 239-249.

值评测、获取和审视职业路径信息、选择职业路径和目标、创建个人发展计划（IDP）、实习机会搜寻策略和简历写作、面试技巧和谈判技巧、工作沟通风格、工作协作。

此外，为强化导师、博士生、职业指导团队 3 个群体在职业规划、学习目标制定等方面的联系，国立卫生研究院要求各培养单位将个人发展计划引入生物医学博士生培养的起始、训练、输出阶段。①个人发展计划是一个用于职业规划与管理的网络工具包，由美国联邦实验生物学协会（FASEB）的职业训练电子化模板改进而来，其服务内容分为测评、探索、定位、实施 4 项。与之相似，研究生职业联盟开发出一个相似的系统——Imagine Ph.D。佛罗里达州立大学和阿拉巴马大学自 2017 年起要求所有研究新生使用该系统制定个人发展计划。

（2）强调工作技能学习

工作技能学习是 BEST 计划人才培养理念得以落地的关键，将博士生知识结构向职场实践方向延伸，以增强博士生在学术或非学术劳动市场中的竞争性。在 BEST 计划中，博士生的工作技能学习可按内容划分为"专业开发"和"体验式学习"两类。专业开发虽然以课堂教学为主要形式，但同学术写作、理论研究等传统科研训练环节相比，更关注专业知识的实践应用意义，其内容通常包括展示与沟通、研究方法与工具、科研管理等，使博士生将高深的专业素养展现于多元化的实践场域，包括知识探索、创新实践、知识交流等。以加利福尼亚大学尔湾分校的 GPS-BIOMED 项目为例，该项目提供科学沟通技能训练课，帮助博士生和博士后掌握同广泛利益相关群体（政府、企业、社区）进行知识交流所需的沟通技能，涉及 TED 演讲、社交媒体运营、研究计划写作与展示等内容。罗切斯特大学的 URBEST 计划和弗吉尼亚理工的 Virginia Tech BEST 计划在强调知识沟通、科学写作等传统技能的同时，也侧重对科研工具和研究方法的训练，如 Java、Perl、SQL 等编程语言和 SAS、SPSS 等统计分析工具，以迎合生物医学同数据科学相结合的社会研究趋势。

现代化的博士生教育应能从实验设计、创业训练等不同方面入手提高科研训练质量，也需要增进博士生对劳动力市场的适应性，满足行业雇主对复合型、创新型人才的用人要求。为此，BEST 计划借助体验式学习将科研训练场域扩展至现实职场。一种是基于广泛的校企合作频繁开展短周期的行业走访活动，例如，北卡罗来纳大学 BEST 计划资助的"走向产业项目"（A2i）将 MedPharm、

---

① Lara L, Daniel L, Chalkley R. BEST: Implementing Career Development Activities for Biomedical Research Trainees. London: Academic Press, 2020: 26, 40, 53.

BASF 等大型医药企业作为体验式学习场域，学习内容包括：博士生与企业方进行专业知识互动、企业管理者讲授领导力知识、企业参观、求职工作坊、职业社交茶话会等，在帮助博士生了解行业业态的同时，也帮助博士生拓展社会科研资源和职业机会。另一种如约翰·霍普金斯大学发起的"生物技术与制药产业导师匹配计划"，则强调较长周期的、正式化的现实工作安排。博士生需要花 3—6 个月的时间在生物应用技术公司、制药公司或行业组织中扮演"公司人"角色，在产业工作环境下寻找研究问题或开展实验，使研究课题更加聚焦于产业面临的关键性约束，或促进产品服务或管理的更迭。

在这一过程中，企业分担了相应的人才培养责任。首先，每个实训项目的研究内容由企业、导师、博士生共同商定，博士生需要以研发者的身份参与甚至主导项目工作，企业必须对博士生的工作进度进行监督、指导与反馈。当然，企业在项目实施过程中也要赋予博士生一定的研究自主权，以提升其项目管理能力。其次，企业扮演着职业引导者角色，既要为参与实训的博士生制定职业培训计划，也要借助企业文化、工作流程和任务安排提升博士生对团队合作与沟通、管理与领导力、商业思维、行业规范等可迁移能力的掌握程度。类似的做法也存在于 1993 年启动的未来教师培养计划（PFF）中，该项目从博士生入学第一年起就为之提供连贯性的教学实践机会，并以工作坊、选修课等形式帮助其为未来从事教职工作做准备。总而言之，当博士生身处现实的知识应用情境时，他们会结合工作实际重新审视自身知识背景和应用方式，促进知识结构向实践应用方向延伸，并激发新的学习兴趣。

（3）拓展博士生职业训练资源

BEST 计划强调学习资源的异质性。传统博士生教育以师徒制为基础，博士生在实验室中跟随导师学习研究方法和技巧，以传承学科知识和学术精神，无需学科以外力量的干预。随着博士就业领域发生变化，博士生教育要展示出令利益相关者满意的人才培养成果，就必然要求外部力量参与到博士生培养过程，以作为对传统学术培养的有益补充。[①]为拓展职业训练资源，并增强社会和学术领域的联系，BEST 计划各院校将科研团队、学院、研究生院、社区、企业等主体共同纳入生物医学博士生培养过程，通过密集开展工作坊、校友讲座、学术和行业交流会、产业实习等训练活动，帮助博士生积累职业路径信息、理解职场中存在的挑战、掌握与工作实践相关的知识技能。根据 BEST 计划联盟（BEST

---

① Bernstein B L, Evans B, Fyffe J, et al. The continuing Evolution of the Research Doctorate. In Nerad M, Globalization and Its Impacts on the Quality of PhD Education Worldwide. Rotterdam: Sense Publishers, 2014: 5-30.

Consortium）提供的数据显示，2014—2018 年，在 17 所成员院校中，生物医学博士项目的合作企业数量由 36 个增长至 125 个，合作社区数量由 13 个增长至 41 个。[1]

BEST 计划强调学习资源对博士生的可及性。研究发现，即便高校提供相应的职业学习资源，博士生在进行职业准备过程中常由于信息闭塞而忽视学习机会或是选错学习方向。[2]为此，国立卫生研究院要求各成员院校强化博士生个人发展计划与学习资源的联系。例如，密歇根州立大学 BEST 项目（MSU BEST Program）将个人发展计划系统与其自行开发的职业训练资源库（PREP）相关联。该资源库由一系列的工作坊、实习项目、职业规划咨询服务组成，分别聚焦知识沟通、领导力、科研道德、学术知识、团队合作、平衡与灵活性 6 项职业胜任力。此外，为反映博士生学习的阶段性特征，密歇根州立大学将学习资源划分为早期、中期、后期阶段。当个人发展计划系统呈现出博士生的技能状态后，与之相应的职业训练资源库的学习资源也出现于系统页面，使用者可逐一审视对应的学习资源，并记录学习状况。当评测结果发生变化时，客户端窗口推送的学习资源也随之变动。

BEST 计划还强调学习资源的共享性。一是在行动整体层面，国立卫生研究院在行动伊始便成立一个以范德比尔特大学为联络中心的 BEST 计划联盟，负责开展联盟与社会组织间的集体合作事务，并同各成员院校分享外部资源。例如，在 2017 年举办的实践工作坊（BEST Practices Workshop）活动中，BEST 计划联盟同美国生物化学协会（ASBMB）签订合作协议，为各成员院校的职业指导中心提供师资支持，包括产业导师、职业规划课程教师、职业咨询专家、人力招聘专家、面试导师等。二是在各成员单位内部，生物医学院系积极与其他院系开展教学合作，拓宽博士生的知识视野。例如，纽约大学医学院同商学院合作开设的"生物医学博士生创业工作坊"，引入商学院的行业资源如企业合作伙伴、创投机构、毕业校友、企业孵化中心等，帮助生物医学博士探索学术创业的可能性。同时，BEST 计划也开始向其他专业领域延伸。2019 年，随着为期 5 年的 BEST 计划宣告结束，各院校纷纷调整 BEST 计划的实施方案以覆盖更广泛的博士生群体，例如，加利福尼亚大学尔湾分校将 GPS-BIOMED 项目正式更名为 GPS-STEM 项目，为所有 STEM 学科博士生提供职业发展支持。

---

[1] Lara L, Daniel L, Chalkley R. BEST: Implementing Career Development Activities for Biomedical Research Trainees. London: Academic Press，2020.

[2] Zimmerman A M. Navigating the path to a biomedical science career. PLoS One，2018，13（9）：0203783.

（三）BEST 计划的关键特征

自 2010 年起，美国博士生教育领域密集出现以"促进博士生职业发展多元化"或"为非学术职业做准备"为主题的改革行动，例如，2015 年 Burroughs Wellcome 基金会开展的"职业引领训练项目"（Career Guidance Grant），2016 年国家人文基金会发起的"新一代博士"行动（Next Generation Ph.D），以及近年不断增加财政预算的"国家科学基金会科研训练项目"（National Science Foundation Research Training Program）均试图回应职业发展多元化趋势，并形成崭新的学术型博士生培养模式（图 8-1）。这些改革行动均强调大学应向博士生提供探索不同职业路径的机会和资源支持，以促成科研人才向不同社会领域分流，从而提升社会公众对博士生教育满的满意度。从本质上看，该模式是教育消费者观点的体现，即将博士生和用人单位视为教育消费者，而博士生培养单位则根据消费行为和偏好调整博士生教育。此类观点原先存在于美国本科教育和专业学位教育中，随着社会知识生产模式和劳动力市场的变化，博士生、用人单位、政府等利益相关群体也开始要求美国博士生教育对微观层面的知识消费需求予以回应。[1]

首先，在学术型博士生培养目标及质量评价方面，BEST 计划增加对学生职业发展支持的关注，并强调对博士生社会责任、职业发展效能、可转移能力等职业相关指标的考核。在全球化时代，不论是哪一类学科知识，都无法独自应对陌生问题与环境。[2]2017 年，美国研究生院理事会提出在博士生贝塔文凭证书框架（BCF）中增加与职业发展相关的指标，并鼓励高校积极讨论：学生需要什么样的技能来实现职业成功、每一个培养阶段（里程碑）的目标是什么、博士项目应如何提供这些技能等问题，从而促使培养工作的转变。也正如有学者所言：毕业生会发现他们所走的道路永无止境、他们所在的社会充满价值冲突、他们的信息积累总是不够；这是一个复杂的社会，在这种社会情境下，高等教育系统要帮助毕业生为适应社会的快速变化做准备。[3]

---

[1] Graybill J K, Shandas V, Fyffe J, et al. Forces of change in doctoral education. In Nerad M, Evans B (Eds.), Globalization and Its Impacts on the Quality of PhD Education. Rotterdam: Sense Publishers, 2014: 31-42.

[2] Gokhberg L, Meissner D, Shmatko N. Myths and realities of highly qualified labor and what it means for PhDs. Journal of Knowledge Economy, 2017, 8（2）: 758-767.

[3] Nyquist J, Woodford B J. Re-envisioning the PhD: What Concerns Do We Have? Center for Instructional Development and Research. University of Washington, 2000.

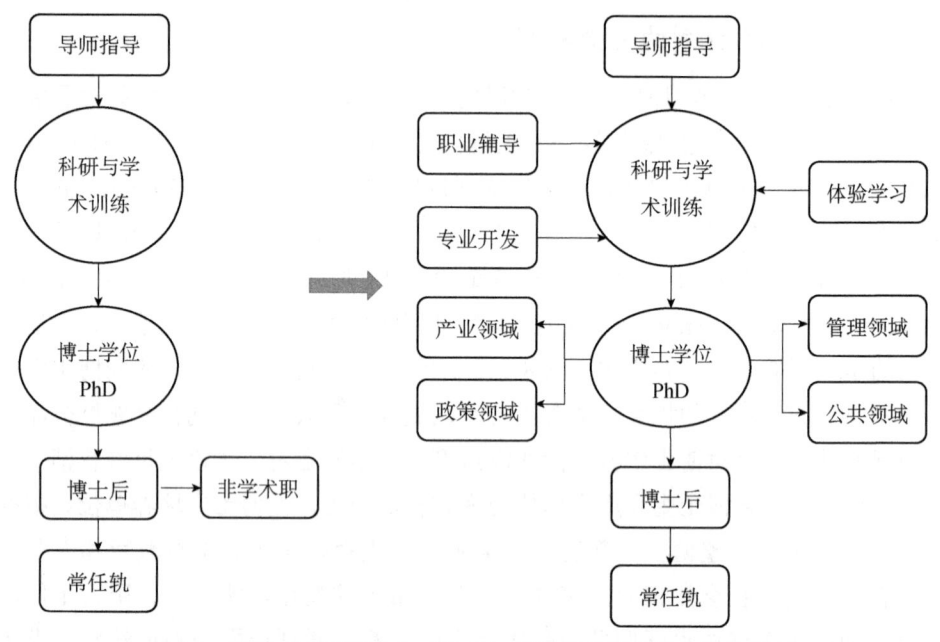

图 8-1　美国学术型博士生（Ph.D）培养模式及目标导向的转变

资料来源：Meyers F J，Mathur A，Fuhrmann C N，et al. The origin and implementation of the broadening experiences in scientific Training programs：An NIH common fund initiative. The FASEB Journal，2016，30（2）：507-514.

其次，扩展学术型博士生在培养过程中与社会实践领域、外部利益相关群体的接触面。BEST 计划的显著特征是将博士生充分暴露于多元化的职业环境中，自研究生入学之时起，由毕业校友、职业服务部门、产业导师组成的职业指导团体以必修课程、选修课程、工作坊、交流会、一对一职业咨询、企业参观、实习等方式向学生描绘不同领域的职业发展前景。具体而言，第一，在培养过程中要强调资源整合性。众多合作伙伴彼此渗透到对方领域，形成一个扁平化的培养网络，同时校外组织也提供了高校无法在短期内企及的训练资源，如专业咨询团队、企业实训基地等。我国学术型博士生培养单位不仅需要借助用人单位的反馈意见来寻找培养过程中存在的痛点，还需将与之相关的外部利益相关群体如政府、企业等引入生培养过程中，使之承担相应的培养责任。这亦是知识经济时代，知识生产合作化与利益共享原则的体现。第二，BEST 计划致力于构建一种积极的职业支持文化。尽管行业实习实践是提升个人工作技能的有效手段，但 BEST 计划的实践经验表明在读博士生难以在行业实习中投入大量精力，而从博士生培养的定位看，学科知识探索依然处于核心地位。由此看来，BEST 计划将多元、灵活、短周期的职业开发活动引入校园，其要点不在于强行增加学习环节或改变学习重点，而是通过丰富博士生教育中的一系列体验内容，塑造与多元化发展相适应的职业价值观念和文化导向，激发博士生对探索不同职业路径、服务社会生产实践的兴趣。第三，BEST 计划强调将知识探索与社会实践相融合。BEST 计划将博士生引入企业、政府、公益组织、社区中参与体验式学习，不仅有助于提升其自身的职业竞争力，也有助于博士生审视其自身的知识结构，并在工作实践中探寻新的研究方向。

最后，BEST 计划的本质是一次人才培养实验。BEST 计划的现实意义在于通过先期开展人才培养实验，分析相关培养措施对生物医学博士生的短期和长期影响，并基于实验结果，持续改进培养环节，以促进相关人才培养模式在博士生教育领域的传播。就我国而言，现有的以"促进博士生职业准备"为主题的研究多从管理机制、制度、培养方法、文化价值等方面探讨欧美发达国家博士生教育的演进历程及变革动向，在缺乏相关人才培养成效数据的前提下，难以回答国际发展经验如何本土化、有无必要改进、如何加以改进等问题，这同样是 BEST 计划的实施出发点。同样，博士生教育的核心使命也要求培养单位不能对所有利益诉求都言听计从，博士生培养过程必须坚守学术训练的传统价值，因此，还必须通过实验数据加以区分哪些措施可以考量、哪些传统必须坚守和传承。

三、案例三：欧洲"以促进毕业生职业发展为目标"的博士生教育变革

作为博士学位的发源地，欧洲为全球博士生教育提供导师制、学术发表、公开答辩等诸多培养准则。伴随全球化进程加快，提升国家知识创新实力的战略意义更加凸显。高质量人力资源是国家或地区在全球竞争中脱颖而出的先机条件，因此政府愈发将以博士群体为代表的创新型人才视为推动社会与科技进步、实现国家竞争战略的核心力量。同时，在知识经济与全球市场的驱动下，企业、公益组织等非学术机构也充分认识到毕业博士在产品与技术创新、问题解决等方面发挥的重要作用。在这一背景下，新一代博士生不仅要掌握知识创新能力，还要为从事社会其他领域的工作做好准备，从而促进知识成果在"象牙塔"之外充分转化，推动社会经济发展，满足国家人才与战略需求。上述趋势对欧洲博士生教育的人才培养导向、培养内容、培养方式等方面提出全新的要求。

（一）欧洲博士生培养方式变革的形成逻辑

欧洲科研基金会分别于 2014 年、2017 年开展博士职业追踪调查项目，对毕

业 7 年内博士进行大规模调查，并基于长期发展、主客观评价相结合等视角，持续追踪欧洲博士的职业路径、能力匹配、社会贡献等情况，据此提出一些与欧洲博士生培养相关的政策建议。通过剖析欧洲博士的职业发展现实，有助于回答欧洲博士是否为充分就业于社会各个领域、欧洲博士生教育是否为推动全社会的知识创新做好准备。

第一，在职业路径方面，欧洲绝大多数毕业博士将学术领域如大学、科研院所、技术组织等作为自己的职业选择并从事科研工作。2014 年调查样本中，88%的毕业博士从事科研工作；82%就职于大学、科研院所等学术领域。[1]2017 年调查样本中，62%的毕业博士就职于学术领域，其中超过 94%的受访者工作与科研相关。[2]但是欧洲博士在获取终身合同的过程中面临一定的难题。调查显示学术领域就业博士获得终身合同的比例不高，在职业初期（1—5 年）多处于短期职位。2014 年的调查发现，超过 60%的受访者处于初级研究员、助理研究员等短期职位，而获得终身职位如教授、高级研究员的博士比例不及 20%。2017 年的调查数据同样揭示这一现象，在高校、科研院所等学术领域取得终身合同的博士（毕业 7 年内）比例仅半数左右，相比之下，企业领域的博士终身合同比例却达到 90%以上。

总而言之，在欧洲，博士在企业、政府等非学术部门更容易获得终身职位，而毕业博士的初期职业选择却集中在终身职位难以获取的学术领域。事实上，欧盟希望高校能够培养出更多的研究人员，从而满足社会对各个领域的创新型人才的需求，但难题在于绝大多数博士生希望留在学术领域。

第二，欧洲博士的可迁移能力水平与非学术领域的雇主需求间尚存差距。欧洲科研基金会通过将博士毕业时的胜任力水平与该胜任力在当前工作中的重要性进行对比发现，毕业博士在领导力、团队合作、项目管理、社交网络、有效沟通、解决问题、批判与分析、环境适应等胜任特征方面存在不足。[3]其中，在高校、政府任职的博士整体上符合职位胜任力需求；在科研院所任职的博士在项目管理、有效沟通、社交网络等方面未满足职位需求；而博士与工商业职位的胜任力差异主要体现在有效沟通、项目管理、社交网络、领导力、环境适应等方面。

---

[1] European Science Foundation. Career Tracking of Doctorate Holders. Pilot Project Report. Strasbourg: European Science Foundation，2014.

[2] European Science Foundation. Career Tracking Survey of Doctorate Holders. Strasbourg: European Science Foundation，2017.

[3] European Science Foundation. Career Tracking Survey of Doctorate Holders. Strasbourg: European Science Foundation，2017.

尽管欧洲博士在专业知识、科研素养等专业胜任力（professional competency）方面满足了雇主职位需求，但在领导力、团队合作等可迁移能力（transferable competency）方面依然存在一定的差距。虽然毕业博士普遍满足高校职位的胜任力要求，但随着科研人才的市场流性增强，可迁移能力的缺失将不利于他们在生产与经营活动中进行知识转化，也使其难以在政府、社会组织和企业工作中发挥价值，对其跨域发展产生一定的制约作用。

此外，欧洲博士所贡献的知识价值主要表现于知识探索方面。博士的工作产出是其社会与经济价值的直接体现，也是利益相关群体重点关注的内容。欧洲科研基金会通过分析博士在调查前一年中的工作成果如文章发表、会议展示、学术奖项、科研资源开发、专利登记、产权注册、政策影响、媒体关注、社会活动、书籍出版、文集编写等综合评价毕业博士的社会贡献。从产出类型看，欧洲博士在职业初期主要聚焦于知识理论探索，较少涉及技术专利、产权和社会活动。两次调查均显示，绝大多数受访者拥有学术论文发表和国际会议展示经历，而专利登记与产权注册比例不足10%，参与社会活动的比例更低。上述现象虽与欧洲博士集中就职于学术领域相关，但也表明欧洲博士对非学术领域的生产与经营活动的支持程度依然有待提升。[①]

（二）欧洲博士培养新动向

为使欧洲博士人才供给与欧盟发展战略需求间保持紧密的耦合性、满足社会经济发展需求。欧盟委员会（EC）、欧洲大学联盟（EUA）、欧洲科研基金会、欧洲研究型大学联盟（LERU）等相关组织持续倡导对培养目标、职业文化、培养内容、保障机制等要素的创新，引发博士生教育领域对"社会知识创新"和"多元化职业发展"的关注，并形成相应的博士生教育发展动向。

1. 促进多元化的职业文化建设

在博士生培养过程中，导师、学校、外部合作伙伴、校友等相关群体共同营造出特定的职业发展文化，对博士生的职业发展意愿进行重塑，并影响其职业准备方式。[②]欧洲传统博士生培养过程中的学术职业文化十分突出。原因有两个方面：第一，欧洲高校中的博士生导师在博士生培养方面普遍拥有较大的话语权，

---

① European Science Foundation. Career Tracking Survey of Doctorate Holders. Strasbourg: European Science Foundation, 2017.

② The League of European Research University. Delivering Talent: Careers of Researchers Inside and Outside Academia. The League of European Research University, 2018.

博士生通常以学术助理的身份参与导师的科研项目，并在其指导下完成博士论文，而导师推荐也是博士实现首次就业的主要渠道。在博士生培养过程中，导师的职业愿景、志趣、工作习惯等价值和行为倾向潜移默化地传递至学生，对博士学术职业意愿的形成产生重要影响。第二，培养单位普遍以培养"学术后备军"为工作重点。欧洲大学联盟的调查发现，仅半数培养单位将"为非学术领域培养研究型人才"和"为多元化职业发展做准备"视为博士生培养工作的重要任务。[①]

为推动欧洲大学塑造与"博士职业发展多元化"相关的人才培养理念，2011年欧盟委员会发布《创新性博士训练原则》（Principles for Innovative Doctoral Training）为教育政策制定者和高校管理者提供博士生教育行动纲领，文件首先对博士身份进行定义，将其视为社会中的知识创新者和传递者，进而指出博士生教育应帮助博士生在各个社会就业部门充分探索职业发展机会。[②]另外，2016年至今，欧洲大学联盟在其召开的博士生教育年会（EUA-CDE Annual Meeting）上也持续强调促进博士职业发展多元化以及做好相应培养工作的重要社会意义。此类权威机构的发声有助于引发博士生培养单位、博士生导师对博士职业发展多元化趋势的关注，理解相关技能培养与职业服务的重要性。当前欧洲高校正不断创新人才培养过程中的职业发展文化、通道、资源与服务，增强博士生探索非学术职业路径的主动性。欧洲大学联盟调查发现，为响应欧洲战略与人才需求，超过2/3的成员院校已将职业发展服务融入博士生培养过程。[③]欧洲研究型大学联盟的调查表明许多欧洲研究型院校正从职业发展文化和政策支持方面着手改进人才开发工作，鼓励科研项目团队、导师、博士生与不同的职业领域相衔接。[④]

2. 将可迁移能力训练融入博士生培养过程

知识经济的延伸不仅使工商业雇主对博士人才的需求增加，其知识转化与应用需求也必然促使他们更加关注毕业博士的胜任力水平。与此同时，越来越多的毕业博士就职于非学术领域，博士生需要接受充分的可迁移能力训练，方能使所

---

① Hasgall A, Saenen B, Borrell-Damian L, et al. Doctoral Education in Europe Today: Approaches and Institutional Structures. European University Association, 2019.

② Kehm B M, Teichler U. Doctoral education and labor market: Policy questions and data needs. In Gokhberg L, Shmatko N, Auriol L (Eds.), The Science and Technology Labor Force. Cham: Springer, 2016: 11-29.

③ European University Association. Progress Report on the Implementation of the Actions Agreed in the MoU on the European Research Area Signed between EUA and European Commission. European University Association, 2012.

④ The League of European Research University. Delivering Talent: Careers of Researchers Inside and Outside Academia. The League of European Research University, 2018.

学知识在生产应用过程中充分转化，切实满足社会中不断增加的知识创新需求。事实上，欧洲传统的博士生培养环节中较少涉及可迁移能力内容。与美国结构化培养方式不同，多数欧洲大学依然采用导师主导的学徒模式，该模式将博士论文视为核心环节，其目的在于培养能够通过学术研究、学术发表、教学活动来开发和传递新知识的学者。在博士生培养过程中，由于学术研究居于绝对主导地位，与可迁移能力相关的内容很少获得博士生或导师的关注。例如，比利时的绝大多数博士项目仍侧重培养论文写作技巧和科研能力，鲜有涉及可迁移能力训练的环节。而导师出于工作任务考量，很可能限制博士生参加与学术研究无关的活动。此外，不同专业在可迁移能力培养方面也存在较大差异。例如，人文博士在学术领域的就业比例更高，面临的职业竞争也较为激烈，反观其学习经历却鲜有涉及产业实践、社会组织实训、公共活动参与等胜任力培养环节。

为使毕业博士能充分服务于不同的社会领域，欧盟委员会在其报告《欧洲科研职业框架进程》（Towards a European Framework for Research Careers）列举出欧洲博士应积极扮演的社会角色。在此基础上，欧洲科研基金会下属机构欧洲科研职业开发联盟（EARCD）进一步提出博士生教育应着重培养的可迁移能力，并鼓励各培养单位将其融入博士生培养框架中，具体能力包括：知识传播能力（尤其是面向非学术领域的受众）、项目与时间管理能力、领导能力、企业运营知识（如商业化趋势、创新意识、产权等）、科学分析与决策能力、问题解决能力、谈判能力、社交网络、文书写作、职业管理等。此外，2012年7月，欧洲大学联盟与欧盟委员会签署的欧洲研究区（ERA）行动备忘录也将加强可迁移能力培养列为博士生教育改革的新方向。[①]

3. 推进"知识创新"为导向的社会联合培养模式

知识经济的发展要求博士生培养单位必须一改往日基于单一导师指导和学科领域知识的培养方式，并结合社会创新政策，围绕"知识创新""社会问题解决""跨领域合作"三个关键点为博士生教育引入新的知识生产方式。正如欧洲大学联盟指出欧洲高校必须将社会科研合作与人才培养合作置于战略突出地位，从而将其领先的教育和科研能力转变成社会经济和生活领域的知识创新能力。[②]与传统博士生培养过程不同，这种基于社会合作的培养模式需要诸多利益群体的共同

---

① European University Association. Progress report on the implementation of the actions agreed in the MoU on the European Research Area signed between EUA and European Commission. European University Association，2012.

② Hasgall A，Saenen B，Borrell-Damian L，et al. Doctoral Education in Europe Today：Approaches and Institutional Structures. European University Association，2019.

参与，如商业、工业、公益组织等。尽管"博洛尼亚进程"启动以来，许多欧洲高校积极拓展外部合作关系网络，但由于与合作方在利益诉求、工作时间、培养内容等方面存在一定的冲突关系，并未获得高校、导师、博士生的实质性支持和参与。例如，在人才培养方面，欧洲大学联盟发现仅有10%的博士生培养单位对校外的行业实训项目和工作场地见习予以重视。[①]而在科研活动方面，欧洲科研基金会调查数据显示在博士生教育阶段从工商业、非营利组织等外部合作方获得科研补助或奖学金的毕业博士比例均未超过4%，相比之下，从毕业院校中获取科研资助的毕业博士超过30%，也说明博士生的合作项目参与程度不高。[②]

近年来，欧盟委员会发起的"欧洲产业博士生教育"（European Industrial Doctorate）计划和欧洲大学联盟实施的以拓展博士职业路径为目标的博士联合培养促进行动受到广泛关注与响应。欧洲产业博士属于以实践应用为导向的专业型学位，该学位项目的科研与实践环节主要在工程、制造类企业的研发部门内进行。合作企业中的资深工程师为博士生的项目研究工作提供指导，帮助其探寻生产实践问题的解决方法。专业课程、研究方法学习、博士论文与答辩等环节则由高校负责，博士论文选题主要来源于实践中常见的问题。2017年，欧盟委托智慧社区技术合作平台（ICF）发布的《基于可雇佣力与创新能力提升的欧洲产业博士》（European Industrial Doctorates—Towards Increased Employability and Innovation）表明，产业博士生教育在专业知识传递、产品与技术创新等方面的成效明显，欧洲博士生培养单位和相关企业对开展产业博士项目持积极态度。[③]相比之下，欧洲大学联盟倡导的社会联合培养模式重点探究如何在"学术职业导向"和"专业型学位"之间取得一种平衡，使研究型博士项目能够在保持优良学术传统的同时，为促进博士职业发展多元化、推动社会知识创新做准备。

相较于以往合作实践，上述两个行动具有以下共性：①社会产业链中的知识创新实践融入博士生培养环节。博士生教育通过加强与产业的联系，一方面，有助于博士生提升可迁移能力、拓展社交网络与人脉、促进职业观念的转变；另一方面，有助于博士生在产业中从事知识生产活动，提升博士生教育与科学研究的社会服务性。②博士生教育框架中加入行业导师制度。这与Nerad的呼吁相一

---

① European University Association. Collaborative Doctoral Education in Europe: Research Partnerships and Employability for Researchers. European University Association, 2015.
② European Science Foundation. Career Tracking Survey of Doctorate Holders. Strasbourg: European Science Foundation, 2017.
③ 王文礼. 欧洲工业博士学位项目的培养模式和实施效果. 研究生教育研究，2018（5）：82-89.

致。学术导师依然保持在学术研究、学术发表、论文选题与答辩等方面的责任，从而确保博士科研项目的顺利完成，并维护学术声誉和质量。在此基础上，外部行业导师也参与到指导过程中，主要负责指导并监督博士生在行业中的科研项目进展情况，同时为博士生提供职业发展支持如职业建议、社会资源等。③各合作方的利益诉求呈现高度一致性。从合作基础看，该模式立足于共同的社会发展情境如地理区位、区域发展战略、社区文化等，同时，该培养模式输出的毕业博士与科研成果既可解决外部组织面临的现实问题，又有助于博士生培养单位提升教育质量与声誉、拓展知识领域。①

四、案例四：日本博士生教育改革新趋势

（一）博士生培养模式变革的背景

与前文提及的美国生物医学博士类似，在 20 世纪末期，日本实施的"研究生院重点化"政策引发博士生扩招浪潮。进入 21 世纪，少子化、经济放缓等社会问题导致私立大学生源减少，大学及公共研究机构可提供的岗位数量并未增加。文部省的调查数据显示，1998—2008 年，日本毕业博士规模增长近 1 倍，达到 1.6 万人，但受传统学术文化影响，毕业博士以高校教职为主要职业选择，而在同期，大学教职数量的增长幅度还不及 15%。②③由此，日本博士在毕业之初便面临激烈的职业竞争。根据文部省学校基本调查数据，2018 年应届毕业博士获取正式聘任岗位的比例也仅为 53.6%，在高校就职的博士获得正式岗位（终身教职或可授予终身教职的任期岗）的比例更低，不足 30%。④另外，选择博士后岗位的毕业博士比例持续扩大，且根据文部省调查，计划从事第二轮博士后的受访者比例也在持续上升，在 2018 年该比例已增至 71%。⑤换言之，即便毕业博士迫于压力选择从事临时性学术岗位，其面临的职业发展前景依旧不容乐观。

---

① Nerad M. Conceptual approaches to doctoral education: A community of practice. Alternation, 2012, 19 (2): 57-72.

② 内閣府. ポストドクターの構成・就業状況.（2012-08-01）[2020-03-01]. http://www.cao.go.jp/cstp/budget/syoken23/kokudai43.pdf.

③ 文部科学省. 学校教員統計調査「教員異動調査.（2012-08-01）[2020-03-01]. http//www.e-stat.go.jp/SG1/estat/NewList.do?tid=000001016172.

④ 文部科学省. 学校基本調査平成 30 年度.（2018-08-02）[2022-05-06]. http://www.mext.go.jp/component/bmenu/other/icsFiles/afieldfile/2018/08/02/14074493.pdf.

⑤ 公的研究費ガイドライン研究所. ポストドクターなどの雇用・進路に関する調査（2018 年度実績速報版）. 厚生労働省ガイドライン，2020.

在此背景下，日本"博士过剩"现象日益严重，博士学位授予规模明显萎缩。根据《科学技术指标（2020）》报告，2003—2019年，日本博士项目年入学人数由巅峰时期的1.8万人减少至1.5万人以下。[①]

与此同时，互联网、通信等第三产业在日本快速发展，职业门类更加多样化，尽管日本企业出于提升产品竞争力的考量加大了博士人才的招聘力度，但同时也在质疑博士的可雇佣力[②]。原因有三：①受20世纪90年代研究生扩招政策的影响，一些高校采取弹性的研究生招生政策，例如取得本科学位两年且拥有相关工作经历者亦可申请博士项目，这就导致很多毕业博士缺乏扎实的科研功底，无法胜任相关职位；②尽管博士群体较企业中的其他学历层次人才具有更为卓越的工作产出，但博士本身具有与生俱来的学术从业偏好，即便许多高校已不再为博士后支付薪资，选择在学术领域从事博士后的比例依然在持续攀升[③]；③博士生培养过程中高度聚焦理论知识探索，并根据导师的研究志趣选择论文方向，具有明显的讲座制和师徒制特征，但缺点是缺少外部信息的刺激。相关产业雇主调查发现，日本博士人才存在视野狭窄、缺乏问题解决能力和跨学科知识体系、对企业文化的适应能力低下等问题[④]。在这种状态下，社会公众对博士生教育的意义产生怀疑。总体来看，日本博士生教育改革的驱动力来源于两个方面：一是社会中的就业压力促使博士生教育领域思考如何培养研究型人才；二是经济与产业转型对人才的知识能力结构提出新要求，即通过博士生培养，打造复合型、研究型人才队伍，为社会经济发展提供高质量人力资源保障。

随着保障博士生教育质量成为重要的教育政策问题，日本政府也开始要求实施第三方研究生教育质量调查，并重新修订博士生培养标准。2011—2018年，日本文部省、厚生劳动省等政府部门连续颁布多项政策文件，推动博士生教育改革，如《卓越研究生院计划》《研究生院教育振兴计划纲要》《引领研究生院教育改革——培养参与社会合作的"知识专家"》等文件。为维系其博士生培养质量，近十年来，日本将研究生教育的改革重点置于科研能力、结构化培养、促进

---

① 科学技术・学术政策研究所. 科学技术指标2020.（2020-12-20）[2021-09-10]. https://nistep.repo.nii.ac.jp/index.php · action=pages_view_main & active_action=repository_action_common_download & item_id=6700 & item no=1 & attribute_id=13 & file_no=3 & page id=13 & block_id=21.

② リクルートワークス研究所. 博士を採用できない企業の「病」.（2020-12-10）[2021-09-10]. https://www.works-i.com/works/item/w126—toku1.pdf.

③ 公的研究費ガイドライン研究所. ポストドクターなどの雇用・進路に関する調査——大学公的研究機関への全数調査（2015年度実績）. 厚生労働省ガイドライン2018.

④ 陈晓清. 日本博士生教育改革新战略——"博士课程教育引领计划"的评析与启示. 中国高教研究, 2019（8）：47-53.

职业路径转向三个方面，从而培养能够促进知识型社会建设、兼具学术研究能力和实践工作能力的博士。其中，强化科研能力是基础，结构化改革是保障，促进职业路径多元化是突破。

（二）博士生培养模式的变革方向

1. 强化博士生的科研能力

同其他国家一样，强化科研能力是日本博士生教育改革的基础。但事实上，日本的学术研究成果自 20 世纪 90 年代起却表现得不尽如人意，日本学者的国际发文总量占比、顶尖期刊发文占比等指标均呈现下降趋势。相比之下，美国、德国等却快速增长。[1]为增强毕业博士在劳动市场上的竞争力，缓解博士就业压力增大、博士生教育吸引力下降的问题，日本政府借助政策工具着力强化博士生的科研能力基础。

2011 年，日本实施的"博士教育引领计划"致力于为博士生提供良好的科研能力培养环境。引领计划的院校选取标准要求入选院校必须达成一系列条件，重点体现于以下三个方面：①能够提供一流的科研与教学设施、并组建一流的博士生导师队伍；②能够激发学生的创新与科研能力，培养多元化的、跨学科的知识能力；③为学生提供充分的科研机会（包括学术与非学术领域）。由于对院校所具备的科研资源要求较高，引领计划所涵盖的成员院校数量极少，且竞争激烈。2013 年，共 62 所院校申报该计划，但只有 15 所院校入选。2011—2018 年，该计划在其实施周期内共投入超过千亿日元。[2]该计划强调围绕非学术领域高端人才、社会实践人才、科研管理人才和领袖人才四类培养目标展开，在实施过程中，主要通过设立五年连贯制博士培养阶段（包括前期与后期课程）强化博士生理论基础与全面提升其应用型研究能力。

为进一步强化科研能力培养，使更广泛的博士生群体受益，2016 年，日本文部省以中央教育审议会的《卓越大学院计划的基本思路》为纲领进一步开展研究生教育改革，即"卓越大学院计划"。该计划被日本安倍内阁列入 2016 年的《日本复兴战略纲要》文件中，为科技发展与人力资源开发提供指导思想。"卓越大学院计划"的目标定位是培养出具备世界一流科研水平的研究型人才，这种人

---

[1] 张天舒. 21 世纪日本博士教育政策改革研究兼论"卓越大学院计划". 中国高教研究，2018（5）：98-103.

[2] 日本学術振興会. 博士課程教育リーディングプログラム制度概要.（2019-05-03）[2020-10-24]. https://www.jsps.go.jp/jhakasekatei/gaiyou.html.

才应具有的品质包括能够主导知识创新、灵活运用知识成果、引领时代的价值诉求、克服人类社会面临的挑战、促进社会可持续发展。除开展学术研究活动外，日本博士生教育还被寄希望为日益增长的非学术研发活动提供智力支持。

2018年，"卓越大学院计划"正式实施，为实现上述目标，该计划不仅强调要加强学校研究基础设施和科研团队建设，强化博士生科研能力的培养。同时，更侧重强调大学应与社会其他领域建立长期、稳定的合作关系，形成以研究生院为中心的科研能力与成果培育网络，从而培育出能够运用新知识，解决社会实践问题的"智慧专家"[①]。具体看，在科研合作方面，各院校需根据人才培养目标与实际情况，创新组织合作形式，与其他院校、海外高校、民间企业、国立研究院所建立广泛的合作关系；在博士生学习与科研成果方面，不以论文数量为取向，不能以提高相应数值为目标，从合作成果的产出实质（如技术应用、问题解决）出发，审视博士生教育发展效果，例如从事应用研究的博士生其选题设定需由产学专家共同审议；在教师队伍发展方面，搭建跨专业跨学科交流平台，重视教授资格授予过程中的跨学科研究贡献和"基础性研究与应用性研究"的交叉性。此外，该计划也促进大学教师队伍与企业研发团队间的交流，即大学根据企业需要派遣青年教职人员前往企业担任外部专家，为其提供智力支持。被派遣的青年教师则充分吸收企业等社会组织的运营理念和知识，并将其工作经验带入到教学和科研任务中。另外，企业也派遣相应人员到大学中讲学，并为学术研究活动提供必要的外部支持。

由此看来，日本博士生教育改革中所强调的科研能力内涵是不断变化的，从20世纪50年代的"学术文化复兴"到70年代的"学科领域突破"，再到21世纪开始强调"服务于不同领域的知识需求、解决社会实践问题"。正如《引领研究生院教育改革——培养参与社会合作的"知识专家"》报告指出的，博士生将被视为未来社会中的知识型专家，是一种能够在未来大放光彩的社会资源。[②]

2. 加强结构化的博士生培养

作为同属东亚文化圈的国家，日本高等教育在发展过程中长期坚持将西方经

---

① 文部科学省. 平成30年度大学教育再生戦略推進費卓越大学院プログラム公募要領．（2008-06-01）[2020-09-10]. http://www.mext.go.jp/component/a_menu/education/detail__icsFiles/afieldfile/2018/06/01/1403375_01.pdf.

② 中央教育審議会大学分科会. 未来を牵引する大学院教育改革～社会と した「知のプロフェッショナル」の育成～.（2015-09-19）[2020-03-01］. http://www.mext.go.jp/component/b_menu/shingi/toushin/__icsFiles/afieldfile/2016/02/09/1366899_01.pdf.

验本土化，其博士生教育同样如此。日本学者指出，深受洪堡理念影响，日本博士生教育同德国、奥地利一样以科研为核心，学术自由被置于很高的地位，在这种状态下，博士生通常被视为科研活动的参与者。①第二次世界大战之后，美国经济快速崛起，对日本社会的影响力日益扩大，日本博士生教育也大范围地接纳"美国模式"（即结构化培养模式），培养路径、形式、内容越来越美国化，其中包括必修课程、结构化的能力培训体系，以及能够展现研究成果的毕业论文等。②需要注意的是，结构化培养的重要前提是构建科学合理的教育质量评价体系，即对博士生的培养成果和培养方式进行系统化评估，使人才培养标准化、制度化。但直至20世纪90年代，日本依然未能建立系统化的人才培养标准。随着博士生的学习成果在发达国家中越来越受关注，保证博士生教育质量也成为日本教育政策的重要议题。

在深化结构化培养的进程中，教育引领计划和卓越大学院计划所强调的结构化特征反映在4个方面。一是加强高校乃至日本政府部门对博士生项目的管理权限。研究生院需奉行上级管理体制下的学术自由，教学活动须同国家宏观教育与科技政策、人才培养理念、发展定位相契合。同时教授也需在研究生院（或其他相似职能部门）的统一规划下，开展博士生培养工作，从而将宏观层次的国家科研战略、中观层次的学位授予权、微观层次的教学培养政策相互关联起来，以实现"推进实施层面的制度改革，打通人才培养与劳动市场通道，支持国家战略中的创新方略"③。

二是重视课程教学，明确课程教学目标定位与社会需求相契合。两个计划均要求大学明确项目人才培养目标和博士生需掌握的知识能力体系（包括专业科研能力和工作实践能力）。以引领计划为例，其聚焦的科研能力提升目标，又进一步细分为三类子能力，即行动能力、知识视野、问题发现与解决能力。在培养过程中一方面强调跨学科培养，提供跨学科课程体系与科研机会，促进不同学科知识在博士生培养过程中的相互融合，具体包括在培养过程中接受其他学科教员的指导并获得相应学分、研究室与实验室轮换制度等。更重要的是，引入正式性的实践课程教学环节，即通过与企业等非学术领域的合作，如开设经验交流会、工

---

① Arimoto A. The teaching and research Nexus in the third wave age. In Shin J C，Arimoto A，Cummings W，et al.，Teaching and Research in Contemporary Higher Education. Dordrecht：Springer，2014：15-33.

② Clark B R. The Research Foundations of Graduate Education：Germany，Britain，France，United States，Japan. Berkeley and Los Angeles，CA：University of California Press，1993.

③ 内閣官房日本経済再生総合事務局. 日本再興戦略2016：第4次産業革命に向けて.（2016-06-02）[2020-04-21]. http://www.kantei.go.jp/jp/singi/keizaisaisei/pdf/2016_zentaihombun.pdf.

作场地实训等内容，加强教学与生产实践的联系。据调查 2010—2015 年，入选引领计划的博士项目其合作企业平均数由 2 家增至 15 家。①

三是明确培养进度和学分获取规则。在项目开始的 1—2 年，学生要学习相应的专业知识及研究方法，课程学习一般由研究生院负责安排。以名古屋大学为例，该校取消了硕士阶段与博士阶段的界限，实施五年一贯制培养。在博士生教育的头两年（即原硕士阶段），学生以拓宽视野、完善知识基础、明确科研方向为主要任务，并通过跟随已有研究团队在国内外进行调研学习（包括企业、高校、国际组织、政府等），完成论文写作所需的前期调查。在结束前两年学习后，博士生需参加中期考核，只有通过考核才有资格成为正式的博士候选人。进入博士生学习阶段后，学生则以掌握项目设定的核心能力（含学术与非学术能力）和完成博士论文为主要任务。在学分制度方面，名古屋大学也极具跨学科色彩，其博士生课程体系分为基础科目 A、基础科目 B、基础科目 C、语言、实践、论文写作、专题讨论等 7 类，其中基础科目 A 为必修课，旨在加强学生对多元化世界的理解，形成科研价值观念与社会责任感。基础科目 B 为通识选修课，如"文化与社会研究方法论""田野调查入门"等，主要帮助博士生基于自身研究兴趣掌握相应研究方法。基础科目 C 则为具体学科的专业知识。上述 3 类基础科目对入学两年以内的博士生开放，即在中期考核之前共需获取 16 个学分。另外，每名博士在论文写作阶段还需选择 3 位指导老师，其中至少 1 位老师来源于其他学科门类。由此可见，"博士引领计划"在使博士生培养过程结构化的同时，还破除了学科壁垒，使跨学科知识学习成为博士生教育过程中的必备环节。

四是培养成果可视化并开展阶段性考核。为采用更加国际化的博士生教育评价标准，提高博士生教育的国际吸引力与影响力，近年来，日本文部省参照美国的"论文研究基本能力考核制度"（Qualifying Examination）和"学位授予考核制度"（Final Examination），推进博士生培养工作的系统化、标准化。另外，在具体的博士生培养过程中，相关政策也要求各院校实行追踪反馈与检查制度。例如，引领计划除了要求各培养单位依照事前、中期、事后三段式评价要求，定期反馈年代报告书外，在政府层面，也定期借助第三方评估对学生、教授、项目管理者等群体开展满意度调查。其调查范围涉及学习内容、学习环境、管理制度、学业成就、就业情况等，了解学生从中获得的学习收益，学术振兴协会也将上述

---

① 日本学術振興会. 修了者のキャリア成果報告書. （2019-05-03）[2021-03-15]. https://www.jsps.go.jp/jhakasekatei/data/Jpn_Program_for_Leading_Graduate_Schools.pdf.

培养成果发布于年度报告中,向社会公开。例如,2017 年,日本学术振兴会对近年博士生教育改革的实施情况进行问卷调查,在谈及能力提升方面时,很多受访者指出产学研相结合的培养方式使其问题解决能力、协作能力、沟通能力、外语水平等方面得以提升。[1]总而言之,日本博士生教育正逐步远离封闭的师徒制培养方式,使培养目标、质量等信息为学生、导师、研究生院以及其他外部利益相关者所共享,同时也有助于博士生及培养单位及时接受外部反馈,以便改进其学习和培养行为。

3. 促进职业路径的转向

相对其他发达国家,日本博士生进入非学术领域就业的比例较低。[2]为改善毕业博士集中"扎堆"传统学术岗位的局面,推动博士人才在产业、政府、公共领域贡献才智,日本政府与学术领域也出台一系列政策举措。早在 2003 年,科学技术协会的《培养人才国际竞争力报告》便明确博士职业发展多元化对构建知识型社会的重要意义。[3]随后出台的一系列"科学技术基本计划"也在反复强调博士所面临的就业困局及对应的职业路径多元化促进目标。[4]2017 年,日本文部省召开的人才会议直接呼吁,高校应打造多元化的博士生教育"出口",消除"博士生仅能成为大学学者"的思想观点。[5]

从具体政策措施看,前文提及的"卓越大学院计划"和"博士引领计划"均致力于实现学术培养单位与劳动力市场的充分对接,鼓励博士生以学位论文、课程学习、项目实习与科研合作等多种形式同产业界直接对话,促进博士生职业发展意愿的转向。例如,参与"卓越大学院计划"的早稻田大学"实践型博士培养项目",其博士生会根据对接企业需求确定研究方向,即学生参与到企业内部的研究课题之中;企业则需不断向大学输送行业专家,为博士生提供职业讲座、工作坊等活动,使其了解知识应用与需求的发展方向。另一个案例是东京大学的

---

[1] 日本学术振兴会. 平成 23-25 年度博士課程教育リーディングプログラム中間評価結果. (2017-05-03) [2020-09-27]. https://www.jsps.go.jp/j-hakasekatei/chukanhyokakekka.html.

[2] 文部科学省. 博士人材の社会の多様な場での活躍促進に向けて. (2020-12-01) [2022-03-10]. https://www.mext.go.jp/b_menu/shingi/gijyutu/gijyutu10/toushin/1382233.html.

[3] 文部科学省科学技术・学術政策研究所.「博士人材追跡調査」第 1 次報告書——2012 年度博士課程終了者コホート. (2015-10-27) [2020-11-26]. http://data.nistep.go.jp/dspace/bitstream/11035/3086/18/NISTEP-NR165-full.

[4] 文部科学省科学技术・学術政策研究所.「博士人材追跡調査」第 2 次報告書. (2018-02-09) [2021-01-07]. http://data.nistep.go.jp/dspace/bitstream/11035/3190/5/NISTEP-NR174-FullJ.pdf.

[5] 文部科学省. 人材委員会(第 77 回)議事録. (2017-02-14) [2020-11-23]. http://www.mext.go.jp/b_menu/shingi/gijyutu/gijyutu10/gijiroku/1382214.htm.

"社会与管理学科全球领导者培养计划",该计划致力于为社会提供创新与公共政策方面的问题解决方案。在人才培养过程中,研究生院依照职业能力框架将博士生的必修课程划分为社会与全球领导力、工作胜任力、课题解决能力等学习模块,每一模块均对应相关课程内容与学分要求。同时,该计划还将国际实习列为必修部分,博士生只有在完成相关机构的工作实训后,方可申请毕业。此外,在读博士生还需定期参加校方与非学术组织联合举办的论坛讨论活动,并与来自企业、政府等领域的人士共同商讨社会现实问题的解决对策。

从改革的实施成效看,博士生单一的学术职业偏好得以扭转。以实施周期较长的博士引领计划为例,在 2018 年该计划输出的毕业博士中,企业的就业比例近 40%,远高于日本博士的平均企业就业率(25%)。[1]另外,也有研究者通过对比博士生入学与临毕业时的职业偏好发现,博士生的职业选择由片面追求学术教职转向更加多元化的职业路径包括企业、国际组织等,选择自主创业和民间企业就业的博士比例明显增长,而选择从事博士后的人数比例显著下降。[2]

五、国际博士生教育变革趋势

(一)在国家层面

1. 强调以博士人才素养为核心内容的学习成果

根据学者伊勒里斯(Illeris)素养学习框架理论,卓越人才培养的前提条件是借助内容管理系统强调学生学习成果或素养储备,明确学习的目标导向。[3]以上各案例在学习内容与目标上同样关注以素养为核心的学习成果,强调博士生需要在培养结束前获得知识、技能、态度以及心理习惯,进而引发培养质量观念的转变。

美国研究生院理事会在报告中强调应使用博士学习成果框架文件明确博士学位获得者应具有的一般性素养要素,即素养框架。事实上,这一框架可以是因学科而异,也可以是适用于不同学科领域的。但需反映出某一课程或博士项目完成

---

[1] 文部科学省. 博士課程教育リーティンクフロクラムの実施状況.(2020-12-10)[2021-07-01]. https://www.mext.go.jp/content/1420829011.pdf.

[2] 日本学術振興会. 平成 23-24 年度採択プログラム事後 評価アンケート調査結果報告.(2018-05-03)[2021-08-20]. https://www.jsps.go.jp/j-hakasekatei/jigo_kekka.html.

[3] Illeris K. Competence, learning and education: How can competences be learned and how can they be developed in formal education. In Illeris K(ed.), International Perspectives on Competence Development: Developing Skills and Capabilities. London: Routledge, 2009: 93-108.

后博士生应掌握的基本胜任特征和技能，此外，它还需与学科、高校的学位授予标准保持一致①。在当前美国高等教育领域，卢米亚基金会（Lumia Foundation）构建了两个框架体系为高质量学位项目的授权工作提供借鉴：学位资格文件（DQP）和贝塔文凭证书框架。学位资格文件是一个以学习为中心的框架，它指明大学生应该掌握什么、知道什么，具体涵盖一般性与具体专业知识、知识性技能、合作和应用性学习、公民性与全球性参与等方面。该框架在2015年最终定稿，目前超过500所大学和学院正在使用这一框架。贝塔文凭证书框架出现在学位资格文件之后，更关注微观层面的指标，即依据学位、资质、产业划分出不同职业资格的胜任特征，以作为一般性评估参考标准。总体来说，学位资格文件和贝塔文凭证书框架使相关培养院校重新审视其项目，并为之制定学习成果。但相对而言，这是美国高等教育领域内部的自发行为，并无政府干涉。

在澳大利亚和英国，相关措施的出现则展现出国家意志，例如，从1998年开始，澳大利亚政府要求澳大利亚各院校提供明确的研究生学位毕业生的质量标准。②例如，根据墨尔本大学的文件，博士生教育致力于让毕业生能够展示学术领导力、独立性、创新性，鼓励他们获取在更广阔领域发展的可迁移能力。该校希望毕业博士能够拥有的品质包括形成可视化的研究问题、设计与实施原创性研究的能力、在变化的学科环境中批判性分析问题、向广泛受众传播研究发现的能力、与他人合作、信息管理、计算机系统和相应软件、知识产权管理和创新的商业化、文化理解与尊重等14项。在英国，罗伯特爵士提案中涉及的两条核心举措也得以实施。第一，构建起博士生培养项目的新质量标准，也就是博士生培养应达到的最低指标③；第二，英国高等教育质量保障委员会专门出台关于研究型学位的实施准则，并指明可迁移能力对于研究生的指导意义④。

2. 创新多元化的博士学位授予制度、鼓励以问题解决和现实需求为导向的研究成果

陈洪捷在谈及知识生产模式对博士生教育的影响时指出，如何在改革过程中既满足知识生产新模式的需求，又维持博士生教育的"高质量"是全世界面临的

---

① McCarthy M. Articulating Learning Outcomes in Doctoral Education. Council of Graduate Schools, 2017.

② Molla T, Cuthbert D. The issue of research graduate employability in Australia: An analysis of the policy framing (1999-2013). The Australian Educational Research, 2015, 42 (2): 237-256.

③ Quality Assurance Agency (UK). Doctoral Degree Characteristics. (2011-10-09) [2020-12-21]. http://www.qaa.ac.uk/Publications/InformationAndGuidance/Documents/Doctoral_Characteristics.pdf.

④ Research Councils UK. Statement of Expectations for Doctoral Training. (2013-02-05) [2020-08-09]. http://www.rcuk.ac.uk/RCUK-prod/assets/documents/skills/statementofexpectation.pdf.

共同挑战。①在一系列解决方案中，增加博士学位类型、培养模式多元化成为讨论热点。在综合分析博士生教育研究文献的基础上，克姆（Kehm）将现有博士学位分为 9 种：研究型博士、授课型博士、通过著作获得的博士学位、专业博士、艺术实践型博士、新路径博士、联合培养博士、产业博士、合作型博士等。②尽管博士授予所适用的学科和产业领域各有侧重，但体现了高等教育领域为促进研究型人才培养与行业发展需求间的适切性所发挥的主观能动性。在这一过程中，政府部门在学位管理制度方面给予充分回应和支持。例如，2016 年，在英国高等教育基金委员会的资助下，发布《英国高等教育专业博士生教育报告》（Provision of Professional Doctorate in English HE Institutions），报告强调基于英国企业发展趋势，对专业博士的需求将进一步扩大，尤其是在信息、工程、健康领域，在此基础上，教育部将专业博士生教育发展基金的设置方案呈交国会审议。此外，在 2020 年英国政府进一步加大对英国新路径博士（new-routine Ph.D）的助学资金投入，鼓励各院校以专利、实践性应用成果、技术推广等方式替代论文发表要求，激发前沿性、应用性、跨学科研究。

3. 加强对于产教合作的公共政策倾斜

发达国家也加强了在产教合作过程中的政策支持。不论是日本大学院计划还是英国博士产业训练中心等实践案例，均表明卓越有效的校企合作机制离不开政府在宏观层面提供的制度保障：一方面，政府主管部门与各院校之间应明确权、责、利三者间的关系，政府部门应负责宏观政策制定、经费发放，以及产业与院校间的协调工作；另一方面，也持续完善对实践教学、创新创业、科研合作等平台建设情况的考评办法，使产业实践切实融入人才培养方案之中。受相关趋势的影响，在澳大利亚，产业博士训练中心（IDTC）在政府专项拨款下建立。该项目借鉴了英国博士训练中心（CDT）项目的经验，更加聚焦博士生培养过程中的合作研究中心的建设与扩张。同样，日本在推进"卓越大学院计划"过程中也实施一系列激励措施，包括资助高校在职人员从事产业实践，为研究生实习项目提供资金支持等，推动产学结合。

---

① 陈洪捷. 知识生产模式的转变与博士质量的危机. 高等教育研究，2010（1）：57-63.

② Kehm B M. Die deutsche Doktorandenausbildung aus europäischer Perspektive. In Kehm B M, Schomburg C H, Teichler E U (Eds.), Funktionswandel der Universitäten. Campus：Frankfurtam Main，2012：340-355.

（二）在高校层面

1. 强调培养过程要为博士职业发展做准备

作为人类社会中的个体，科研群体同其他社会成员一样，需要在复杂且多变的社会环境中生存，他们同样具有欲望、焦虑与个人发展诉求，理应获得探索职业路径、提升自我价值的机会。从当前各国的人才培养实践看，政府与高校正不断变革研究生教育中的职业发展文化、培养方式、教学资源与职业服务，鼓励在校生主动探索非学术职业路径。正如卡苏托（Cassuto）指出，美国研究生教育领域的讨论点已从是否应该帮助研究生实现职业发展多元化向如何培养研究生以实现职业发展多元化转变。①总之，培养单位应帮助博士生认清学术劳动市场无法吸纳整个博士群体这一现实，并使其意识到在学术领域之外依然大有作为。

当前，学术学位博士生培养既要保持优良学术传统，也要更加关注博士生的职业发展，以强化人才培养与不同行业需求间的适切性。如何兼顾这种"既要""也要"的关系？从博士生社会化进程的研究视角看，博士生的学术社会化过程可分为"接触阶段"和"身份形成"两个部分。前者主要发生在博士生入学至博士候选人考核（资格考试）前后，即通过与学院的教师、同学之间的正式与非正式的互动，进行知识学习与环境适应；后者反映为博士生获得博士候选人身份以后，在此阶段博士生确立论文的研究方向及今后职业意向。②

基于前文实践案例看，首先，各培养单位在博士生入学伊始便使其意识到自身所学知识与社会实践领域间的联系。一方面，借助校友和社会合作资源，通过内容丰富、形式多样的职业支持活动，如求职工作坊、产业讲堂、创业经验分享会，让行业专家可以走进校园、走上讲台，持续且高频次地向博士生群体灌输社会实践领域的观点、知识需求、工作与职业价值观等，即借助多元信息流的刺激作用，产生非线性的创新行为和学习倾向；另一方面，在课程教学环节也有所体现，使博士生可通过行业短期实习、小型研究项目、专题讲解等多种形式了解行业发展前沿、知识应用情况，并掌握"技术干货"。诚如鲍德（Boud）所言，实习、调研等中介活动的重要意义并不在于直接提升能力和知识，而是让学生能够参与、浸入真实的挑战情境，获得社会参与感，关注现实

---

① 莱纳德·卡苏托. 研究生院之道. 荣利颖译. 北京：北京理工大学出版社，2017：105.

② Adler P. The identity career of the graduate student: Professional socialization to academic sociology. American Sociologist, 2005, 36 (2): 11-27.

问题并作出改变。①

其次，在博士生从事学术研究项目过程中，导师或培养团队将非学术职业支持和实习实践等内容融入其中。即便对于从事学术职业的博士而言，也有助于其工作实践能力的提升。当然，要做到这一点的前提是，博士生在学术训练过程中能够获得充分的产业接触机会与资源，但对于相当一部分博导而言，产业资源有可能稀缺一些。有调查数据就表明，教职人员难以提供充分的外部资源。②因此，需要学院或培养单位层面的介入，为师生提供额外的行业研究资源补充。例如，吉森大学设立的人文学科研究生培养中心是平行于学院或学部的博士生培养单位，具有独立的学位项目管理和科研服务职能，以便在延续学术训练传统的同时，以独立研究机构的名义与大型企业广泛开展研究合作，为学生提供实习机会和职业发展服务。

2. 关注博士生非学术职业素养的培养

传统研究生培养环节较少涉及非学术相关知识能力的培养。自博洛尼亚进程启动以来，尽管不少高校在研究生培养模式中融入产业实践和可迁移能力开发内容，但多为选修环节或校园活动。例如，比利时绝大多数博士项目侧重培养论文写作技巧和科研能力，而导师出于工作任务考量，通常也会限制博士生参与此类活动。③另外，高校在非学术职业素养培养方面也缺乏系统性。近年来，欧美高等教育领域开始明确"什么是博士生应具备的素养""谁来培养""如何培养"等问题。以欧洲为例，出于构建"欧洲研究区"和"欧盟2020年战略"的实施目的，欧洲科研职业开发联盟（EARCD）、欧洲大学联盟（EUA）对科研人员应具备的职业素养框架做出界定。

就培养方式看，工作场地实践和跨领域科研合作通常被视为获取非学术职业素养的最有效方式。在美国，对博士生非学术职业素养的培养也主要依托于社会实践环节，在马萨诸塞大学阿默斯特分校的环境科学项目中，研究生可以通过参与暑期的国际社会实践活动，在其他国家进行环境问题研究，在获得专业知识的同时，开阔国际视野，提升跨文化交流能力。在宾夕法尼亚州立大学帕克校区的

---

① Boud D, Rooney D. What can higher education learn from the workplace?. In Dailey-Hebert A, Dennis K (Eds.), Transformative Perspectives and Processes in Higher Education, Advances in Business Education and Training. Cham: Springer, 2015: 195-208.

② Lauchlan E. Nature PhD Survey 2019. London: Shift Learning, 2019.

③ Travaglianti F, Babic A, Hansez I. Relationships between employment quality and intention to quit: Focus on PhD candidates as traditional workers. Studies in Continuing Education, 2018, 40 (1): 115-131.

社会科学专业，研究生必须在暑期或春季学期参加研究生综合性训练项目（IGERT），并获得相应学分。该项目同非学术组织，如企业、政府机构或者非营利组织建立广泛的科研合作关系，研究生则以项目助理的身份在社区开展田野调查、举办讲座、科普工作。①

3. 基于社会利益关系链构建博士生培养平台

传统的博士生培养过程往往体现"一对一""自上而下"等标杆式学习特征，但这种培养方式已经无法满足研究生日益增长的知识需求。其实质是，在以科技创新为驱动力的后工业社会中，社会生产关系更为复杂，仅凭单一学科、组织无法解决那些涉及产业与技术升级、社区建设、可持续发展、环保等方面的社会议题。作为知识创新型人才的输出方，博士生教育也必须突破学科与组织壁垒，形成一个全社会共同参与、各学科知识相互融合的社会人才培养网络，例如，内拉德（Nerad）提出的"全球村开发模式"就描绘了一个理想的范本，导师、研究生院、学校、政府、企业、行业组织各自拥有明确的责任，在不同层面为博士职业素养学习提供相关支持如社群环境塑造、社区治理参与、产学联动机制、协会交流、国际科研合作等。②

从以上案例来看，多方参与的博士生培养机制普遍遵循以下原则展开：第一，博士生需要同时参与双方安排的学习活动和工作，高校中的博士导师一般负责安排课程学习、研究主题、学术写作与发表、论文答辩等学术事宜，企业导师则负责指导工作实践、应用技术研究的内容，不论是对于学术素养的训练还是对于企业工作能力的提升，都在博士生培养过程中以正式的、制度化的培养环节体现出来。第二，博士生基于实践经历，结合各生产与经营环节的现状，就如何优化产品价值链这一问题开展专题研究，以不断深化对于产品研发、生产到营销等环节的理解，使知识视野得以扩展。第三，博士生在参与企业等机构的科研活动时通常需要与来自不同专业的人员进行交流合作，大部分情况下，还需要同其他专业的博士共同完成某一项课题研究。

这种基于利益链的合作模式，也使得相关群体的利益诉求得以回应。对企业、社区等知识需求方而言，这种人才培养网络有助于组织获取科研资源，解决其面临的知识难题；对高校而言，有助于其履行社会服务职能，提升学术质量与

---

① 陈尔东, 罗英姿. 美国人文博士培养理念与方式的变革: 以新一代博士行动为例. 教育发展研究, 2019 (23): 49-55.

② Nerad M. Conceptual approaches to doctoral education: A community of practice. Alternation, 2012, 19 (2): 57-72.

声誉；对博士生自身而言，参与社会知识创新实践有助于他们从社会现象中发现规律，推动知识边界的延伸，同时也有利于拓展人脉网络，提升实践应用能力。另外，从社会公益视角看，合作网络不仅引导社会各方共同参与公共问题的解决过程，使公共利益在知识创新过程中得以兼顾，还可以借助社区、媒体、产业等力量持续探索社会问题，形成良性的知识利益循环。

第九章

中国博士生教育变革的理念与路径

第一节　中国博士生教育变革的理念

大学具备学术研究和教学自由的历史传统，早期的西方大学为维护这一传统曾与社会保持一定距离，被人们称为"象牙塔"。随着大学由工业经济社会的边缘迈向知识经济社会的中心，时代的发展强烈呼唤大学不仅要走出"象牙塔"，还要超越"象牙塔"，既要服务社会，又要引导社会前进。[1]社会需求是一所大学在既定社会存在、发展乃至卓越的方向与使命，[2]德里克·博克呼吁大学在坚守自身学术理念与价值的同时承担起现代大学的社会责任。[3]

博士生教育是大学的脊和梁，博士生教育的质量直接影响国家高层次创新型人才的供给和国家科技竞争的实力。[4]国际形势百年未有之大变局迫切要求我国提高自主创新能力，研究生教育，特别是博士生教育，受到国家高度重视。面对变化的学术研究内外部环境以及多元化社会需求，全球的博士教育机构都在努力对博士生教育理念进行"再定义"，从单纯地培养学者转向培养社会各界需要的领袖和精英。[5]新时代，"象牙塔"内的博士生教育，不论是培养制度抑或质量评价，除了具备学术传承性特征以外，还需要超越"象牙塔"，回应社会需求。马永红等认为，研究生教育是一个社会网络与教育行动者共同演绎的共构共享的新体系，反映了社会对人才的新要求。[6]洪大用指出，研究生教育要精准识别社会需求，要根据社会的需求来改革研究生教育的供给，充分发挥研究生教育对经济社会发展的支撑和引领作用。[7]陈洪捷指出，博士生教育承担了两种诉求：一种诉求注重科学理论、科学与技术目标，培养学术型人才；另一种则注重经济社会和政治的目标，培养应用型的人才。[8]当前，博士生培养导向与知识结构单一、

---

[1] 王冀生. 超越象牙塔：现代大学的社会责任. 高等教育研究，2003（1）：1-6.
[2] 付八军，马陆亭. 大学嬗变中的不变——世界高等教育规律探寻的"四维"逻辑起点. 高等教育研究，2020（4）：103-109.
[3] 德里克·博克. 走出象牙塔——现代大学的社会责任. 徐小洲，陈军译. 杭州：浙江教育出版社，2001：69-96.
[4] 汪霞. 高质量的博士生教育还需要完善哪些培养制度. 中国高教研究，2020（6）：9-12.
[5] 王传毅，赵世奎. 21世纪全球博士教育改革的八大趋势. 教育研究，2017（2）：142-151.
[6] 马永红，刘润泽. 研究生教育的本质和发展逻辑探究. 清华大学教育研究，2020（3）：42-51.
[7] 洪大用. 为新时代研究生教育发展提供更好的智力支撑. 学位与研究生教育，2020（1）：1-5.
[8] 陈洪捷. 博士生培养的两种逻辑. 研究生教育研究，2020（5）：6-7.

缺乏社会实践和职业指导、评价以学位论文为中心、与劳动力市场脱节、忽视社会需求等问题受到学界的尖锐批判。[1][2]为了应对博士生教育面临的问题与挑战，教育主管部门和一些培养单位开始推动博士生教育的变革。例如，教育部印发的《关于规范高等学校 SCI 论文相关指标使用树立正确评价导向的若干意见》明确提出，不宜以发表 SCI 论文数量和影响因子等指标作为学生毕业和学位授予的限制性条件，清华大学也在落实这项改革。国际上，欧盟委员会、美国研究生院理事会倡导各院校回应劳动力市场需求，将职业发展服务融入博士生培养过程，要求各培养单位需在学术导向浓厚的学术型博士项目中探索促进博士职业发展多元化的方法。

大学有其内在的学术性以及外在的社会性，博士生教育也有其内部的学术逻辑以及外部的市场逻辑。那么，学术逻辑与市场逻辑是否有矛盾或交集之处？面对已经变化的内外部环境，中国博士生教育变革是由学术逻辑决定还是由市场逻辑决定？本节从博士生教育的学术逻辑与市场逻辑出发，基于博士生教育的内部规律与外部需求，在追溯博士生教育的逻辑基础、反思博士生教育变革的内在机理与实践观照的基础上，对博士生教育变革的理念进行理论阐释。

一、博士生教育变革的学术逻辑与市场逻辑

（一）学术逻辑的演变

"学术"与高深知识相联系，它既是人们探索和发展知识、保存和应用知识、传播和延续知识的过程，也是知识活动的结果。[3]现代意义上的博士生教育源于 19 世纪初的德国，早期博士生教育的任务主要是培养大学教授和从事基础理论研究的科学家，博士生培养充满学术传承性。学术逻辑是大学博士生培养的内在基因，时至今日，博士生培养一直遵循着内在的学术逻辑。知识的生产和运用贯穿整个培养过程，研究性是培养活动的核心，学科性是培养活动的载体和平台。但是，随着大学学术内涵本身以及大学知识生产方式的变化，博士生培养的学术逻辑也处于演变的过程中。

知识经济的发展以及知识生产模式的转变使得市场渗透进学术领域，改变了

---

[1] Council of Graduate Schools. Professional Development：Shaping Effective Programs for STEM Graduates Students. Washington DC：Council of Graduate Schools，2017.
[2] 陈洪捷. 知识生产模式的转变与博士质量的危机. 高等教育研究，2010（1）：57-63.
[3] 张俊宗. 学术与大学的逻辑构成. 高等教育研究，2004（1）：6-11.

大学传统的关于学术的理解（understandings of academics），也改变了大学职能及其知识生产方式，从而影响着大学博士生培养的学术逻辑。如表9-1所示，学术理解从学术研究的中心、质量控制、目的、任务、方式、评价及奖励等方面发生了变化。[①] 从对学术传统意义上的理解到知识经济下变化了的学术理解，似乎是大学科研活动从"洪堡理想"到"学术资本主义"的转变。"洪堡理想"代表的是一种纯学术的科学，学术研究重理论探讨轻实践经验和实际应用。[②] "学术资本主义"则代表学术活动的市场化和商业化特征，学术研究活动不再依据或不再单单依据学术的理论原则进行，而主要依据学术的市场原则进行。学术活动也不再依据学科体系在大学内部进行，而是基于跨学科并且与产业界紧密联系。

表9-1 学术理解的变化

比较项	传统的学术理解	知识经济下的学术理解
学术的中心	科学的探索与认知	研究的商业化
学术质量控制	由同行评议和专业自治控制	由社会问责控制
追求知识的目的	为学者自身研究兴趣和利益追求	为知识的应用追求知识
学术的任务	追求认知的真理	为了创新服务追求知识
知识探索的方式	基于学科组织	基于跨学科组织
学者建立声誉的方式	通过发表论文、参加会议和项目建立声誉	通过与工商界取得联系建立声誉
学术奖励标准	奖励赋予专注于学科研究的研究者	奖励赋予能够使知识市场化的研究者

资料来源：Usher R. A diversity of doctorates: Fitness for the knowledge economy. Higher Education Research & Development, 2002, 21（3）: 143-153.

大学处于社会整个知识系统之中，社会形态及知识生产模式的变化对大学知识生产方式产生了重大影响。如表9-2所示，农业社会的大学可以称为传统大学，以创建于1088年的意大利博洛尼亚大学为标志。由于传统大学只是进行知识的传播，而不从事知识生产活动，所以就不存在对传统大学知识生产理念、科学观、合法化基础、生产方式的探讨。我们将处于工业社会的大学称为现代大学，以1810年柏林大学的建立为标志。柏林大学正式将科学研究纳入大学职能范围，此后大学重视科学研究甚至超过了教学。现代大学的知识生产活动主要受学者研究兴趣的驱动，对自然界本质及其规律进行探索。随着人类社会逐渐由工业社会向后工业社会即知识社会转型，大学也由现代大学向后现代大学转变。以斯坦福大学及硅谷为标志，大学已正式由知识的生产者演变成知识的应用者，从

---

① Usher R. A diversity of doctorates: Fitness for the knowledge economy. Higher Education Research & Development, 2002, 21（2）: 143-153.
② 王骥. 从洪堡理想到学术资本主义——对大学知识生产模式转变的再审视. 高教探索, 2011（1）: 16-19.

满足学者的研究旨趣转向满足社会需求，从以培养科学家为目的转向以服务社会为目的。现代大学知识生产具有价值理性，其生产的知识价值中立。后现代大学的知识生产具有工具理性，强调生产的知识应渗透社会利益，以满足社会需求为目标；与此对应，现代大学的知识生产遵循理想主义科学观，主张知识生产应是传统的学院科学，基于学科模式，科学就是发现真理，与关照真理有关，科学的社会功能顶多是科学的一个比较次要的和从属的功能[1]，其知识生产自我合法化。后现代大学的知识生产遵循现实主义科学观，从后学院视角出发，知识生产基于后学院科学，以三螺旋、跨学科模式为代表，强调科学的功利性和社会功能，认为科学是一种通过了解自然而实际支配的手段，利用科学的程度取决于科学实实在在的优点和它对提高利润的贡献[2]，其知识生产以服务社会为合法化基础。

表 9-2 大学知识生产的演变

比较项	农业社会	工业社会	知识社会
大学形态	传统大学	现代大学	后现代大学
形成标志	博洛尼亚大学	柏林大学	斯坦福大学及硅谷
知识角色	知识传播者	知识生产者	知识应用者
知识生产职能	传播现有知识，为教会和城邦培养职业人才	探索自然界本质规律，培养科学家	应用知识创造财富，满足社会需求，服务社会
知识生产理念	—	价值理性	工具理性
知识生产科学观	—	理想主义科学观	现实主义科学观
知识生产的合法化基础	—	自我合法化	服务社会
知识生产方式	—	学院科学/学科模式	后学院科学/跨学科、三螺旋模式

大学学术理解及其知识生产方式的变化影响着大学博士生教育的学术逻辑，从而影响着博士生培养的方方面面。如表 9-3 所示，传统的学术逻辑下，博士生培养由大学单一主体培养，基于学科模式，主要培养博士生知识的建构、生产能力，以培养知识的生产者为目标，博士生培养质量采取同行评议原则。在变化后的学术逻辑的指导下，博士生培养在遵循价值理性的基础上又受到工具理性的影响，且越来越多地由政产学研多主体协同培养。博士生培养基于跨学科模式，除了培养博士生知识生产能力，更注重培养博士生知识的应用能力。博士生的培养质量更多地受到社会多元利益相关者的关注。

---

[1] 洪茹燕，汪俊昌. 后学院时代大学知识生产模式再审视. 自然辩证法研究，2008（6）：93-97.
[2] 洪茹燕，汪俊昌. 后学院时代大学知识生产模式再审视. 自然辩证法研究，2008（6）：93-97.

表 9-3　博士生培养学术逻辑的演变

比较项	传统的学术逻辑	知识经济下的学术逻辑
博士生培养目标	知识的生产者	知识的应用者
博士生培养主体	单一主体	协同培养
博士生培养方式	学科模式	跨学科模式
博士生培养内容	知识的建构、生产能力	知识的应用能力
博士生培养评价	同行评议	社会问责

（二）市场逻辑的生成

随着大学外部环境的变化，博士生教育除了受到内部学术逻辑的支配，也逐渐受到外部市场逻辑的影响。可以说，当前博士生教育是内部基因与外部环境合力作用的结果。博士生教育的外部市场逻辑主要包括社会对大学职能的需求以及劳动力市场对毕业博士质量的需求。

当威斯康星大学将大学职能扩展到应用高深知识，创造性地将大学从社会边缘拉入社会中心，从高墙之内的"象牙塔"变成融入社会的"服务站"开始，大学已经逐渐受到外部市场的影响，集教学、科研和服务社会三大职能于一身。但是，大学的职能演变并没有就此止步。随着知识经济的发展和知识生产模式的转变，大学已由主要的知识生产者转变成主要的知识贡献者，从这一角度看，"大学中心主义的衰落"已成既定的事实。[1]为了回应社会的改变以及巩固自己在知识社会的地位，大学职能也经历着拓展与变化。社会需求赋予大学职能新的含义。以往的大学主要聚焦于知识的生产和传播，主要承担学术责任。而如今的大学更像一个拥有多元目标、多功能、多产出、对社会影响多元化的组织。大学与社会之间通过"一张庞大而复杂的关系网"连接起来[2]，除了学术责任，社会对大学的要求更高且更多，社会责任越来越成为大学责任的重要部分。如图 9-1 所示，如今大学的功能在人才培养、科学研究和服务社会的基础上有了新的拓展，其边界更加广泛，内涵更加丰富，形式更加多样。大学多样化的功能和产出可以提高劳动力生产率水平，促进企业科学技术的创新，增强区域可持续发展能力等。为了使高等教育适应社会和经济发展的需要，人们希望大学与生产部门保持更加密切的合作，特别是学术界与产业界的积极配合已越来越被看作高等教育的任务中不可分割的一部分。[3]大学职能的变化以及肩负的社会责任使博士生教育

---

[1] 王建华. 知识社会视野中的大学. 教育发展研究，2012（3）：35-42.
[2] 胡赤弟. 高等教育中的利益相关者分析. 教育研究，2005（3）：38-46.
[3] 胡赤弟. 高等教育中的利益相关者分析. 教育研究，2005（3）：38-46.

开始受到市场逻辑的影响。

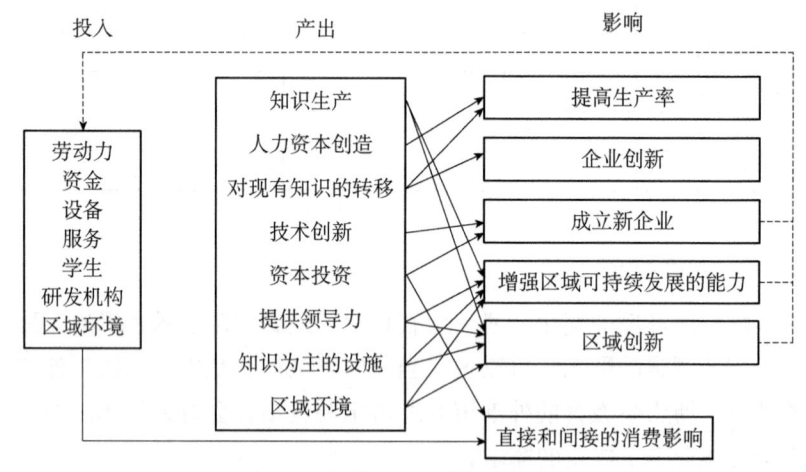

图 9-1　大学职能及其影响示意图

资料来源：Goldstein H A，Maier G，Luger M I. The university as an instrument for economic and business development：U. S. and European comparison//David D，Barbara S. Emerging Patterns of Social Demand and University Reform：Though a Glass Darkly. Issues in Higher Education. Amsterdam：Elsevier Science Inc，1995：105-133.

在努力培养下一代博士的时候，我们应该认识到全球化这一历史进程不仅影响着大学，也影响着研究者的培养。[1]博士毕业生是创新发展、商业化及传播进程中的关键因素，也是知识生产的主要投入要素。[2][3]博士毕业生对于知识经济发展与创新的影响主要通过科学资本存量的积累[4]、推动技术转移[5]、促进创新进程中的合作关系[6]等途径表现，尤其是就职于产业界的博士毕业生为隐性知识由大学向企业传播提供了一个重要的机制[7]。但在过去的十几年里，博士毕业生的质

---

[1] Altbach P，Reisberg L，Rumbley L. Trends in Global Higher Education：Tracking an Academic Revolution. A Report Prepared for the UNESCO 2009 World Conference on Higher Education. Chestnut，2009.

[2] Garcia-Quevedo J，Mas-Verdú F，Polo-Otero J. Which firms want PhDs？An analysis of the determinants of the demand. Higher Education，2012，63（5）：607-620.

[3] Mangematin V，Robin，S. The two faces of PhD students：Management of early careers of French PhDs in life sciences. Science and Public Policy，2002，30（6）：405-414.

[4] Enders J. Serving many masters：The PhD on the labour market，the everlasting need of inequality，and the premature death of Humboldt. Higher Education，2002，44（3）：493-517.

[5] Mangematin V. PhD job market：Professional trajectories and incentives during the PhD. Research Policy，2000，29（6）：741-756.

[6] Beltramo J P，Paul J J，Perret C. The recruitment of researchers and the organization of scientific activity in industry. International Journal of Technology Management，2001，22（7/8）：811-834.

[7] Garcia-Quevedo J，Mas-Verdú F，Polo-Otero J. Which firms want PhDs？An analysis of determinants of the demand. Higher Education，2012，63（5）：607-620.

量引发社会各界的质疑。其实,博士本身并没有错,是时代变迁和社会环境变化带来了新的人才要求。[①]大学既输出知识,也输出劳动力。随着学术劳动力市场中高校新增专任教师规模渐趋稳定,博士生教育规模的不断扩大以及包括政府、企业等在内的社会劳动力市场对高学历研究型人才需求的增加,越来越多的博士毕业生在非学术界就职。不同质量评价主体赋予博士生教育质量不同的内涵。学者共同体以知识的掌握和创新能力评价博士生培养质量;除高校以外的用人单位以知识的应用,问题的解决,团队领导合作,可迁移性、灵活性等适应社会、服务社会的能力作为博士生培养质量的评价标准。变化的外部劳动力市场使得博士生教育除了具备学术传承性,同时又需要回应市场的需求。

二、博士生教育变革的逻辑平衡

布鲁贝克认为,高等教育哲学或"以认识论为基础",或"以政治论为基础"。[②]认识论强调科学研究以满足学者的"闲逸好奇",主张追求"学术的客观性",注重知识的学术价值。政治论强调对高深知识的探讨和追求应该基于国家和社会的需要,强调"政治目标"和"为国家服务",注重知识的市场价值。博士生教育无论是基于价值理性还是基于工具理性,二者间有其对立的地方,也有其统一之处。

传统的学术逻辑自大学出现的那一刻起就流淌在大学的血液里,大学遗世独立,是所有社会机构中唯一充满理性思考和批判精神的场所。传统的学术逻辑强调作为"象牙塔"内最高层次的学历教育,博士生教育应该坚持严格甚至苛刻的学术性,培养博士生从事科学研究的能力是博士生培养最主要也是最重要的内容,学术接班人是准博士们的既定头衔。在传统学术逻辑的支配下,博士生培养秉承"纯正血统",基于认知的情景,以认识论为指导,不受外部力量的影响,肩负着人们认识世界、推动科技进步的重任。对于博士生教育内在的学术逻辑,市场逻辑是外生的。经济和社会的发展对大学提出了更多的要求,对博士生教育传统的学术逻辑也提出了质疑。市场逻辑要求博士生教育走出象牙塔,不仅培养未来的大学教授,更要培养社会需要的多样化的高科技人才。正如"认识论"与"政治论"间的争议,博士生教育传统的学术逻辑与市场逻辑之间也存在对立。

---

① 佩吉·梅基,内希·博科斯基. 博士生教育评估——改善结果导向的新标准与新模式. 张金萍,娄枝译. 上海:上海交通大学出版社,2011:1.
② 布鲁贝克. 高等教育哲学. 王承绪,等译. 杭州:浙江教育出版社,2001:13-18.

传统的学术逻辑与完全的市场逻辑都有其弊端之处，传统学术逻辑下培养出来的博士毕业生无法满足多元化的社会需求，完全的市场逻辑又带来了博士生培养迎合世俗、消解自我的危险。在外部力量的影响下，传统的学术逻辑也在变化之中。变化后的学术逻辑与市场逻辑有其统一之处，即要求博士生教育更加多元化，对知识经济下社会多样化的需求表现得更加灵活。

如图 9-2 所示，一方面，内生的学术逻辑受到大学学术内涵及其知识生产方式变化的影响，形成变化后的学术逻辑；另一方面，大学职能及外部劳动力市场需求的变化使得博士生培养又具备外生性的市场逻辑。博士生教育变革的逻辑基础就是在融合变化的学术逻辑与市场逻辑统一的基础上，平衡博士生培养的价值理性与工具理性，知识创造的学术价值与市场价值。

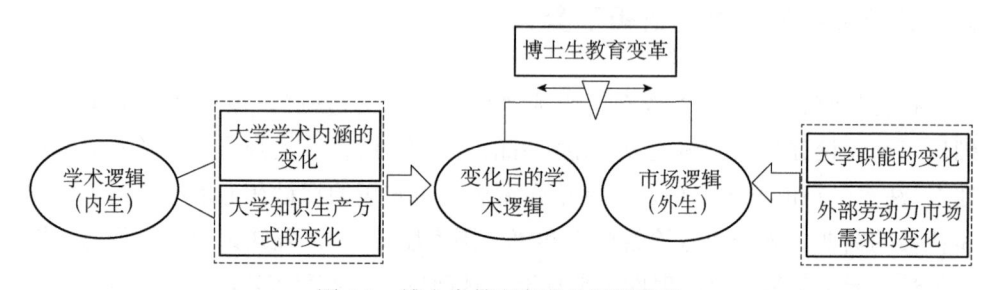

图 9-2 博士生教育变革的逻辑基础

第二节 中国博士生教育变革的路径

一、学术学位博士生教育变革的路径

本节将从应用"输入—过程—输出—发展"全过程的博士生教育质量评价体系，构筑博士生教育质量文化；建立博士职业发展的信息采集标准，做好毕业博士追踪调查；建立健全全国层面的博士素养指导性框架；探索博士生职业辅导机制，加强博士毕业生就业支持；创新博士生教育的组织形式，营造多主体协同育人的共同体氛围 5 个方面阐述学术学位博士生教育变革路径。

（一）应用"输入—过程—输出—发展"全过程的博士生教育质量评价体系，构筑博士生教育质量文化

近年来，博士生教育质量内涵的变化要求不仅对博士生学位论文、学术成果产出等静态质量进行评价，还对博士生毕业后职业发展的动态质量进行评价，特

别是对博士生满足社会需要的程度或适应社会发展的程度进行评价。[1]本书在肯定相关学者将博士生教育质量分为培养质量和发展质量的同时，进一步丰富和拓展了博士生教育质量的具体内涵和外延，构建了包含博士生教育输入、过程、输出及发展质量在内的以学生为中心的博士生教育质量 IPOD 理论框架。[2]本书的实证研究结果表明，博士生教育四阶段质量相互影响、有机连接，即输入质量转换成过程质量，继而生成输出质量，从而影响发展质量，如图 9-3 所示。也就是说，输入质量是博士生教育质量的起点，良好的输入质量可以增加良好过程质量的可能性，而良好的过程质量又能在一定程度上确保输出质量的优化从而积极影响发展质量。此外，输入质量间接预设了输出质量及发展质量，过程质量间接影响发展质量，而输出质量和发展质量对过程质量具有评价反馈功效，即基于毕业博士的发展质量对博士生教育过程进行回溯性评价，继而对博士生教育过程（如博士生培养模式）进行调适。考虑到博士教育各阶段质量的相互依存关系，本书建议将涵盖"输入—过程—输出—发展"全过程的博士生教育质量评价体系应用到我国博士生教育质量的评价与监测中。

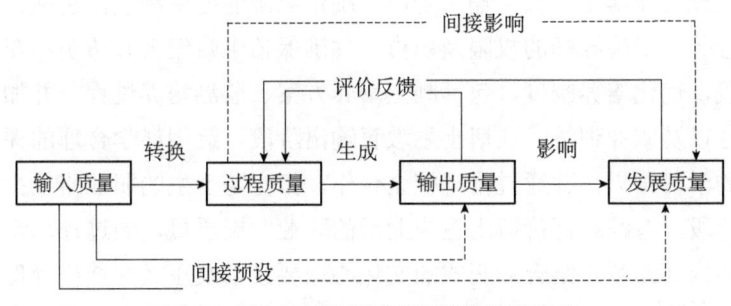

图 9-3 博士生教育四阶段质量相互关系

从更深层面来看，大学应该构筑"质量文化"（quality culture），而不是仅仅关注质量保障过程。[3]欧洲大学联盟将"质量文化"定义为：一种为永久提高质量的组织文化，以两种不同要素为特征，一方面，是对质量有共同价值观、信仰、期望和承诺的文化心理要素，另一方面，是确定提高质量流程和协调个人努

---

[1] 罗英姿, 刘泽文, 张佳乐. 博士生教育质量评价的三大转变. 研究生教育研究, 2017（3）: 59-64.
[2] 罗英姿, 刘泽文, 陈小满, 等. 博士生教育质量 IPOD 评价模型构建与实证分析——基于六所高校 1107 名毕业博士的数据. 教育科学, 2018（3）: 67-74.
[3] Byrne J, Jørgensen T, Loukkola T. Quality Assurance in Doctoral Education: Results of the ARDE Project. European University Association, 2013: 13.

力的结构管理要素。①对大学而言,不论是领导者、行政管理人员还是学术人员、学生等,都应对高等教育质量负责。②同理,为了满足国家社会经济发展对博士生教育的需求,博士生教育应构筑自身质量文化,将审视质量文化当作反思博士生教育的一种工具,促进博士生教育高质量地自我生成。构筑理想的博士生教育质量文化,就是将以往缺乏质量保障、任由质量自由发展的"宿命型文化"(fatalistic culture),或单一的分别只有管理人员和专业学术人员参与质量保障过程的"管理型文化"(managerial culture)和"专家型文化"(professional culture)转变为让组织中的各方,包括学术人员与管理人员,均高度参与到质量管理与保障中的"整合型文化"(integrated culture)。③④构筑博士生教育质量整合型文化,就是要在博士生教育质量管理与保障过程中以学术价值为基础,强调学术人员的参与,同时关注必要的行政管理过程。一方面,需要博士生教育利益相关者对于博士生教育质量拥有共同的价值观、期望和承诺等文化心理,明确博士生教育那些无法置疑的基本原则,包括博士生教育理念、目标以及质量观等;另一方面,要从博士生教育质量管理与保障的结构和程序着手,构建正式的质量保障制度和过程。在博士生教育输入阶段,制定明确的招生制度,包括招生要求、规则、流程等,明确导师的权限及职责,并确保招生政策公开透明;在博士生教育过程阶段,优化培养制度,包括制定培养方案、监测培养过程,并加强博士生的导师指导以及职业训练;在博士生教育输出阶段,运用科学合理的评价手段评价博士生的学习结果,并通过推动校企合作,拓宽博士生的职业路径;在博士生教育发展阶段,追踪和评价博士生毕业后的职业发展质量,通过外部反馈促进博士生教育的内部改革。结合非正式的文化心理要素以及正式的结构管理要素,促进学术人员与管理人员共同高效地参与到博士生教育质量管理与保障中,共同构筑博士生教育质量整合型文化。其中不可忽视的是,学术人员与管理人员都应该坚持用批判和反思的目光看待博士生教育,根据内外部的变化及时对其进行调适。

---

① European University Association. Quality Culture in European Universities: A Bottom-up Approach. Report on the Three Rounds of the Quality Culture Project 2002-2006, 2006: 10.

② Byrne J, Jørgensen T, Loukkola T. Quality Assurance in Doctoral Education: Results of the ARDE Project. European University Association, 2013: 13.

③ Sursock A. Examining Quality Culture–Part II: Processes and Tools–Participation. Ownership and Bureaucracy, 2011: 57.

④ Byrne J, Jørgensen T, Loukkola T. Quality Assurance in Doctoral Education: Results of the ARDE Project. European University Association, 2013: 13.

（二）建立博士职业发展的信息采集标准，做好毕业博士追踪调查

关注毕业博士的职业发展情况，为衡量博士生教育的价值提供了新视角。在博士生培养过程中，学生、老师、培养单位管理人员需要时刻审视培养进度是否与理想状态保持一致，并思考如何培养、如何改进等问题。此前的一些针对博士生培养议题的调查重点关注在校博士生，但从社会化视角看，博士生的"局中人"角色可能使其较难感知素养训练的实际价值。例如，在一些关于博士生训练方式的研究中，研究者让博士生审视一些非正式学习活动的作用（如论坛、工作坊等），但事实上，这种学习行为的直接或短期效果并不明显，且博士生在学生社会化过程中亦无法准确感知其价值。[1]如此一来，需要借助更长周期的毕业博士调查，以明晰相关学习活动的成效及影响。近年来，许多国际高等教育组织如欧洲科研基金会、美国研究生院理事会、经合组织等也开始借助毕业博士数据来审视博士培养过程，所涉及的信息可归纳为教育经历、教育成果、职业发展经历、职业满意度、工作内容与胜任力、职业意愿与规划、工作绩效与贡献、人口特征等。通过引入毕业博士的回顾视角，一方面使培养单位可基于调查数据审视毕业生面临的职业挑战与工作产出，思考高等教育价值，并及时改进人才培养过程中的薄弱环节；另一方面，也有助于在校博士生基于调查数据报告反思学习过程，起到替代学习（vicarious learning）之效。事实上，在我国，教育部门也开始要求基于毕业生调查来评价高等教育质量，2020年印发的《教育部办公厅关于开展高校毕业生就业状况跟踪调查的通知》指明，就业状况调查应从高校毕业生和用人单位两个维度着手，后者包括了解用人单位对高校毕业生政治思想与道德品质、职业素养、专业水平、职业能力、发挥作用等方面的评价情况。针对研究生教育层面，《教育部、国家发改委、财政部关于加快新时代研究生教育改革发展的意见》也明确指出，要探索开展毕业研究生职业发展调查、扭转不科学的人才评价导向。不过，本书在采集研究所需数据的过程中发现，当前高校层面对此类数据依然缺乏关注，多数培养单位仅依据三方合同采集毕业生的初次就业去向，对其他方面的数据较为忽视，如最终进入的职业领域、对学习环节的情况反馈、博士生阶段的学习成效评价等，难以开展人才培养成效分析，这也是本书大范围借助博士生导师、校友会等渠道开展毕业博士调查的原因。

本书在借鉴国内外毕业博士调查的基础上，设计了涵盖"个人背景-博士生

---

[1] Mantai L. Feeling like a researcher: Experiences of early doctoral students in Australia. Studies in Higher Education, 2017, 42（4）: 636-650.

教育经历-职业选择-职业发展"的毕业博士调查问卷，并经由涉农学科毕业博士调查对问卷进行了一系列修订与检验，最终确立了比较科学、全面、普适的博士职业发展信息采集模板。该信息采集模板既包含博士的个人特征、家庭背景等因素，也包含博士就读期间学生个人的投入与参与、学校层面的支持，以及博士的职业选择情况，博士在具体劳动力市场中的客观表现、主观匹配感知。值得强调的是，本书认为博士毕业生与职业环境良好匹配的本质是个体与组织双方建立了良好的互惠关系，有利于博士毕业生胜任岗位要求并适应组织文化，从而将专业知识快速转变为应用成果。因此，在博士毕业生职业发展主观匹配评价中要坚持个人特质与组织特征在不同匹配维度的充分衔接，即综合考虑需求-供给匹配、要求-能力匹配、一致性匹配三个维度的评价因素。在需求-供给匹配维度，着重考察工作单位提供的物质与非物质回报对劳动者个体职业发展需求的满足情况，包括毕业生个人在职场中的价值需求满足程度（外在价值需求、内在价值需求）及其获得的社会认同感，涉及毕业博士对薪资待遇、单位福利、职位层级、工作条件、工作地点、自身才能发挥、学习机会、职业成就感、受人尊重、工作稳定、人际关系等指标的满意度。在需求-能力匹配维度，体现的是毕业生对组织用人要求的回应程度，从而反映毕业生的素养水平与岗位要求之间是否契合。毕业生的素养可归纳为知识、能力、素质三个方面，主要涉及知识水平（认知论知识、程序性知识、应用性知识等）对工作需要的满足程度，个人能力（人际沟通、问题解决、团队协作、商业技能、管理能力、规划能力等）对工作需要的满足程度，个人素质（创新意识、踏实肯干、乐于奉献、尊重多元化等）等具体指标。在一致性匹配维度，反映的是毕业生与职业环境的一致性匹配程度。从毕业生个体角度看，该维度具体包括其对组织发展定位、激励方式和工作风格的认同等，涉及个人职业追求与单位发展目标的一致性，个人对绩效考核制度、奖惩制度、薪酬制度、晋升制度等的认同，以及对职场文化、工作节奏、休假制度等的认同（图9-4）。

  本书所建立的博士职业发展信息采集模板，可以为各培养单位开展博士职业发展质量的自测提供参考。此外，培养单位在开展毕业生追踪调查时还须考虑目标群体的职业属性特征，不仅关注在高校中任职的博士群体，也应从不同职业场域采集毕业博士数据，以展现新时代博士生教育服务社会人才需求的全景。

  因此，本书认为，在国家层面建立涵盖"个人背景-博士生教育经历-职业选择-职业发展"等基本内容的博士职业发展信息采集标准，首先能够为全国范围内开展博士职业发展质量的评价与比较提供可操作性的本土化工具；其次，有益

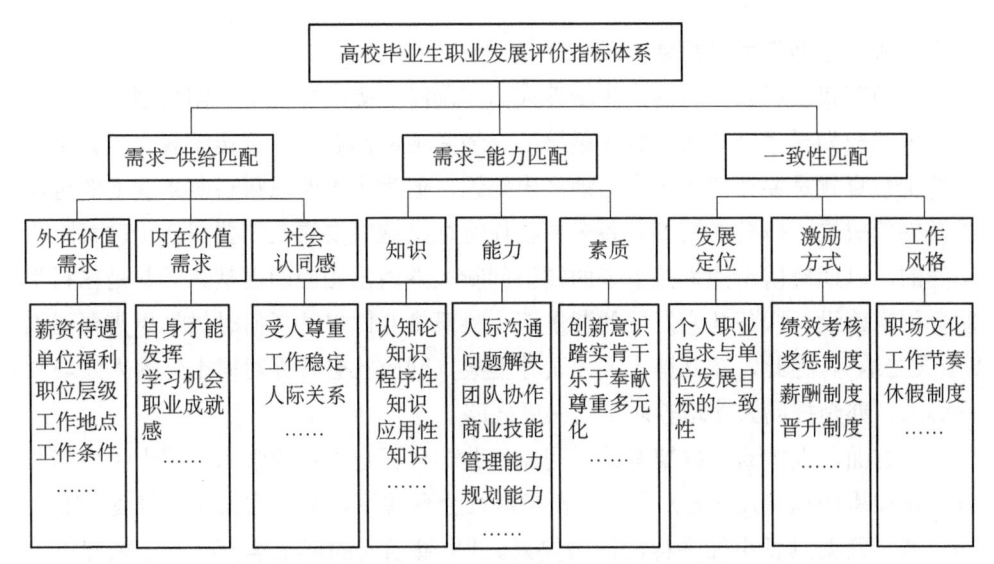

图 9-4　博士毕业生职业发展主观匹配评价指标

于形成互补、立体的调查数据仓库，包括有横向可比性的国际调查数据、常规性与连续性的国家采集数据、问题导向性的研究课题数据。通过对这些数据的挖掘与分析，可以深入关注我国博士职业发展现状，了解博士职业发展的问题与特征，实时调整博士生教育和相关的就业政策，这是强化国家科研实力、赢得国际竞争的关键。

（三）建立健全全国层面的博士素养指导性框架

由于博士职业选择日趋多元，社会对博士生技能的要求也远超过传统的科研技能。博士生教育不仅需要注重对博士生科研能力的训练，还要关注更广阔的非学术界市场对高级专门人才的需求，培养他们在广阔劳动力市场的就业竞争力，这也是博士生教育融入社会现实的重要路径之一。本书的实证研究发现，博士的技能与素养对博士职业发展具有关键影响作用，且不同素养对学术学位博士职业发展具有不同程度的影响。例如，产业期望毕业博士能够将专业知识应用于技术与产品创新，也同样看重博士人才对现代职场和工作文化的适应性；高校希望博士人才能强化知识拓展与社会服务之间的联系。博士生教育不再是一个学术孤岛，其人才培养质量观念突破传统的学术培养范式。[1]在此背景下，博士生的培养既要超越现有知识体系，推陈出新，也要从国情和社会发展实际出发，使博士

---

[1] 陈洪捷. 知识生产模式的转变与博士质量的危机. 高等教育研究，201（1）：57-63.

生学习成果能够作用于社会实践。

在当前我国成为全球博士生培养大国的同时，提高研究型、创新型人才培养质量依然成为学术型博士生教育最核心、最紧迫的问题。尽管传统观点声称学术型博士教育就是要让博士生自由地产出知识，但为了不断取得科研事业上的进步以及创新成果，研究者需要具备多种胜任特征，这些要素是需要在博士教育阶段培养的，以期望博士能为接下来的知识创新大潮做出相应的贡献。尤其是在科学服务国家建设、服务社会发展的背景下，科研事业比以往任何时候都更需要强调"顶天立地"。因此，建立博士人才素养框架，回应社会各界对博士生的人才与知识诉求，亦是提高人才培养质量的必经之路。

一方面，人才素养框架有助于利益相关群体界定并审视学术型博士生培养质量。正如恩德斯（Enders）所言，在当前社会环境下，为学术工作做准备并非全部，博士需要具备更加多样的能力要素。[①]尽管当前的博士学位的授予依然以论文和答辩为基本形式，但对于博士生培养的质量要求则因外部力量的介入发生大幅度变化。对我国而言，尤其是近年来随着毕业博士就业形式的变化，毕业博士不仅要在学术领域开展基础研究、拓展知识边界，还需将"论文书写于中国大地"，为战略性产业创新、经济结构升级提供智力支持。在这一大背景下，学术型博士生培养质量的内涵则更为丰富，也要求我国高校重新审视博士生培养的目标导向，将人才素养，尤其是可应用于社会实践的技能如合作能力、交流能力、解决问题的能力，融入博士生的知识能力体系中，并在博士生培养方案中有所呈现，即博士生培养的最终质量应由各类能力要素共同决定。[②]

另一方面，素养框架的引入也有助于优化学术型博士生培养环节。在博士生培养过程中，学生、老师、研究生培养单位需要时刻审视其培养进度是否与理想状态保持一致，尤其在当前博士职业发展多元化的趋势下，利益相关群体就难免会问及博士生需要什么样的技能和知识为未来职业发展做好准备。1996年美国教育学家 Kuh 通过对美国学院联盟（ACA）的68所成员院校进行调查后提出本科生的素养框架，在此基础上，他依据相关能力的内涵与特征，归纳出不同类型的教学内容和学习方式，即知名的高影响力活动（high-impacted activity）。对博士生培养单位而言，同样可以借鉴该思路重塑博士生培养过程，以便在素养与各环节培养目标之间建立联系。具体而言，相关素养框架的引入有助于博士生培养

---

① Enders J. Research training and careers in transition: A European perspective on the many faces of the PhD. Studies in Continuing Education, 2004, 26 (3): 419-429.

② 赵世奎，宋秋丽. 博士研究生能力框架及发展策略的比较研究. 学位与研究生教育，2018（1）：45-49.

过程更加以学生为中心，即帮助研究生院和导师审视现有的培养环节，发现博士生培养过程中存在的薄弱点，并思考各培养设置的意义以及如何强化学习人才培养成效等问题，第八章提及的诸多案例也正是将素养概念应用于博士生培养的直观反映。同时博士生个体也可以基于此反思自身的成长学习经历，总结经验。正如学者 Nettles 等的名言"清晰的期望和学习标准是博士生社会化过程中实现自我激励并努力趋近于目标的前提"[①]。

目前在我国，尽管国务院学位委员会编写的《一级学科博士、硕士学位基本要求》对博士的素养提出原则性指导意见，但主要关注基础学术能力要素，且并未如欧洲资格框架（EQF）、澳大利亚资格框架（AQF）等文件一样明确多元化的素养内涵。由于高校层面各学科的博士培养要求是根据国务院学位委员会的文件制定的，其培养目标、培养重心皆以此为参考，因此国内培养单位所订立的博士生培养目标也较滞后，其中尤为突出对科研能力的要求，对社会所需的其他素质要求则缺乏规定。[②]大多数高校对博士生培养质量的评价以论文发表为指标，博士生只需修满培养方案要求的学分便可达到修学标准，却忽视对其他方面的训练。[③]随着我国高等教育步入内涵式发展、质量提升的关键阶段，博士生教育同样应以全面提高人才质量为核心，增进博士生教育对社会经济发展的价值。对博士生培养质量的关注不仅反映在学科理论知识，也应反映在博士生对社会行业领域的认识，以及实践能力、价值观与品行等，以此推动培养单位在博士生科研训练项目、课程体系建设、实习实践管理等方面进一步完善。

因此，本书建议以教育部为主导，协同产业、高校等单位开展全国范围的博士用人需求调查，基于行业发展方向及用人单位需求，分析博士在不同类型劳动市场中应具备的素养要素，从知识、技能、素质等层面具体设置博士培养质量的基本标准，即强化素养框架的外部适应性。[④]同时，建议成立博士素养框架评议委员会，定期依据学术或非学术领域的用人需求和发展方向，修订博士素养框架的要素及概念内涵，推动博士生教育领域对人才需求的持续回应。在此基础上，高校也可依据自身的人才培养定位、学科特征，以及主要服务的社会领域自主制定博士生核心素养库，以学术研究能力为核心，加强不同素养要素间的联系，如

---

① Nettles M T, Millett C M. Three Magic Letters: Getting to PhD. Baltimore: The Johns Hopkins University, 2006.
② 徐贞. 产业界对高校工学博士能力素质的需求及其培养研究. 华东师范大学博士学位论文, 2019.
③ 刘泽文. 基于学生发展导向的博士生教育质量评价模型构建及实证研究——以涉农学科为例. 南京农业大学博士学位论文, 2017.
④ 彭湃. 博士生可迁移能力培养：张力及消解. 研究生教育研究, 2020 (1): 52-58.

专业理论与实践能力融合，行业知识与价值观相融合，进而为科研项目、实践经历、博士课程等培养环节的设计提供依据。

（四）探索博士生职业辅导机制，加强博士毕业生就业支持

传统博士生教育以培养学术人才为目标，培养重点在博士生的科学研究能力。博士生多元化职业选择不仅要培养博士生从事学术职业的能力，也要培养其从事非学术职业的能力。除培养博士生的科研能力外，还应培养博士生就业所需的技能，让博士生学会将这些技能转换到实际工作中，即将其受教育程度转换成就业技能。

综合我国博士生培养情况及国际培养经验看，在当前我国毕业博士持续向非学术劳动力市场溢出的大背景下，如果仅仅关注理论学习和论文写作，则难以满足社会中日益多元化的知识诉求，也无助于缓解毕业博士面临的与日俱增的就业压力。因此，有必要依照三条基本原则建立健全博士生职业辅导机制。第一，我国博士生培养单位有必要将来自不同院系、企业、公益组织、基金会、政府机构的合作伙伴引入博士生培养过程，从而将培养方由传统意义上的博士生导师扩展为学科内外组织高度合作的训练平台。自博士生入学之时起，社会合作群体借助必修课程、选修课程、工作坊、校友交流会、职业咨询等多种安排激发博士生对不同职业路径和科研方向的兴趣。这种基于广泛社会合作的博士生训练方式其实反映了知识生产方式的演变，换言之，作为知识创新任务的主要承担者，不论是学术部门还是非学术部门，在知识生产过程中都必然突破学科与组织壁垒，形成一个全社会共同参与、各类知识和经验相互融合的智力网络。第二，培养单位同样需要将博士生引入企业、政府、公益组织、社区中参与体验式学习，使博士生在工作实践中界定科学问题、探寻新的研究方向，并基于实践经历审视并完善其自身的知识结构。第三，培养单位要注意平衡博士生教育的学术性与职业性。尤其是对于学术型博士生培养而言，博士生在入学后便开始接受导师的学术指导、参与导师团队的科研项目，其时间和精力也格外有限。因此，应结合学科知识结构特点，以学术能力和迁移性能力平衡为导向，尽量将相关实践经历融入已有的博士生培养环节中，如课程教学内容、资格考试、科研与论文写作等。

另外，博士生培养单位在提供职业支持时还应注重学习内容与博士生社会化阶段的适切性。以美国密歇根州立大学研究生院的研究生职业发展模型（PREP）为例，其包含四个关键发展领域，即规划（planning）、韧性（resilience）、归属（engagement）和职业（professionalism）的早期、中期和晚期

三个阶段。研究生在研究生院第一年要对职业目标和需求有明确规划。接着是培养自己的韧性，以满足不断变化的市场需求。随后要对学科建立归属感，学习专业技能，拓展专业网络并为进入职业生涯发展建立伙伴合作关系。此外，还需要获得研究、教学、服务等工作技能。PREP旨在让研究生将专业技能转换成在政府、产业、机构的就业技能。根据研究计划或研究阶段设计自己的职业发展模型。[①]

借鉴PREP，本书尝试构建一个连接高校博士生培养与博士生职业发展的PDET模型，即规划（planning）、发展（development）、教育（educating）及培训（training）（表9-4）。在博士生教育初期，高校应通过培养计划帮助博士生确定职业目标，适应博士生生活，帮助博士生对学术职业及非学术职业有初步的认识。此阶段博士生的专业学习主要是上专业课并设计研究计划。在博士生教育中期，高校应为博士生提供职业咨询及相应职业技能培训，培养博士生交流、合作、跨学科应用研究及领导能力，为博士生从事非学术职业打下基础。博士生自身在此阶段开展科研训练并发展职业网络。在博士生教育后期，除培养博士生独立从事科学研究的能力外，高校还应培养博士生将专业技能转换为就业技能的能力。由于博士生就业存在学科差异，高校应建立学校统一指导加学院专职辅导的博士生就业指导模式，分专业、分层次对博士生提供就业指导与服务。[②]

表9-4 博士生培养的PDET模型

博士教育培养	规划	发展	教育	培训
初期	通过培养计划帮助博士生确定职业目标	帮助博士生适应博士生生活	设计研究计划	帮助博士生对预期职业建立初步认识
中期	为博士生提供职业咨询	培养博士生交流合作及领导能力	进行研究，发展职业网络	为博士生提供所需职业技能培训
后期	帮助博士生获取学术职业或非学术职业	培养博士生将专业技能转换为就业技能	获得博士学位	获得工作技能

（五）创新博士生教育的组织形式，营造多主体协同育人的共同体氛围

构建博士生职业辅导机制，就是要尽可能在博士生教育阶段的初期让学生根据自己的兴趣建立职业规划，将自己的职业目标融入学习与科研过程，并有针对性地开展行业实践。学校层面可以建立博士生职业辅导中心，通过建立博士职业

---

① Michigan State University.（2013-06-25）[2021-08-18]. https://grad.msu.edu/prep/.
② 顾剑秀，罗英姿.《从研究生院到职场之路》报告述评. 学位与研究生教育，2013（1）：73-77.

发展信息采集标准，收集毕业博士职业发展相关信息，为在读博士生未来职业规划提供咨询与指导。该中心定期邀请毕业博士回校讲座或参加联谊活动，向在读博士生传递学习与就业经验；并根据毕业生评价，定期改进职业辅导工作。此外，该中心可以定期为博士生开展一系列关于博士职业选择、博士创业、学术职业、简历写作、国际组织介绍、境外工作、面试培训、科研与实习项目申请等讲座与培训活动。针对有意向从事非学术职业的博士生，该中心可以引进来自行业或企业的校外辅导员，全程伴随学生成长，有利于学生开阔视野，了解非学术部门的工作环境，帮助学生明确职业所需的必备技能与知识，并界定其与之存在的差距。针对有意向从事学术职业的博士生，该中心可以为其提供现场听课、模拟教学、教学职业生涯讨论与探索、科研项目申请等与提升其教学科研能力相关的项目与活动。

回应知识生产转型和知识创新系统构建对科研训练提出的挑战，博士生培养在组织形式上应当推动跨学科协同，推动高校-企业协同合作，此外，还应积极发挥政府作用，在博士生教育协同育人中保持社会系统性。

1. 推动跨学科协同

跨学科培养是以培养 T 型人才为目标，具有理论研究的纵深性质及应用问题的定向性质的多学科培养。T 型人才具备 T 型知识结构，既具备多学科的知识宽度，又具备单一学科知识的深度。当前，学科内部培养仍是博士生培养的主要方式，跨学科培养受观念及制度的约束。博士研究生的培养注重学科专业的独立和分化，形成了单一学科内部的固有培养模式。每个学科固有范式形成了学科间的文化距离，使得学术研究者因"文化休克"（cultural shock）而对跨学科合作持观望态度。跨学科培养博士生应从以下方面着手。

第一，打破体制性障碍，建立跨学科研究组织。目前，大学内部科学研究主要依托单一学科，没有形成有效的跨学科研究组织机制，跨学科研究的资源共享机制无法形成。破除体制困境，大学内部可建立以问题为中心、任务为导向、团队为基本组织、实行合同管理的独立于院系的跨学科研究组织，并为之提供可靠的制度安排，使其真正成为开展跨学科研究的高效运行平台。[①]高校可基于此平台，培养博士生跨学科解决实际问题的能力。跨学科研究组织除需要科学的组织管理模式外，更要建立科学的利益分配机制及人员流动机制，以实现组织系统的

---

① 杨连生，文少保，方运纪. 跨学科研究组织发展的现实困境与突破路径. 中国高等教育，2011（7）：52-54.

稳定性与创新性的平衡。

第二，实施跨学科实验室轮转制度，提供跨学科学术交流平台。可借鉴北京大学和清华大学联合成立的生命科学联合中心（CLS）博士培养制度。博士招生不分专业录取，不定导师，博士生入学第一年，边学习研究生课程，边进行实验室轮转。轮转范围是清华大学生科院、医学院、化学系和北京大学生科院、化学与分子工程学院、物理学院、医学部、分子医学研究所、心理学系等进入中心的导师实验室。轮转结束，根据师生双向选择确定导师。具体培养方案和课程分别由两个项目的培养委员会按国际标准研究制订。[①]跨学科实验室轮转有利于拓宽学科知识的边界，增加相应学科知识的深度。

第三，组建跨学科研究生导师团队，实行多学科多导师联合指导。传统博士培养遵循学科内部单一导师制。博士生导师具备本学科知识的纵向深度，多学科知识的横向宽度不够。随着跨学科研究逐渐增多，单一导师学科知识难以为博士生跨学科研究提供指导。跨学科导师团队实行多学科、多导师联合指导，将弥补单一导师制的不足，有利于不同学科间的学术交流及博士生创造力的发挥。

第四，设置跨学科课程体系，突出跨学科课程地位。当前高校博士生课程设置结构失衡，公共课比例较高。有限的专业课质量不高，严重影响了博士生专业技能的培养。忽视了跨学科课程及学术研讨。世界一流研究型大学课程设置遵循主体性与灵活性、研究性与国际性原则，尊重学生个性化的培养，发挥学生的主动性和创造性，通过科研实践活动和跨学科选修课程培养学生的科学素养，训练学生的科研方法与技术，把科研精神引入课程体系。所以，应加大专业选修比例，设置跨学科课程体系，突出跨学科课程地位。

2. 推动校企合作

虽然高校仍是博士毕业生主要的劳动力市场，但高校无法吸收持续增长的博士毕业生。[②]知识生产模式转型使得高校与产业界联系日益密切。作为校企合作重要的知识生产者，博士生是知识在校企间转移的重要桥梁。[③]虽然产业界在博

---

① 北京大学、清华大学和北京生命科学研究所PTN项目生命科学联合中心（CLS）2013年博士生联合招生简章．（2013-05-25）[2021-09-30]．http://www.cls.edu.cn/Education Training/education/index1104.shtml．

② Cruz-Castro L，Sanz-Menéndez L. The employment of PhDs in firms：Trajectories，mobility and innovation. Research Evaluation，2005，14（1）：57-69．

③ Taran T. Doctoral Students on the university-industry interface：A review of the literature. Higher Education，2009（58）：637-651．

士就业中扮演越来越重要的角色，但他们对企业还缺乏了解。[①]为提高博士生的团队合作能力，满足企业需求，应连接高校与产业，促进校企合作。已有研究表明，高校与企业的合作对博士毕业生在产业界就业有积极作用。[②]校企合作的"十字模型"将校企合作项目分为4个象限（图9-5）。[③]校企短期合作项目包括博士生在企业的短期实习及校企签订的应用研发合同。校企合作长期项目包括校企联合培养博士生及联合研究实验室等。高校与企业的合作项目很多，校企合作"十字模型"只涵盖一部分。

校企深度合作是校企联合培养博士生的前提。校企联合培养博士生不仅有利于博士生教育改革及创新人才的可持续发展，还能够促进企业创新发展。而推动校企深度合作要从制度设计及机制建构两个方面着手。

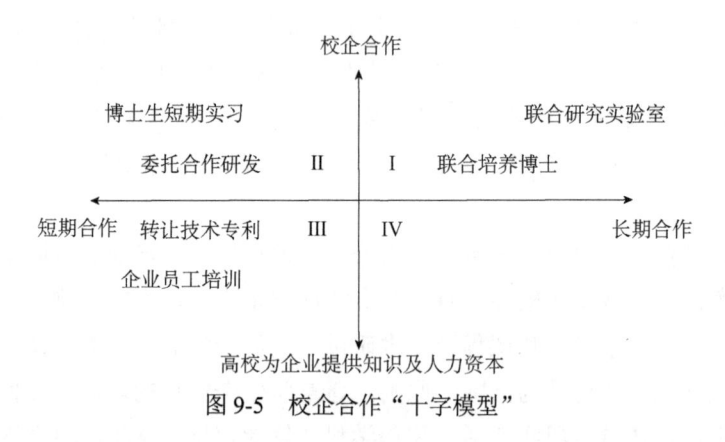

图9-5 校企合作"十字模型"

首先，设计校企联合培养制度。制度设计包括联合培养管理制度、导师遴选制度及考核评价制度。高校和企业可成立联合培养指导委员会，专门负责校企联合培养博士生项目的实施。高校由专人负责，保持和加强校企间的联系和沟通；企业为联合培养博士生提供必要的生活和科研条件。实行双导师制度，高校导师负责理论传授和基础研究，企业导师负责科研实训及综合能力培养。企业导师必须符合高校认定的研究生导师资格评审标准。校企联合培养博士生的考核标准应区别于高校单一主体的培养标准，应更加注重考查博士生的实践能力、在应用情境下解决问题的能力、团队合作能力等。

[①] Stephan P, Sumell A, Black G, et al. Doctoral education and economic development: The flow of new PhDs to industry. Economic Development Quarterly, 2004, 18 (2): 151-167.

[②] Garcia-Quevedo J, Mas-Verdú F, Polo-Otero J. Which firms want PhDs? An analysis of the determinants of the demand. Higher Education, 2012, 63 (5): 607-620.

[③] European University Association. Collaborative Doctoral Education, 2009.

其次，构建校企博士生联合培养机制，包括联合培养项目的确立、招生、制定培养计划、联合培养及授予博士学位。项目发起者可以是高校、企业，也可以是政府。企业可事先确定研究课题，再寻找符合需要且有合作意愿的高校。高校也可以和企业共同商定研究课题。校企共同确立招生指导委员会，录取标准由高校和企业根据联合培养项目共同确立。联合培养计划的制定要具有充分的弹性，实行柔性化设置。高校负责培养博士生的基础科研能力，为博士生提供学术职业指导；企业负责培养博士生的迁移能力，为博士生提供非学术职业指导。

3. 发挥政府作用

企业和高校作为社会系统中相对独立的两个子系统有着各自的运行机制，在合作过程中既有利益的一致性，也会存在一定的矛盾。政府在这一关系中扮演什么样的角色，以及通过什么样的方式发挥作用对于确保校企合作项目朝着可持续的方向发展至关重要。

政府应充分发挥服务社会的职能，在博士生教育合作项目中充当好协调、推动和监督的角色。高校与企业的任务目标和隶属关系都存在差异，当在合作中出现问题时，需要政府作为第三方机构来协调二者的利益和矛盾。尤其在市场调节尚不完备的情况下，政府作为国家公共管理部门参与到校企合作中的协调作用是不可替代的。通过建立博士生教育校企合作机构，统一对合作项目进行分类审批和日常管理，促使校企合作正规化、常态化，确保企业、高校和博士生能够在合作中履行责任和获得权益。目前，大多博士生教育合作项目是高校主动向企业寻求合作伙伴，且合作的深度有待加深。为了提高企业合作的积极性，政府须在政策、资金等诸多方面给予企业支持，各地政府可根据当地经济发展情况和社会实际需求，适时地出台一系列政策鼓励企业和高校进行不同类型的合作，政府可利用经济杠杆的调节作用如通过税收补贴、设立校企合作专项基金、博士生高新科技项目成果转化资助等手段来调动高校、企业和博士生的积极性，为三方营造良好的资金环境，对积极参与校企合作的企业兑现税费减免等政策优惠，成为博士生教育校企合作项目的推动者。

同时，政府可充当校企合作中的监督者，对合作项目的实施过程进行监管，政府职能部门的监督不但可以保证校企合作项目能够朝着既定的合作目标和合作方式运行，顺利实现各方的利益诉求，而且可以促使一些合作中发生利益冲突或其他问题的各方履行其必要的义务，承担相应的合作职责。在涉及知识产权、利益分配、成果奖励、合作纠纷等方面，应当制定可操作性强的实施细则，明确责、权、利的规定，使得企业与高校在联合培养博士方面建立起持续稳定、互惠互利的合作机制。尤其需要注重高校在合作中对博士生培养方面的发言权，确保校企合作对提升博士生教育质量的促进作用。

此外，加强政府部门的监督，也有利于参与校企合作的高校与企业之间知识和信息有效、合理地流动，使得高校培养的博士生与企业界所需求的劳动力相匹配，高校的科研方向与企业界的技术研发相一致，确保企业在合作中的主体地位和应有权益。除了协调、推动与监督之外，政府职能部门还应对博士生教育校企合作项目的整个实施过程进行专业的评估和验收，只有做好评价和总结，才能促进校企合作向着更良性、更深层和更长远的方向发展。鉴于此，政府也有必要设立专门针对博士生教育校企合作项目的管理中心，在进行评估过程中搜集全国各地博士生教育校企合作的综合信息，并邀请来自高校、企业和政府内部的人员构成专家小组，对搜集到的信息及实地调研的结果进行审查和评价，定期通过网站或其他媒体向高校和企业进行反馈和发布，对取得良好效果的项目给予奖励，对出现困境的项目进行指导和帮助，使得参与校企合作项目的各方既自主也自律。

4. 在博士生教育协同育人中保持社会系统性

一个紧密协作的社会系统（亦可称为"共同体"）正在逐步呈现。改革顺利推进是政策共同体中多元主体相互协商、共同协作的结果。有关博士生校企合作项目同样应以全社会共同参与的形式开展，且有必要呈现以下特征：一是内部成员之间形成合作关系网络；内部成员通过系统思考、交流、反馈、协商寻求共识与愿景；二是要拥有集研究、传播、倡导、协调、评价等功能为一体的复合型行动智库；三是有必要在核心智库的统筹下，将政府、社区、专业协会、企业、培养单位等利益相关群体纳入博士教育质量评价体系中，促进系统性思考、形成系统知识库与合作关系网络，并使其承担相应责任，使国家、用人单位、博士生的博士教育期望在整个社会系统内得到及时且充分的响应。尤其是2019年出台的《关于"双一流"建设高校促进学科融合加快人工智能领域研究生培养的若干意见》进一步强调促进校企合作，提高相关学科博士生将科学前沿同企业实践进行整合的能力。同时也应注意，培养合作的系统性不能仅局限于某单一环节，应放眼于从方案制定到教学参与再到效果评估这一整个培养流程。也就是说，政府、协会、企业和高校应共同审视当前存在的人才能力断层，明确培养目标和学习内容；基于培养内容，明确培养方法；基于培养方法，明确培养流程；基于培养流程，明确各自的责任和资源投入。在培养结束时，还应共同评估学习效果，以寻求持续改进方案。

总体来说，实现博士生教育校企合作的规范化、长远化，首先，需要明确各方的利益动机，找到合作的结合点，这是是否能够完成校企合作的关键；其次，在政府搭建的平台上高校、企业和博士生之间需要建立有效的连接，三方资源在政府的宏观调控和各方自主性发挥的前提下得到合理的配置；再次，建立长期的合作和管理监督机制，恰当地处理知识产权、经费使用等敏感性问题；最后，高校和企业作为合作的主体，应充分发挥各自的主动性，高校需从学生发展的角度出发积极与企业建立联系，鼓励企业参与到博士生课程教学、科研训练、就业指导等方面，企业可利用自身优势资源多层面参与到高校博士生培养过程中，提升其市场竞争力。博士生教育校企合作是丰富博士生教育培养目标和培养内容的良好方式，在推动校企合作项目的过程中，政府、高校、企业、导师和博士生等相关主体都应行动起来，建立多元的、持续的、稳定的伙伴关系，使我国博士生教育在推进知识和技术创新，服务社会经济发展中发挥更大效用。

二、专业学位博士生教育变革的路径

专业学位博士生教育的各相关主体的诸多行为策略是互相交织的，要促进专业学位博士生教育的长效发展，就需要国家、社会及高校的通力合作。根据我国专业学位博士生教育整体质量现状的调查结果，结合不同种类专业学位博士生教育专门性分析中所反映的各类问题，我们从以下几方面提出我国专业学位博士生教育变革的路径。

（一）国家层面

2017年1月，教育部及国务院学位委员会发布《学位与研究生教育发展"十三五"规划》，提出要"加强博士专业学位的论证和设置工作"。2018年8月，教育部、财政部、国家发展改革委颁布《关于高等学校加快"双一流"建设的指导意见》指出，要"推进高层次人才供给侧结构性改革，优化不同层次学生的培养结构，适应需求调整培养规模与培养目标，适度扩大博士研究生规模，加快发展博士专业学位研究生教育"。为加快推进新时代专业学位研究生教育高质量发展，2020年9月，国务院学位委员会、教育部印发《专业学位研究生教育发展方案（2020—2025）》，明确了新时代专业学位研究生教育的发展目标。由于我国专业学位的设置和发展从一开始就是国家设计并推进，因此，我国专业学位博士生教育中现存的部分问题也难以通过"自下而上"的方式完成转变，需要从制度设计和建设方面进行"自上而下"的推动。在此背景下，要促使专业学位博士生教育的全面、可持续发展，首先需要从国家层面做出反应。

1. 完善相关制度及立法

首先，需建立和完善我国博士专业学位质量保障制度体系。当前我国专业学位博士生教育相关的政策多是从宏观层面对专业学位博士生教育发展理念及举措做出规定，对专业学位博士生培养目标、培养要求、质量评价多为总括性论述，但这些概括性的政策文本与可操作性的专业博士培养质量标准仍存在一定差距，故而培养单位缺乏对专业学位博士生教育质量监控的参照标准，势必延缓博士专业学位研究生培养质量内部保障体系的建立进程。因此，教育主管部门应探索出台更详尽、更具操作性的专业学位博士生教育质量评价标准，明晰对博士生获得专业博士学位的基本要求，探索和建立我国专业学位博士生教育质量保障制度体系。

其次，需要完善行业立法，推动专业学位与职业资格认证衔接。一方面，博士专业学位与执业资格的有效衔接需要双方的共同努力，单纯依靠博士专业学位的改革满足职业资格标准，很容易造成培养目标向高等职业教育趋近，培养质量弱化；另一方面，行业立法的缺失会直接导致职业本身法律地位的缺失，例如，在我国没有《兽医法》，只有《动物防疫法》，因而兽医师在我国是没有法律地位的。因此，有意识地依靠行业主管部门、行业产业协会完善行业立法，可促使专业学位与执业资格从制度层次上寻求契合，对于进一步推进二者衔接有所助益。

最后，完善专业学位研究生教育领域产教融合协同育人的政策与立法。为扭转"企业冷、学校热"的产教融合联合培养困境，提高企业参与专业学位博士生教育的动力，可从制度层面为企业参与专业学位博士研究生培养提供保障，进而促进产教融合型企业规模性建设。具体而言，在提高企业参与人才培养的积极性方面，建立面向企业的利益补偿机制，探索破解产教融合集体主义困境的有效手段，促进企业从深度、广度、持久度三个方面参与产教融合；在规范产教融合的业务运作维护校企合作关系方面，由于产教融合必然存在一定的监督成本、决策成本以及争议解决成本和违约成本，因此，应探索完善校企合作相关立法，对各利益方在合作中的成本分担、产权界定做出法律规定，保障校企合作中的资源融通、利益融合、产权明晰，提高利益主体背叛合作的机会成本，规避合作中的机会主义行为，最终为产教融合提供完善的法律制度保障。

2. 扩大类别与规模，优化专业学位博士生教育结构

知识生产模式转型及知识经济发展对专业学位博士产生较大需求，在我国专业学位博士生教育类别不多、布点较少、规模不大的发展境况下会产生如下问题：第一，难以满足社会用人需求。一方面，难以满足国家和产业发展对高层次应用型人才的需求；另一方面，难以满足高校进行专业学位博士生再生产、再培养的需求。第二，制度难以设计与实施。没有规模的专业学位博士生教育难以对其培养方案、培养目标及质量标准等进行独立设计。第四章的调研结果反映出专业学位博士生教育培养目标定位不清、培养方案不独立、学生自我认知模糊等现象一定程度上都与教育规模较小有关。因而，要推动博士专业学位的发展需要推动专业学位博士生教育规模的扩大。

我国专业学位博士生教育的发展起步晚、时间短，还未能在宏观层次上形成明显的集聚效应和溢出效应，因而需从扩大规模与增加类别两个维度进行扩张。2018年国家以政策形式推动扩大专业学位博士生教育规模，各专业学位类别2018年的招生人数远超历届，这是我国专业学位博士生教育扩大规模的有力信号；《专业学位研究生教育发展方案（2020—2025）》中也指出，要进一步扩大博士专业学位研究生教育规模；2022年9月，国务院学位委员会、教育部印发的《研究生教育学科专业目录（2022年）》新增设了法律、社会工作、应用心理、公共卫生、农业、会计、戏剧与影视等23个博士专业学位类别，自此我国博士专业学位类别共计达36个。总体看来，这些政策的出台与规划的落实一方面是全面升级我国专业学位博士生教育质量与结构的保障；另一方面，也是助力高等教育强国建设的需要，是我国在诸多客观劣势条件下尽快缩小与他国专业学位博士教育水平之间差距所必需的。但是，如何完善博士专业学位授权点区域布局，快速提升培养单位专业博士生培养能力，实现对区域经济社会发展的有效支撑，如何在新增专业类别领域进行博士专业学位授权点审批，实现招生并获得课程、师资与硬件资源的充分保障，还需要进一步地论证与准备。

博士教育作为学历教育的最高层次，承担着极为重要的高层次人才培养重任。国家在统筹专业学位博士生教育规模外，对学术学位与专业学位博士教育结构，以及专业学位博士生教育内部的学科结构、区域结构也需要额外关注。一方面，如访谈及问卷调查中所反馈的，学术学位博士生与专业学位博士生往往由同一导师进行指导，共享共用设施设备、统一由高校进行管理和培养，且部分高校存在缺少独立的专业学位博士培养方案等问题，如何保障二者在同一场域中获得

不同的发展是博士生教育面临最为实际的问题之一；另一方面，目前专业学位博士生教育如何设置具体专业、选择授权培养单位，往往以学术学位博士生教育所取得的成绩作为甄选和判断依据，而作为高实践性和应用性的高层次学历教育而言，将专业学位博士生教育从学术学位博士生教育中分离出来，单独进行培养设计，是十分必要的。

由此，国家需要在既有的软硬件设施条件下，合理分配学术学位博士生教育与专业学位博士生教育资源，合理统筹博士专业学位与学术学位的规模和比例，使博士生教育整体可以协调、有序发展；同时，在进行具体专业设置以及授权培养单位遴选时充分考量行业结构对专业学位博士生教育结构的需求，使专业学位博士生培养规模和博士专业学位类别的扩大有落于实地的依据，以确保结构调整引导的教育规模扩张是有质量的扩张。

3. 探索多元投入机制，加大专业学位博士生教育财政支出

专业学位博士生教育的发展除了政策支持外，还需要落于实际的人力和财力支持。对学术学位博士生教育而言，学生的学术成果产出是导师科研绩效、学科科研水平以及学校声誉和实力的重要表现方面，而这直接关系到各高校、学科及导师各类相关专项科研资金的获取。相比之下，专业学位博士生教育在这一方面有所缺失，这也是高校动力不足的重要原因。

内生动力的缺乏更需要国家加大对专业学位博士生教育的财政投入。第一，为专业学位博士生教育提供专项资金支持。考虑到专业学位博士生培养在实践基地建设、实验设备采购以及案例教学等方面的资金投入较大，可考虑经由国家有关部门对专业学位博士生教育进行专项资金支持，这不仅有助于专业学位博士生教育质量的提升，而且可以提高培养单位的积极性，形成良性循环。第二，可以通过政策积极引导校企间的人才流动，吸引企业内部的高层次实践型人才联合校内导师共同承担人才培养任务。同时，高校需要加大实践型导师的培养力度，并充分调动导师从事专业学位博士生教育的积极性，为专业学位博士生教育的发展提供师资保障。第三，将专业学位博士生教育纳入国家奖学金体系之中，提高专业学位博士生的现行待遇标准，减小专业学位博士生攻读期间的经济压力，提高学生的攻读积极性。另外，随着以全日制方式攻读博士专业学位学生比例的增加，建立和完善政府主导、培养单位和社会广泛参与的专业学位研究生奖助体系也变得更为迫切。未来应积极探索构建以政府投入为主、受教育者合理分担、行业产业、培养单位多渠道筹资的多主体投入机制，鼓励行业产业设立冠名奖学金、研究生工作站、校企研发中心，实施企事业单位以专项经费承担培养成本的"订单式"研究生培养项目。

（二）高校层面

1. 分类招生并与国家项目挂钩

（1）分类招生

专业学位博士生教育的生源可分为两类，一是有实践经验的在职人员，二是无实践经验的应届生。这两类生源自身所具备的能力素质和发展诉求具有极大差异，这也基本决定了其选择全日制还是非全日制方式的攻读方式。本书的问卷调查结果充分表明，全日制学生与非全日制学生在多个方面存在显著差异。对于有实践经验的在职人员而言，他们具备实践能力，接受专业学位博士教育更多的是期望通过专业学习了解学科发展前沿，进行系统的理论学习并精进科研方法，以解决工作中遇到的现实问题；对于无实践经验的应届生而言，由于自身缺乏实践能力，同时理论知识也需要进一步加强，他们更期望在理论学习的同时提升自身的实践能力，以便毕业后能满足自身的职业发展需求以及社会对高层次应用型人才的需求。

基于此，为充分提升专业学位博士生教育质量、推动学生更好地发展，建议高校对全日制与非全日制专业学位博士生进行分类招生，使其后续环节，如课程设置、师资安排及学生管理等方面都更有针对性，这不仅有助于提高专业学位博士教育的整体质量，从长远来看，更方便高校对学生的管理和培养。随着专业学位博士教育规模的扩大，在职攻读博士专业学位的生源中全日制与非全日制学生的占比势必会发生变化，对这两种不同求学动机和发展目标的学生有针对性地进行分类招生与培养也是专业学位博士生教育发展的要求和趋势。

（2）招生数量与国家项目挂钩

不同授权培养单位在师资数量与质量、软硬件条件及课题承担能力等方面存在差异，而专业学位博士的培养质量高低与这些方面密切相关。高校管理者访谈中，有专家提出，国家可以在专业学位博士招生名额申报阶段充分考虑上述因素，将高校的校内外导师数量与质量、实验（实践）基地建设、在研课题数量与质量等纳入申报的必要考量条件中。高校在招生阶段，将招生名额的设定与项目、课题相挂钩，充分发挥学生的研究优势，节约前期投入成本。例如，清华大学在2020年工程专业博士招生中已开始尝试推进招生名额对接国家重点项目进行分配的方式。

当前专业学位博士招生名额的申报多以高校往年的招生数额为参考依据，这在一定程度上限制了高校扩大专业学位博士招生规模。若以招生名额与国家项目挂钩则既可以保证成果产出的质量和数量，又可以为高校开展专业学位博士生教育获取经费。

2. 优化专业学位博士生培养模式

（1）分类构建专业学位博士生培养模式

专业学位博士教育需要构建独立的培养模式已经在学界达成广泛共识，这不仅包括构建有异于学术学位博士生教育的培养模式，还包括针对不同专业学位博士生源制定有侧重的培养模式。

首先，高校需着力建设独立的专业学位博士生培养方案，在培养目标、培养过程、课程设置等方面与学术学位博士生的培养方案有明显区别，确保专业学位博士生教育契合我国发展实际，并保有自身特殊的发展规律。具体而言，由于我国专业学位博士生培养模式正处于从"第一代"向"第二代"的转化过程中，需要着力从以下三方面入手：第一，适当调整实践应用性较强专业在本、硕阶段的培养计划和目标，引入实践性课程，将理论学习与实践应用相结合，使学生掌握专业基础技能，为专业学位博士教育打下基础；第二，专业学位博士教育应以"导师组制"或"双导师制"代替"单一导师制"，使导师有足够的学术能力和实践能力满足学生的培养要求；第三，制定明确的专业学位博士生教育培养目标，并围绕这一目标在学生的"入学资格上做到专业经验与学术基础兼顾，课程体系上注重学术理论知识与专业实践知识的整合"，力争将专业学位博士生培养为"学"与"术"齐驱的高层次人才。

除此之外，如本书所提及的，针对专业学位博士教育内部的全日制和非全日制生源，在高校分类招生的基础上，需要根据不同专业的不同生源在课程设置、师资安排及学生管理等方面设立专门的培养方案。对于全日制学生而言，学术能力与实践能力的提升都是十分必要的，学生通过接受专业学位博士生教育满足社会需求，获得更多职业选择机会是其首要目标。为此，高校在进行培养方案设置时不能仅关注其学术能力培养，还需要有意识地为提高全日制专业博士生的实践能力提供条件。而对于非全日制学生而言，他们更看重理论知识的深化，以及在已有实践能力和知识体系之下寻求更多解决现实问题的办法，因而，对其培养方案的设定更需要关注学生知识框架的丰富和完善。在分类构建有较强针对性和实用性培养方案的基础上，对全日制与非全日制学生的师资配备、课程设置也需要相应地区分，例如，全日制学生至少安排一位实践经验较为丰富的校内或校外导师指导其在读期间的学习，可适当增加全日制学生的实习（实践）时长，为非全日制学生开设更多的前沿理论课程等。

（2）凸显应用性培养导向，引导实践型成果产出

本书的调查结果显示，当前我国专业学位博士生的成果产出及毕业要求仍以发表学术论文为主，且相当比例的毕业论文为理论研究型，这一结果实质上与博士专业学位的设置目标及培养要求是背道而驰的，高校及导师应加强对专业学位博士生应用性研究及实践性成果的引导。对此，可以借鉴国外博士生校企联合培养模式——欧洲工业博士（Industrial Doctorate）的项目设计：工业博士项目中博士生个体会与企业签订工作合同（通常为3年），接受企业的直接资助，因此企业在培养过程中参与度高，博士生培养更具实践应用导向。企业通常独立选拔博士候选人，确定人选后由博士生自己联系导师，并与企业商定培养内容，除了校内现有导师，企业还会推荐兼职企业导师指导博士生完成与企业要求相关的工作；在整个培养过程中，工业博士将大部分时间投入与合作企业实践项目相关的工作中，另外花小部分时间进行课程学习（包括专业基础课、专业实践课及职业发展课等）。知名企业与大学间的合作体现了博士培养改革的新趋势，国内已有高校开展此种博士生培养模式，但主要集中于工程博士领域，未来应在更多专业类别的专业学位博士生教育领域中探索开展此种博士生培养模式，以突显专业学位的实践应用性培养导向。

此外，高校需根据学科发展水平、特点对学生的毕业要求予以进一步明确，鼓励学生多进行实践型成果的产出，例如在工程专业，可尝试将实践型成果产出作为获得学位的必要条件。同时，考虑到专利申请、发明创造的现实难度，高校需加大对实践型成果产出的支持力度，对阶段性的成果也予以认可。除此之外，可探讨将学生的实践型成果由所工作或实践的行业企业与高校联合署名，一方面提升行业企业参与高校培养的积极性，另一方面为实践型成果的产出和成果转化提供平台。

3. 重视导师遴选与培训

（1）校内外导师遴选

对于专业学位博士生教育而言，导师的角色和地位举足轻重，直接关系到教育质量的高低。对导师指导方式的调查结果中，单一校内导师指导、校内导师为

主指导的高占比，体现了目前我国专业博士师资力量配比不足的问题：一方面，校外导师数量较少，培养任务主要落在校内导师身上；另一方面，能进行有效指导的实践型导师缺乏，校内导师的实践应用能力较弱，校外导师的优质指导不足。面对这些问题，需要从导师遴选和导师培训上做出努力。

为此，需要制定和完善当前的校内外导师遴选制度。对于校内导师而言，高校应在综合评测的基础上倾向于选择有丰富科研经验和一定实践经验，并有能力对学生进行有效指导的教师。同时在教师招聘时，对于从事高层次应用研究、具备优秀的科研与应用能力，并可胜任高校教学科研工作的专业学位毕业博士也可考虑招聘引进。

对于校外导师而言，高校应倾向于选择业务水平较高，且有时间精力对学生进行指导的人员。诸多在校外从事专门性职业的技术人员很多拥有高超技艺，但可能受学历限制、工作限制以及高校对人员管理的考虑不能够进入高校系统内部，或不符合当前高校选聘导师的规定，对这部分人员可以打破条框限制，以其所从事职业的职称等级作为参考依据，"不拘一格降人才"，遴选适合对专业学位博士生提供指导的优秀行业企业工作人员。

（2）校内外导师培训与管理

博士生导师承担高校主要的研究项目、课题及科研任务，往往对博士生的培养尤其重视其科研能力的锻炼与提升，课程设置、教学模式及成果产出等方面都服务于这一目标。相对应，博士毕业生的主要流向为高校及研究机构，受现行评价及晋升机制的影响，科研产出成为重要指标，就高校教师而言，重视"科学研究"的思想被进一步强化，久而久之就会形成非良性循环，对专业学位博士教育的影响十分明显。访谈过程中，多位校内管理者指出，当前专业学位博士生教育过程中存在校内导师实践能力欠佳、校外导师专门指导力度不足等问题。因此，一方面，高校需要制定专门性的专业学位导师培养制度，加强实践型导师的培养与选拔，确保专业学位博士教育规模的扩张有保质足量的师资力量；另一方面，还需对专业学位博士生导师的晋升、评价制度予以再设计，充分调动导师从事专业学位博士教育的积极性。

对于校外导师而言，最主要的是通过政策支持从顶层设计拉动和提升校外力量参与学生培养过程的积极性，吸引企业内部的高层次实践型人才联合校内导师共同承担人才培养任务。诸如，设置校企合作培养指标、提供人才培养优惠政策等，将校外力量参与培养过程从"浮于表面"转向"落至实处"。除此之外，高校还需要出台详细、具体的管理制度，对校外导师的指导过程予以规范。例如，中国科学院深圳先进技术研究院（简称"先进院"）就为企业导师制定了差异化的考核标准，区别于以往高校教师的考核标准，先进院对工程技术人才的考核更侧重于个体的技术能力、科技转化、专利成果等方面；此外，为吸引优秀行业人才组建优秀的工程师资队伍，先进院还专门设计了差异化晋升制度，为企业导师提供晋升通道；副高级及以上的企业技术人才可以独立管理项目、招收研究生，同时还可以参与竞聘中心主任、所长、副所长等职务。

4. 完善考核与淘汰机制

（1）建立明晰的质量评价标准

专业学位博士制度并没有清楚地表明如何对其进行评价，这似乎是各国专业学位博士生教育发展中都遇到的一个难题。摇摆于"重学"还是"重术"的质量评价标准在我国亦成一大难题——2015年国务院学位委员会与教育部联合发布的《专业学位类别（领域）博士、硕士学位基本要求》中对专业学位博士所需具备的基本素质、知识、能力和应该接受的实践训练提出了要求，但其中并未涉及具体的质量评价标准。2018年5月，国务院学位委员会办公室出台的《工程类博士专业学位研究生培养模式改革方案》中将工程类博士专业学位获得者的成果形式扩展为"学术论文、发明专利、行业标准、科技奖励"，这在一定程度上肯定了专业学位博士教育的"职业性"，但作为我国特色学位体系中的顶尖层次，"博士学位"的获得是否应坚持以学术论文为必要条件而非充分条件还值得商榷。

当前专业学位博士生教育质量评价标准的模糊会引发培养上的系列连锁反应，即以模糊标准指导学生培养各个环节，致使不确定因素在整个教育环节的循环中进一步扩大。相比用模糊标准衡量专业学位博士教育的优劣而言，首先确定标准是否合理、可行更为重要。针对这一问题，不同种类的专业学位博士生教育指导委员会及授权培养高校应根据不同学科专业的性质、特点以及发展规律，建立目标明确且合理的普适性质量评价标准，对专业学位博士生的毕业条件、学历获取条件予以详细规定，并将其落实到具体的培养环节中，极力规避目标不明或标准过高而导致的形式化标准。这种标准是包括培养过程、培养结果及质量评价等各方面的标准，改变以往模糊逻辑指导下的标准混乱。

其中值得注意的是，博士学位强调其获得者对"知识的卓越贡献"，博士专业学位是聚焦于专业性极强的职业领域内部的知识创造，需具有"专业独创性"，即使发明专利、行业标准、科技奖励等皆可作为成果形式，学术论文也不可或缺。国外专业学位博士教育因其较强的"实践应用性"以及与职业的高度规范化衔接可选择多种形式的毕业要求，但在我国撰写学术论文是"博士学位"对其获得者提出的基本要求，不应因其学位性质的不同而忽略。

（2）实行全过程的质量监督与评价

国外通过认证机构、专门学会对专业学位博士生教育质量进行的监督与管理其成效是十分显著的。我国与之相对应的是，以高校的自我监督与管理为主，辅以各专业学位自身的教育指导委员会进行外部监督。由于各专业教育指导委员会的主体成员来自办学单位，他们既是规则的制定者，又是规则的受约方，其质量监督相对松散，加上缺乏明确的、统一的质量标准，教育指导委员会的监督普遍被认为力度不够。可以说，我国专业学位博士生教育的第三方质量监督相对薄弱。另外，实证调研发现，当前我国行业企业参与专业学位博士生培养过程的深度和广度皆不足，对专业学位博士生教育的质量评估对象主要集中于学生的论文、专利等有实际展示形态的产出，缺乏技能考评。

从国外专业学位博士生教育的发展经验来看，教育质量评价标准和监督体系的建立是其取得长足发展的重要原因，不仅保证了发展的高质量和有序性，更形成了各方共同参与、资源充分利用的局面。我国在二十多年的专业学位博士生教育发展过程中注重"事后调整"——反思为什么没有培养出符合发展初衷的专业学位博士生，而忽视"过程控制"——怎样监督高校保证其培养出符合要求的专业学位博士生。究其原因，一方面，专业教育指导委员会制定的相关质量监督标准较为宏观，高校在人才培养过程中没有提出具体细化和具有自适性的标准，导致或因目标不明，或因标准过高而难以达成的问题；另一方面，缺乏第三方监督，高校内部自我监督流于形式。因此，高校根据专业教指委制定的培养要求，建立具有自适性的质量标准和监督体系至关重要，要逐步将工作重心由"事后调整"向"事前控制"上转移。

本书所构建的专业学位博士生教育全过程质量评价体系及其实证研究发现了不同阶段的质量状况对专业学位博士生教育所产生的不同程度影响，是实施全过程质量监督与评价必要性的有力佐证。实行全过程的质量监督与评价可以在以下方面做出努力：其一，重视第三方质量监督与评估机构的建立和完善，倒逼第三方力量使其能够真正参与到专业学位博士生教育的培养过程中来，并对专业学位博士生教育质量进行监督。同时，及时接收来自行业、企业的用人反馈，为质量评价标准的修正提供有效信息。通过第三方参与质量监督与评估形成闭合循环，将自评与他评相结合，全面提高专业学位博士生教育质量，纠正专业学位博士生教育质量保障体系在理念和行为层次上存在的错位现象。其二，转变"事后调整"的质量监督观念，将专业学位博士生教育质量监控由"结果控制"逐步转向"过程控制"，形成对博士专业学位全过程质量评价的"覆面式"共识。其三，高校需建立具有自适性的质量标准和监督体系，根据需要，可尝试由任课教师对学生的课程质量直接负责，学院和导师对学生的开题和答辩环节进行严格把控。同时，由各教指委设立专门的专业学位博士生论文抽检及成果检测机构，将论文质量控制作为常态化工作。

（3）严格落实考核与淘汰机制

整体而言，目前我国专业学位博士生教育的考核与淘汰机制并不完善。一方面，考核的责任主体分散化，责任划分不清晰，使考核难以严格落实；另一方面，考虑到专业学位博士生尤其是非全日制学生的社会地位、工学兼顾等现实，学院、导师往往对其相对"宽容"，几乎很少有学生会被学校主动淘汰，淘汰制度缺失或浮于表面。

专业学位博士生教育考核与淘汰机制的缺失直接影响了专业学位博士生教育的发展质量和社会声誉，处于规模大幅扩张之际，制定与落实专业学位博士生教育的淘汰机制势在必行。首先，建议由教育部统一制定专业学位博士生中期考核及毕业的标准与要求，各专业教育指导委员会根据本专业的发展实际设定具体培养目标。其次，高校结合教育部与教育指导委员会的要求制定全过程、分阶段的培养与实施细则，定期组织考核，在考核过程中，校内外导师、所在学院共同承担连带责任，按要求严格实施，杜绝模棱两可的"宽容策略"，对考核不合格学生采取警告或淘汰的措施，从过程上控制学生的延期毕业率。

（三）学生层面

1. 明确自身发展目标，增强求学主动性

我国不同种类的专业学位博士生教育根据不同学科特性、对接固有职业属性，形成了相对明晰的人才培养目标。但不同学生在就读前工作年限、工作性质方面不尽相同，求学动机存在明显差异，入学后就读方式也有所区别，由此导致高校在学生的培养过程中进行统一调配缺乏针对性，难以满足不同学生的需求。因而，学生在攻读博士专业学位前明确自身发展目标，在求学过程中有针对性地进行自我提升、自我发展是其中的必要环节。除此之外，根据本书第四章的调查结果，当前社会乃至学界依然存在对专业学位博士生教育的诸多误区，但本书第七章第二节论证了专业学位博士生教育不仅具有显著的生产功能，还具备一定的信号功能，由此回应了社会大众对专业学位博士生教育功能的质疑。因此，本书认为对处于任一职业发展阶段且具有职业发展需求的个体而言，攻读博士专业学位都将助推其职业发展，有读博期望的个体应尽早明确职业发展目标，在读博前主动了解所攻读学位的特性、地位，对"博士专业学位比学术学位更易拿""读博士专业学位只是为了混文凭"等想法应及时纠正，为推动自身职业发展及专业学位博士生教育质量做出努力。

2. 合理调配时间安排，克服工学矛盾

本书的调查数据显示，非全日制专业学位博士每天的学习时长远少于全日制学生。一方面，由于工作原因挤占了非全日制学生大部分的学习时间，碎片化的学习难以进行系统学习；另一方面，学生自身对于时间的调配缺乏有效规划，工学矛盾难以平衡。部分高校在意识到这一问题后，采取如强制脱产学习一年、周末进行课程学习等形式予以弥补。但这一问题的解决仍需以学生自身为主：首先，在攻读博士专业学位之前与所在单位协调好学习与工作时间安排，进行合理、有效的时间规划；其次，立足于促使自身更好地发展，将攻读博士学位期间的研究设计、研究计划与所从事的工作进行有机结合，充分利用学校和工作单位两个不同场域提升自身科研与实践水平；最后，与指导老师进行主动、充分的沟通，使导师指导不局限于课程学习、研究指导，更可扩展至工作领域。

索 引

B

博士劳动力市场, 10, 42, 79, 158, 236, 239, 240

博士生教育, 3, 4, 5, 6, 7, 8, 9, 15, 16, 17, 18, 20, 22, 23, 24, 25, 26, 27, 29, 35, 36, 38, 39, 40, 41, 42, 43, 44, 45, 46, 53, 55, 56, 57, 66, 67, 68, 69, 70, 72, 74, 75, 76, 77, 78, 79, 83, 84, 85, 86, 87, 88, 89, 90, 92, 94, 97, 98, 99, 100, 101, 102, 103, 104, 107, 132, 141, 143, 147, 148, 157, 158, 166, 173, 174, 175, 176, 183, 184, 185, 190, 203, 204, 205, 206, 207, 208, 209, 210, 211, 212, 213, 214, 215, 216, 220, 221, 222, 223, 224, 225, 230, 235, 236, 237, 238, 239, 242, 243, 245, 246, 250, 251, 253, 254, 255, 258, 261, 263, 265, 266, 268, 269, 270, 271, 273, 274, 275, 276, 277, 278, 280, 283, 287, 288, 290, 291, 292, 293, 294, 295, 296, 297, 298, 299, 300, 301, 302, 303, 304, 306, 307, 308, 309, 310, 311, 312, 313, 314, 317, 318, 319

博士生教育变革, 29, 233, 235, 243, 265, 279, 285, 287, 288, 293, 294, 309

博士生教育价值, 53, 201, 203, 206, 207, 209, 210, 211, 212, 213, 214, 215

博士生教育经历, 8, 9, 15, 28, 35, 41, 42, 44, 46, 53, 54, 55, 56, 57, 77, 79, 83, 85, 92, 94, 143, 147, 150, 151, 157, 158, 160, 168, 173, 176, 177, 184, 186, 187, 191, 192, 195, 196, 198, 207, 208, 211, 215, 216, 222, 224, 225, 226, 298

博士生教育质量, 3, 5, 7, 8, 9, 13, 15, 16, 17, 25, 26, 29, 31, 36, 38, 39, 40, 41, 42, 43, 44, 45, 46, 63, 65, 66, 67, 68, 69, 72, 74, 75, 77, 78, 79, 83, 84, 85, 99, 100, 101, 102, 103, 104, 112, 136, 273, 275, 293, 294, 295, 296, 308, 310, 311, 312, 318, 320

博士生教育质量指数, 84, 99, 103, 104

博士生培养模式, 25, 42, 255, 263, 271, 273, 295, 314, 315

博士职业发展, 6, 8, 11, 12, 19, 20, 21, 22, 23, 24, 25, 26, 27, 29, 31, 45, 48, 52, 53, 54, 55, 56, 57, 60, 61, 69, 70, 79, 142, 143, 155, 157, 158, 159, 160, 161, 162, 164, 168, 169, 171, 172, 173, 174, 175, 176,

186, 203, 207, 208, 215, 219, 221, 223, 224, 225, 226,228, 229, 230, 231, 243, 248, 250, 254, 258, 268, 271, 277, 281, 288, 294, 297, 298, 299, 300, 304

F

发展质量, 8, 9, 16, 26, 29, 42, 43, 45, 46, 68, 78, 84, 97, 102, 103, 104, 111, 113, 130, 135, 136, 295, 296, 298, 319

非认知能力, 24, 217, 223, 224, 225

非学术职业, 6, 11, 19, 23, 25, 26, 56, 57, 60, 68, 78, 90, 96, 142, 144, 145, 146, 147, 148, 151, 152, 153, 157, 162, 163, 164, 167, 168, 171, 173, 174, 175, 176, 177, 181, 182, 183, 184, 185, 186, 190, 191, 192, 194, 195, 196, 198, 209, 210, 211, 212, 213, 214, 215, 239, 243, 244, 245, 246, 251, 252, 255, 257, 259, 263, 268, 281, 282, 283, 302, 303, 304, 307

G

过程质量, 7, 9, 16, 29, 43, 44, 46, 67, 68, 83, 84, 89, 101, 104, 108, 113, 117, 133, 134, 136, 295, 318

J

教育质量评价模型, 83, 84, 85, 100, 101, 102, 107, 112

L

利益相关者理论, 38

M

美国"新一代博士"行动, 243, 244

O

欧洲产业博士, 270

P

匹配理论, 34, 35, 36, 38, 46, 48, 60

R

人力资本增值, 222, 223, 224, 225, 226, 228, 230

人与环境匹配理论, 26, 54, 58, 60, 61

认知能力, 110, 217, 223, 224, 225, 230

S

社会认知职业理论, 26, 29, 50, 51, 52, 53, 54, 57, 189, 256

涉农学科, 27, 87, 97, 99, 103, 104, 142, 144, 145, 146, 158, 162, 166, 167, 168, 189, 298

生涯发展理论, 36, 37, 38

实验主义哲学, 205

输出质量, 9, 29, 43, 45, 46, 66, 67, 68, 83, 84, 92, 101, 102, 104, 110, 113, 126, 134, 135, 136, 295

输入质量, 9, 16, 29, 43, 46, 65, 68, 83, 84, 87, 100, 107, 108, 113, 114, 132, 133, 136, 295

素养, 23, 167, 219, 220, 240, 242, 245, 248, 256, 260, 267, 279, 283, 284, 294, 297, 298, 299, 300, 301, 305

X

新人力资本理论, 218, 220, 223

学生发展理论, 29, 33, 34, 41, 54, 55, 86, 107, 152

学术劳动力市场, 11, 19, 22, 23, 27, 55, 56, 76, 96, 97, 147, 152, 153, 157, 163, 165, 167, 168, 171, 172, 173, 174, 175, 177, 181, 182, 184, 185, 186, 187, 188, 189,

190, 192, 193, 194, 197, 198, 203, 204, 210, 235, 244, 293, 302

学术学位博士生教育, 27, 29, 81, 83, 85, 87, 99, 103, 104, 203, 216, 220, 294, 312, 314

学术职业, 5, 6, 11, 13, 19, 21, 22, 23, 24, 25, 26, 45, 55, 56, 57, 60, 76, 78, 96, 142, 144, 145, 146, 147, 148, 149, 151, 152, 153, 157, 162, 163, 164, 167, 168, 171, 172, 173, 174, 175, 176, 177, 182, 183, 184, 185, 186, 188, 189, 190, 191, 192, 194, 195, 196, 197, 198, 209, 210, 211, 212, 213, 214, 215, 235, 236, 237, 238, 239, 242, 243, 248, 251, 255, 256, 257, 268, 271, 278, 282, 283, 302, 303, 304, 307

Z

增值评价, 17

知识经济, 4, 6, 10, 24, 27, 39, 69, 157, 166, 176, 198, 210, 239, 240, 242, 243, 259, 265, 269, 270, 287, 288, 289, 291, 292, 294, 311

知识生产模式, 4, 5, 7, 78, 165, 240, 263, 280, 288, 289, 305, 311

职业匹配, 24, 25, 35, 36, 54, 58, 60, 61, 157, 159, 166, 167, 173, 186, 198, 199, 200, 208, 213

职业期望, 5, 20, 28, 46, 75, 77, 78, 94, 96, 97, 111, 131, 142, 144, 175, 188, 209, 210, 215

职业生涯, 9, 10, 11, 12, 19, 22, 36, 38, 41, 48, 49, 50, 53, 55, 57, 58, 71, 72, 77, 78, 79, 98, 152, 153, 157, 161, 164, 174, 175, 193, 206, 214, 216, 217, 220, 239, 254, 303, 304

职业选择结果, 53, 54, 57, 141, 142, 144, 145, 146, 147, 148, 149, 150, 151, 173, 181

职业选择目标, 49, 51, 53, 54, 57, 142, 144, 145, 147, 148, 149, 150, 151, 152, 153, 173, 181, 182

职业准备, 15, 18, 45, 68, 83, 94, 96, 102, 209, 213, 215, 256, 262, 265, 268

专业学位博士生教育, 27, 28, 29, 105, 107, 112, 113, 114, 127, 132, 136, 137, 216, 219, 220, 221, 222, 223, 224, 225, 226, 227, 229, 230, 309, 310, 311, 312, 313, 314, 315, 316, 317, 318, 319

卓越大学院计划, 274, 275, 278, 281

其他

BEST 计划, 255, 256, 257, 258, 259, 260, 261, 262, 263, 264, 265

IPOD, 29, 42, 43, 46, 85, 107, 111, 112, 113, 295

后　记

三年前，我开始酝酿这本书，从初稿到付印，经过了一段漫长而又充实的过程。在这个过程中，我不断地思考、调整、修改，从未停止研思和写作的脚步。如今，翻看这些厚厚的纸稿，我不禁心潮澎湃，仿佛字里行间都书写着我的学术生命，凝聚着我对研究生教育的那份厚重的初心与情感。

是的，这本书是我对研究生教育的一份探索与呈现，是我和我的团队多年研究思考与沉淀的结晶，也是我内心深处的一份执着与坚守。回顾自己的学术生涯和工作经历，有三个词在脑海中跃然而出、挥之不去，那么，就让我围绕这三个词，来为本书做一个终章吧。

研究真问题

1994年，我硕士毕业后到南京农业大学研究生处（院）工作，从科员到研究生院常务副院长，历时20年。这20年，正是我国研究生教育事业快速发展的阶段，学位点和研究生规模大幅度增长、专业学位研究生教育横空出世、学科建设与评估开展得如火如荼、研究生质量保障体系建设日趋完善、研究生教育学初见雏形，管理实践中有大量的学位与研究生教育问题需要深入研究。这些问题，是研究生教育管理工作中亟须研究、解决的"真"问题，也是我个人学术研究想要探寻的"真"问题。我在工作中提出"把工作当学问做，边研究边实践"的思路，在研究生院中形成了很好的学习和研究氛围。这一阶段我立足于学校学科建设和研究生教育工作中遇到的真问题，对农科学科建设、导师队伍建设、学位论文质量保障体系建设、兽医专业学位建设等方面开展学术研究并付诸实践。也正是这20年，我从助理研究员晋升为三级研究员，借助学校公共管理一级学科下的教育经济与管理二级学科，成为博士生导师。2015年转岗至发展规划与学科建设处，使我有机会以更宽广的视野开展高等教育的研究。

在完成江苏省社会科学基金、江苏高校哲学社会科学研究重大课题，经过一段时间的研究积累后，2016年，我承担了国家自然科学基金面上项目"基于学生发展导向的博士生教育质量评价模型构建及实证研究——以涉农学科为例"。在学生发展理论的指导下，将博士职业发展纳入博士生教育质量评价中，提出了博士生教育质量IPOD评价模型，开展了系列的实证研究，探讨了博士生教育质量指数及博士职业发展的关键影响因素，相关研究成果发表于《高等教育研究》，并分别获全国教育科学研究优秀成果奖三等奖和江苏哲学社会科学研究优秀成果奖一等奖。

2017年，我有幸参与了北京大学陈洪捷教授主持的教育部哲学社会科学研究重大课题攻关项目"博士研究生教育体制机制改革研究"，并承担了子课题"全国专业学位博士生教育发展研究"。课题研究过程中，我们对全国6种专业学位（临床医学、口腔医学、兽医、教育、工程、中医）博士毕业生开展了问卷调查，并开展了相关的实证研究，相关研究成果发表于《高等教育研究》，并获2021年江苏省教学研究成果奖一等奖。

为进一步深入研究博士毕业生的职业发展，我又承担了国家自然科学基金面上项目"生命历程视角下博士职业发展及影响机制研究：以涉农学科为例"和国家自然科学基金专项项目"需求视角下典型行业创新型人才培养模式与路径研究"。在这两个项目的资助下，于2021年对全国涉农学科的本科、学术学位硕士、专业学位硕士、学术学位博士、专业学位博士生和毕业生进行了大规模问卷调查。基于调查结果，形成的咨政报告在国家自然基金委《内参》刊出，获中央农办、农业农村部主要负责人肯定性批示。

回想自己的学术之路，正是因为多年从事学校学科建设和研究生教育管理的行政工作，才培养了我对国家重大战略需求的敏感度，让我能够把工作中的"聚焦需求、解决真问题"的自我要求带入学术研究中。也正是"研究真问题"的理念，引领我在学术之路上越走越远、越走越实。

真研究问题

我常常告诉学生，做任何事情很重要的一个字就是"真"，甚至要"不怕用笨办法来做真事"，对于做研究来说，我们就要敢于用笨办法、下笨功夫去"真"调研、"真"分析，自然能够"真"回答研究问题，也能够给出"真"建议。因此，我做研究时非常重视田野调查实践，经常深入学生群体和用人单位开展人才培养质量的跟踪调查，我认为只有这样，才能实实在在地为探索学生成长成才规律做些"真"事，也能对教育的实践需求给出"真"回应。

近十年来，就本科、硕士、博士生教育质量问题及用人单位需求，我们总共进行了 5 次大规模调研，分别是：①2013 年对江苏省 8 所高校学术学位在读三年级及以上博士生的职业期望和就读经历开展调查；②2016 年对浙江大学、中国农业大学、西北农林科技大学、南京农业大学、华中农业大学、华南农业大学的涉农学科学术学位博士生教育质量进行调查；③2018 年对全国临床医学、口腔医学、兽医、教育、工程、中医专业学位博士生教育质量进行调查；④2021 年对全国涉农（林）学科本科、学术学位硕士、专业学位硕士、学术学位博士生的教育质量及毕业生职业发展情况进行调查。此外，我和博士生们还访谈培养单位、用人单位 30 余家，访谈毕业博士、学院院长及高校职能部门负责人 80 多位，积累访谈资料 50 余万字；⑤2021 年对全国涉农企业、农业新型经营主体、农业推广基层组织进行乡村振兴人才需求调查。

基于这 5 次大规模调查数据和访谈资料的实证分析，我们结合理论探索、国际比较，综合运用多学科的理论和方法从多个视角探讨了涉农（林）学科本科、硕士、博士生教育质量评价与职业发展问题，从而为变革中国高等农业教育理念与路径提出了一些对策建议。我认为这些来自一手调查数据的研究成果，能够对社会大众全面认知涉农学科本科、硕士、博士生就业现状有些许助益，也有益于社会各界更加充分地理解新时代高等农业教育改革举措。正是这种"真研究问题"的态度，让我在学术科研的土壤中不断向下扎根、向上成长，也真真正正地为中国研究生教育工作做出了自己的贡献。

教学相长

在行政工作之外，学校"公共管理"一级博士学位授权点这个平台，给了我职业发展的另一种可能。依托教育经济与管理博士点，我已培养 20 个硕士和 9 个博士。正是有长期研究生教育管理实践的经验，使我能敏锐地捕捉到当下研究生教育中各种新的现象和特征，并凝练这些现象背后的科学问题；也正是在研究生院长期工作积累的人脉，使我能带领研究生顺利开展大规模的问卷调查和访谈。近十年来，我尽力践行管理者与高等教育研究者的知行合一，教学相长。我和研究生围绕博士生创新能力、培养模式、质量评价、职业发展等开展了深入研究。在 Higher Education，以及《高等教育研究》《中国高教研究》《教育发展研究》《学位与研究生教育》等 CSSCI 期刊发表系列研究论文 70 多篇。毕业的博士生也都找到心仪的工作，开启了新的学术之路。

本书正是在这些高质量论文的基础上，围绕"博士教育质量评价与职业发展"等研究内容，重新构建研究框架，自成体系，独立成书。回头看我的学术研究路线的形成，既充满了偶然，也充满了必然。时至今日，我仍旧认为自己是青涩的研究者，我在学术研究道路上满怀欣喜尝试的每一步，都因着很多人的帮助和包容踏踏实实地迈了出去。能够从事博士生教育的相关研究，对我而言，是非常幸福的事情，它将我和工作、和学生紧密地联系在一起，它将我的教育研究和教育管理实践有机地结合在一起。至此，我想要感谢领我入门的南京农业大学研究生院原领导们，还要感谢我的每位博士生，他们分别陪伴我走过了学术探索的不同阶段。感谢刊登我文章的杂志及各位主编（编辑）们，他们为我文章的修订、发表提供了极大的支持和帮助。感谢科学出版社教育与心理分社付艳分社长和责任编辑崔文燕，使得这本书可以出版面世。感谢我的女儿，虽因疫情 3 年多未见，但不妨碍我们常常隔空相互鼓励，感谢我的家人对我一以贯之的包容和理解，使我可以全身心地投入研究与工作。

本书的撰写过程持续了 3 年，这 3 年我们几经改稿、多次重新设计章节安排、补充数据分析内容。参与本书撰写的基本都是我已毕业的博士和在读博士生，大家日常承担了很多工作，但仍旧凭借对研究的热爱积极参与了撰写，大致的人员分工如下：罗英姿（前言、绪论、后记、全书统稿）；张佳乐（绪论、第一章、第二章、第五章、第六章、第七章、第九章）；刘泽文（绪论、第一章、第二章、第三章）；顾剑秀（绪论、第九章）；陈尔东（第八章、第九章）；李雪辉（第四章、第九章）；韩霜（第七章、第九章）。

尽管做了很大的努力，但不得不说，由于水平、时间、精力所限，本书的呈现难免有纰漏，在图书设计阶段提出的一些设想也并未全部实现，不足之处请各位专家、读者包容与理解，也欢迎各位指导、指正。

本书的付梓成册，对于我而言，不仅是阶段性的回顾与总结，也意味着科研生涯的一个全新开始。希望在未来的科研道路上，能与更多的优秀学者同行共进！

罗英姿
2023 年 3 月 30 日于南京农业大学